Das große IQ-Trainingsbuch

Das große
IQ-Trainingsbuch

Robert Allen (Hrsg.)

Über 500 spannende und knifflige Denkspiele Herausgegeben von MENSA, der internationalen Vereinigung überdurchschnittlich intelligenter Menschen

Wissen Media Verlag

Umwelthinweis:
**Dieses Buch wurde auf chlorfrei gebleichtem Papier gedruckt.
Die Einschrumpffolie – zum Schutz vor Verschmutzung – ist aus umweltverträglichem und recyclingfähigem PE-Material.**

Titel der englischen Originalausgabe:
**MENSA presents the ultimate mental challenge. Over 500 different puzzles and test designed to give your brain the ultimate workout
Erschienen 1995 bei Carlton Books, London**

***Übersetzung:* Susanne Vogel, München**
***Redaktion:* Ulrike Schabert, München**
***Einbandgestaltung:* Stefan Matlik**
***Satz/Umbruch:* Eva Kaltenbrunner, Wien**
***Druck und Bindung:* Bercker, Kevelaer**
Printed in Germany 2002
3-577-10062-1

INHALT

Was sich hinter diesem im Deutschen vielleicht etwas nüchternen Titel verbirgt, ist nicht mehr und nicht weniger als die Möglichkeit, einige Stunden mit Spiel und Spaß zu erleben. Gewiß, diese Rätsel zu lösen, ist keine so großartige Meisterleistung wie das Werk von Genies wie Einstein, Beethoven oder Shakespeare. Diese Rätsel haben auch keinerlei tiefere Bedeutung, denn es ist für niemand wirklich wichtig, ob Sie die Lösungen finden oder nicht – außer für Sie selbst. Wenn Sie sich aber darauf einlassen (das erste Kapitel soll Sie auf den Geschmack bringen), werden Sie sich der Herausforderung nicht mehr entziehen wollen. Zwischen dem, der ein Rätsel stellt, und dem, der es beantwortet, besteht eine seltsame Beziehung. Jeder versucht, die Gedanken des anderen zu lesen und die Denkprozesse nachzuvollziehen, die beim anderen ablaufen. Es kommt zu einem geistigen Kräftemessen, aus dem beide siegreich hervorgehen wollen. Selbst wenn Sie die Denkaufgaben in diesem Buch nicht als Ihre größte Herausforderung ansehen, könnten Sie doch eine Überraschung erleben.

Wenn Ihnen Denkaufgaben gefallen, werden Sie auch die MENSA mögen. Das ist eine Vereinigung von Leuten, die Meister im Lösen vertracktester Probleme sind. Informationen über die MENSA-Vereinigung erhalten Sie bei: Margret Weber, Solferinostr. 22, 32425 Minden. Bitte richten Sie jedoch keinerlei Nachfragen zu den Rätselaufgaben in diesem Buch an die angegebene Adresse.

Ich danke all jenen, die mir bei diesem Buch behilflich waren, insbesondere meiner Frau Doris, unserer Freundin Josie Fulton und dem Rätsel-Freak David Ballheimer, der all meine geistigen Ergüsse gnadenlos geprüft und mich so vor mancher Blamage bewahrt hat.

R. P. Allen

ROBERT ALLEN
Redaktionsdirektor MENSA Publications
Juni 1995

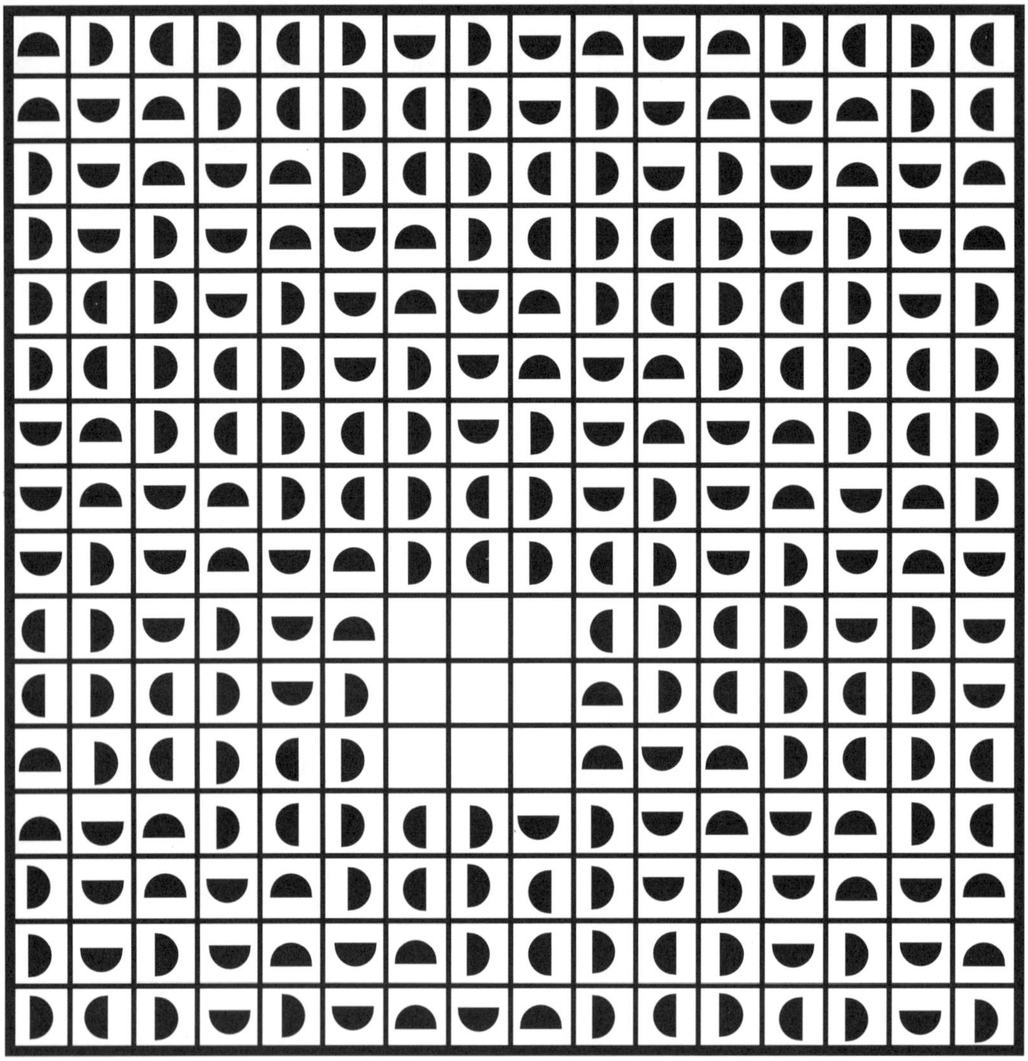

AUFGABE 1

Welcher Musterblock paßt in die weißen Felder?

Lösung ***25***

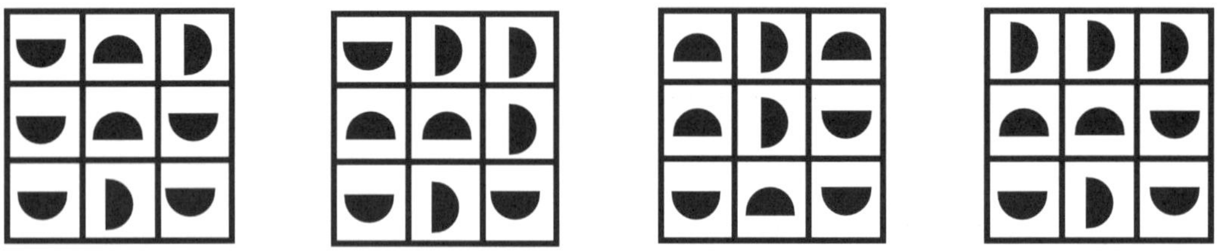

A B C D

2 3 5 8 13 21 34 ?

AUFGABE 2

Welche Zahl setzt diese Reihe fort?

Lösung ***81***

AUFGABE 3

Ein Streichholz versetzt, und die Gleichung stimmt.

Lösung ***28***

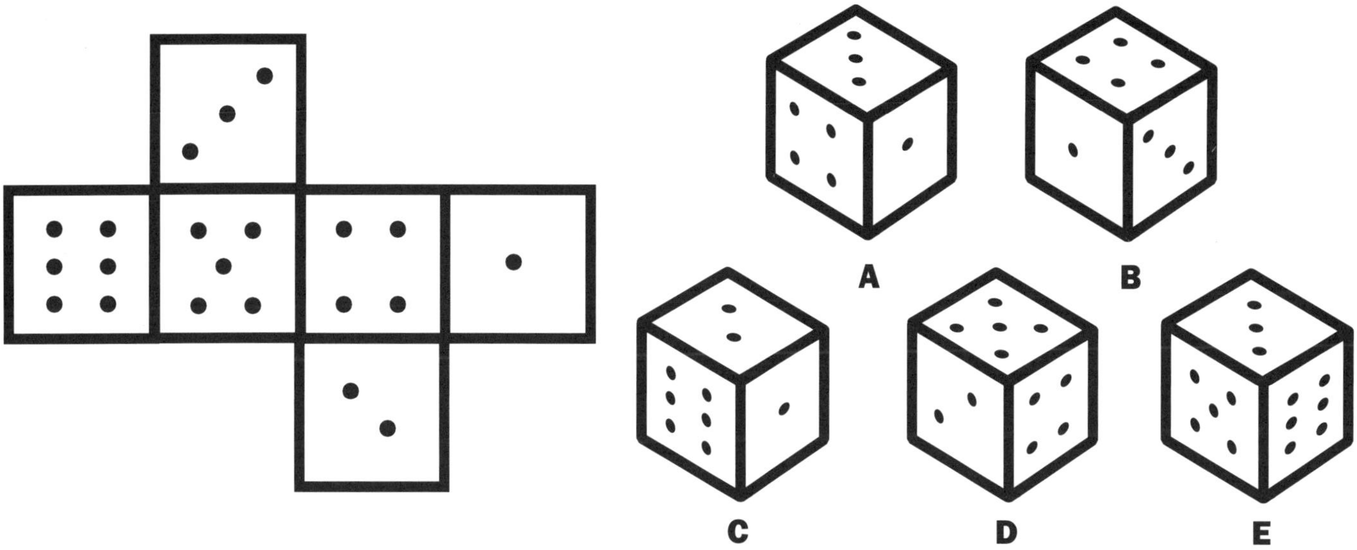

AUFGABE 4

Welcher der Würfel paßt nicht
zur aufgeklappten Vorlage?

Lösung ***15***

Ich strecke denen, die mir entgegenkommen, drei Zungen heraus, aber keiner wundert sich.

Warum?

AUFGABE 5

Lösung ***46***

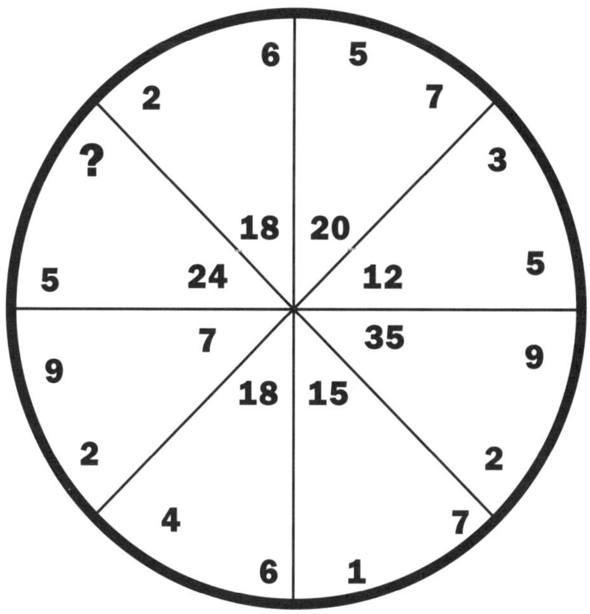

AUFGABE 6

Ersetzen Sie das Fragezeichen
durch die passende Zahl.

Lösung ***58***

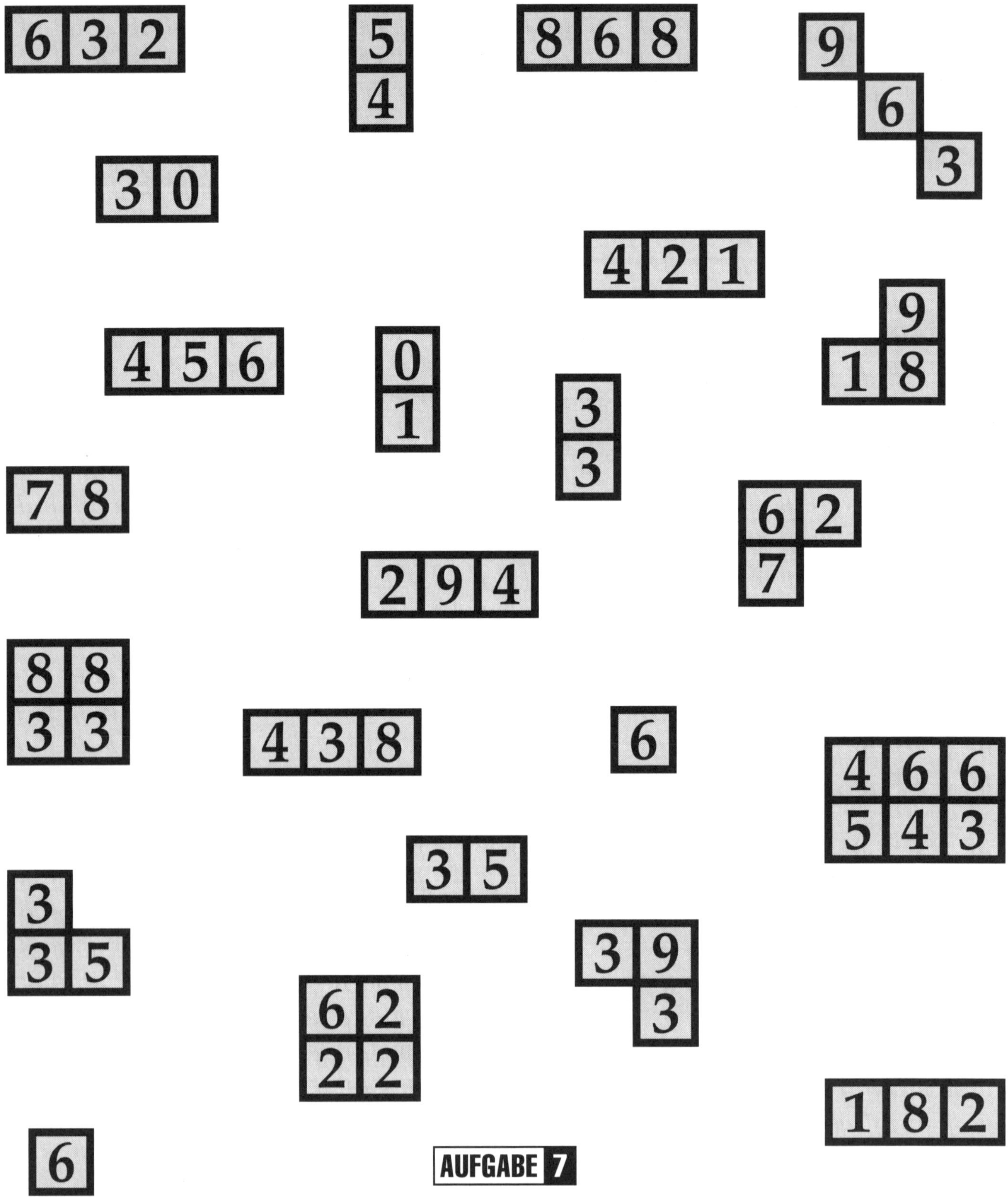

AUFGABE 7

Richtig zusammengesetzt, ergeben diese Mosaiksteine ein Quadrat, bei dem je eine waagerechte mit einer senkrechten Zahlenreihe übereinstimmt.

Lösung ***33***

JSUKERHJ
UBYLMTHONDRIBH
ASKKUSF
JRTIARUO
NDOBH
OBMIBHLTUYNBH
SABUNDRIBH
BIIBH

AUFGABE 8

Dies sind die verschlüsselten Namen einiger Städte des Ruhrgebiets. Knacken Sie den Code!

Lösung ***62***

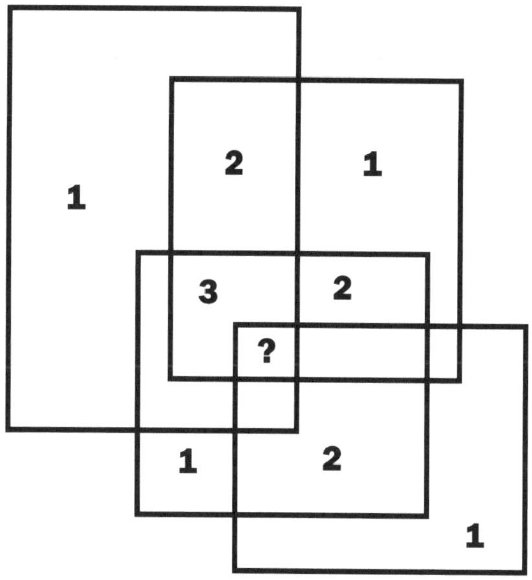

AUFGABE 9

Diesem Diagramm liegt eine bestimmte Logik zugrunde. Für welche Zahl steht das Fragezeichen?

Lösung ***104***

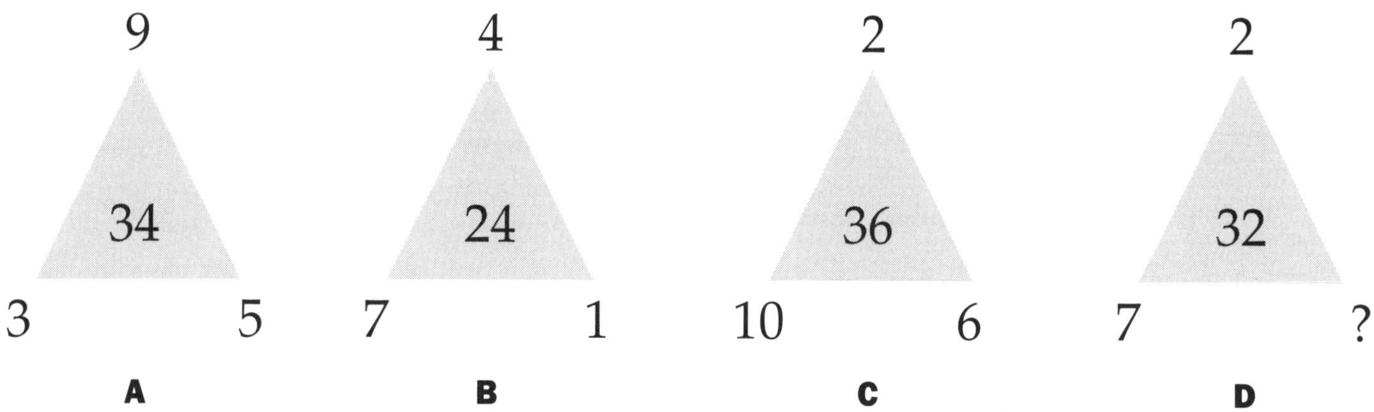

AUFGABE 10

Welche Zahl muß rechts unten an Dreieck D stehen?

Lösung ***87***

O	Q	L	H	R
I	J	F	E	Q
F	G	F	C	?

AUFGABE 11

Welcher Buchstabe vervollständigt die letzte Zeile?

Lösung ***22***

?	H	C	5
E			Z
M			S
10	A	K	7

AUFGABE 12

Wie sind Buchstaben und Zahlen in diesem Quadrat miteinander verknüpft, und für welche Zahl steht das Fragezeichen?

Lösung ***35***

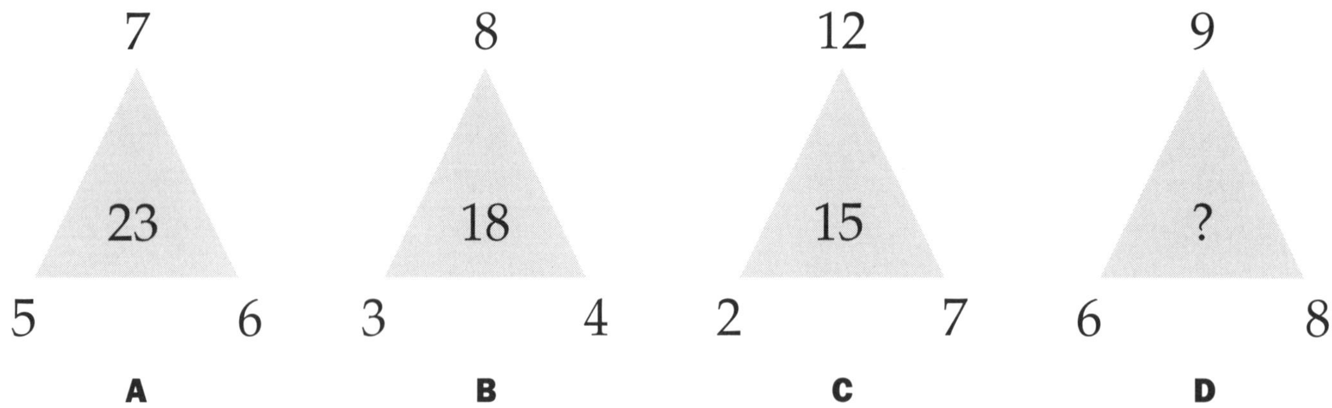

AUFGABE 13

In welcher Beziehung stehen die Zahlen in den Dreiecken zueinander? Setzen Sie die fehlende Zahl ein.

Lösung ***39***

AUFGABE 14

An ihrem sechsten Geburtstag pflanzte Sarah einen Baum im Garten ihrer Eltern.

Sie hatte ihrem Vater oft beim Pflanzen zugesehen und machte daher alles richtig.

Sogar das Einschlämmen vergaß sie nicht.

Ihr Vater aber war wütend. Er sagte, der Baum gehöre schließlich ihm, und es habe ihn genug Mühe gekostet, bis er ihn soweit hatte.

Ihre Mutter dagegen lachte nur darüber und erklärte ihr, daß der Baum niemals wachsen würde.

Warum?

Lösung ***41***

HOSTWECHC	**(Russe)**
THRBCE	**(Deutscher)**
EWDIL	**(Ire)**
TBTEEKC	**(Ire)**
TGNEE	**(Franzose)**
EEOHTG	**(Deutscher)**
NBESI	**(Norweger)**
CAIREN	**(Franzose)**

AUFGABE 15

Dies sind die Namen berühmter Schriftsteller in Anagramm-Form, also die richtigen Buchstaben in falscher Abfolge. In den Klammern ist als Hilfestellung die Nationalität angegeben.

Lösung ***114***

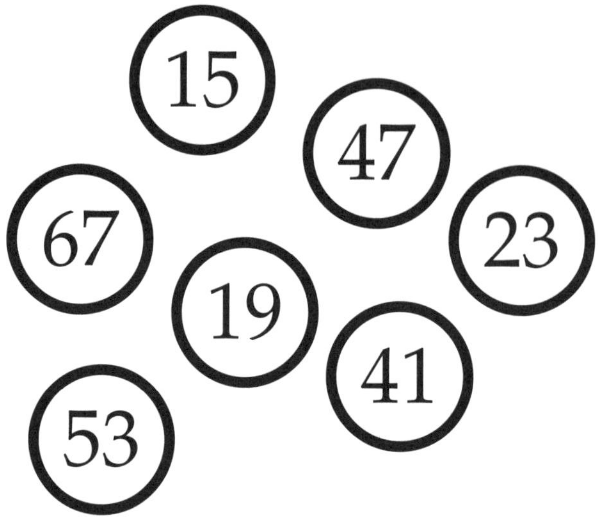

AUFGABE 16

Welche Zahl paßt nicht zu den übrigen?

Lösung ***122***

AUFGABE 17

Welche Zeit muß die vierte Uhr anzeigen?

Lösung ***83***

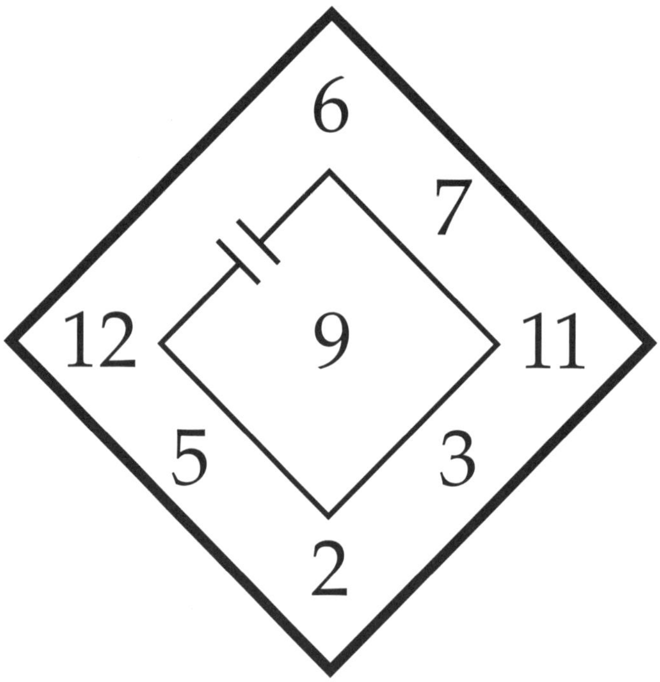

AUFGABE 18

In dieser Zeichnung wurden die Zeichen für die vier Grundrechenarten (+, –, x, :) ausgelassen. Setzen Sie diese, oben beginnend und im Uhrzeigersinn, so ein, daß die Zahl in der Mitte herauskommt.

Lösung ***6***

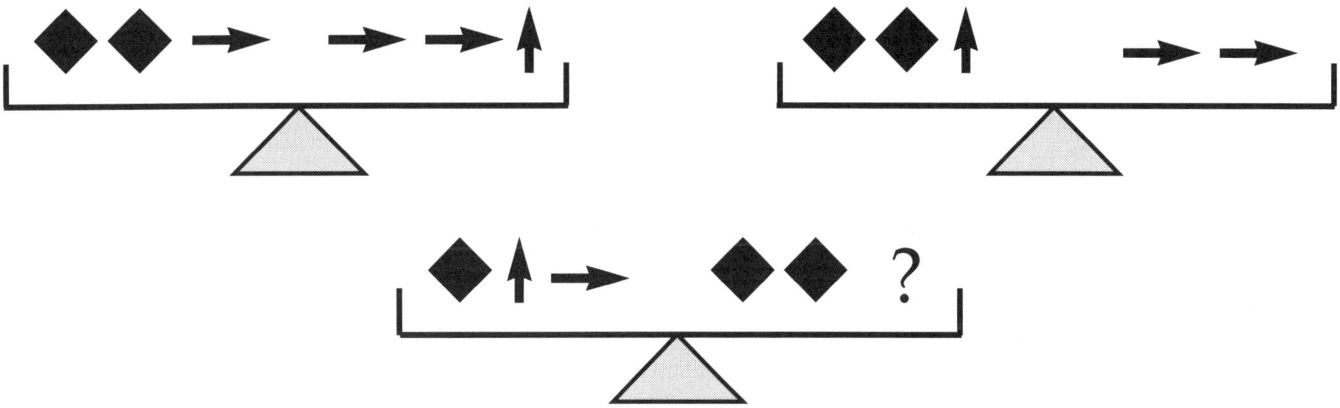

AUFGABE 19

Welches Symbol bringt die untere
Waage ins Gleichgewicht?

Lösung ***101***

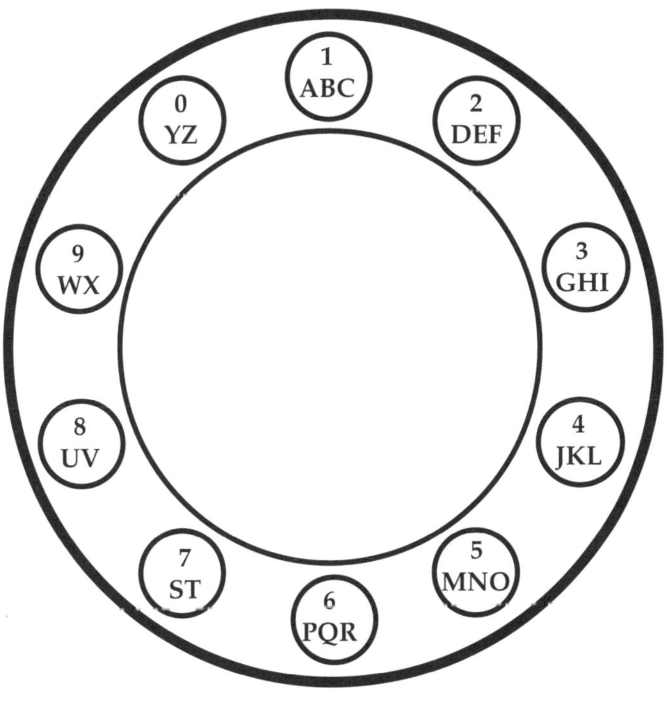

AUFGABE 20

Alte Telefon-Wählscheiben zeigten mitunter Zahlen in Kombination mit Buchstaben. Nachfolgend sind zehn amerikanische Staaten in Form von Zahlenfolgen aufgelistet. Können Sie diese mit Hilfe der Wählscheibe entschlüsseln?

Lösung ***1***

A. **41432565325**

B. **72917**

C. **52161741**

D. **141741**

E. **32135**

F. **562355**

G. **83633531**

H. **2456321**

I. **15456125**

J. **1630551**

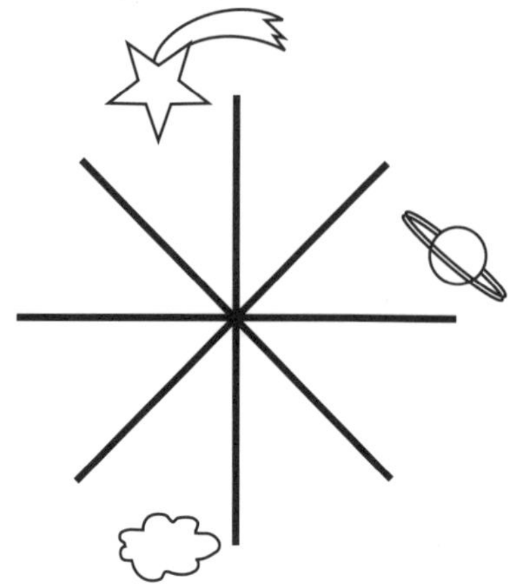

A verhält sich zu B wie C zu

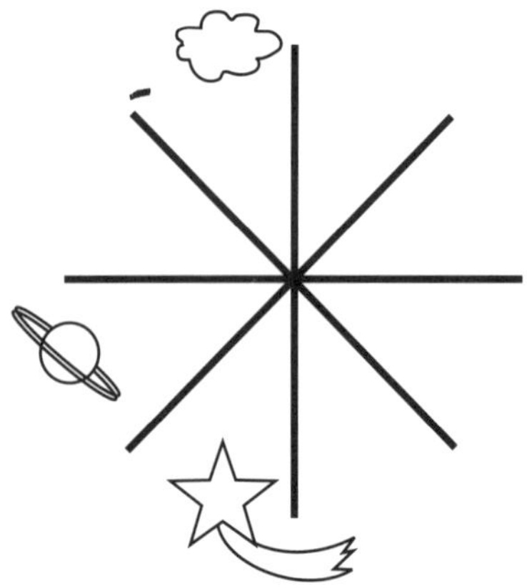

D

E

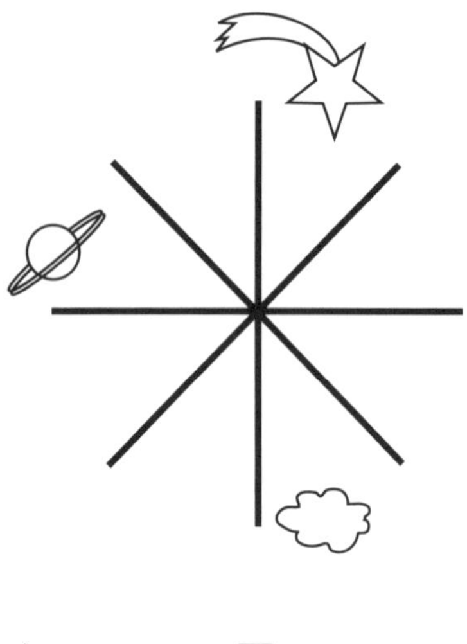

F

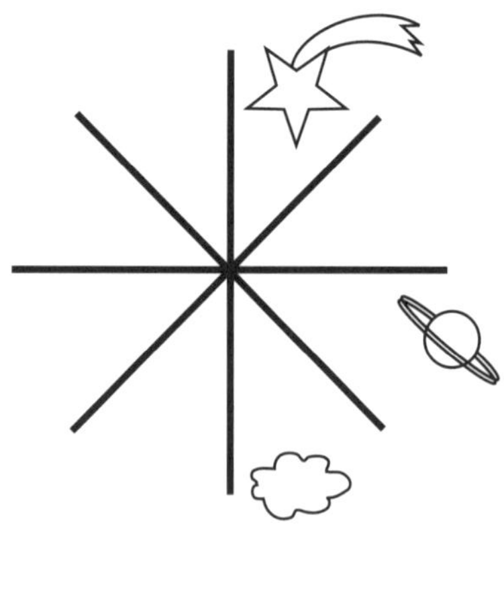

G

AUFGABE 21

Lösung ***127***

AUFGABE 22

Welches Gesicht fällt aus dem Rahmen?

Lösung ***12***

YVRKYIFN
WFIK NFIKY
SVE XLIZFE
CRJ GRCDRJ
F'YRIV
XRKNZTB
YREVUR
JYREEFE

AUFGABE 23

Hinter diesen Buchstabenfolgen verbergen sich die Namen acht internationaler Flughäfen. Knacken Sie den Tausch-Code?

Lösung ***128***

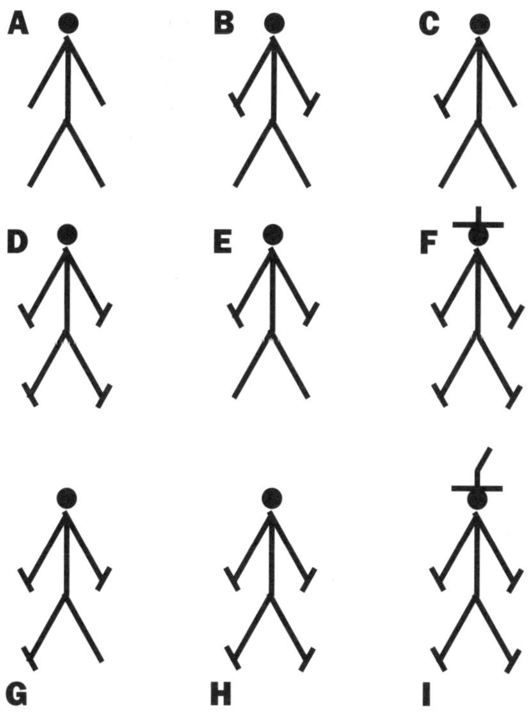

AUFGABE 24

Welches Strichmännchen – G, H oder I – folgt auf F?

Lösung ***49***

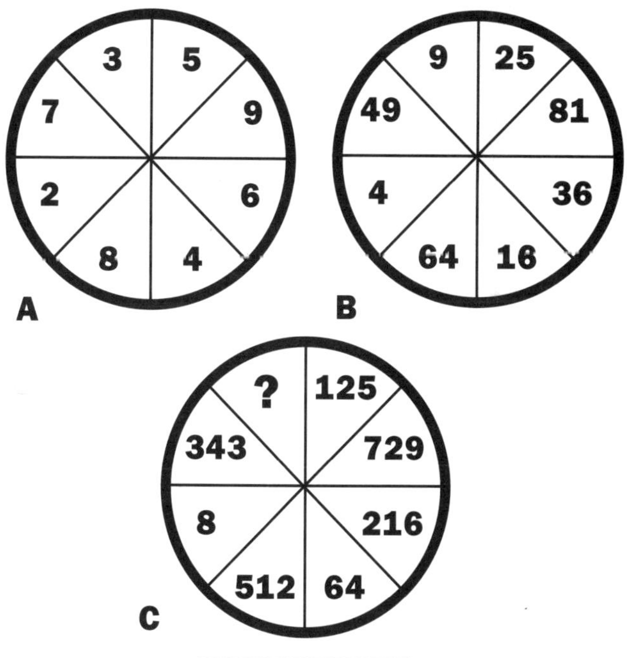

AUFGABE 25

Eine rätselhafte Beziehung verbindet die Zahlen in den Kreisen. Finden Sie sie heraus, dann kommen Sie auf die fehlende Zahl.

Lösung ***9***

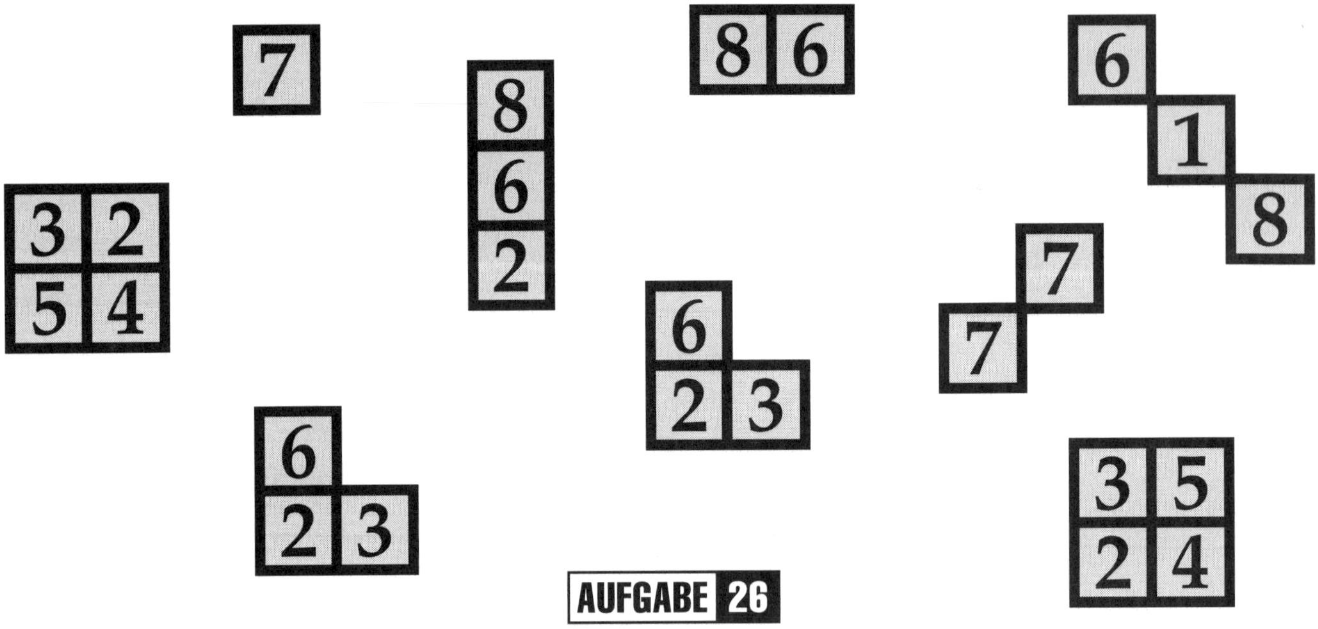

AUFGABE 26

Richtig zusammengesetzt, ergeben diese Mosaiksteine ein Quadrat, bei dem je eine waagerechte mit einer senkrechten Zahlenreihe übereinstimmt.

Lösung ***51***

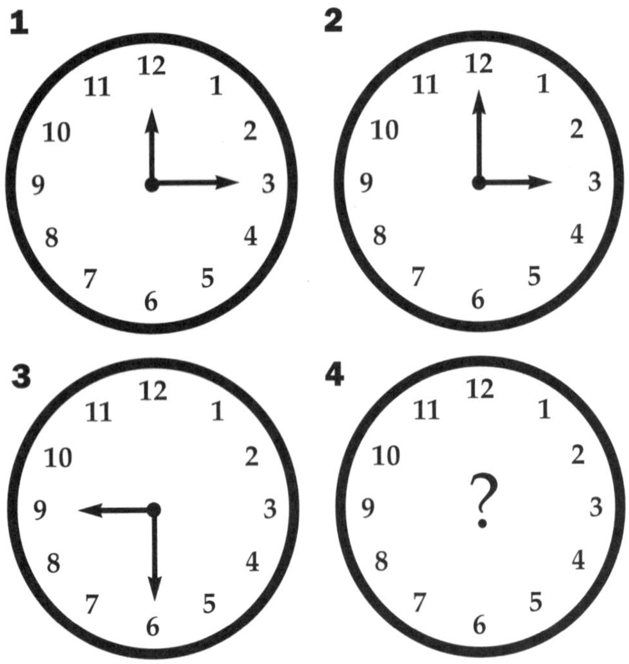

AUFGABE 27

Die Uhrzeiten auf den Uhren 1 bis 3 hängen nach einem bestimmten Gesetz zusammen. Was muß demzufolge die vierte Uhr anzeigen?

Lösung ***100***

AUFGABE 28

Die Abfolge der Buchstaben und Zahlen in diesem Quadrat folgt einem Muster. Welche Zahl ersetzt nach diesem Gesetz das Fragezeichen?

Lösung ***19***

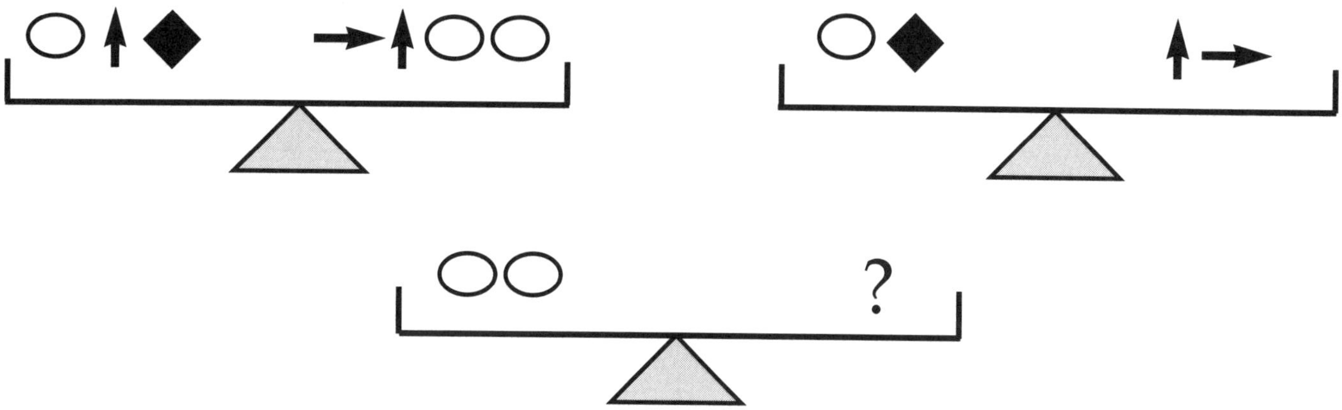

AUFGABE 29

Welches Symbol bringt die dritte Waage ins Gleichgewicht?

Lösung ***96***

2

5

9

14

20

?

AUFGABE 30

Setzen Sie die Zahlenreihe fort.

Lösung ***106***

E L Z R U N

N U F T R A F K R

R N A O V E

U Z L A R G S B

R H T R U T I N W E

W E E N N P R A T

D S L N U T S R A

H E N G E P O N K A

AUFGABE 31

Dies sind Anagramme der Namen europäischer Städte. Bringen Sie die Buchstaben jeweils in die richtige Reihenfolge.

Lösung ***105***

+	+	−	−	−	:	:	×	×	×	+	+	−	−	−	:
×	+	+	−	−	−	:	:	×	×	×	+	+	−	−	:
×	+	−	−	−	:	:	×	×	×	+	+	−	−	−	×
×	+	:	:	×	×	×	+	+	−	−	−	:	−	:	×
:	×	−	+	−	−	−	:	:	×	×	×	:	:	:	×
:	×	−	+	×	+	+	−	−	−	:	+	×	:	×	+
−	×	−	×	×	×	+	+	−	−	:	+	×	×	×	+
−	:	+	×	×	×	+	−	−	−	×	−	×	×	×	−
−	:	+	×	:				−	:	×	−	+	×	+	−
+	−	×	:	:				×	:	×	−	+	+	+	−
+	−	×	:	−				−	+	+	:	−	+	−	:
×	−	×	−	−	−	+	+	×	×	×	:	−	−	−	:
×	+	:	−	−	+	+	×	×	×	:	:	−	−	−	×
×	+	:	−	−	−	+	+	×	×	×	:	:	−	:	×
:	×	×	×	:	:	−	−	−	+	+	×	×	×	:	×
:	−	−	−	+	+	×	×	×	:	:	−	−	−	+	+

AUFGABE 32

In einem Bereich dieses Rasters wurden versehentlich die Zeichen gelöscht. Können Sie diese so einsetzen, daß die Logik der Abfolge wiederhergestellt ist?

Lösung ***27***

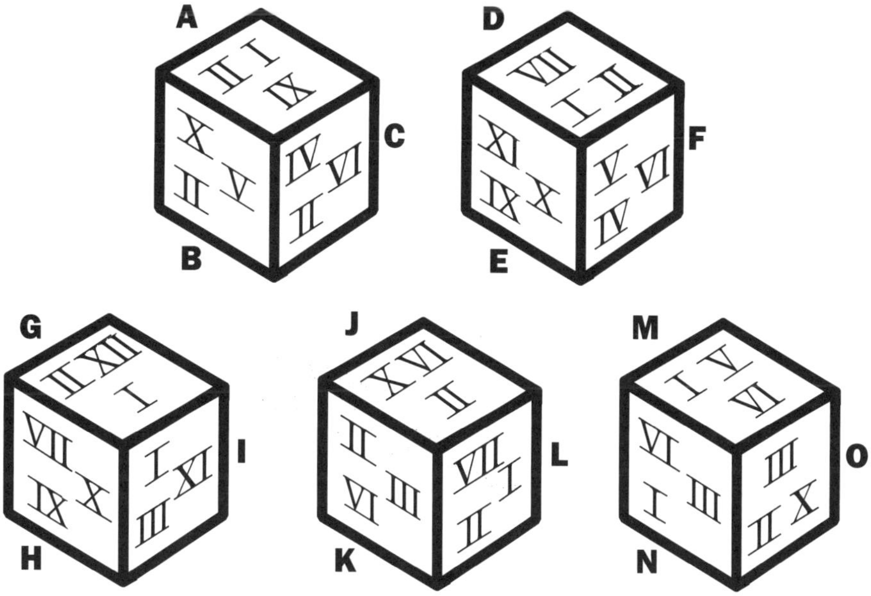

AUFGABE 33

Welche zwei Würfelseiten
enthalten die gleichen Zahlen?

Lösung ***130***

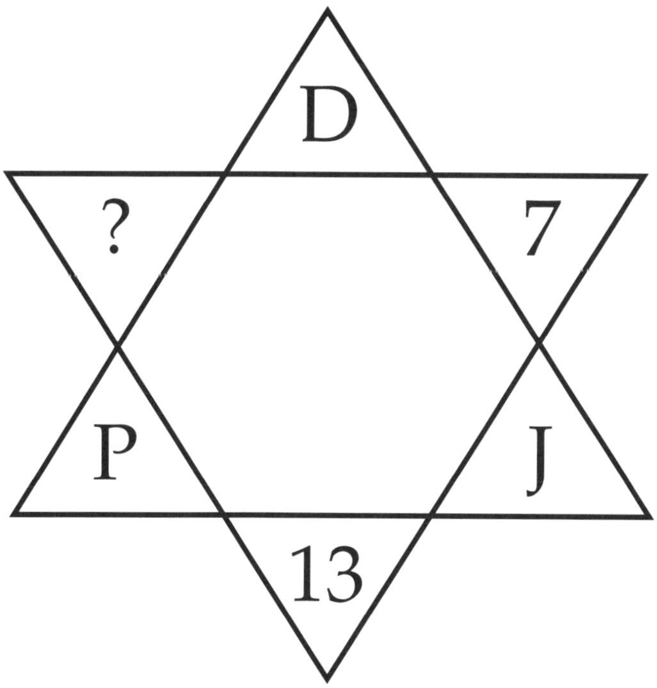

AUFGABE 34

Welche Zahl macht das Diagramm komplett?

Lösung ***21***

7 1 26 16 1 3 8 15

13 21 12 12 9 7 1 20 1 23 14 25

2 15 18 19 3 8 20 19 3 8

13 9 14 5 19 20 18 15 14 5

3 8 15 23 4 5 18

1 22 7 15 12 5 13 15 14 15

3 15 3 11 - 1 - 12 5 5 11 9 5

2 15 21 9 12 12 1 2 1 9 19 19 5

AUFGABE 35

Die Zahlen stehen für Buchstaben.
Hinter den codierten Wörtern verbergen sich
berühmte Suppen aus aller Welt.

Lösung ***119***

E O G O N R
A R B S E N A K
A V D N E A
C I S N O W N I S
R I O D A L F
I G N R I I A V
X S T E A
O O O A D R L C

AUFGABE 36

Hier stehen die Namen amerikanischer Staaten, allerdings sind die Buchstaben wieder durcheinandergeraten. Entwirren Sie die Anagramme.

Lösung ***113***

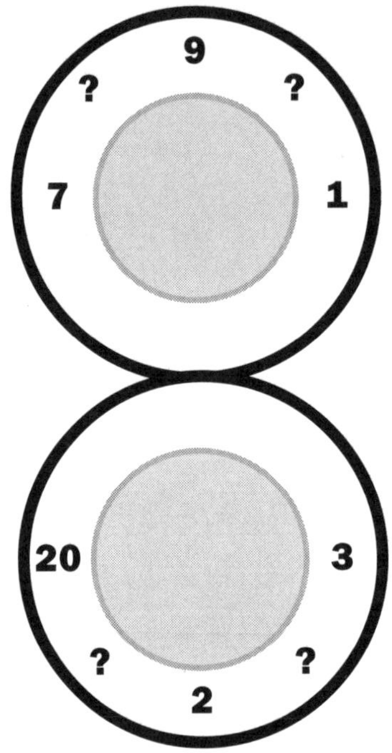

AUFGABE 37

Die Fragezeichen sind so durch + oder – zu ersetzen, daß die Zahlen in beiden Kreisen denselben Wert ergeben.

Lösung ***136***

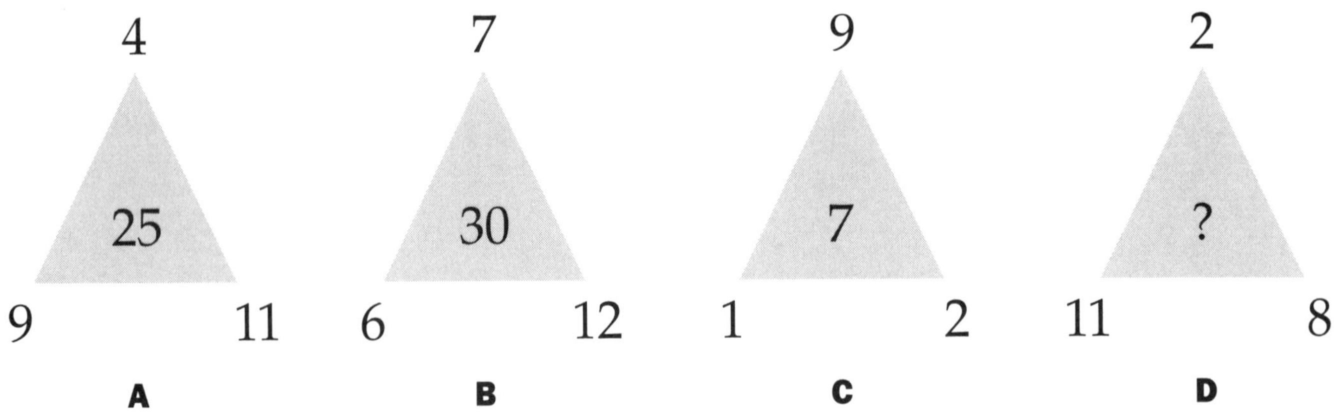

AUFGABE 38

Die Zahlen der Dreiecke folgen einem Gesetz. Können Sie dieses herausfinden und damit auch die fehlende Zahl in D?

Lösung ***97***

AUFGABE 39

Rolf saß im Schlafzimmer und beobachtete mißmutig den endlosen Regen.

Seit drei Wochen schon ging er ununterbrochen über seinem Heimatort nieder, und jetzt gab es Überflutungen.

An den meisten Stellen stand das Wasser schon einen Meter hoch und stieg rasch weiter an.

Man hatte in die oberen Stockwerke der Häuser ausweichen müssen.

Rolfs Frau aber, die gerade hereinkam, machte das alles überhaupt nichts aus.

Warum nicht?

Lösung ***42***

A verhält sich zu B wie C zu

D E F G

AUFGABE 40

Lösung ***110***

24	63	24	21	
*	*	*	✓	33
✓	O	✓	‡	?
‡	O	‡	‡	33
✓	✓	✓	*	27

AUFGABE 41

Jedes Symbol in diesem Quadrat
entspricht einem Zahlenwert.
Für welche Zahl steht das Fragezeichen?

Lösung ***94***

NUCXW SXQW
OANMMRN VNALDAH
URBJ BCJWBORNUM
BRWNJM X'LXWWXA
VNJCUXJO
VJMXWWJ
VRLQJNU SJLTBXW
AXM BCNFJAC

AUFGABE 42

Hinter den Buchstabenfolgen
verbergen sich die Namen von acht Popstars.
Knacken Sie den Tausch-Code?

Lösung ***109***

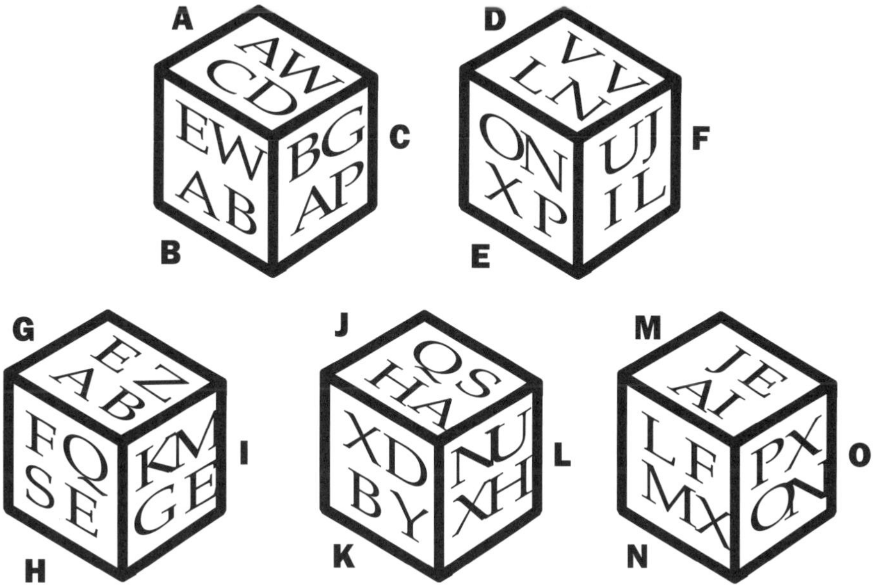

AUFGABE 43

Zwei Seiten dieser Würfel zeigen
dieselben Buchstaben. Finden Sie sie?

Lösung ***82***

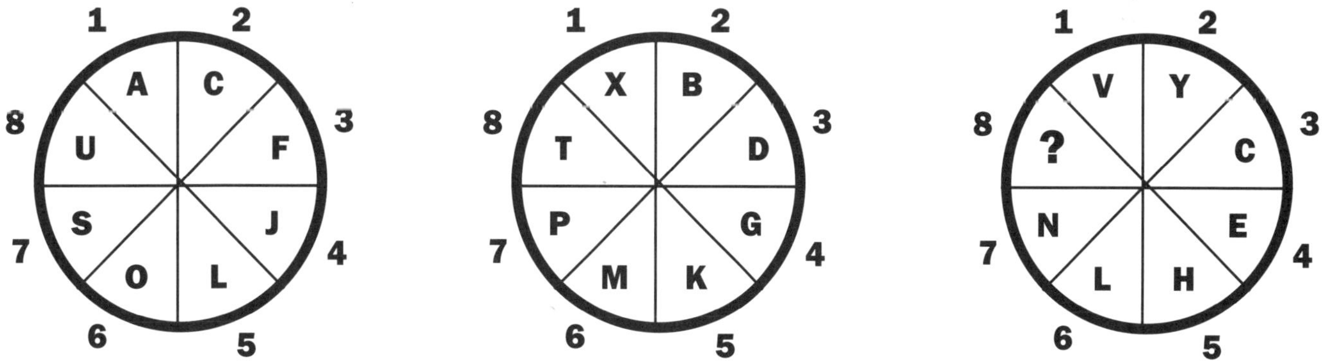

AUFGABE 44

Welcher Buchstabe
muß das Fragezeichen ersetzen?

Lösung ***16***

C	W	C	O	A	L	M	K	W	O	E	A	C	K	L	G	O	Z	A	N
L	H	E	M	I	N	G	W	A	Y	N	E	I	Y	L	M	O	X	A	E
L	E	E	C	M	O	X	K	W	A	X	F	E	X	A	N	B	K	O	S
C	F	A	K	K	E	N	Z	A	E	X	L	A	E	B	L	P	E	F	B
A	I	E	L	H	M	Z	N	O	E	X	I	A	I	F	H	R	K	L	I
M	O	Q	V	T	O	A	T	E	U	I	W	E	H	T	E	O	G	M	O
A	T	K	V	L	A	V	C	H	A	E	M	N	O	L	E	U	A	B	C
F	S	I	A	T	A	M	Q	L	S	D	I	C	K	E	N	S	S	T	A
A	L	S	T	V	E	M	W	M	N	O	E	I	A	C	H	T	A	C	T
F	O	O	X	W	A	B	E	A	L	L	E	I	T	A	W	W	A	C	G
G	T	O	X	A	E	A	K	F	A	K	I	L	A	A	S	T	A	W	N
O	N	F	B	C	H	J	K	W	L	L	T	J	I	I	E	X	G	H	I
E	N	O	L	F	M	G	O	Z	X	A	Y	N	A	E	B	E	C	W	L
R	V	O	L	F	I	G	A	E	Z	I	U	I	E	J	C	C	K	T	P
E	W	U	V	E	C	U	O	P	T	E	G	B	P	N	H	T	S	E	I
C	S	E	W	X	H	L	H	J	A	L	E	C	E	K	L	T	U	Z	K
U	A	T	A	E	E	C	K	U	W	P	Q	R	A	R	A	E	P	A	Z
A	U	S	T	E	N	X	A	T	A	Q	W	A	L	E	T	A	W	V	E
H	A	P	E	X	E	A	B	C	B	A	C	A	E	W	W	E	X	L	E
C	C	W	A	O	R	W	E	L	L	K	M	N	O	P	P	E	L	T	U

Austen
Chaucer
Dickens
Flaubert
Goethe
Hemingway
Huxley
Ibsen
Kafka
Kipling
Lawrence
Michener
Orwell
Proust
Tolstoi
Twain
Zola

AUFGABE 45

In diesem Raster sind die Namen von 17 berühmten Schriftstellern versteckt. Sie können vorwärts oder rückwärts und waagerecht, senkrecht oder diagonal geschrieben sein.

Lösung ***38***

A B C D

AUFGABE 46

Es gibt ein Gesetz für die Muster in diesen Quadraten.
Aber eines paßt nicht dazu. Welches?

Lösung ***3***

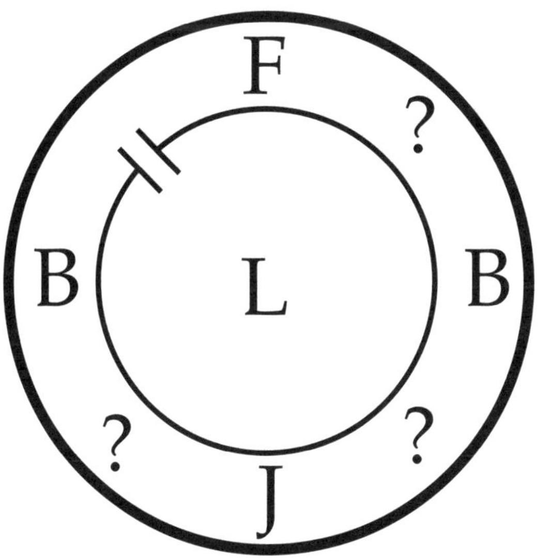

AUFGABE 47

Ersetzen Sie die Fragezeichen durch Rechenzeichen. Verwenden Sie + oder – so, daß die Rechnung aufgeht.

Lösung ***10***

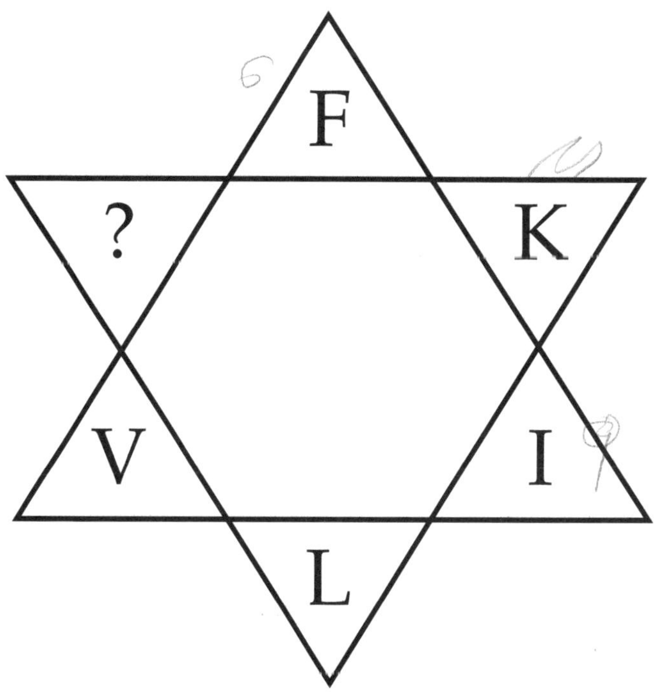

AUFGABE 48

Für welchen Buchstaben steht das Fragezeichen?

Lösung ***30***

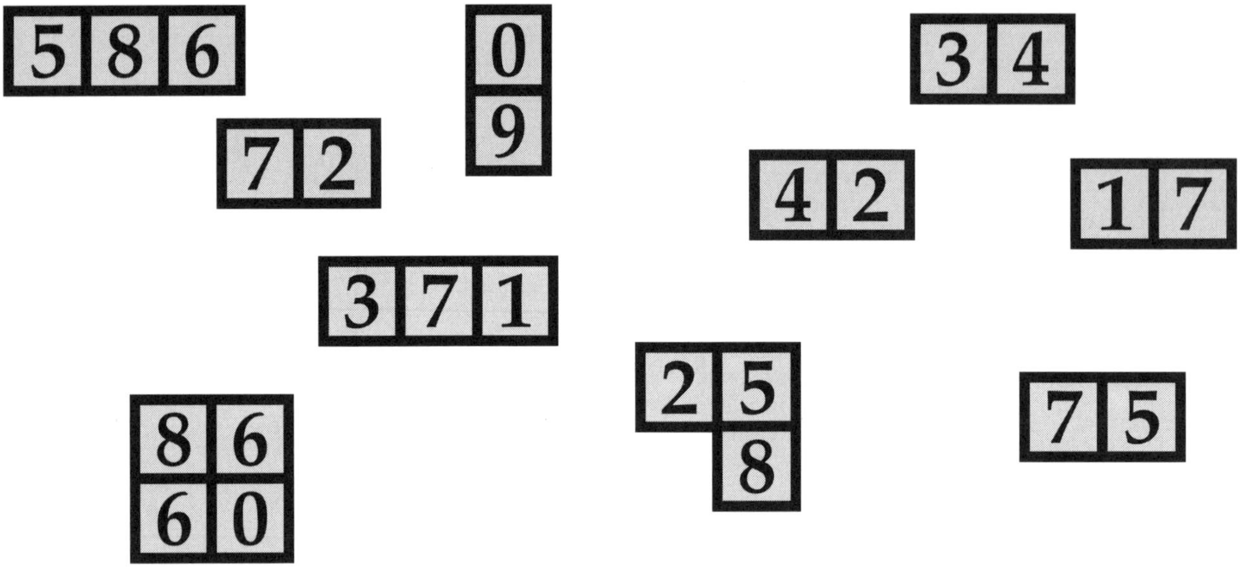

AUFGABE 49

Richtig zusammengesetzt, ergeben diese Mosaiksteine ein Quadrat, bei dem je eine waagerechte mit einer senkrechten Zahlenreihe übereinstimmt. Können Sie dieses Quadrat zusammensetzen?

Lösung ***88***

AUFGABE 50

Welche Uhrzeit muß die vierte Uhr angeben?

Lösung ***20***

I L V A V I D	**(Italiener)**
G G E I R	**(Norweger)**
E H E T B N V O E	**(Deutscher)**
T Z E B I	**(Franzose)**
L H R E M A	**(Österreicher)**
G R E N A W	**(Deutscher)**
Z R O T M A	**(Österreicher)**
R A L G E	**(Engländer)**

AUFGABE 51

Dies sind Anagramme von Namen großer Komponisten. Als Hilfe beim Entwirren ist in Klammern ihre Nationalität angegeben.

Lösung ***123***

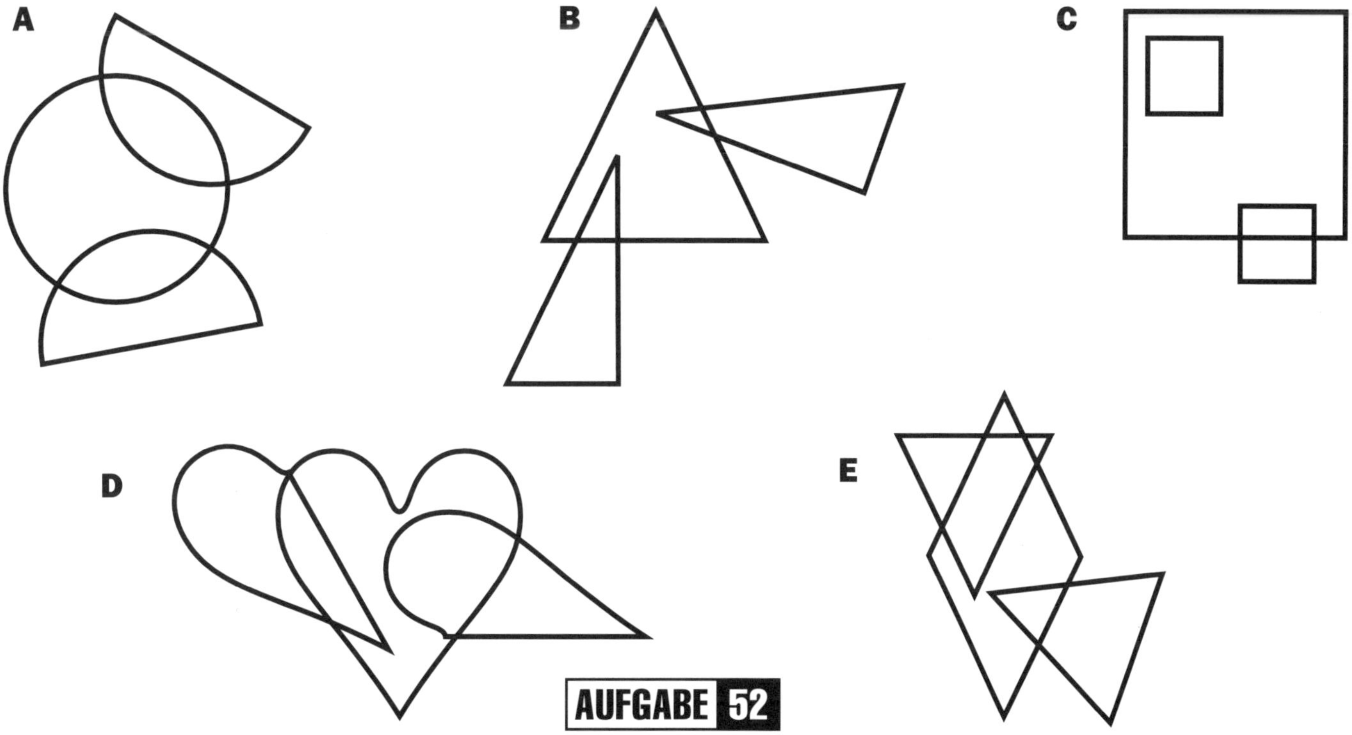

AUFGABE 52

Welche dieser Figuren
paßt nicht zu den übrigen?

Lösung ***138***

1 3 2 6 4 12 8 24 ?

AUFGABE 53

Welche Zahl kommt als nächste in dieser Folge?

Lösung ***63***

=	!	:	«	;
A	**B**	**C**	**D**	**E**

AUFGABE 54

Eines dieser Symbole gehört
nicht hierher. Finden Sie es?

Lösung ***140***

A	B	C	D
E	F	G	H
I	J	K	L
M	N	O	P
Q	R	S	T
U	V	W	X

41 34 12 14 52 52 42
53 24 44 13 53 14 43 11 51
22 14 64 22 64 34 43
31 24 42 43 14 53 11 42
12 42 43 52 51 14 13 31 24
53 14 23 23 14 24 31
63 14 43 22 42 22 21
44 14 51 34 52 52 24

AUFGABE 55

Hier stehen die Namen berühmter Maler, durch einen einfachen Koordinaten-Code verschlüsselt.

Lösung ***115***

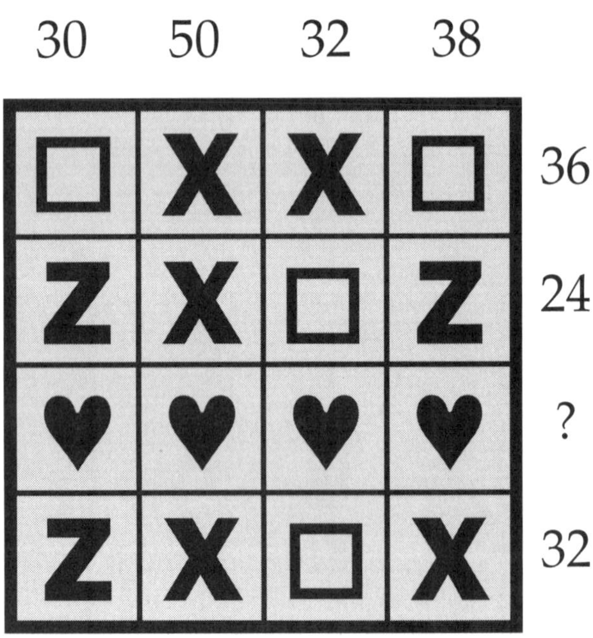

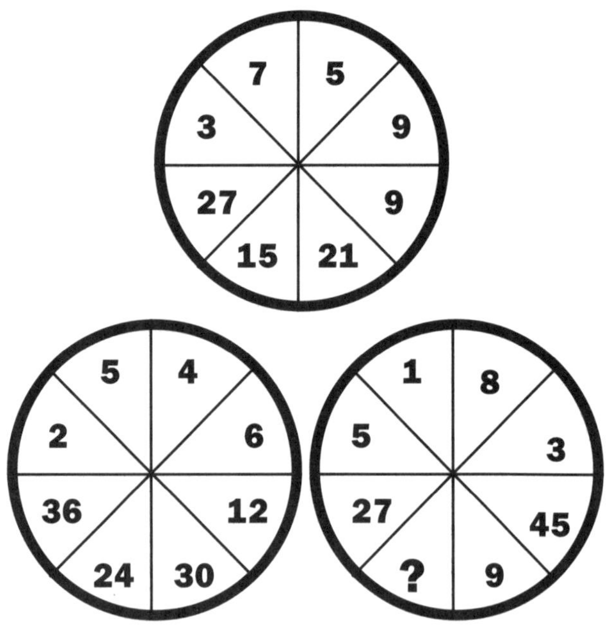

AUFGABE 56

Jedem Symbol in diesem Quadrat entspricht eine Zahl. Für welche Zahl steht das Fragezeichen?

Lösung ***98***

AUFGABE 57

Welche Zahl ist anstelle des Fragezeichens im letzten Kreis einzusetzen?

Lösung ***55***

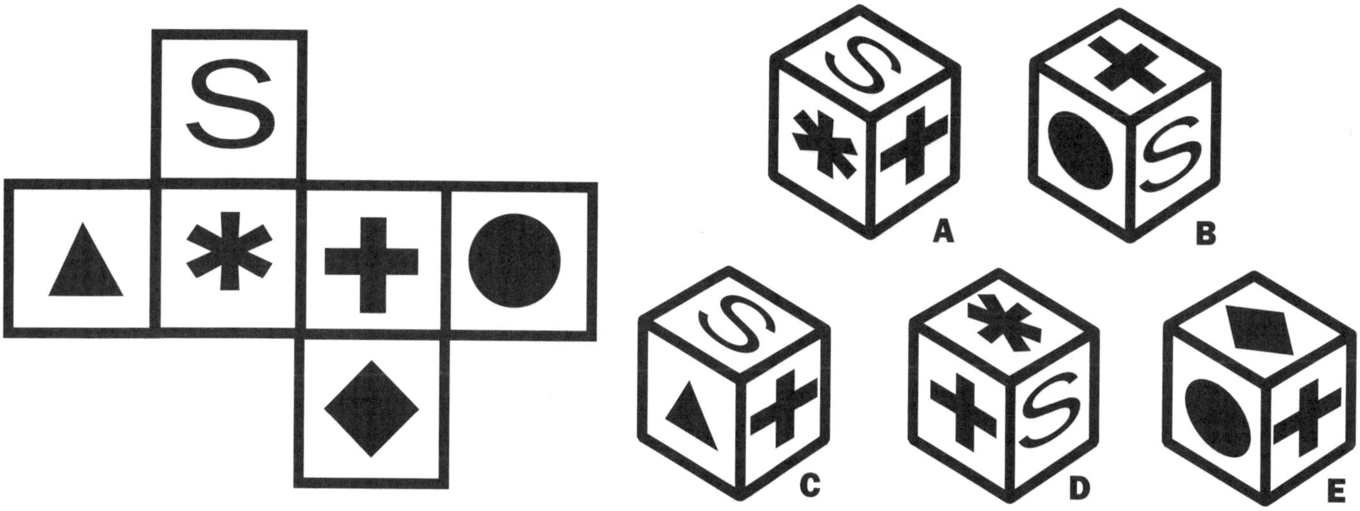

AUFGABE 58

Welcher der Würfel paßt nicht zur aufgeklappten Vorlage?

Lösung ***36***

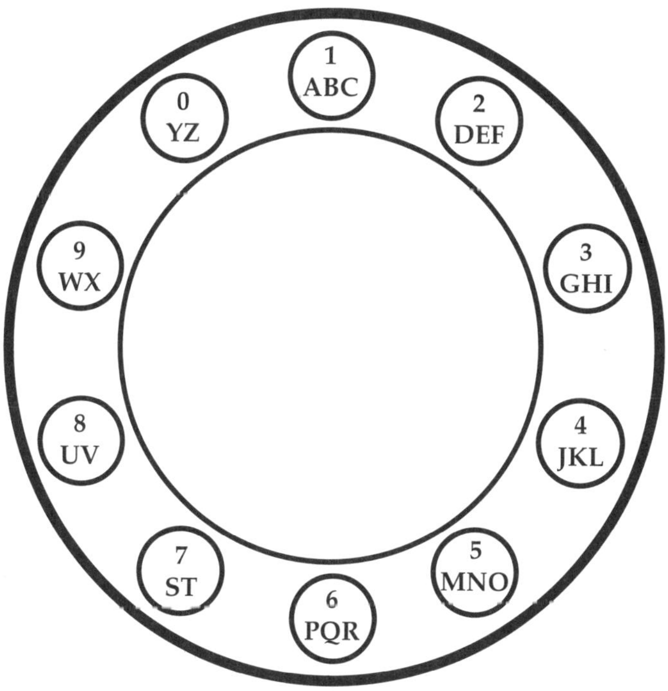

AUFGABE 59

Die Darstellung zeigt eine alte Telefon-Wählscheibe mit Zahlen und Buchstaben. Dechiffrieren Sie die nachfolgende Liste bekannter amerikanischer Städte.

Lösung ***48***

A. 214417
B. 7217742
C. 1331135
D. 534918422
E. 53552165437
F. 65674152
G. 2276537
H. 1741571
I. 1351355173
J. 352315165437

√	√	♥	☺	☺	√	♥	♥	☺	√	√	♥	☺	☺	√	√
☺	√	√	♥	☺	☺	√	♥	♥	☺	√	√	♥	☺	♥	√
♥	☺	√	♥	☺	☺	√	♥	♥	☺	√	√	♥	☺	♥	♥
♥	♥	√	☺	☺	√	♥	♥	☺	√	√	♥	☺	√	☺	☺
√	♥	☺	♥	♥	♥	☺	√	√	♥	☺	☺	☺	♥	√	☺
☺	√	♥	√	√	√	♥	☺	☺	√	☺	☺	√	♥	√	√
☺	☺	♥	√	☺	√	♥	♥	☺	♥	√	√	♥	☺	♥	♥
♥	☺				☺	√	☺	√	♥	♥	♥	♥	√	☺	♥
√	♥				♥	☺	♥	√	☺	♥	♥	☺	√	☺	☺
√	√				♥	☺	♥	√	√	☺	☺	√	♥	√	√
☺	√	♥	√	√	√	☺	☺	♥	√	√	√	√	☺	♥	√
♥	☺	√	☺	☺	♥	♥	√	☺	☺	♥	√	♥	☺	♥	♥
♥	♥	√	☺	♥	√	√	☺	♥	♥	√	☺	☺	√	☺	☺
√	♥	☺	♥	♥	√	☺	☺	♥	√	√	☺	♥	♥	√	☺
☺	√	☺	☺	♥	√	√	☺	♥	♥	√	☺	☺	♥	√	√
☺	♥	√	√	☺	♥	♥	√	☺	☺	♥	√	√	☺	♥	♥

AUFGABE 60

Die Anordnung der Symbole gehorcht einer bestimmten Systematik. Finden Sie diese heraus, und füllen Sie die leeren Kästchen entsprechend.

*Lösung **60***

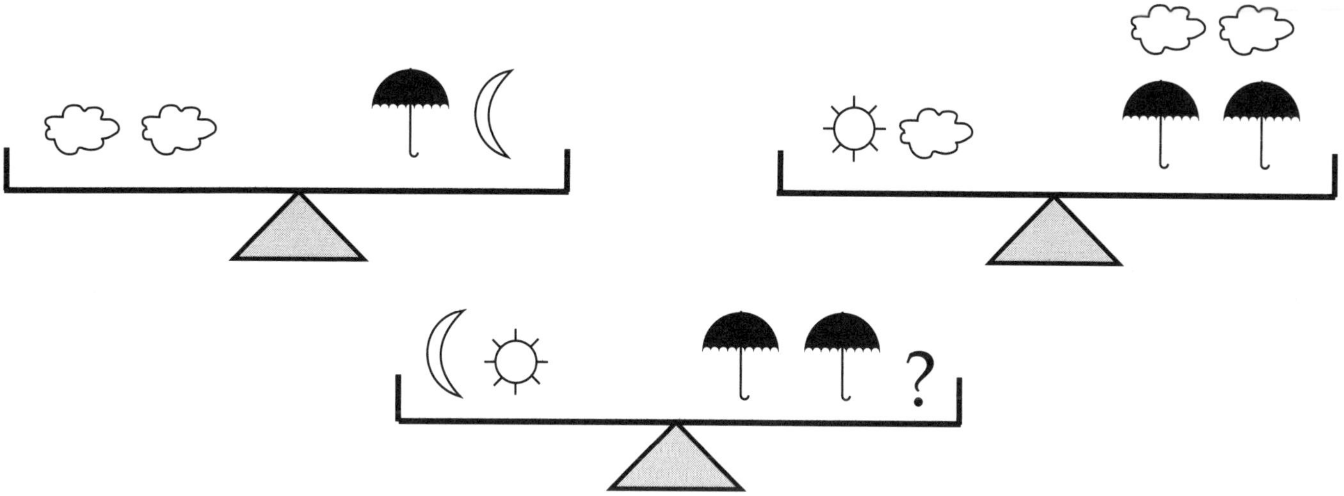

AUFGABE 61

Die beiden oberen Waagen sind im Gleichgewicht.
Welches Symbol stellt auch bei der dritten die Balance her?

Lösung ***5***

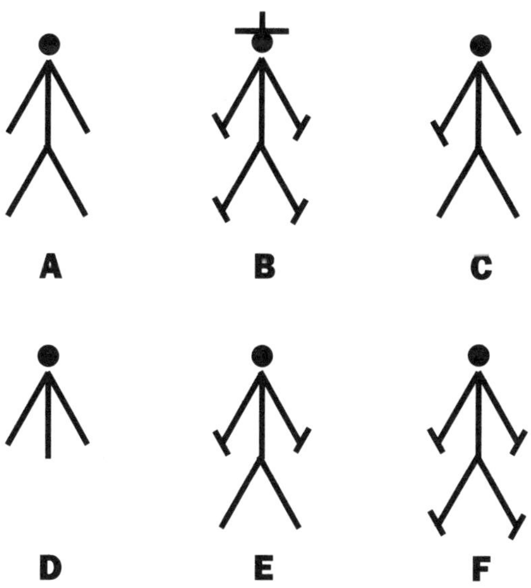

AUFGABE 62

Welche Figur paßt nicht zu den anderen?

Lösung ***137***

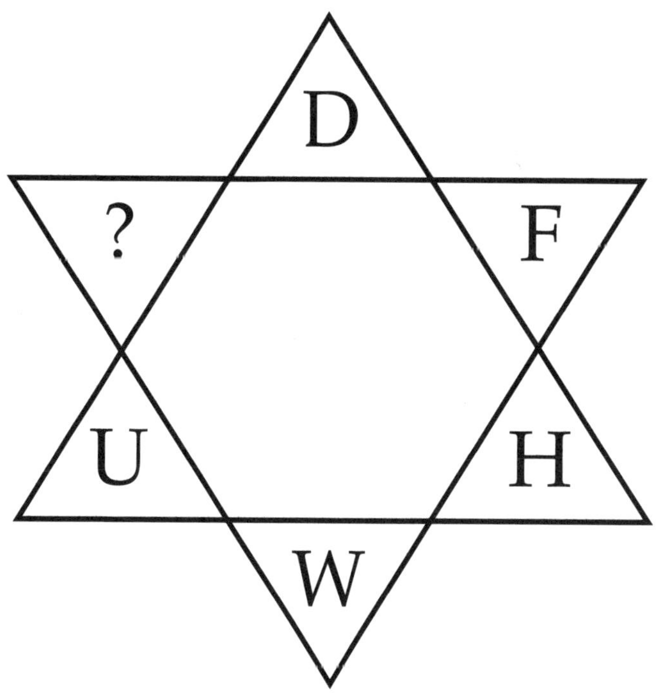

AUFGABE 63

Mit welchem Buchstaben wird der Stern komplett?

Lösung ***47***

ΣΕΤΙΔΕΞΩ
ΟΜΨΝΠΙΑΠΑΣΛ
ΘΟΖΒΣΑΕΧΘΑΧΤ
ΠΙΞΑΛΟΥΘΕΛ
ΞΨΝΠΘΕΞΒΧΣΗ
ΕΞΗΜΙΤΓΘΕΣ ΗΑΣΥΕΞ
ΙΤΑΣΑΧΕΞ
ΝΑΣΙΕΞΠΜΑΥΩ

AUFGABE 64

Es gilt, einige Sehenswürdigkeiten Münchens herauszufinden. Die Vokale A, E, I und O wurden bei der Codierung unverändert beibehalten.

Lösung 75

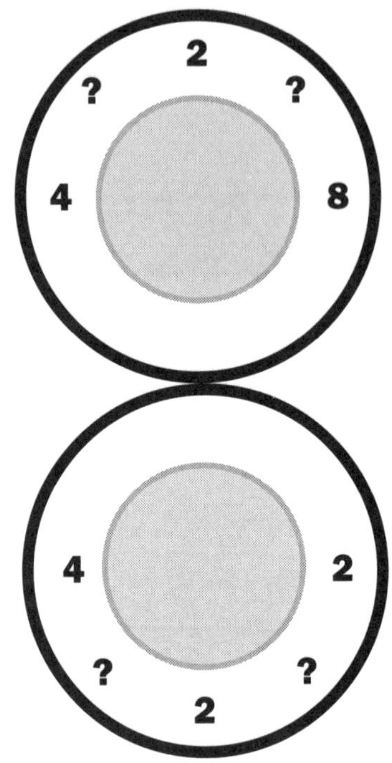

AUFGABE 65

Die Fragezeichen sind durch das Multiplikations- oder Divisionszeichen zu ersetzen, so daß bei beiden Rechnungen dasselbe Ergebnis herauskommt.

Lösung 89

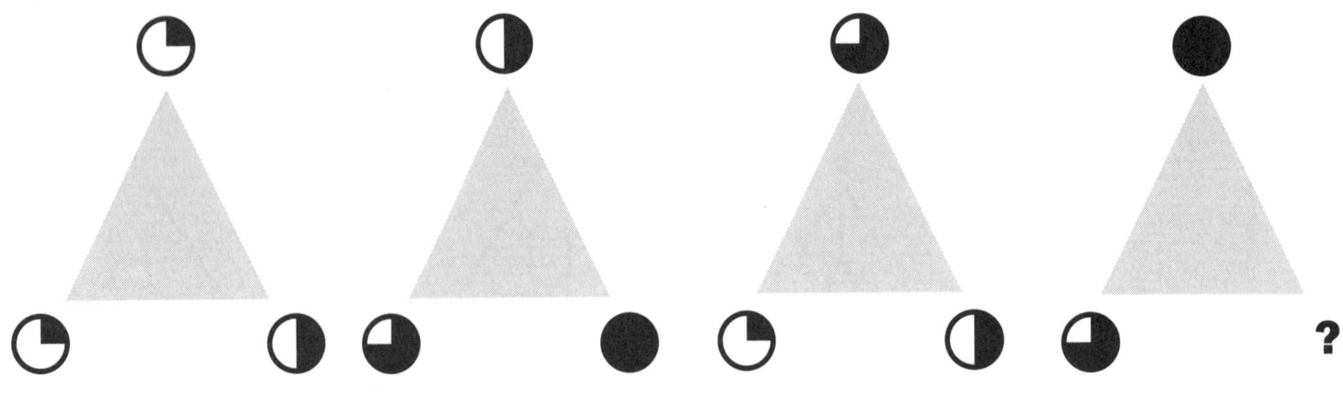

AUFGABE 66

Welches Symbol fehlt beim letzten Dreieck?

Lösung 76

AUFGABE 67

„Komm, wir sehen uns die Meereswelt von unten an!“,
drängte Fritz aufgeregt seinen Vater.

„Ich kann doch nicht schwimmen“,
protestierte dieser.

„Mußt du ja gar nicht.“

„Aber wir werden ganz naß“,
sträubte sich der Vater weiter.

„Nein, wir werden nicht naß werden.“

„Und da unten gibt es Haie.“

„Eben, ich wollte schon immer einmal einen richtigen Hai sehen.“

„Hast du denn keine Angst vor ihnen?“

„Ach wo, sie tun uns doch nichts.“
Fritz sagte seinem Vater, wohin er gehen wollte.

„Ok, du hast gewonnen“,
willigte der erleichtert ein.

„Also los!“,
sagte Fritz.

Fritz und sein Vater gehen nicht tauchen, auch nicht mit einer Taucherglocke. Wie nun gelangen sie unter die Wasseroberfläche, ohne jedes Risiko einzugehen?

Lösung ***45***

AUFGABE 68

Durch Bewegen von vier Streichhölzern läßt sich diese Gleichung richtigstellen.

Lösung ***26***

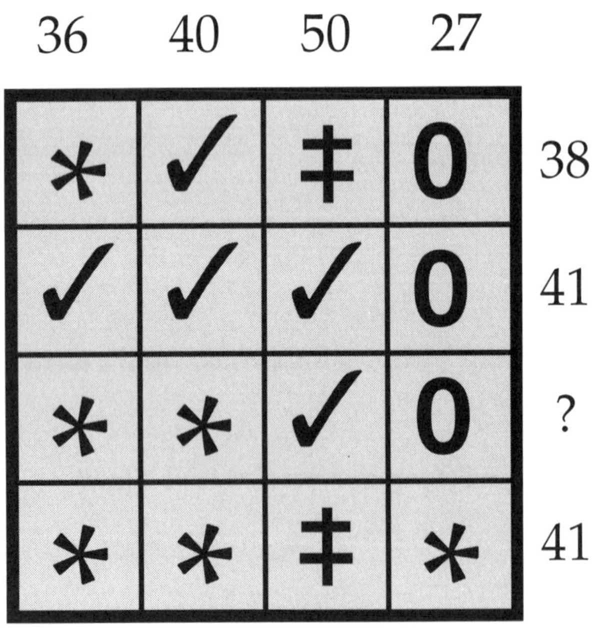

AUFGABE 69

Jedes Symbol in dem Quadrat entspricht einer Zahl. Welche Zahl ersetzt das Fragezeichen?

Lösung ***23***

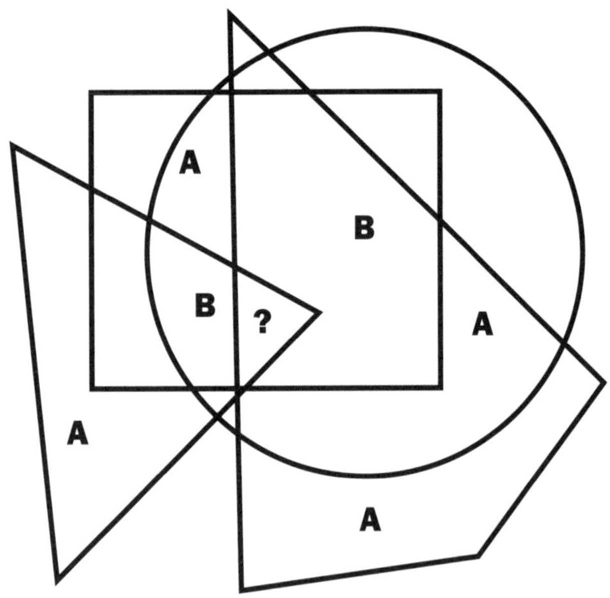

AUFGABE 70

Diesem Diagramm liegt eine bestimmte Logik zugrunde. Um das Fragezeichen durch einen Buchstaben zu ersetzen, müssen Sie sie herausfinden.

Lösung ***131***

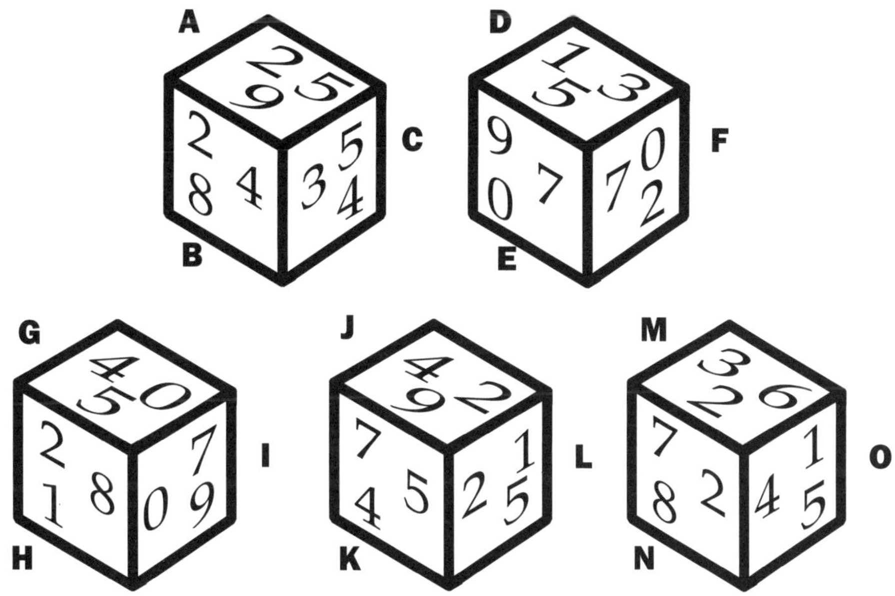

AUFGABE 71

Zwei Seiten dieser Würfel sind mit den gleichen Ziffern beschriftet. Finden Sie sie?

Lösung ***107***

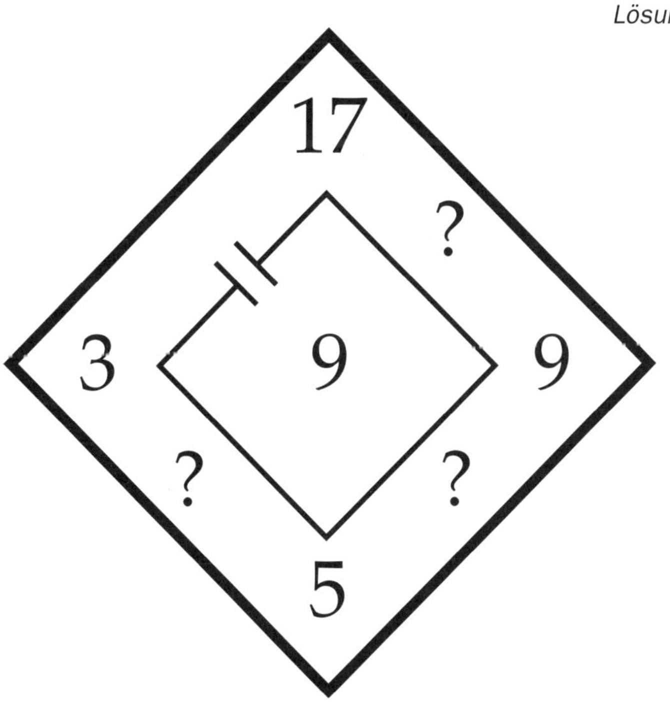

AUFGABE 72

Hier fehlen die Rechenzeichen. Im Uhrzeigersinn und oben beginnend, ergibt die Rechnung mit den richtigen Rechenzeichen die Zahl in der Mitte.

Lösung ***108***

OPLNNOEA **(Franzose)**
RCLUCHIHL **(Brite)**
MATNRU **(Amerikaner)**
EDLAGELU **(Franzose)**
NNEEYDK **(Amerikaner)**
OHHICHNIM **(Vietnamese)**
INHDAG **(Inder)**
LEDAANM **(Südafrikaner)**

AUFGABE 73

Leider sind die Buchstaben der Namen einiger großer Staatsmänner durcheinandergeraten. Als Hilfestellung für das Entwirren ist in Klammern ihre Nationalität angegeben.

Lösung ***37***

P	B	A	W	N	W	O	C	H	K	T	V	E	N	T	A	C	Y	X	O
A	A	D	E	F	W	O	Y	J	U	L	I	A	R	O	B	E	R	T	S
C	D	U	S	T	I	N	H	O	F	F	M	A	N	B	R	M	O	N	L
K	A	O	L	W	O	L	N	N	Y	G	O	R	E	S	O	T	U	V	D
K	M	G	E	N	E	W	I	L	D	E	R	W	O	L	O	Z	B	R	R
C	A	S	K	L	E	M	U	O	T	L	B	W	J	L	K	K	E	G	O
P	C	M	W	V	U	W	E	A	I	J	L	G	A	H	E	T	E	B	F
E	L	K	E	F	O	Z	M	A	A	T	H	E	N	A	S	E	R	O	D
E	S	O	A	L	L	A	M	A	A	O	I	E	E	O	H	I	L	L	E
R	T	A	S	E	G	F	A	A	N	T	O	E	F	L	I	S	T	R	R
T	O	M	C	R	U	I	S	E	S	R	S	E	O	T	E	E	E	P	T
S	A	O	E	E	B	W	B	I	M	Q	I	A	N	E	L	G	N	O	R
L	A	A	O	H	E	H	R	S	T	D	A	B	D	C	D	O	A	T	E
Y	A	F	G	S	V	H	T	E	O	I	B	K	A	R	S	C	E	J	B
R	B	P	O	A	C	F	A	J	Z	N	A	Y	A	A	Y	I	X	Q	O
E	N	O	Z	E	A	L	M	A	O	C	Y	H	F	O	G	H	E	L	R
M	A	E	I	N	A	Z	E	N	I	A	C	L	E	A	H	C	I	M	B
C	P	L	M	A	N	N	V	W	X	I	E	R	S	F	L	A	Z	O	N
N	U	W	M	J	F	G	Q	S	R	A	E	L	L	A	E	S	S	O	E
J	O	N	Y	F	G	I	N	O	S	P	M	O	H	T	A	M	M	E	F

Jane Asher
Julia Roberts
Mel Gibson
Julie Christie
Meryl Streep
Paul Newman
Jane Fonda
Gene Wilder
Richard Gere
Michael Caine
Brooke Shields
Dustin Hoffman
Tom Cruise
Emma Thompson
Robert Redford
Jodie Foster

AUFGABE 74

In diesem Raster sind die Namen von 16 bekannten Schauspielern versteckt. Sie können vorwärts oder rückwärts und waagerecht, senkrecht oder diagonal geschrieben sein.

Lösung ***61***

JWQA LM JWCTWOVM
UWVBXIZVIAAM
UILMTMQVM
XMZM TIKPIQAM
KPIUXA MTGAMMA
OIZM LM TGWV
IZK LM BZQWUXPM
UWVBU IZBZM

AUFGABE 75

Dies sind verschlüsselt die Namen einiger bekannter Örtlichkeiten in Paris. Finden Sie sie heraus?

Lösung ***66***

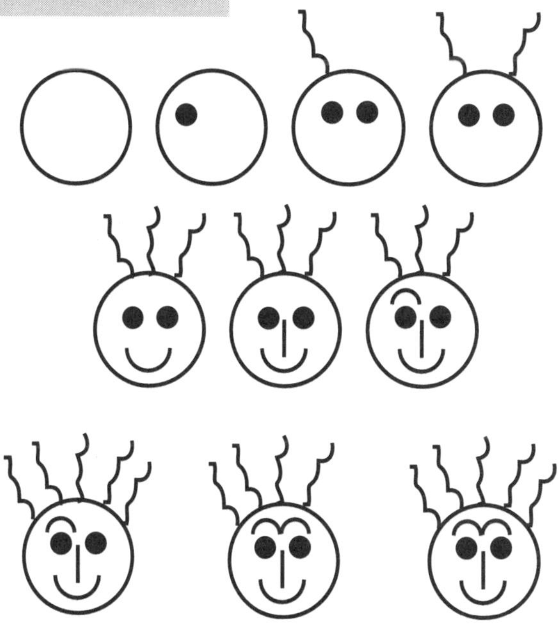

A **B** **C**

AUFGABE 76

A, B oder C? Welches dieser Gesichter setzt die obige Reihe logisch fort?

Lösung ***90***

7		14	4		8	6		12	3		6
	35			20			30			?	
28		21	16		12	24		18	12		9

AUFGABE 77

Welche Zahl muß im letzten Quadrat stehen?

Lösung ***52***

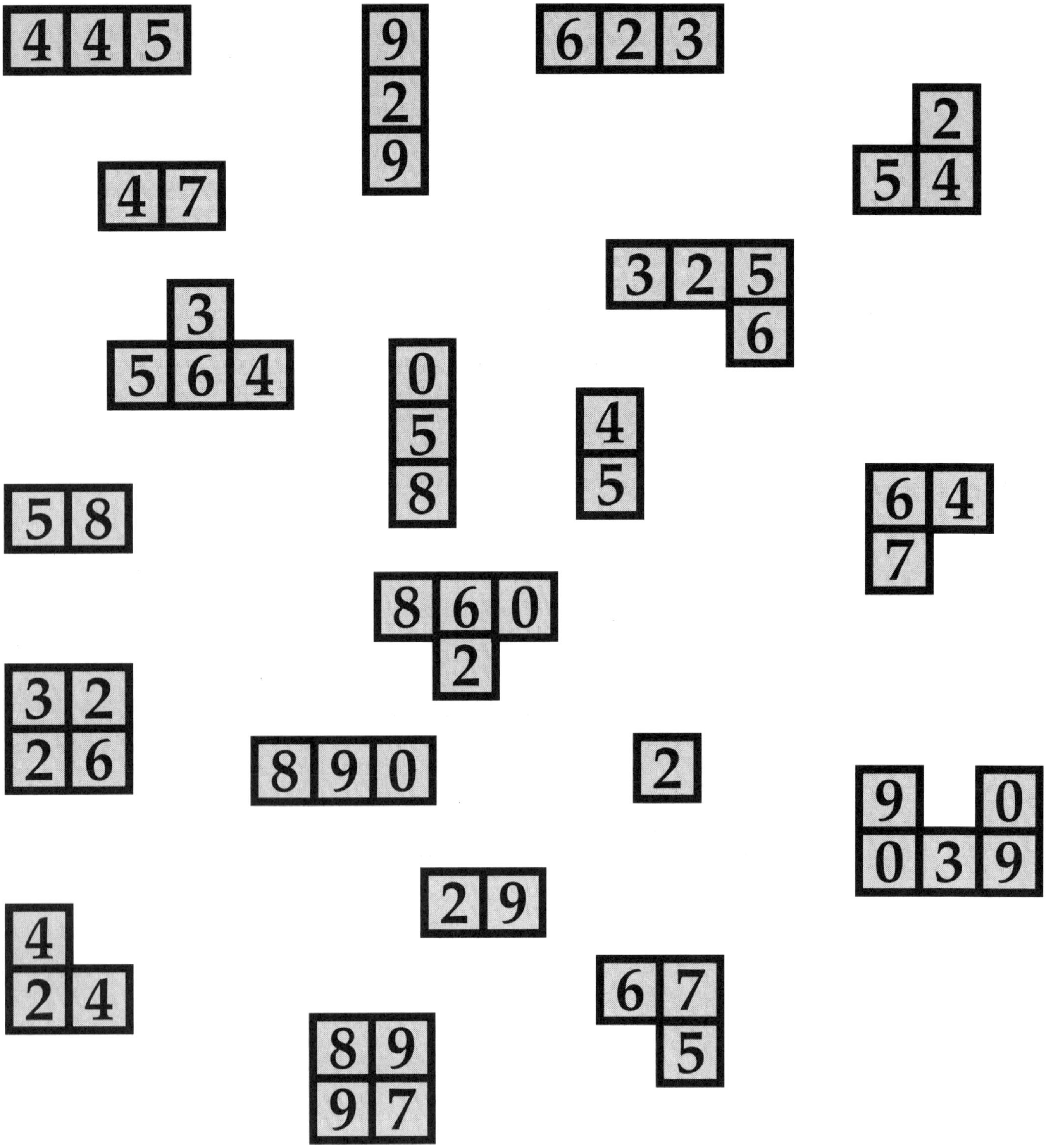

AUFGABE 78

Die Mosaiksteine ergeben, richtig zusammengesetzt, ein Quadrat, bei dem je eine waagerechte mit einer senkrechten Zahlenreihe übereinstimmt. Können Sie das Quadrat zusammensetzen?

Lösung ***77***

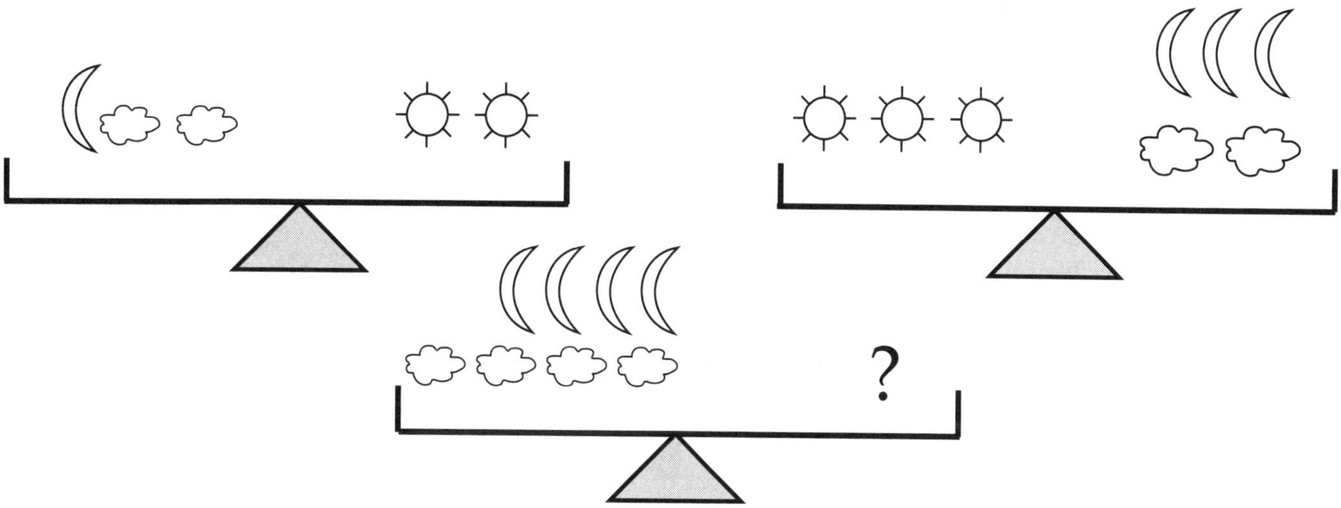

AUFGABE 79

Mit welchen Symbolen läßt sich
die untere Waage ins Gleichgewicht bringen?

Lösung ***31***

AUFGABE 80

Welche Zeit muß
die vierte Uhr anzeigen?

Lösung ***64***

AJILU TREBORS
RUBT NOYLEDRS
CAKJ OHLCSIONN
VDAID EVNIN
IRLANYM RNOOME
MERYJE NSORI
URYEDA BPEHRNU
NNOAIW DYRER

AUFGABE 81

Diese Anagramme verbergen
die Vor- und Zunamen von Filmstars.

Lösung ***132***

A verhält sich zu B wie C zu

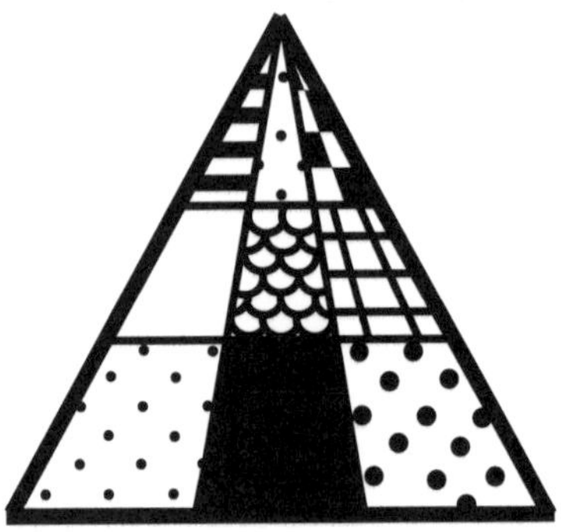

D

E

F

G

AUFGABE 82

Lösung ***121***

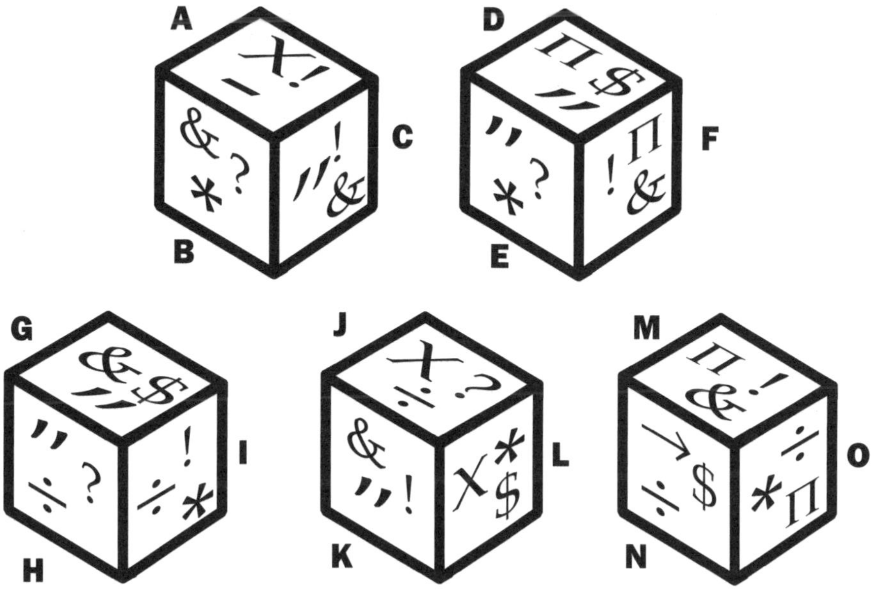

AUFGABE 83

Gesucht werden die beiden Würfelseiten mit identischen Symbolen.

Lösung ***134***

36	23	24	?	
□	X	Z	♥	27
□	♥	♥	Z	29
□	X	X	X	24
□	Z	Z	X	26

AUFGABE 84

Jedem Symbol entspricht ein Zahlenwert. Ermitteln Sie diese Zahlenwerte und somit die Zahl, für die das Fragezeichen steht.

Lösung ***7***

CCDALLYIIP **(London)**
POCACAANAB **(Rio)**
GGGNEUMEHI **(New York)**
OITEEL **(Paris)**
ETIHWLLHA **(London)**
DAEMNIELE **(Paris)**
NECRALT RAKP **(New York)**
OOLSMEUKS **(Rom)**

AUFGABE 85

Die Städtenamen geben Hinweise auf die Namen der Plätze und Sehenswürdigkeiten, die hier als Anagramme verschlüsselt sind.

Lösung ***95***

K	L	N	B	C	E	W	O	P	Q	B	A	I	K	M	O	L	C
G	A	E	H	C	W	V	R	A	E	I	X	C	M	O	L	A	D
B	E	B	A	C	H	L	E	H	A	R	U	O	H	N	K	M	X
O	A	F	E	A	E	A	N	A	E	X	T	A	T	O	T	E	W
R	L	O	N	E	F	A	G	E	T	W	Y	A	E	X	P	M	M
O	N	A	D	E	A	G	A	H	A	D	H	E	L	L	E	I	E
D	A	C	E	F	G	E	W	A	N	E	A	E	I	M	C	O	N
I	U	F	L	I	S	Z	T	B	E	N	T	V	O	W	L	C	D
N	A	E	K	M	O	Z	G	A	V	E	A	Z	C	K	L	P	E
Q	S	K	A	E	K	E	B	E	O	H	A	R	T	U	E	K	L
L	W	A	A	E	I	P	Q	R	H	R	A	E	T	X	C	K	S
A	C	E	I	R	V	O	S	P	T	Q	V	R	W	B	R	C	S
S	D	A	G	E	O	K	W	O	E	L	X	I	M	N	U	T	O
M	O	V	X	Z	K	V	M	N	E	K	E	C	V	A	P	J	H
H	L	W	X	Q	W	A	D	E	B	U	S	S	Y	A	T	O	N
A	O	W	P	X	B	E	I	E	P	Q	O	Z	A	C	L	T	W
R	A	C	A	S	C	H	U	B	E	R	T	T	O	R	H	D	A
B	B	C	F	K	L	M	N	T	A	C	T	O	A	R	Z	W	I

Bach
Beethoven
Borodin
Brahms
Chopin
Debussy
Dvorak
Grieg
Haendel
Haydn
Lehar
Liszt
Mendelssohn
Mozart
Purcell
Schubert
Vivaldi
Wagner

AUFGABE 86

In diesem Raster sind die Namen von 18 großen Komponisten versteckt. Sie können vorwärts oder rückwärts und waagerecht, senkrecht oder diagonal geschrieben sein.

Lösung ***68***

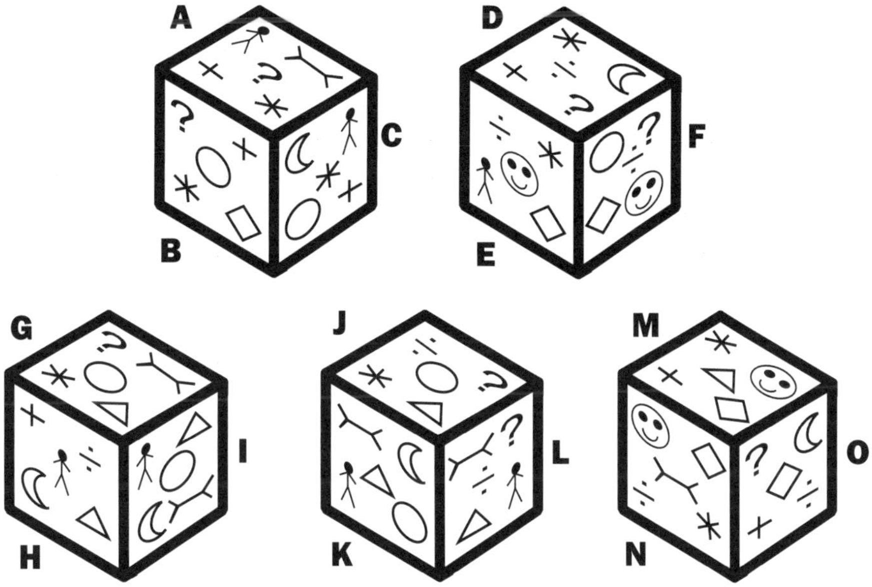

AUFGABE 87

Auf zwei Würfelseiten sind identische Figuren abgebildet.
Finden Sie diese beiden?

Lösung ***99***

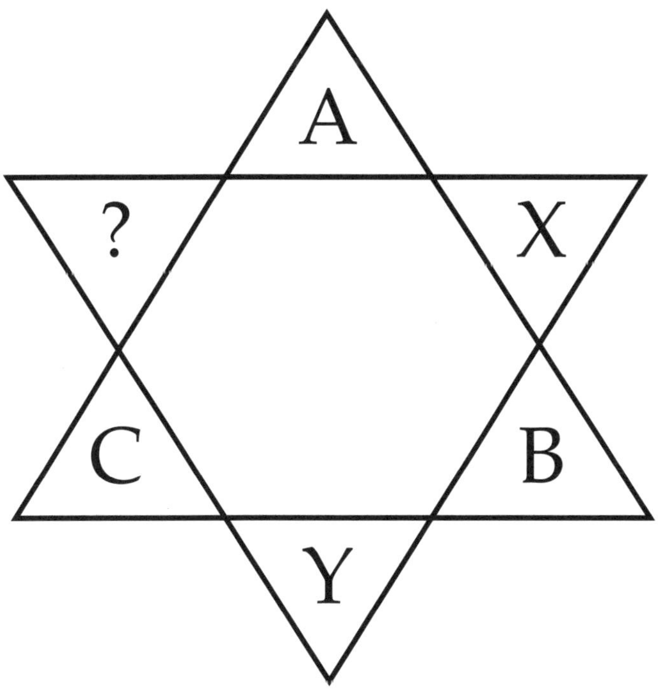

AUFGABE 88

Welcher Buchstabe vervollständigt den Stern?

Lösung ***86***

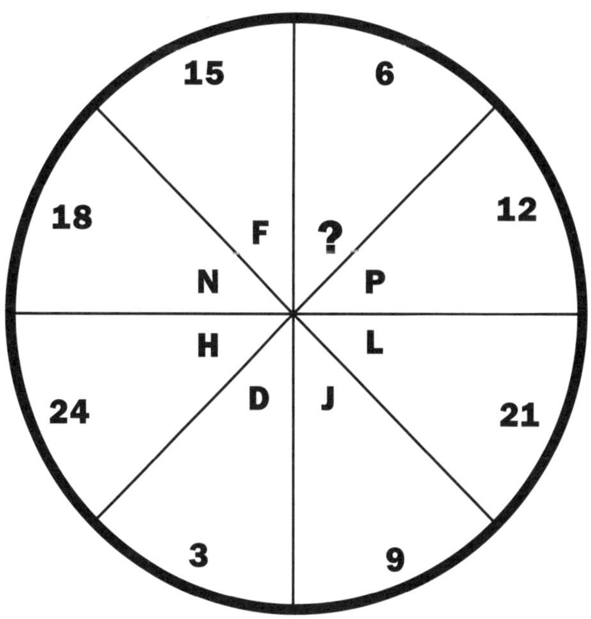

AUFGABE 89

Zwischen den Buchstaben und Zahlen in diesem Rad besteht eine logische Beziehung. Welcher Buchstabe ersetzt demnach das Fragezeichen?

Lösung ***18***

VMASIO (Amerikaner)
ZLBACA (Franzose)
YHAEWMGIN (Amerikaner)
CYOEJ (Ire)
MHUAMAG (Engländer)
RELIML (Amerikaner)
STRUPO (Franzose)
NWITA (Amerikaner)

AUFGABE 90

Hinter den Anagrammen verbergen sich die Namen großer Schriftsteller. Die Angabe der Nationalität in Klammern erleichtert die Entwirrung.

Lösung ***141***

?	7	4	8	9	0
3	5	0	2	6	7
1	2	4	6	2	3

AUFGABE 91

Ermitteln Sie die Zahl,
für die das Fragezeichen steht.

Lösung ***34***

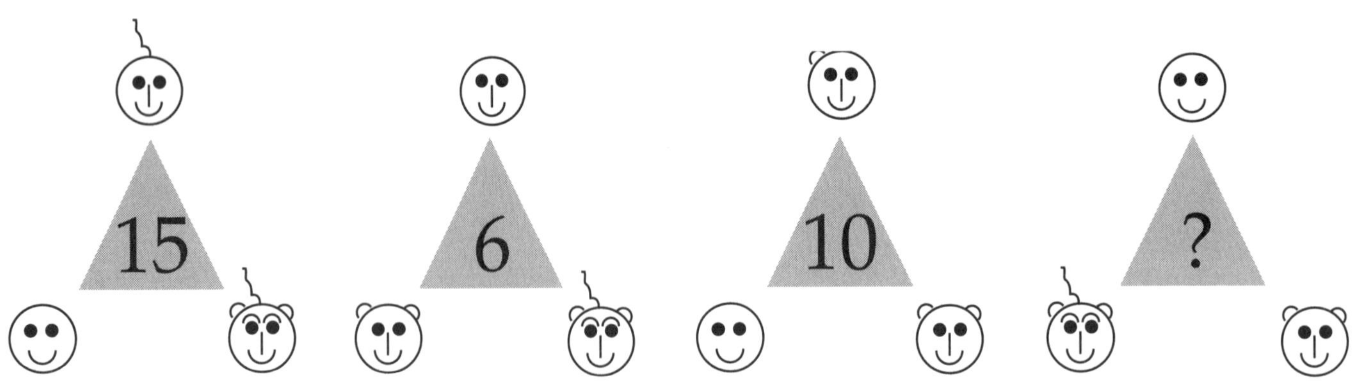

AUFGABE 92

Welche Zahl muß anstelle
des Fragezeichens im letzten Dreieck stehen?

Lösung ***24***

AUFGABE 93

Dr. Arnold Gluck, ein Psychiater aus New York, stieß bei seiner Arbeit auf den emsigsten Bücherwurm der Welt.

Der hatte sich seit seiner Kindheit ausschließlich damit befaßt, ein Buch nach dem anderen zu verschlingen.

Und das, obwohl er niemals eine richtige Arbeit ausübte oder öffentliche Bibliotheken aufsuchte.

Auch hatte er kein Geld geerbt, ja, er war völlig mittellos.

Wie also konnte er all diese Bücher durchbekommen?

Lösung ***44***

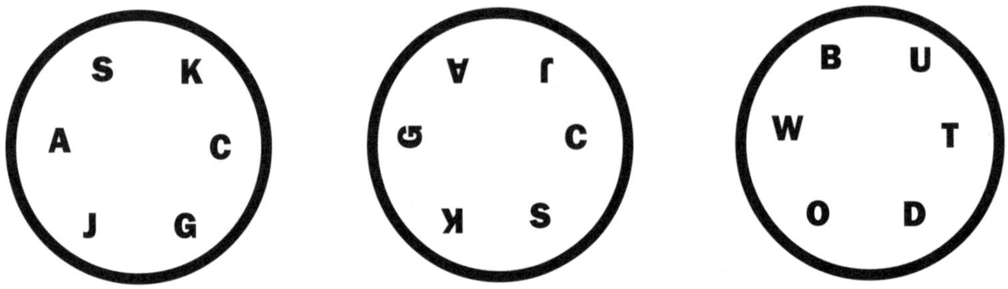

A verhält sich zu B wie C zu

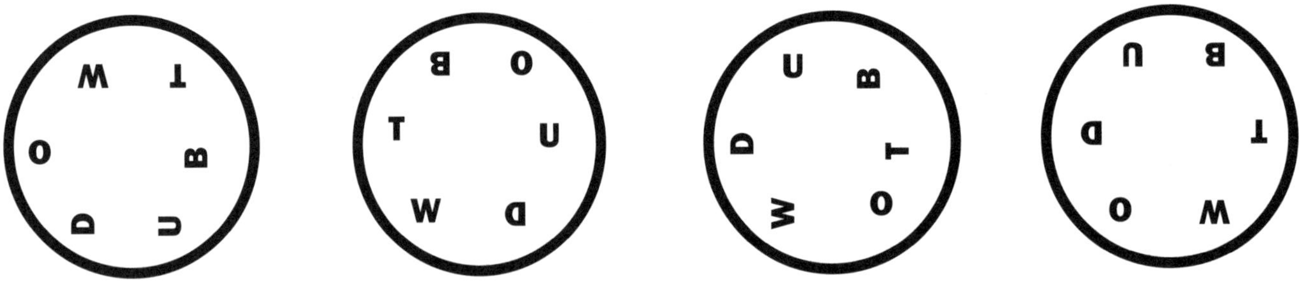

D E F G

AUFGABE 94

Lösung **116**

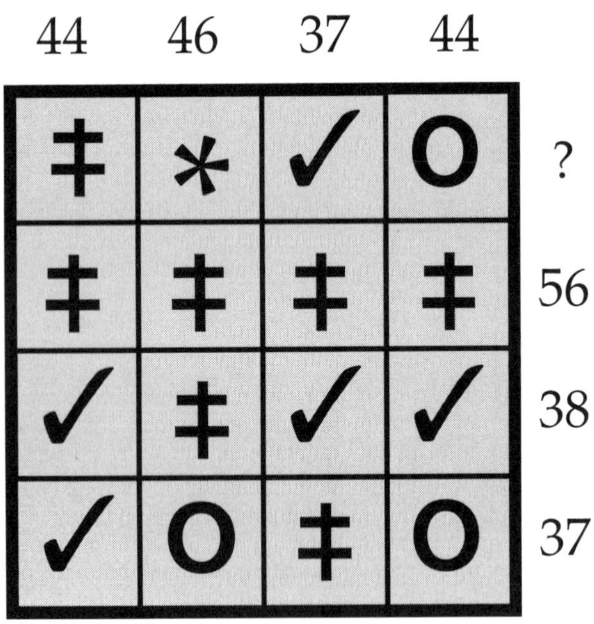

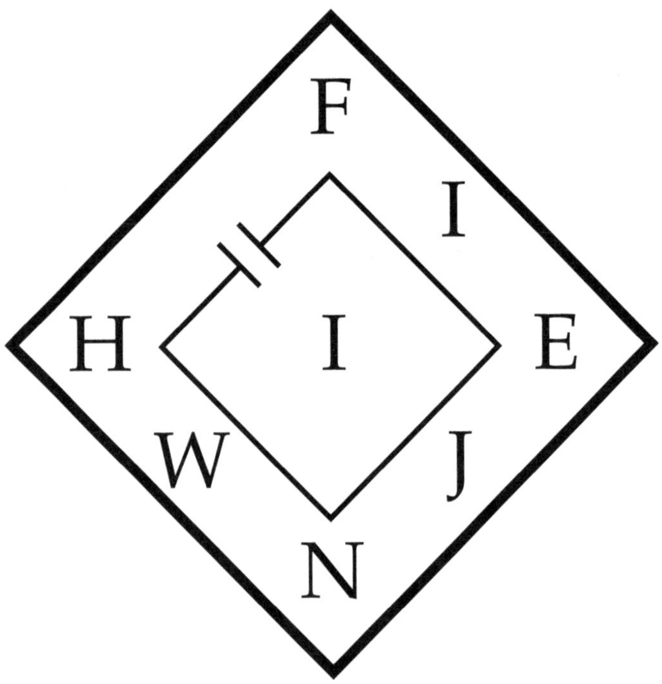

AUFGABE 95

Jedes Zeichen in dem Quadrat steht für eine Zahl. Welche Zahl ersetzt das Fragezeichen?

Lösung **78**

AUFGABE 96

Der Wert der Buchstaben entspricht ihrer Position im Alphabet. Bei der Gleichung fehlen allerdings noch die Plus- und Minuszeichen, die so zu setzen sind, daß bei Beginn der Rechnung oben der Wert in der Mitte des Diagramms herauskommt.

Lösung **53**

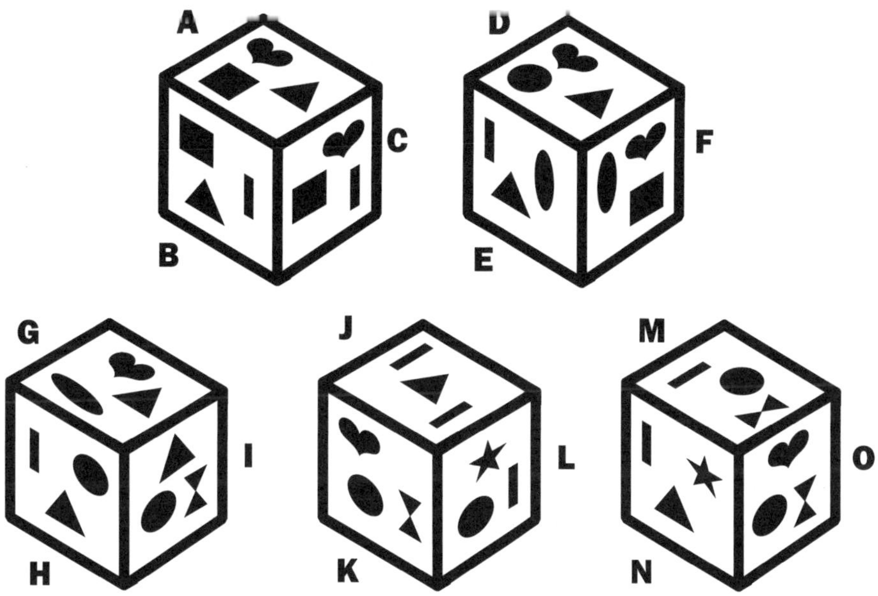

AUFGABE 97

Welche beiden Würfelseiten
enthalten exakt die gleichen Symbole?

Lösung ***125***

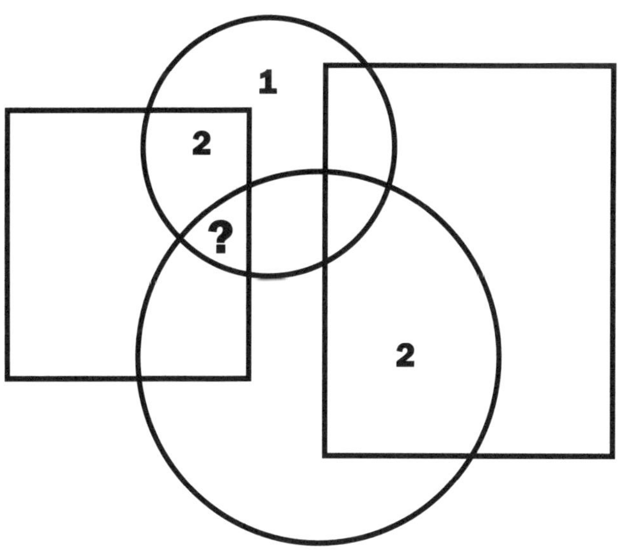

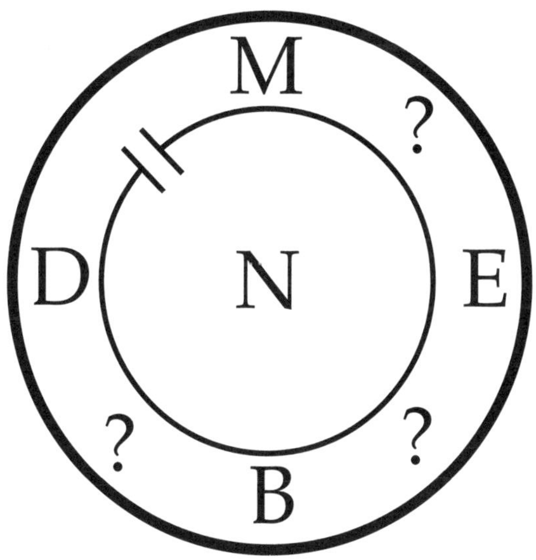

AUFGABE 98

Diesem Diagramm liegt eine
bestimmte Logik zugrunde. Welche Zahl ist
anstelle des Fragezeichens einzutragen?

Lösung ***124***

AUFGABE 99

Um das Ergebnis in der Kreismitte
zu erhalten, müssen die Fragezeichen
durch ein + oder – ersetzt werden.

Lösung ***143***

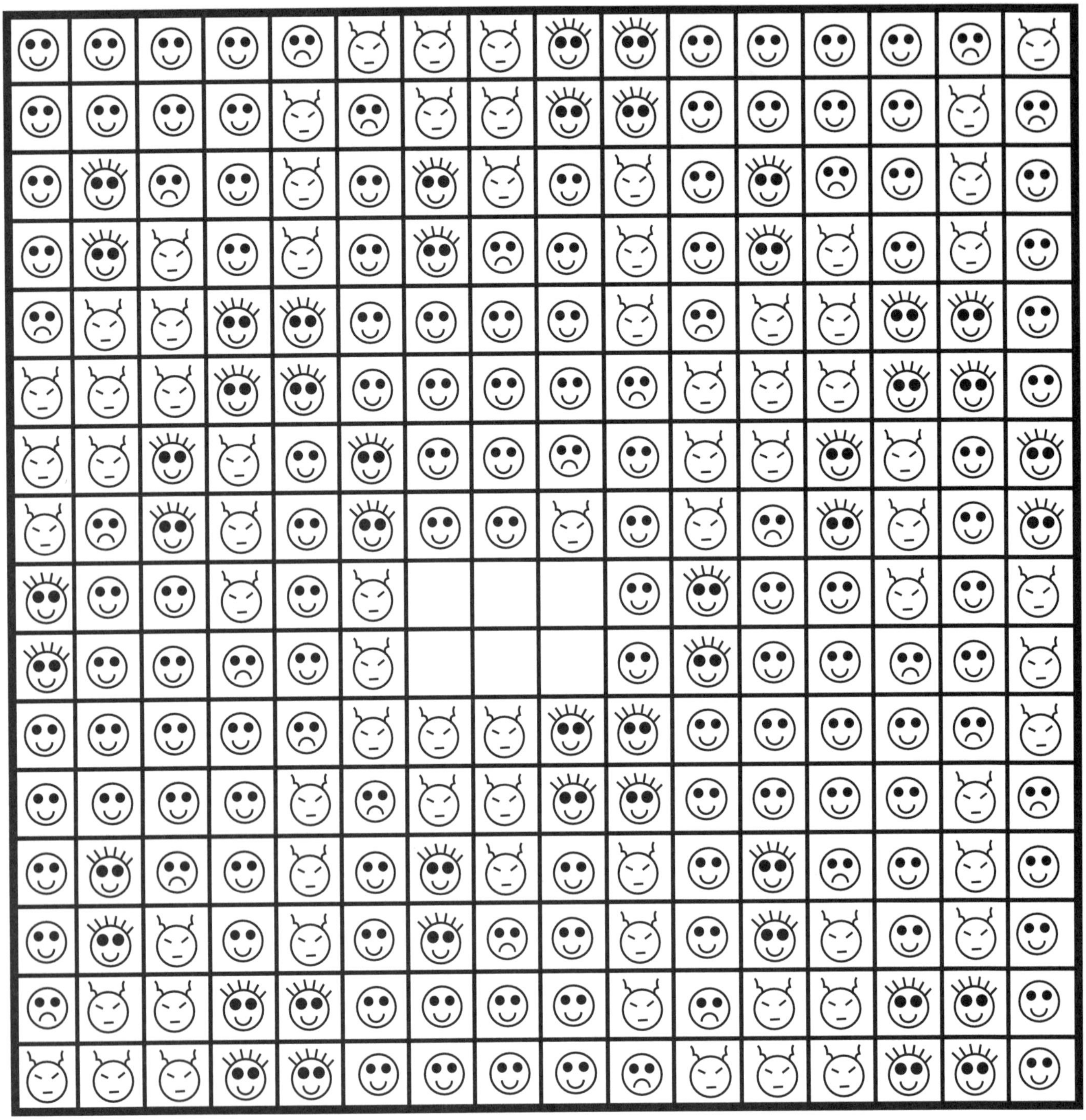

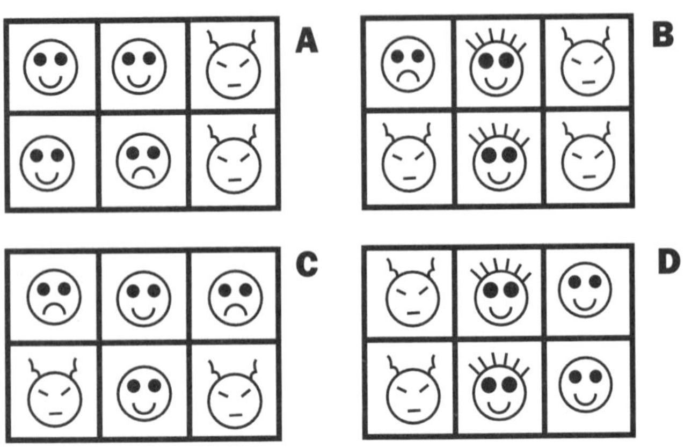

AUFGABE 100

Die Abfolge der Symbole im großen Raster folgt einem bestimmten Muster. Welcher der vier kleinen Abschnitte paßt in die weiß belassenen Felder?

*Lösung **84***

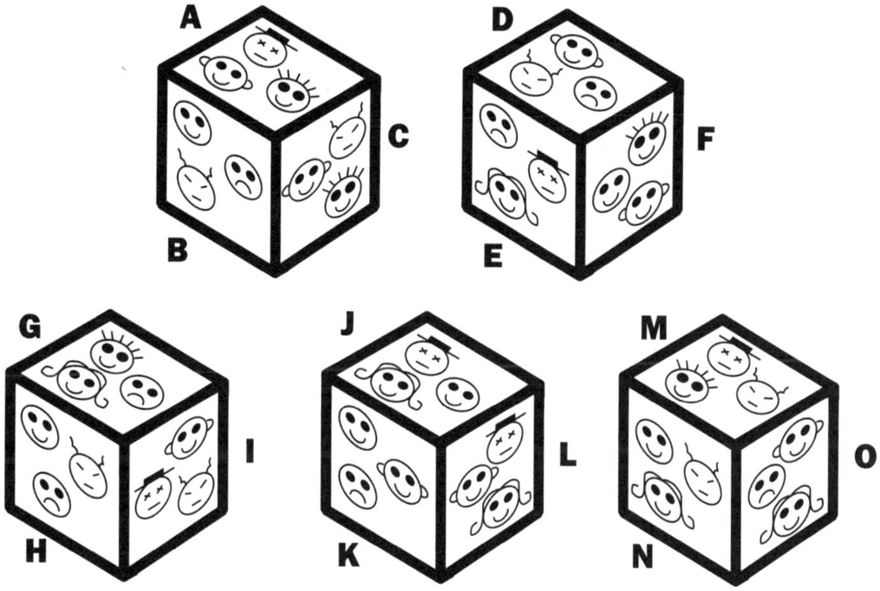

AUFGABE 101

Auf welchen zwei Würfelflächen sind die gleichen Symbole abgebildet?

Lösung **13**

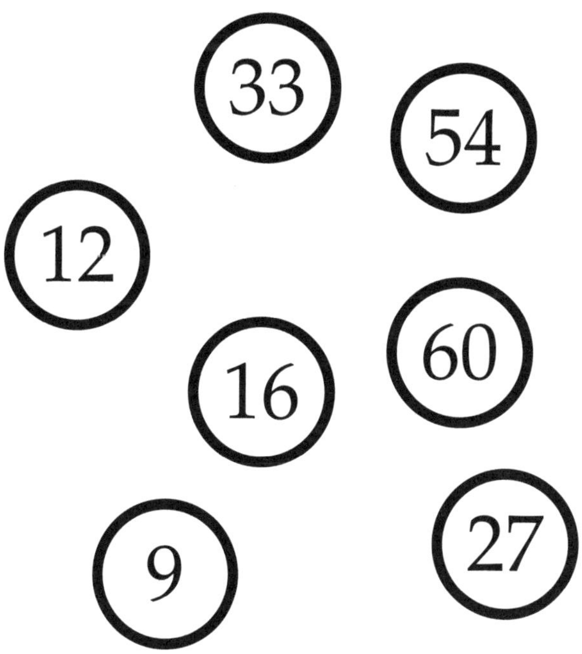

AUFGABE 102

Welche Zahl paßt nicht zu den anderen?

Lösung **71**

ΨΘΙΥΕΘΑΜΜ
ΥΣΑΖΑΜΗΑΣ ΤΡΦΑΣΕ
ΛΕΞΤΙΞΗΥΟΞ ΗΑΣΔΕΞΤ
ΝΑΣΒΜΕ ΑΣΓΘ
ΒΦΓΛΙΞΗΘΑΝ ΠΑΜΑΓΕ
ΠΙΓΓΑΔΙΜΜ∇ ΓΙΣΓΦΤ
ΗΣΟΤΧΕΞΟΣ ΤΡΦΑΣΕ
ΥΘΑΝΕΤ ΕΝΒΑΞΛΝΕΞΥ
ΨΑΥΕΣΜΟΟ ΤΥΑΥΙΟΞ
ΛΙΞΗΤ ΓΣΟΤΤ

AUFGABE 103

Können Sie die Namen von zehn Londoner Sehenswürdigkeiten entschlüsseln? Nur die Vokale A, E, I und O sowie der Konsonant B stehen unverändert an der richtigen Stelle.

Lösung **54**

AUFGABE 104

Welcher Buchstabe gehört nicht hierher?

Lösung ***133***

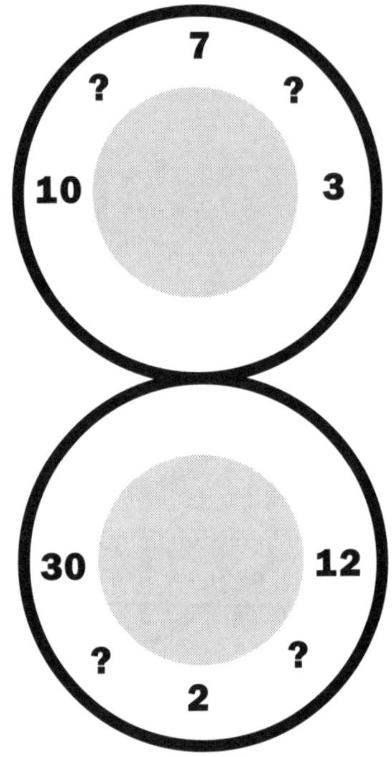

AUFGABE 105

Ersetzen Sie die Fragezeichen durch + oder –, so daß in beiden Kreisen dasselbe Ergebnis herauskommt.

Lösung ***126***

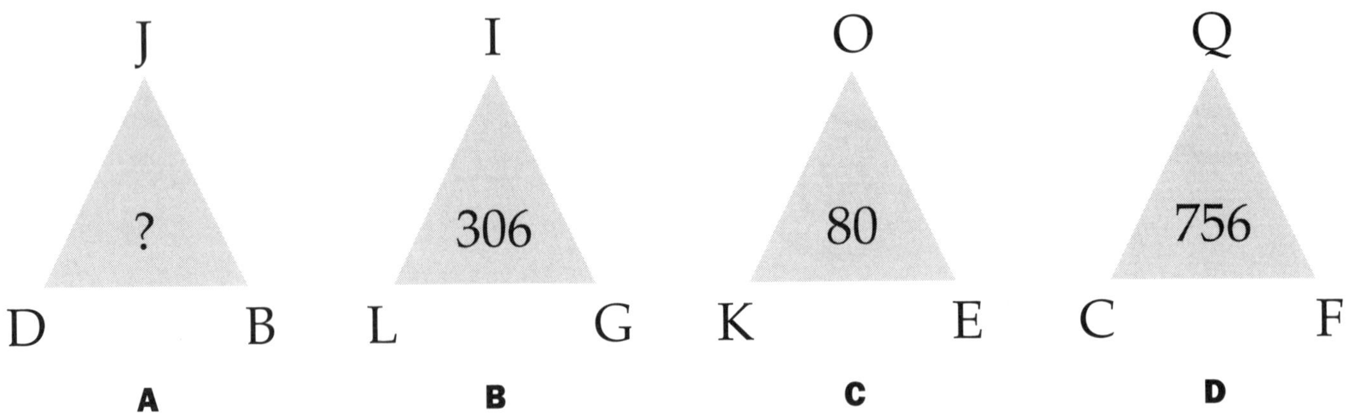

AUFGABE 106

Welche Zahl muß im ersten Dreieck anstelle des Fragezeichens stehen?

Lösung ***56***

AUFGABE 107

Beim Nachhause kommen, stellte ein Mann fest, daß er sich ausgesperrt hatte und der Garten seines Hauses voller Wasser war.

Im ersten Stock stand ein Fenster offen, aber er hatte keine Leiter, um dort hinauf zu kommen.

Wenn er nur auf die Veranda gelangen könnte, so dachte er, dann würde er auch das Fenster erreichen.

Da kam ihm der rettende Einfall.

Was hatte er sich überlegt?

Es waren keine Leitern, Stufen oder Kletterpartien an der Hauswand im Spiel.

Lösung ***40***

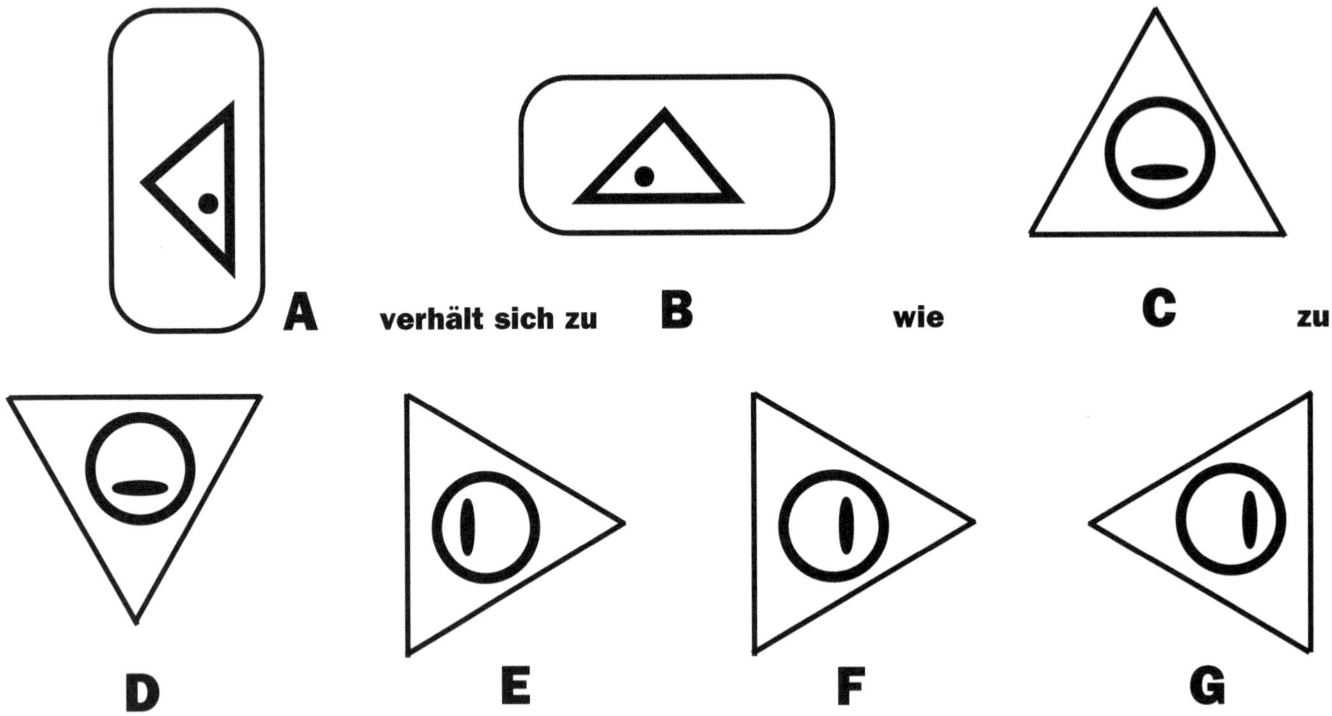

AUFGABE 108

Lösung ***8***

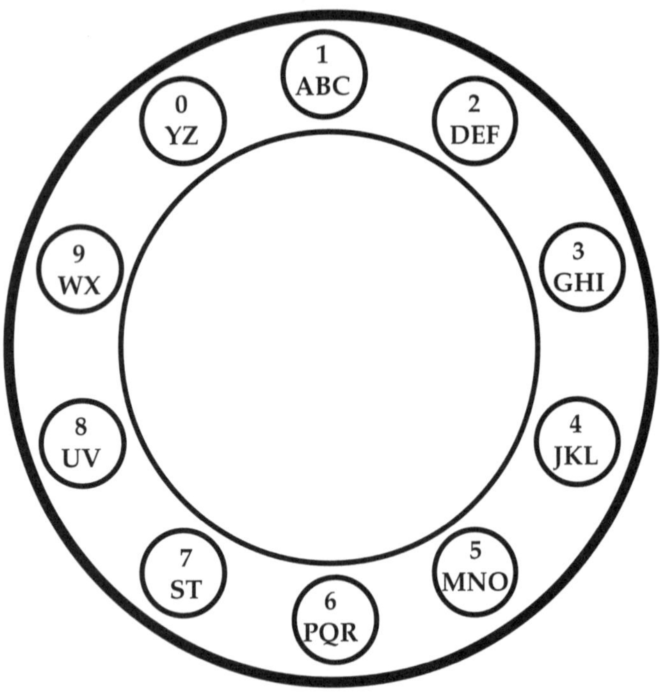

AUFGABE 109

Links sehen Sie eine alte Telefon-Wählscheibe mit Zahlen und Buchstaben. Können Sie mit ihrer Hilfe die nachfolgenden Namen zehn großer Städte in aller Welt entschlüsseln?

Lösung ***92***

A. 5151327726

B. 3417359

C. 75845872

D. 75542574

E. 815158826

F. 1153454

G. 41448771

H. 524158652

I. 116124551

J. 7116152575

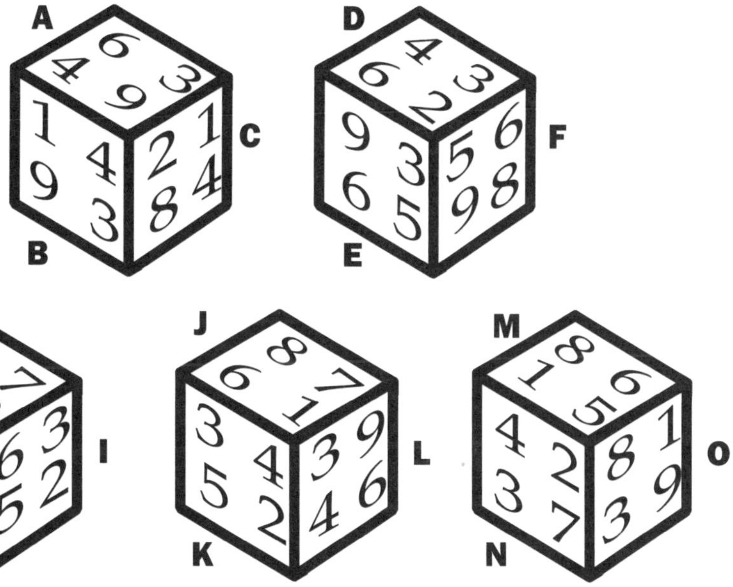

AUFGABE 110

Zwei der Würfelflächen zeigen die gleichen Zahlen.
Finden Sie die beiden?

Lösung ***57***

35	47	38	24	
‡	*	*	*	?
✓	‡	‡	✓	40
✓	0	✓	✓	21
0	0	0	0	48

AUFGABE 111

Finden Sie heraus, für welche Zahl die verschiedenen Symbole stehen und welche Zahl das Fragezeichen ersetzt.

Lösung ***59***

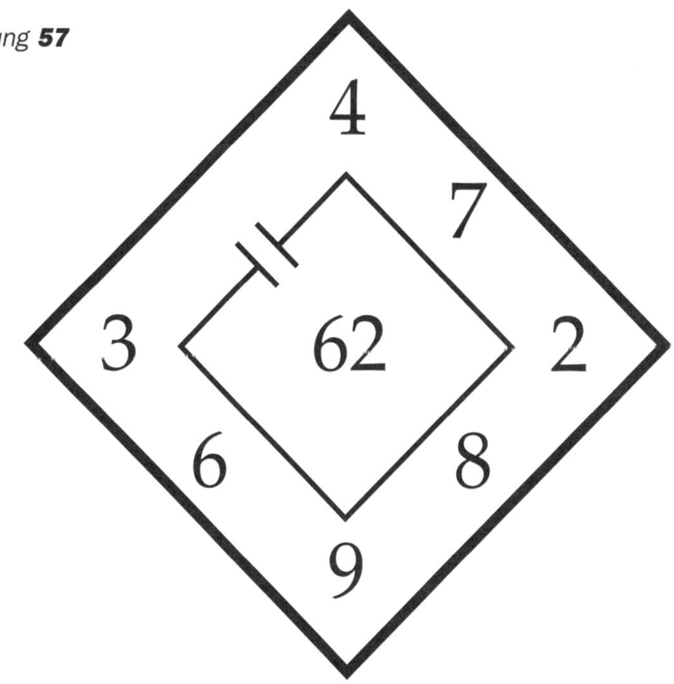

AUFGABE 112

In dieser Gleichung fehlen die mathematischen Zeichen +, –, x und :. Wie sind sie einzusetzen, so daß man das Ergebnis in der Mitte erhält?

Lösung ***17***

♥	√	√	Ø	Ø	‡	♥	√	√	Ø	Ø	‡	♥	√	√	Ø
♥	♥	Ø	√	‡	‡	♥	♥	Ø	√	‡	‡	♥	♥	Ø	√
√	‡	‡	♥	♥	Ø	√	‡	‡	♥	♥	Ø	√	‡	‡	♥
Ø	Ø	‡	♥	√	√	Ø	Ø	‡	♥	√	√	Ø	Ø	‡	♥
Ø	Ø	♥	‡	√	√	Ø	Ø	♥	‡	√	√	Ø	Ø	♥	‡
‡	√	♥	‡	Ø				♥	‡	Ø	♥	‡	√	♥	‡
♥	♥	√	Ø	‡				√	Ø	‡	‡	♥	♥	√	Ø
√	♥	Ø	√	‡				Ø	√	‡	Ø	√	♥	Ø	√
√	‡	Ø	√	♥	Ø	√	‡	Ø	√	♥	Ø	√	‡	Ø	√
Ø	‡	‡	♥	♥	√	Ø	‡	‡	♥	♥	√	Ø	‡	‡	♥
‡	Ø	♥	‡	√	♥	‡	Ø	♥	‡	√	♥	‡	Ø	♥	‡
‡	√	√	Ø	Ø	♥	‡	√	√	Ø	Ø	♥	‡	√	√	Ø
♥	√	√	Ø	Ø	‡	♥	√	√	Ø	Ø	‡	♥	√	√	Ø
♥	♥	Ø	√	‡	‡	♥	♥	Ø	√	‡	‡	♥	♥	Ø	√
√	‡	‡	♥	♥	Ø	√	‡	‡	♥	♥	Ø	√	‡	‡	♥
Ø	Ø	‡	♥	√	√	Ø	Ø	‡	♥	√	√	Ø	Ø	‡	♥

AUFGABE 113

Die Abfolge der Symbole in diesem Raster folgt einem Muster. Finden Sie es heraus, und ergänzen Sie die fehlenden Symbole.

Lösung ***74***

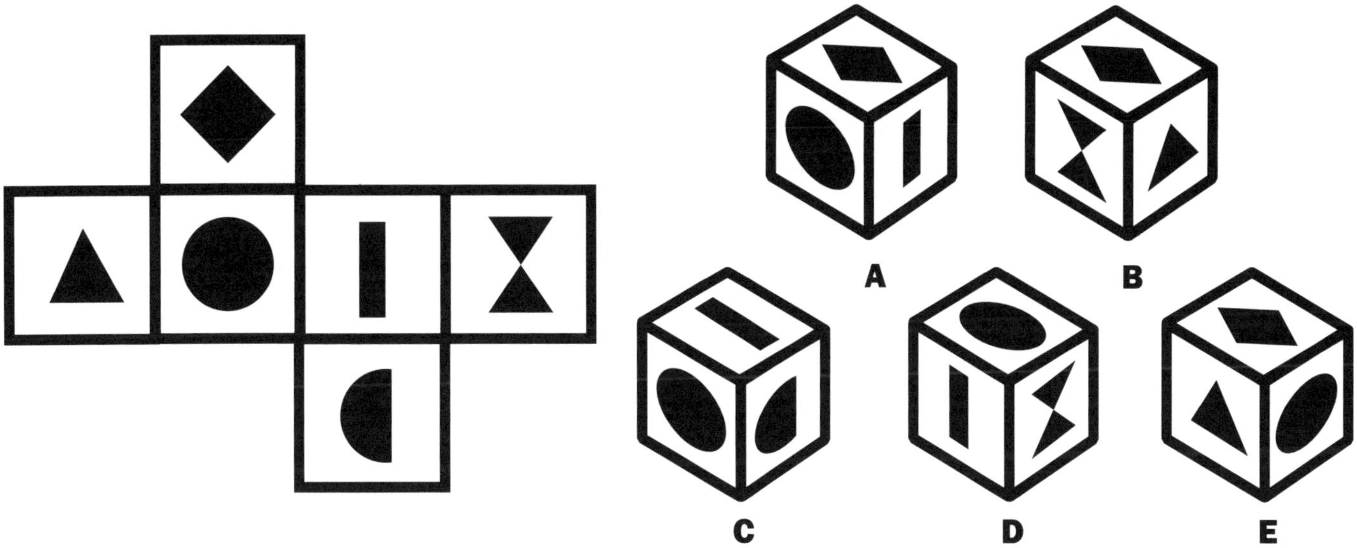

AUFGABE 114

Welcher der Würfel stimmt nicht
mit der aufgeklappten Vorlage überein?

Lösung ***65***

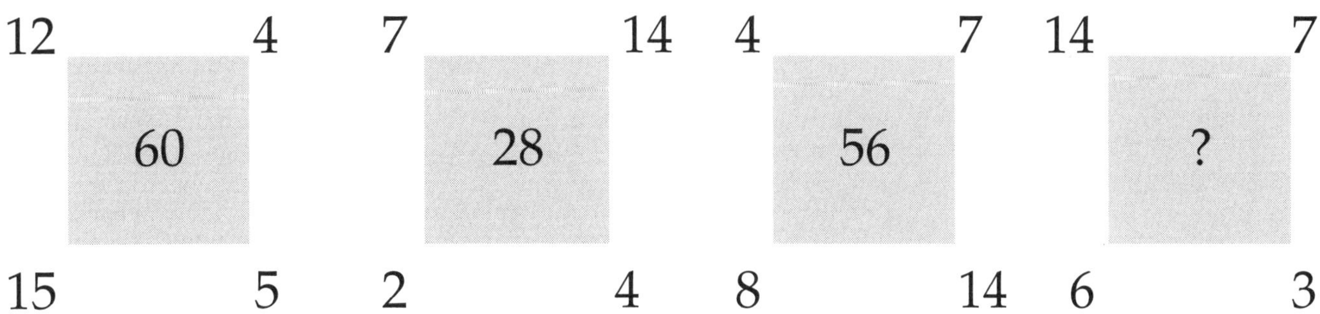

AUFGABE 115

Welche Zahl muß anstelle des Fragezeichens
im letzten Quadrat eingesetzt werden?

Lösung ***80***

AUFGABE 116

Setzen Sie anstelle der Fragezeichen Rechenzeichen so ein, daß die Gleichung aufgeht.

Lösung ***129***

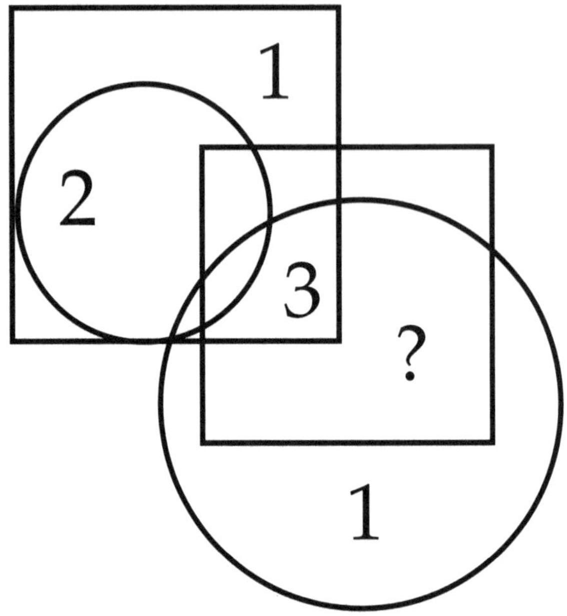

AUFGABE 117

Welche Logik liegt diesem Diagramm zugrunde, und welche Zahl ersetzt das Fragezeichen?

Lösung ***112***

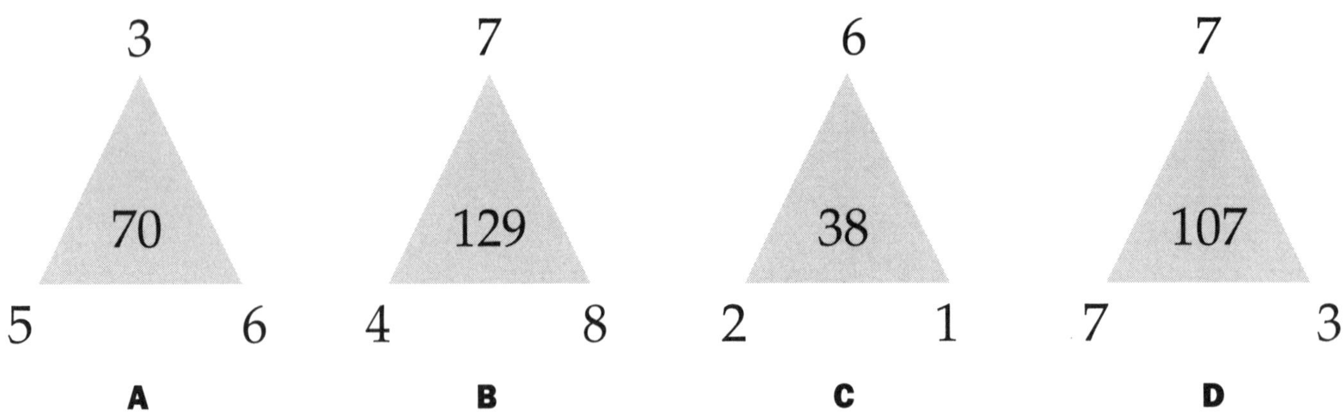

AUFGABE 118

Die Dreiecke sind durch eine einfache mathematische Formel miteinander verknüpft. Bei einem trifft sie jedoch nicht zu. Bei welchem?

Lösung ***2***

AUFGABE 119

Bei seinem Tod hinterließ der alte Jakob Gotteswinter jedem seiner Enkel das gleiche.

David verschwendete sein Erbe sinnlos, Tom nutzte seines, um sich ein schönes Leben zu machen, und Maja teilte sich das ihre mit Bedacht ein.

Der alte Mann hatte seine Enkel gerecht behandeln wollen,

und er hat es auch getan,

obwohl jeder einen anderen Geldbetrag erhielt.

Was war sein Vermächtnis?

Lösung ***43***

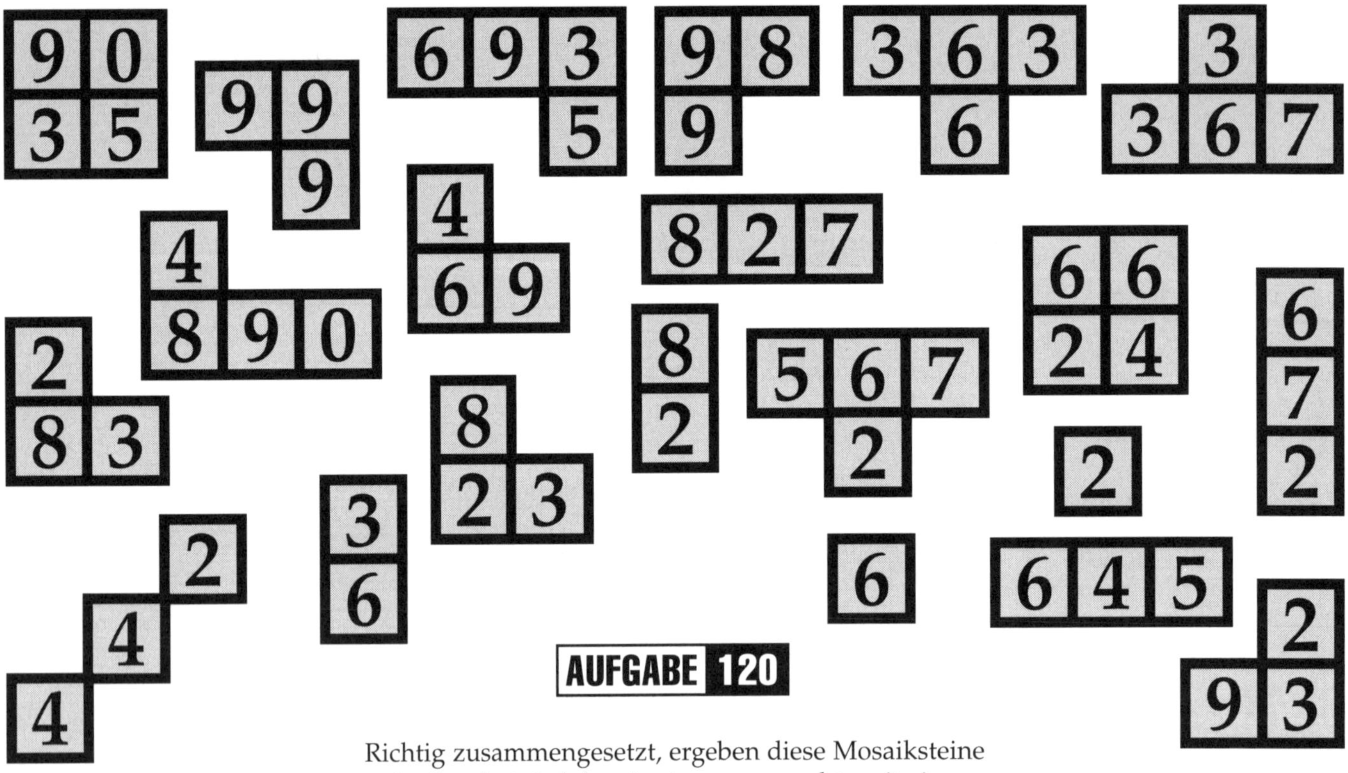

AUFGABE 120

Richtig zusammengesetzt, ergeben diese Mosaiksteine ein Quadrat, bei dem je eine waagerechte mit einer senkrechten Zahlenreihe übereinstimmt.

*Lösung **85***

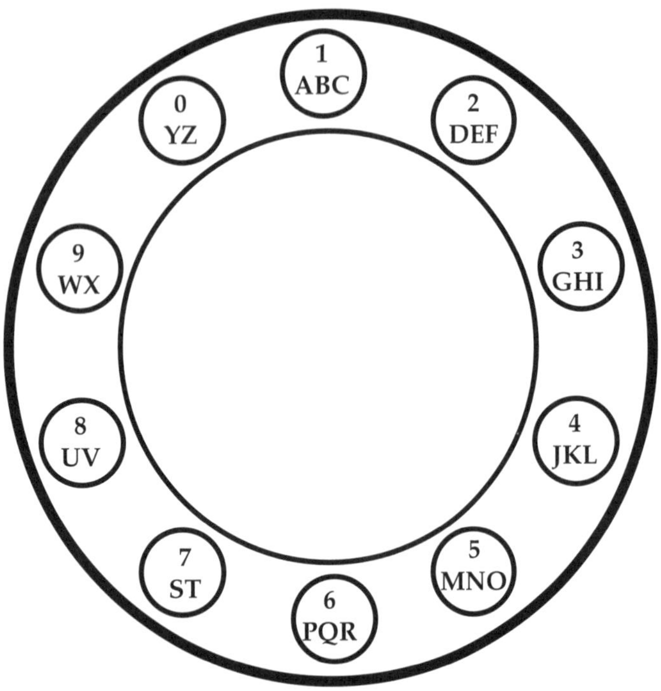

AUFGABE 121

Die Zeichnung zeigt eine alte Telefon-Wählscheibe mit Zahlen und Buchstaben. Können Sie mit ihrer Hilfe die nachfolgenden Namen von zehn Hauptstädten in aller Welt entschlüsseln?

*Lösung **79***

A. 4562531325

B. 6613

C. 455255

D. 126435

E. 75405

F. 157726215

G. 775143545

H. 1545515

I. 512632

J. 154161

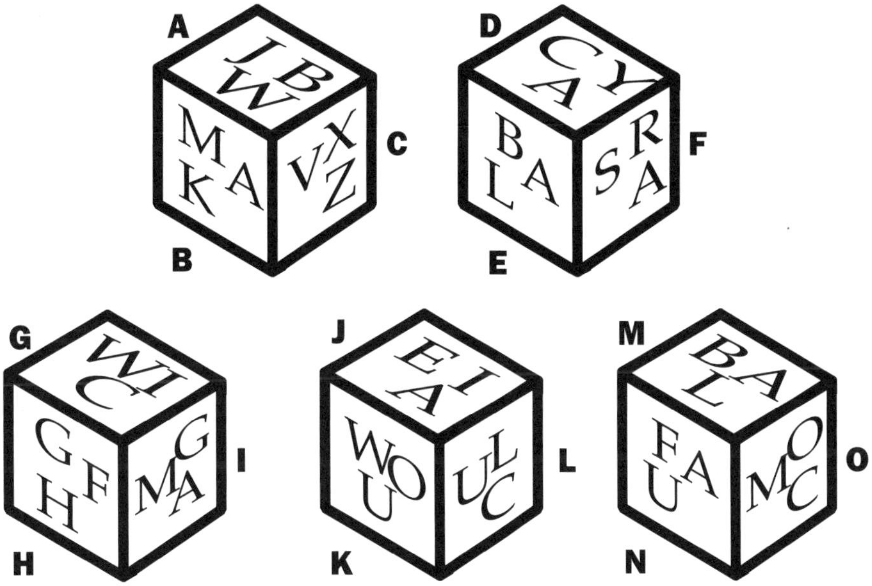

AUFGABE 122

Auf welchen beiden Würfelflächen sind die gleichen Buchstaben abgebildet?

Lösung ***142***

22 8 10 20 14 5 2 7

9 20 24 5 5 20

23 2 6 12 14 6

12 14 12 1 2

21 11 20 13 16 14 11 12 13

1 20 6 21 14 11 26 24 11

12 9 20 26 1 24 13 13 2

15 2 7 23 20 5 8 8

AUFGABE 123

Mit Hilfe eines einfachen Zahlencodes wurden hier die Namen bekannter Gerichte aus aller Herren Länder verschlüsselt.

Lösung ***135***

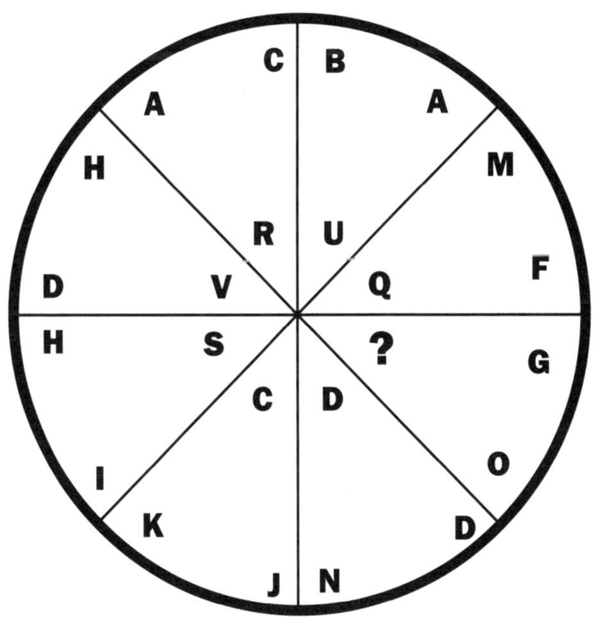

AUFGABE 124

Ersetzen Sie das Fragezeichen durch den passenden Buchstaben.

Lösung ***29***

M	O	X	A	L	T	E	F	E	I	C	H	A	L	P	X	N	O	N	S
F	A	L	E	F	T	I	E	X	W	K	C	R	A	M	S	I	B	P	X
A	L	L	L	I	H	C	R	U	H	C	E	T	P	W	O	L	I	J	L
M	O	N	E	D	A	L	O	X	E	G	H	N	X	E	F	A	L	A	W
A	X	O	N	A	E	C	E	A	L	E	I	S	P	E	E	T	F	A	O
G	I	A	A	O	N	E	A	B	D	A	F	I	A	A	W	S	U	P	H
N	G	T	E	A	A	I	S	N	E	U	N	E	K	O	U	S	L	E	C
U	S	A	R	G	H	A	A	F	A	O	S	E	L	T	A	I	X	O	S
T	P	F	E	Q	R	R	A	E	C	S	E	F	A	L	N	T	A	U	T
E	F	A	H	S	R	A	E	H	E	A	E	N	A	C	H	I	A	E	A
S	A	E	C	E	A	F	E	A	E	O	N	S	O	A	T	N	A	F	B
T	L	O	T	A	O	T	E	A	D	F	A	L	P	E	R	I	T	O	R
O	L	T	A	A	S	A	A	F	E	G	N	A	E	R	L	L	O	M	O
A	I	N	H	O	F	S	A	F	G	P	Q	R	N	A	E	O	M	E	G
M	E	A	T	B	C	E	A	D	A	D	A	U	I	F	O	S	P	X	M
L	M	O	X	M	N	O	P	Q	U	R	S	T	Z	A	U	S	X	A	O
W	Y	D	E	N	N	E	K	J	L	A	A	T	T	U	B	U	C	W	N
O	Z	X	A	E	F	A	O	Z	L	A	E	H	L	U	F	M	R	A	Z
A	E	N	O	I	R	U	G	N	E	B	F	A	E	E	A	K	L	M	N
O	Z	A	D	A	C	A	H	P	T	S	R	S	J	T	R	A	E	L	M

Arafat
Mussolini
Gorbatschow
Bismarck
Pinochet
Lincoln
De Gaulle
Thatcher
Mitterrand

Gandhi
Ben Gurion
Napoleon
Kennedy
Churchill
Stalin
Mao Tse Tung
Franco
Jeltzin

AUFGABE 125

Dieses Quadrat enthält die Namen von 18 bekannten Politikern. Finden Sie sie?

Lösung ***93***

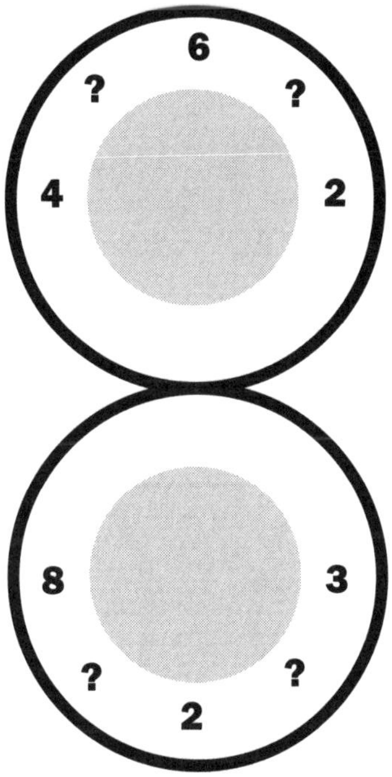

AUFGABE 126

Setzen Sie anstelle der Fragezeichen x oder : ein, so daß in beiden Kreisen das gleiche Ergebnis herauskommt.

Lösung **117**

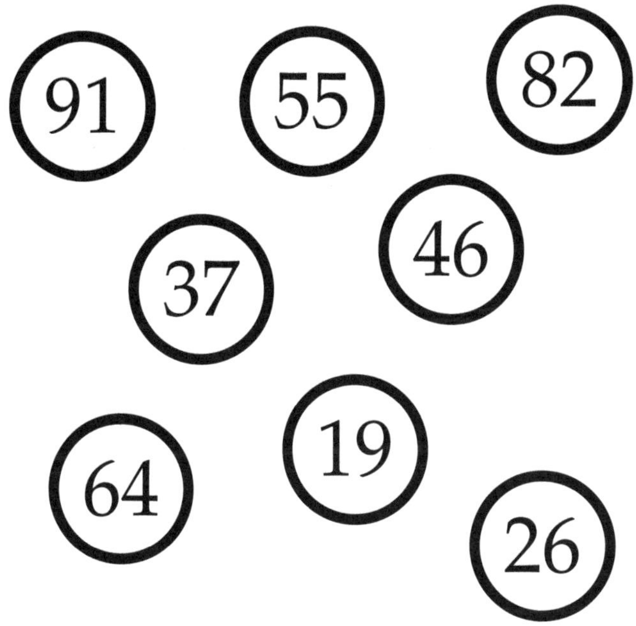

AUFGABE 127

Eine der Zahlen paßt nicht zu den anderen. Welche?

Lösung **111**

24 A **39** B

68 C **12** D **31** E

78 F **49** G

AUFGABE 128

Und welche Zahl paßt hier nicht zu den übrigen?

Lösung **118**

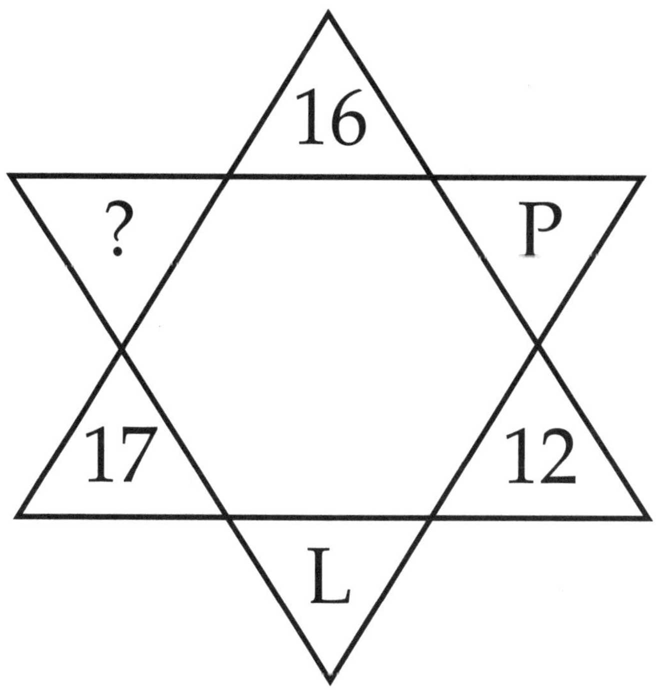

AUFGABE 129

Welcher Buchstabe fehlt hier?

Lösung **70**

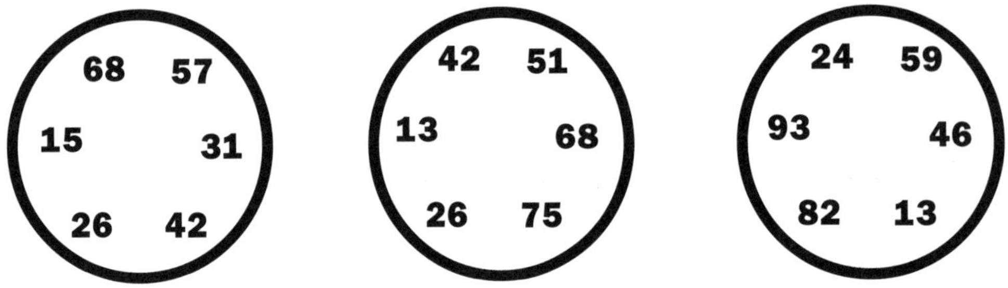

A verhält sich zu **B** wie **C** zu

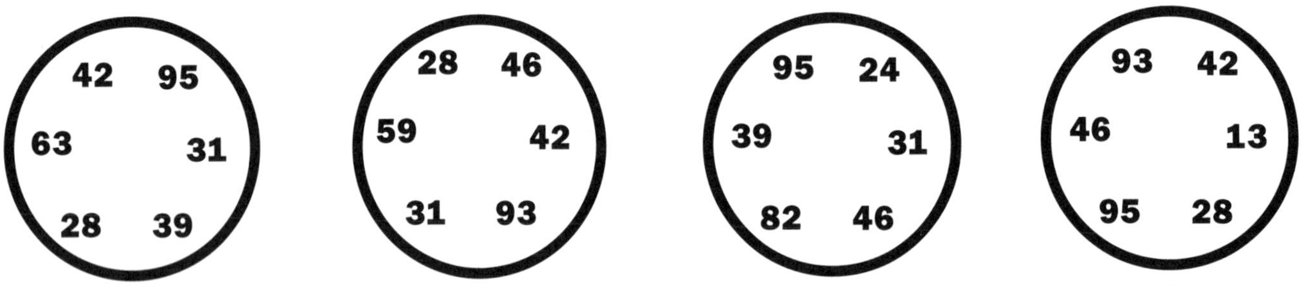

D **E** **F** **G**

AUFGABE 130

Lösung ***103***

A D G J ?

H L P T ?

U Z E J ?

AUFGABE 131

Jede der drei Zeilen folgt einem Schema. Können Sie jeweils den letzten Buchstaben ergänzen?

Lösung ***72***

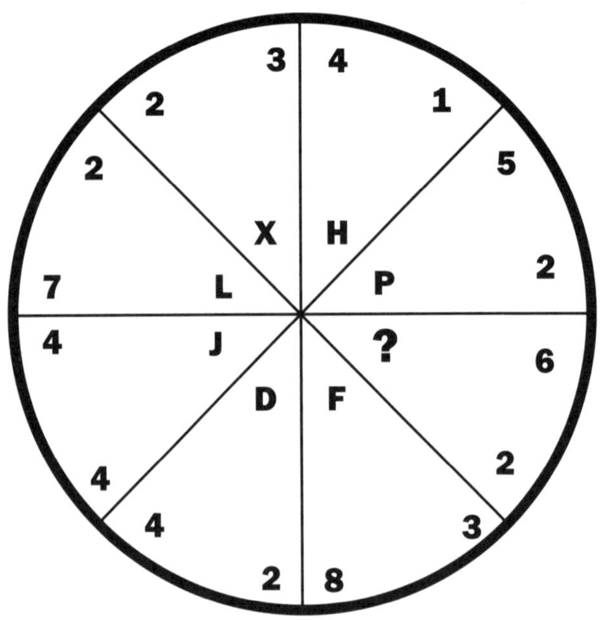

AUFGABE 132

Die Zahlen und Buchstaben stehen in logischer Beziehung zueinander. Welche Zahl ersetzt das Fragezeichen?

Lösung ***4***

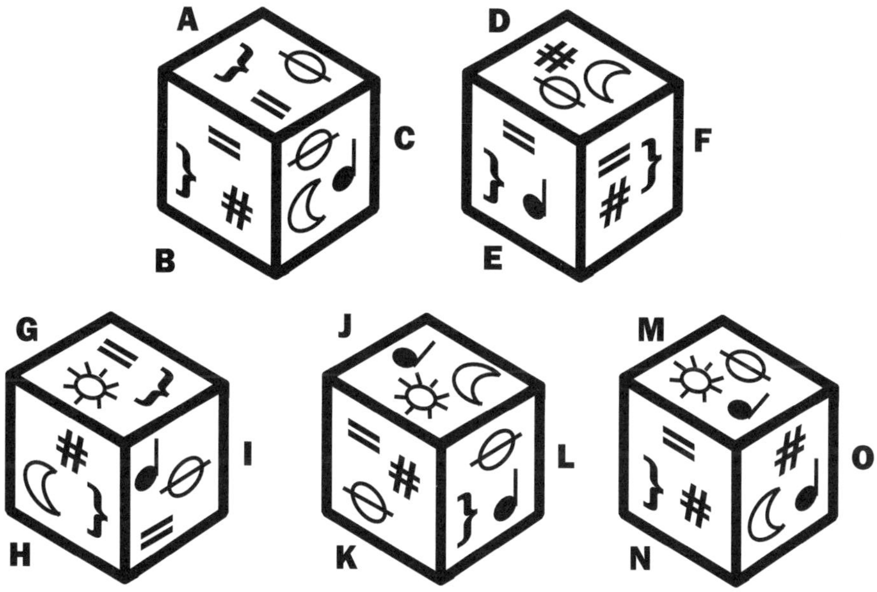

AUFGABE 133

Welche drei Würfelflächen in dieser Darstellung enthalten die gleichen Symbole?

Lösung ***102***

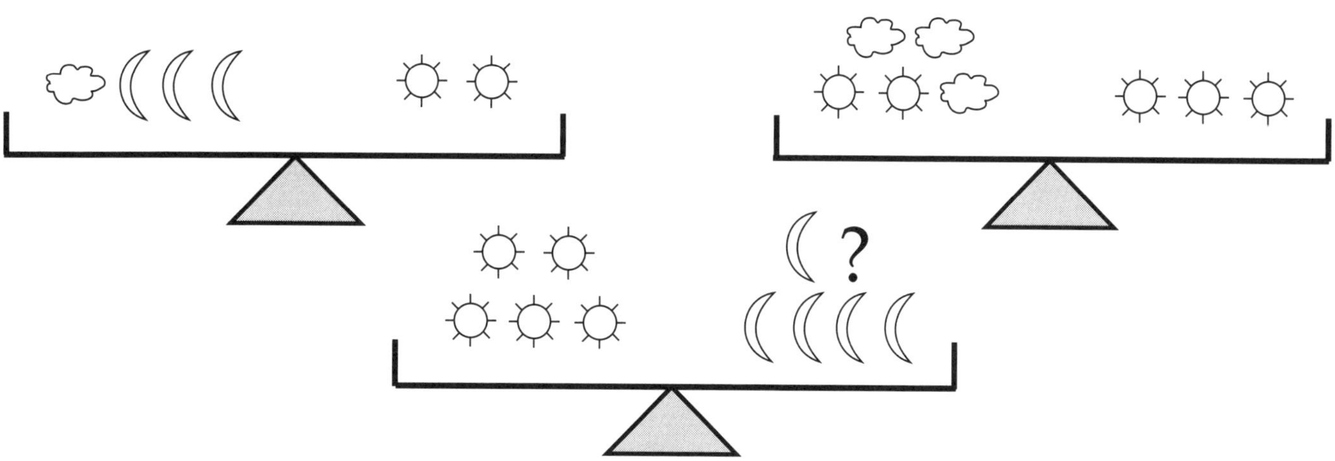

AUFGABE 134

Jedem Symbol entspricht eine Zahl. Welche Symbole fehlen bei der unteren Waage, um sie ins Gleichgewicht zu bringen?

Lösung ***14***

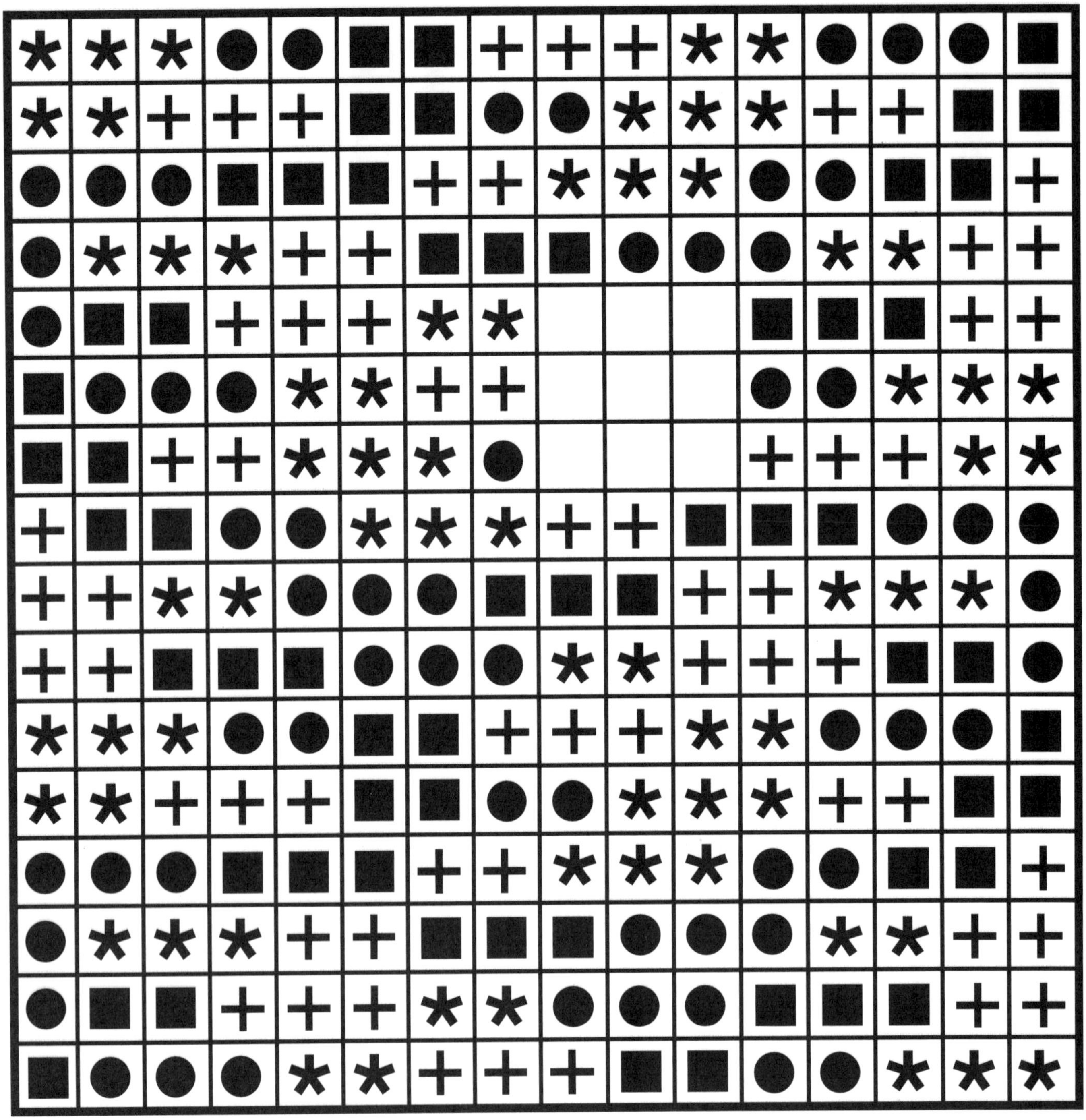

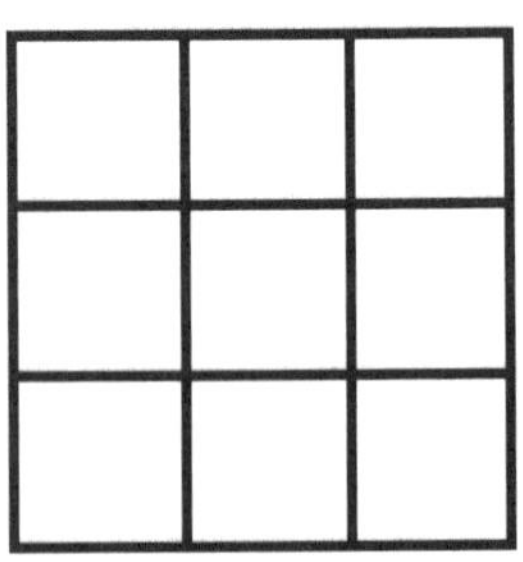

AUFGABE 135

Der Abfolge der Symbole in diesem Raster liegt eine Systematik zugrunde. Ergänzen Sie den ausgesparten Bereich gemäß dieser Systematik.

*Lösung **11***

A	B	C	D	E
F	G	H	I	K
L	M	N	O	P
Q	R	S	T	U
V	W	X	Y	Z

D2 C4 A2 A5 D2 D4
C5 B4 A5 D2 D2 A5
C2 B4 A3 B3 A5 C1 C1 A5
E2 C4 C1 B1 B2 A1 C3 B2
A4 C4 C1 C4 D2 A5 D3
D3 B4 C3 A5 A1 A4
D2 A1 A3 B3 A5 C1
C2 A1 B2 C3 D5 D3

AUFGABE 136

Diesmal ist der Code etwas komplizierter, deshalb zusätzlich noch ein Hinweis: Gesucht werden Vornamen aus verschiedenen Ländern.

Lösung ***139***

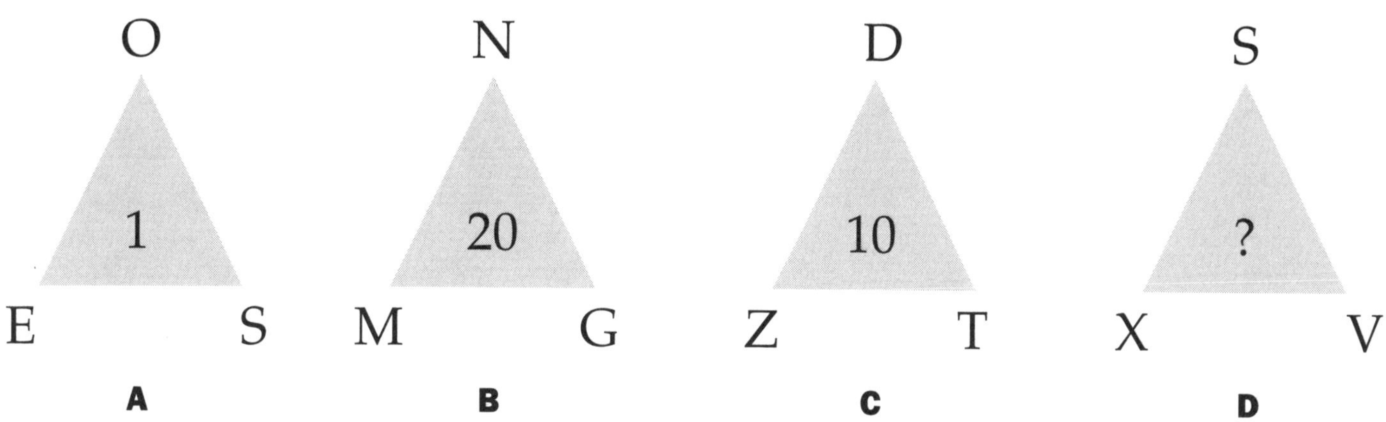

AUFGABE 137

Finden Sie heraus, welche Logik hier zugrundeliegt, und ersetzen Sie das Fragezeichen durch eine Zahl.

Lösung ***69***

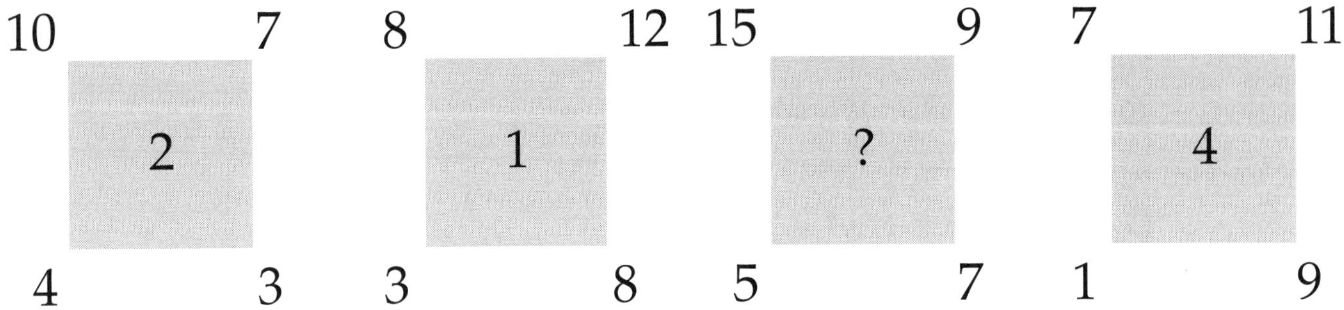

AUFGABE 138

Welche Zahl ersetzt
das Fragezeichen im dritten Quadrat?

Lösung ***76***

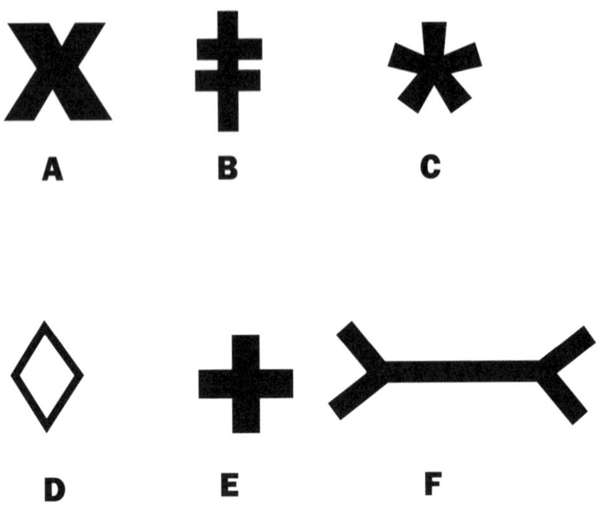

AUFGABE 139

Welches Symbol paßt nicht zu den übrigen?

Lösung ***120***

P U Z T N
A G M B G
P C B J ?

AUFGABE 140

Für welchen Buchstaben
steht das Fragezeichen?

Lösung ***50***

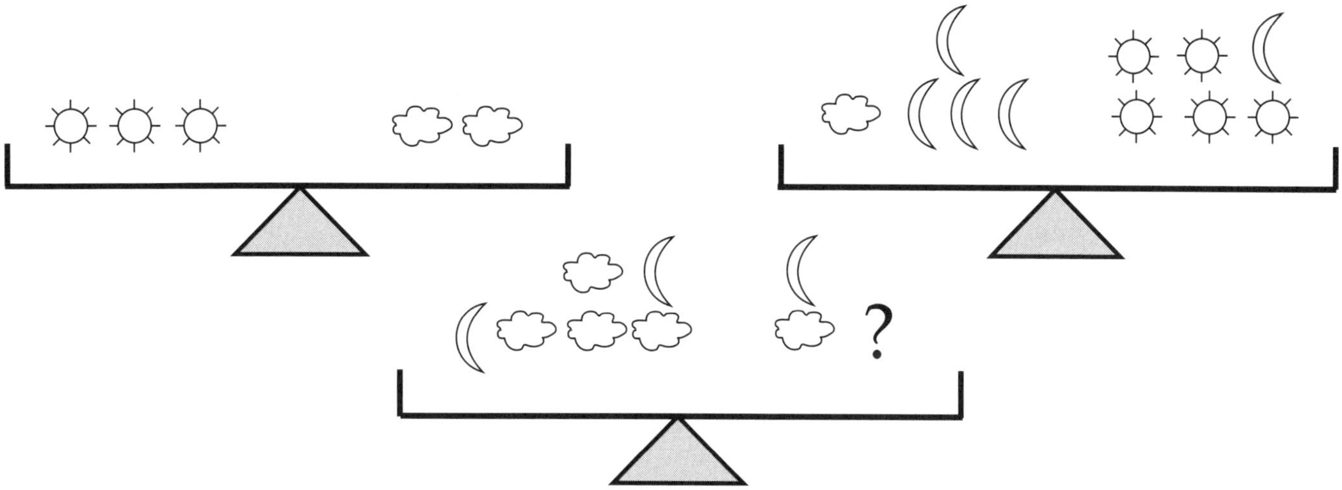

AUFGABE 141

Die untere Waage ist nicht ausgeglichen.
Wie viele Sonnen sind zu ergänzen?

Lösung ***73***

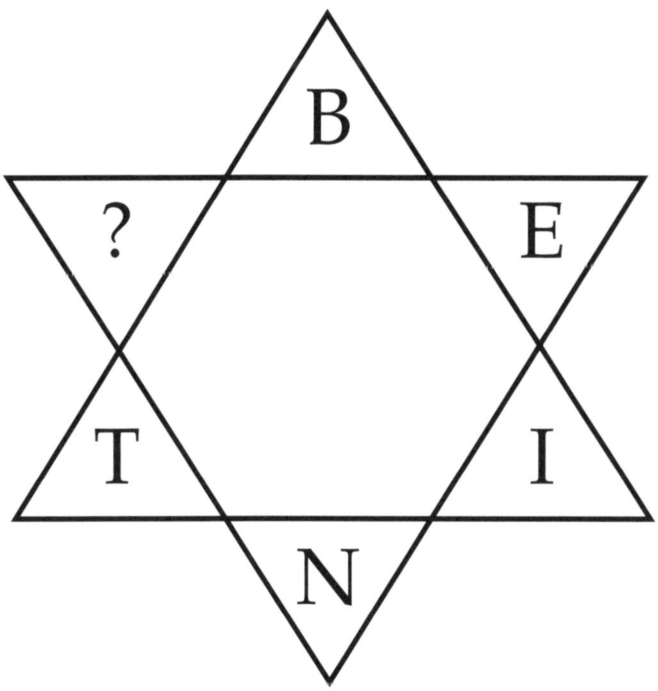

AUFGABE 142

Welcher Buchstabe macht den Stern komplett?

Lösung ***91***

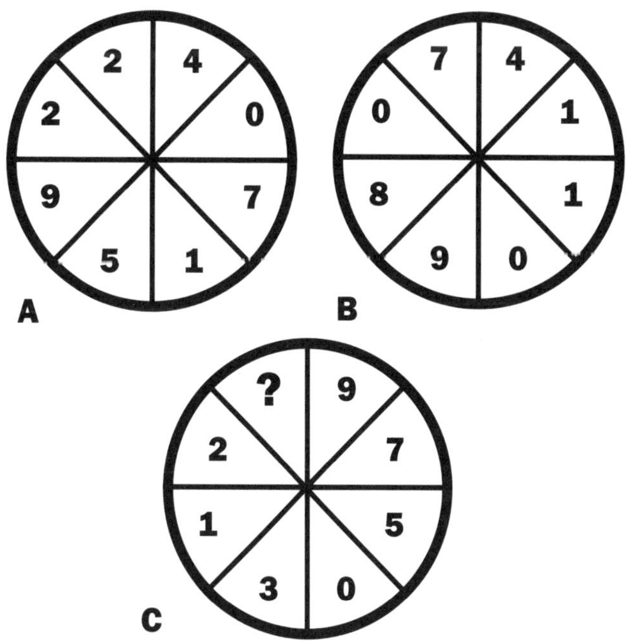

AUFGABE 143

Welche Zahl ist im dritten Kreis zu ergänzen,
so daß er zu den beiden anderen paßt?

Lösung ***32***

LEVEL 1 – LÖSUNGEN

Lösung 1

A. Kalifornien
B. Texas
C. Nebraska
D. Alaska
E. Idaho
F. Oregon
G. Virginia
H. Florida
I. Colorado
J. Arizona

Lösung 2

C. Bei den Dreiecken A, B und D entspricht die Zahl in der Mitte der Summe der Quadrate der drei äußeren Zahlen.

Lösung 3

B. Die Anzahl der Begrenzungslinien der Musterfiguren sollte von links nach rechts jeweils um eine zunehmen. Um dazuzupassen, müßte B anstelle von Sternchen Figuren mit zwei Seiten enthalten.

Lösung 4

N. Durch Multiplizieren der beiden Zahlen eines Segments erhält man den Wert, der dem Buchstaben im gegenüberliegenden Segment entspricht (die Buchstabenwerte entsprechen ihrer Position im Alphabet).

Lösung 5

Eine Sonne. Den Symbolen entsprechen folgende Zahlenwerte: Wolke = 3, Schirm = 2, Mond = 4, Sonne = 7.

Lösung 6

6 **+** 7 **+** 11 **:** 3 **x** 2 **+** 5 **–** 12 = 9

Lösung 7

23. Quadrat = 9, X = 5, Z = 6, Herz = 7.

Lösung 8

E. Die Darstellung ist jeweils um 90° im Uhrzeigersinn gedreht.

Lösung 9

27. Eine Zahl aus dem ersten Kreis wird quadriert und an der entsprechenden Stelle im zweiten Kreis eingetragen. Im dritten Kreis steht an gleicher Stelle die dritte Potenz der Grundzahl.

Lösung 10

F **–** B **+** J **–** B = L.

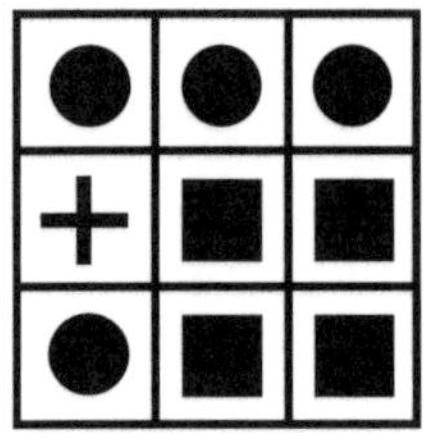

Lösung 11

Das Muster: 3 Sterne, 2 Kreise, 2 Quadrate, 3 Kreuze, 2 Sterne, 3 Kreise, 3 Quadrate, 2 Kreuze usw. Es beginnt oben links und verläuft waagerecht in Hin- und Rückreihen.

Lösung 12

E. Es enthält keine gebogenen Linien.

Lösung 13

B und **H**.

Lösung 14

4 Monde. Sonne = 9, Mond = 5, Wolke = 3.

Lösung 15

E.

Lösung 16

Q. In alphabetischer Reihenfolge werden abwechselnd einer, zwei, drei, einer usw. Buchstaben übersprungen.

Lösung 17

4 **x** 7 **:** 2 **+** 8 **+** 9 **x** 6 **:** 3 = 62.

Lösung 18

B. Der Wert der Buchstaben, bezogen auf ihre Position im Alphabet, entspricht zwei Dritteln der Zahl im gegenüberliegenden Segment.

Lösung 19

10. Ersetzen Sie die Buchstaben durch eine Zahl entsprechend ihrer Position im Alphabet. Beginnen Sie bei E, und addieren Sie zuerst 1, dann 2, dann 3, dann 4, dann 5, dann wieder 1, 2 usw. Wenn Sie 26 (Z) erreichen, beginnen Sie wieder bei 1 (A).

Lösung 20

6.20 Uhr. Der Minutenzeiger steht jeweils 20 Minuten weiter, der Stundenzeiger jeweils 2 Stunden zurück.

Lösung 21

19. Die Buchstaben stehen für Zahlen entsprechend ihrer Position im Alphabet. Beginnend bei D, erhöht sich die Zahl jeweils um 3.

Lösung 22

A. Die Buchstaben stehen für Zahlen entsprechend ihrer Position im Alphabet. Subtrahieren Sie den Wert des mittleren Buchstabens in einer Spalte von dem des oberen, und Sie erhalten den Wert des Buchstabens in der unteren Reihe.

Lösung 23

33. Stern = 8, Haken = 12, Kreuz = 13, Kreis = 5.

Lösung 24

2. Die Gesichter stehen für Zahlen – maßgebend sind die Elemente im und um das Gesicht mit Ausnahme des Kreises. Multiplizieren Sie die obere mit der rechten unteren Zahl, und teilen Sie das Ergebnis durch die linke untere Zahl. Das Ergebnis steht in der Mitte.

Lösung 25

A. Das Muster: 2mal Bogen nach oben, 4mal Bogen nach rechts, 3mal Bogen nach unten, 2mal Bogen nach links. Es verläuft in absteigenden Linien von links oben nach rechts unten.

Lösung 26

XX+XXV=XLV

×	+	:
:	×	×
:	–	–

Lösung 27

Das Muster: 2 +, 3 –, 2 :, 3 x. Es beginnt oben links und verläuft im Uhrzeigersinn spiralförmig nach innen.

Lösung 28

IV=VI–II

Lösung 29

L. Jeder Buchstabe erhält einen Wert entsprechend seiner Position im Alphabet. Durch Addition der Werte der beiden Buchstaben im äußeren Segmentteil erhält man den Wert des innen stehenden Buchstabens im gegenüberliegenden Segment.

Lösung 30

R. Jedem Buchstaben entspricht ein Zahlenwert entsprechend seiner Position im Alphabet. Für die drei Buchstaben nach dem Fragezeichen gilt: Verdoppeln des jeweiligen Werts. In der gegenüberliegenden Zacke steht das Ergebnis. Auf das Ergebnis R kommt man dann durch I (9) x 2 = 18 (R).

Lösung 31

Fünf Sonnen. Mond = 2, Wolke = 3, Sonne = 4.

Lösung 32

3. In jedem Kreis beträgt die Summe der Zahlen 30.

Lösung 33

Lösung 34

4. Durch Addition der unteren und mittleren Zahl einer Spalte ergibt sich die obere Zahl.

Lösung 35

8. Die Anordnung folgt dem Uhrzeigersinn. Subtrahieren Sie vom Wert des ersten Buchstabens – entsprechend seiner Position im Alphabet – den des zweiten, und Sie erhalten die Zahl in der folgenden Ecke.

Lösung 36

C.

Lösung 37

Napoleon, Churchill, Truman, DeGaulle, Kennedy, Ho Chi Minh, Gandhi, Mandela.

C	W	C	O	A	L	M	K	W	O	E	A	C	K	L	G	O	Z	A	N
L	H	E	M	I	N	G	W	A	Y	N	E	I	Y	L	M	O	X	A	E
L	E	E	C	M	O	X	K	W	A	X	F	E	X	A	N	B	K	O	S
C	F	A	K	K	E	N	Z	A	E	X	L	A	E	B	L	P	E	F	B
A	I	E	L	H	M	Z	N	O	E	X	I	A	I	F	H	R	K	L	I
M	O	Q	V	T	O	A	T	E	U	I	W	E	H	T	E	O	G	M	O
A	T	K	V	L	A	V	C	H	A	E	M	N	O	L	E	U	A	B	C
F	S	I	A	T	A	M	Q	L	S	D	I	C	K	E	N	S	S	T	A
A	L	S	T	V	E	M	W	M	N	O	E	I	A	C	H	T	A	C	T
F	O	O	X	W	A	B	E	A	L	L	E	I	T	A	W	W	A	C	G
G	T	O	X	A	E	A	K	F	A	K	I	L	A	A	S	T	A	W	N
O	N	F	B	C	H	J	K	W	L	L	T	J	I	I	E	X	G	H	I
E	N	O	L	F	M	G	O	Z	X	A	Y	N	A	E	B	E	C	W	L
R	V	O	L	F	I	G	A	E	Z	I	U	I	E	J	C	C	K	T	P
E	W	U	V	E	C	U	O	P	T	E	G	B	P	N	H	T	S	E	I
C	S	E	W	X	H	L	H	J	A	L	E	C	E	K	L	T	U	Z	K
U	A	T	A	E	E	C	K	U	W	P	Q	R	A	R	A	E	P	A	Z
A	U	S	T	E	N	X	A	T	A	Q	W	A	L	E	T	A	W	V	E
H	A	P	E	X	E	A	B	C	B	A	C	A	E	W	W	E	X	L	E
C	C	W	A	O	R	W	E	L	L	K	M	N	O	P	P	E	L	T	U

Lösung 38

Austen
Hemingway
Michener
Chaucer
Huxley
Orwell
Ibsen
Proust
Dickens
Kafka
Tolstoi
Flaubert
Kipling
Twain
Goethe
Lawrence
Zola

Lösung 39
21. Durch Addition der äußeren Zahlen eines Dreiecks ergibt sich die Zahl im Zentrum des nächsten Dreiecks – das Ergebnis von D steht in A.

Lösung 40
Das Wasser in seinem Garten war Schnee. Er rollte mehrere große Schneekugeln auf, türmte sie aufeinander und kletterte von dort auf die Veranda.

Lösung 41
Sarah hatte den Stammbaum ihres Vaters gepflanzt.

Lösung 42
Rolf war vor Jahren aus seinem Heimatort weggezogen. Er sah die Überschwemmungskatastrophe lediglich im Fernsehen. Seine Frau hatte den Ort ohnehin nie gemocht.

Lösung 43
Der alte Mann hatte ihnen Zeit gegeben. Er vererbte allen einen Betrag in Höhe ihres jeweiligen Jahresgehalts, damit sie ein Jahr nach Herzenslust leben konnten.

Lösung 44
Es handelte sich um ein Tier, einen richtigen Bücherwurm, der sich durch Bücher frißt. Dr. Gluck fand ihn in einem seiner Nachschlagewerke.

Lösung 45
Fritz möchte durch den Glastunnel unter einem Meeresaquarium gehen.

Lösung 46
Weil zwei aus meinen Schnürschuhen ragen.

Lösung 47
S. Maßgebend sind jeweils die gegenüberliegenden Zacken: D ist der vierte Buchstabe des Alphabets, W der viertletzte; F der sechste und U der sechstletzte, H der achte und das fehlende S der achtletzte.

Lösung 48

A. Dallas
B. Seattle
C. Chicago
D. Milwaukee
E. Minneapolis
F. Portland
G. Detroit
H. Atlanta
I. Cincinnati
J. Indianapolis

Lösung 49
G. Es kommen 2 Elemente hinzu, 1 weg, 3 hinzu, 2 weg, 4 hinzu, 3 weg.

Lösung 50
B. Den Buchstaben entsprechen Zahlen gemäß ihrer Position im Alphabet. Teilen Sie den Wert eines Buchstabens in der oberen Zeile durch den des Buchstabens darunter. Das Ergebnis steht in der untersten Zeile.

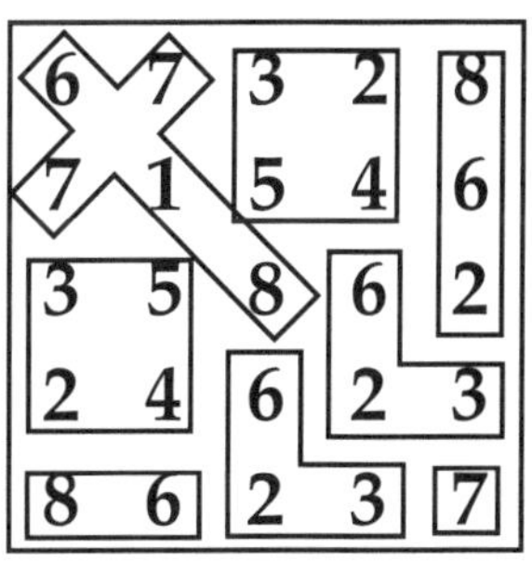

Lösung 51

Lösung 52
15. Addieren Sie zu der Zahl links oben nochmal diese Zahl, und Sie erhalten die Zahl rechts davon. Addieren Sie hierzu wieder die erste Zahl, dann erhalten Sie die nächste Zahl im Uhrzeigersinn, zuletzt die Zahl in der Mitte des Quadrats.

Lösung 53
F **+** I **+** E **–** J **+** N **–** Y **+** H = I.

Lösung 54
Whitehall, Trafalgar Square, Kensington Gardens, Marble Arch, Buckingham Palace, Piccadilly Circus, Grosvenor Square, Thames Embankment, Waterloo Station, Kings Cross.

Lösung 55
72. Die Zahlen in der oberen Hälfte eines Kreises werden jeweils multipliziert – im ersten Kreis mit 3, im zweiten mit 6 und im dritten mit 9 –, und das Ergebnis erscheint im gegenüberliegenden unteren Segment.

Lösung 56
825. Multiplizieren Sie die drei äußeren Zahlen eines Dreiecks miteinander. Das Ergebnis steht im übernächsten Dreieck.

Lösung 57
A und **L**. Die Zahlen sind 3, 4, 6 und 9.

Lösung 58
4. Multiplizieren Sie die beiden äußeren Zahlen in jedem Segment. Das Ergebnis steht in der Spitze des im Uhrzeigersinn übernächsten Segments.

Lösung 59
35. Stern = 6, Haken = 3, Kreuz = 17, Kreis = 12.

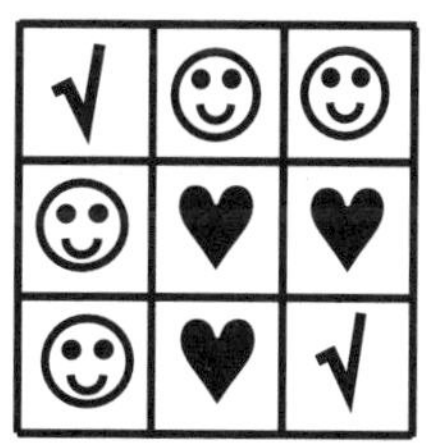

Lösung 60
Das Muster: 2 Haken, 1 Herz, 2 Gesichter, 1 Haken, 2 Herzen, 1 Gesicht usw. Rechts oben beginnend, verläuft es spiralförmig nach innen.

Lösung 61 – siehe Seite 74

Lösung 62
Dortmund, Recklinghausen, Bottrop, Duisburg, Hagen, Gelsenkirchen, Oberhausen, Essen. U = R, K = L, A = D, T = K usw.

Lösung 63
16. Man muß 2 addieren, 1 subtrahieren, 4 addieren, 2 subtrahieren, 8 addieren, 4 subtrahieren, 16 addieren, 8 subtrahieren.

Lösung 64
6.50 Uhr. Der Minutenzeiger rückt 5, 10 bzw. 15 Minuten zurück, der Stundenzeiger 1, 2 bzw. 3 Stunden vor.

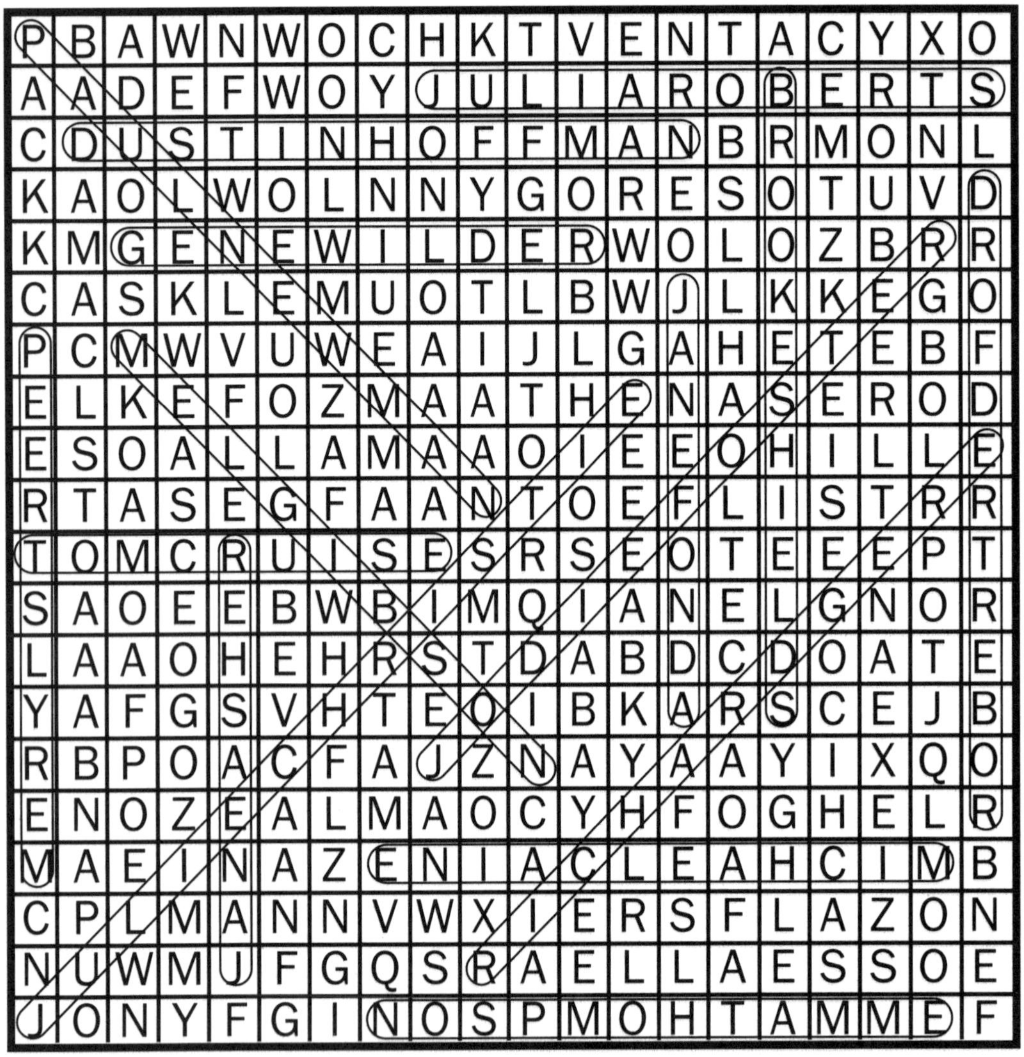

Lösung 61

Jane Asher
Richard Gere
Julia Roberts
Michael Caine
Mel Gibson
Brooke Shields
Julie Christie
Dustin Hoffman
Meryl Streep
Tom Cruise
Paul Newman
Emma Thompson
Jane Fonda
Robert Redford
Gene Wilder
Jodie Foster

Lösung 65
D.

Lösung 66
Bois de Boulogne, Montparnasse, Madeleine, Pere Lachaise, Champs Elysees, Gare de Lyon, Arc de Triomphe, Montmartre. I = A, Z = R, A = S, H = Z usw.

Lösung 67
8. Subtrahieren Sie die Zahl links unten von der links oben, dann die rechts unten von der rechts oben und schließlich das zweite Ergebnis vom ersten. So erhalten Sie die Zahl in der Mitte.

Lösung 68 – siehe rechte Seite

Lösung 69
21. Die Buchstaben haben einen Wert entsprechend ihrer Position im Alphabet. Addiert man den Wert eines oberen und unteren linken Buchstabens und subtrahiert davon den Wert des unteren rechten Buchstabens, erhält man die Zahl in der Mitte.

Lösung 70
Q. Im Uhrzeigersinn von oben gelesen, entsprechen die Zahlen der alphabetischen Position des folgenden Buchstabens.

Lösung 71
16. Alle übrigen sind durch 3 teilbar.

Lösung 72
M X O. In der ersten Reihe erhöht sich der Wert der Buchstaben entsprechend ihrer Position im Alphabet immer um 3, in der zweiten um 4 und in der dritten um 5.

K	L	N	B	C	E	W	O	P	Q	B	A	I	K	M	O	L	C
G	A	E	H	C	W	V	R	A	E	I	X	C	M	O	L	A	D
B	E	B	A	C	H	L	E	H	A	R	U	O	H	N	K	M	X
O	A	F	E	A	E	A	N	A	E	X	T	A	T	O	T	E	W
R	L	O	N	E	F	A	G	E	T	W	Y	A	E	X	P	M	M
O	N	A	D	E	A	G	A	H	A	D	H	E	L	L	E	I	E
D	A	C	E	F	G	E	W	A	N	E	A	E	I	M	C	O	N
I	U	F	L	I	S	Z	T	B	E	N	T	V	O	W	L	C	D
N	A	E	K	M	O	Z	G	A	V	E	A	Z	C	K	L	P	E
Q	S	K	A	E	K	E	B	E	O	H	A	R	T	U	E	K	L
L	W	A	A	E	I	P	Q	R	H	R	A	E	T	X	C	K	S
A	C	E	I	R	V	O	S	P	T	Q	V	R	W	B	R	C	S
S	D	A	G	E	O	K	W	O	E	L	X	I	M	N	U	T	O
M	O	V	X	Z	K	V	M	N	E	K	E	C	V	A	P	J	H
H	L	W	X	Q	W	A	D	E	B	U	S	S	Y	A	T	O	N
A	O	W	P	X	B	E	I	E	P	Q	O	Z	A	C	L	T	W
R	A	C	A	S	C	H	U	B	E	R	T	T	O	R	H	D	A
B	B	C	F	K	L	M	N	T	A	C	T	O	A	R	Z	W	I

Lösung 68

Bach
Dvorak
Mendelssohn
Beethoven
Grieg
Mozart
Borodin
Haendel
Purcell
Brahms
Haydn
Schubert
Chopin
Lehar
Vivaldi
Debussy
Liszt
Wagner

Lösung 73
6 Sonnen. Sonne = 6, Mond = 7, Wolke = 9.

♥	‡	√
‡	♥	♥
Ø	√	♥

Lösung 74
Das Muster: 2 Herzen, 1 Wurzelzeichen, 2 durchgestrichene Kreise, 1 Kreuz, 1 Herz, 2 Wurzelzeichen, 1 durchgestrichener Kreis, 2 Kreuze usw. Es verläuft, links oben beginnend, in abwechselnd ab- und aufsteigenden Reihen.

Lösung 75
Residenz, Olympiapark, Hofbraeuhaus, Pinakothek Nymphenburg, Englischer Garten, Isarauen, Marienplatz.

Lösung 76
An der Spitze der Dreiecke ist der Kreis zuerst zu einem Viertel, dann halb, dann zu drei Vierteln und schließlich ganz gefüllt. Das gleiche wiederholt sich unten zweimal.

Lösung 77

4	4	5	6	7	8	9	0
4	3	2	4	5	6	2	3
5	2	6	2	4	0	0	9
6	4	2	8	9	4	5	2
7	5	4	9	7	7	8	9
8	6	0	4	7	3	2	5
9	2	0	5	8	2	3	6
0	3	9	2	9	5	6	4

Lösung 78
40. Stern = 7, Haken = 8, Kreuz = 14, Kreis = 11.

Lösung 79
Kopenhagen, Prag, London, Berlin, Tokyo, Amsterdam, Stockholm, Colombo, Madrid, Ankara.

Lösung 80
42. Multiplizieren Sie jeweils die diagonal gegenüberliegenden Zahlen eines Quadrats miteinander, ergibt sich die Zahl in der Mitte.

Lösung 81
55. Die beiden letzten Zahlen werden addiert.

Lösung 82
E und **O**. Die Buchstaben sind N, O, P und X.

Lösung 83
1.00 Uhr. Der Minutenzeiger bewegt sich jeweils um 20 Minuten vorwärts, der Stundenzeiger um eine Stunde zurück.

Lösung 84
B. Das Muster: 4 lächelnde Gesichter, 1 Trauermiene, 3mal gerader Mund, 2 Köpfe mit Haaren usw. Es beginnt links oben und verläuft abwechselnd in ab- und aufsteigenden Reihen.

Lösung 85

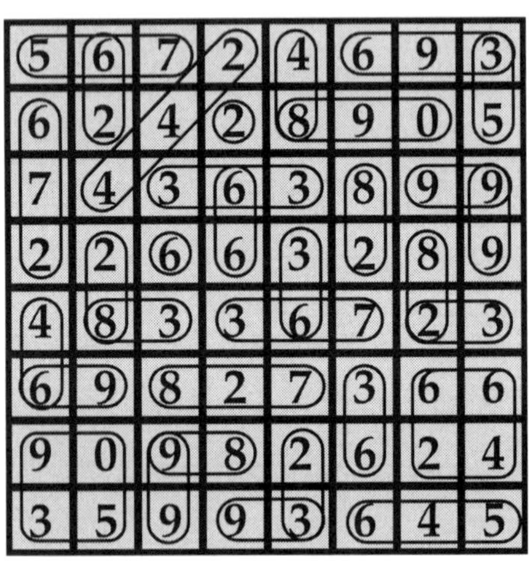

Lösung 86
Z. Das Diagramm basiert auf der alphabetischen Reihenfolge: Von A geht man 3 Buchstaben zurück zu X, dann 4 vorwärts zum B, 3 zurück zum Y, 4 vorwärts zum C usw.

Lösung 87
7. Addieren Sie jeweils die drei äußeren Zahlen, multiplizieren Sie das Ergebnis mit 2, und Sie erhalten die Zahl in der Mitte.

Lösung 88

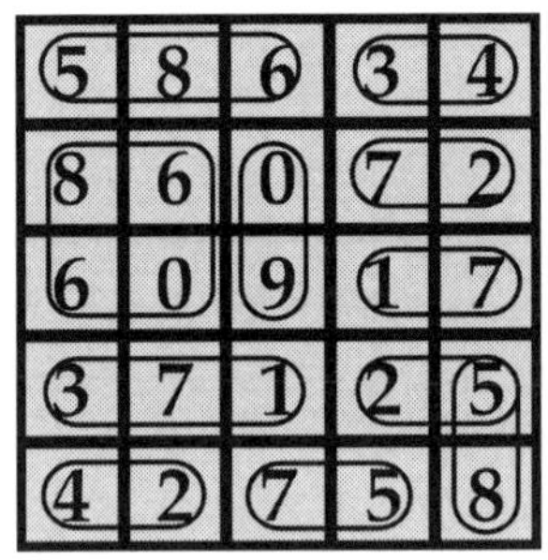

Lösung 89
Oben: **:** **x**, unten: **x** **x**.

Lösung 90
A. Zum Gesicht kommt ein neues Element hinzu, dann ein Haar und ein weiteres Element, wieder ein Haar, erneut ein Haar und ein Element usw.

Lösung 91
A. Beginnend bei B, überspringt man 2 Buchstaben und kommt zum E, dann 3 Buchstaben, 4 Buchstaben usw.

Lösung 92
A. Manchester
B. Glasgow
C. Toulouse
D. Smolensk
E. Vancouver
F. Bangkok
G. Kalkutta
H. Melbourne
I. Barcelona
J. Sacramento

Lösung 93 – siehe rechte Seite

Lösung 94
39. Stern = 9, Haken = 6, Kreuz = 3, Kreis = 24.

M	O	X	A	L	T	E	F	E	I	C	H	A	L	P	X	N	O	N	S
F	A	L	E	F	T	I	E	X	W	K	C	R	A	M	S	I	B	P	X
A	L	L	L	I	H	C	R	U	H	C	E	T	P	W	O	L	I	J	L
M	O	N	E	D	A	L	O	X	E	G	H	N	X	E	F	A	L	A	W
A	X	O	N	A	E	C	E	A	L	E	I	S	P	E	E	T	F	A	O
G	I	A	A	O	N	E	A	B	D	A	F	I	A	A	W	S	U	P	H
N	G	T	E	A	A	I	S	N	E	U	N	E	K	O	U	S	L	E	C
U	S	A	R	G	H	A	A	F	A	O	S	E	L	T	A	I	X	O	S
T	P	F	E	Q	R	R	A	E	C	S	E	F	A	L	N	T	A	U	T
E	F	A	H	S	R	A	E	H	E	A	E	N	A	C	H	I	A	E	A
S	A	E	C	E	A	F	E	A	E	O	N	S	O	A	T	N	A	F	B
T	L	O	T	A	O	T	E	A	D	F	A	L	P	E	R	I	T	O	R
O	L	T	A	A	S	A	A	F	E	G	N	A	E	R	L	L	O	M	O
A	I	N	H	O	F	S	A	F	G	P	Q	R	N	A	E	O	M	E	G
M	E	A	T	B	C	E	A	D	A	D	A	U	I	F	O	S	P	X	M
L	M	O	X	M	N	O	P	Q	U	R	S	T	Z	A	U	S	X	A	O
W	Y	D	E	N	N	E	K	J	L	A	A	T	T	U	B	U	C	W	N
O	Z	X	A	E	F	A	O	Z	L	A	E	H	L	U	F	M	R	A	Z
A	E	N	O	I	R	U	G	N	E	B	F	A	E	E	A	K	L	M	N
O	Z	A	D	A	C	A	H	P	T	S	R	S	J	T	R	A	E	L	M

Lösung 93

Arafat
Gandhi
Mussolini
Ben Gurion
Gorbatschow
Napoleon
Bismarck
Kennedy
Pinochet
Churchill
Lincoln
Stalin
DeGaulle
Mao Tse Tung
Thatcher
Franco
Mitterrand
Jeltzin

Lösung 95
Piccadilly, Copacabana, Guggenheim, Etoile, Whitehall, Madeleine, Central Park, Kolosseum.

Lösung 96
Ein Pfeil nach oben.

Lösung 97
14. Multiplizieren Sie die Zahl links des Dreiecks mit der oberen, und subtrahieren Sie vom Ergebnis die Zahl rechts. Das Ergebnis steht in der Mitte.

Lösung 98
68. Quadrat = 7, X = 11, Z = 3, Herz = 17.

Lösung 99
I und **K**. Die Figuren sind Strichmännchen, Dreieck, Mondsichel, Kreis und der Doppelpfeil mit nach innen gerichteten Pfeilspitzen.

Lösung 100
6.45 Uhr. Der Minutenzeiger bewegt sich 15, 30 und 45 Minuten zurück, der Stundenzeiger 3, 6 und 9 Stunden vor.

Lösung 101
Eine Raute.

Lösung 102
B, **F** und **N**.

Lösung 103
F. Bei den Zahlen aus ungeraden Ziffern sind diese verdreht.

Lösung 104
4. Die Zahl entspricht der Anzahl von Elementen, die sie umschließen.

Lösung 105
Luzern, Frankfurt, Verona, Salzburg, Winterthur, Antwerpen, Stralsund, Kopenhagen.

Lösung 106
27. 2 + 3 = 5 + 4 = 9 + 5 = 14 + 6 = 20 + 7 = 27.

Lösung 107
E und **I**.

Lösung 108
– – x.

Lösung 109
Elton John, Freddie Mercury, Lisa Stansfield, Sinead O'Connor, Meatloaf, Madonna, Michael Jackson, Rod Stewart. A = J, T = C usw.

Lösung 110
D. Der große Buchstabe dreht sich um 90° im Uhrzeigersinn, der kleine um 180°.

Lösung 111
26. Alle anderen haben eine Quersumme von 10.

Lösung 112
2. Die Zahlen geben an, wie viele Formen sie umschließen.

Lösung 113
Oregon, Nebraska, Nevada, Wisconsin, Florida, Virginia, Texas, Colorado.

Lösung 114
Tschechow, Brecht, Wilde, Beckett, Genet, Goethe, Ibsen, Racine.

	4	3	2	1
1	A	B	C	D
2	E	F	G	H
3	I	J	K	L
4	M	N	O	P
5	Q	R	S	T
6	U	V	W	X

Lösung 115
Picasso, Rembrandt, Gauguin , Leonardo, Constable, Raffael, Van Gogh, Matisse. A = 1:4, B = 1:3, C = 1:2, D = 1:1, E = 2:4 usw.

Lösung 116
D. Buchstaben nur aus geschwungenen Linien behalten ihre Ausrichtung bei, solche aus geschwungenen und geraden Linien sind um 90° und die nur aus Geraden gebildeten um 180° gedreht.

Lösung 117
Oben: **x :**, unten: **: x**.

Lösung 118
31. Bei allen anderen ist die erste Ziffer kleiner als die zweite.

Lösung 119
Gazpacho, Mulligatawny, Borschtsch, Minestrone, Chowder, Avgolemono, Cock-a-Leekie, Bouillabaisse. A = 1, Z = 26.

Lösung 120
Die Raute. Sie ist eine geschlossene Form.

Lösung 121
G. Die Muster sind um die Quer- und Längsachse gespiegelt.

Lösung 122
15. Alle übrigen sind nur durch 1 und sich selber teilbar, also Primzahlen.

Lösung 123
Vivaldi, Grieg, Beethoven, Bizet, Mahler, Wagner, Mozart, Elgar.

Lösung 124
3. Die Zahlen stehen für die Anzahl von Elementen, die sie jeweils umschließen.

Lösung 125
K und **O**.

Lösung 126
Oben: **+ +**, unten: **+ –**.

Lösung 127
F. Die Symbole sind jeweils entlang der Längsachse spiegelverkehrt angeordnet.

Lösung 128
Heathrow, Fort Worth, Ben Gurion, Las Palmas, O'Hare, Gatwick, Haneda, Shannon. A = R, B = S usw.

Lösung 129
5 **x** 4 **:** 2 **+** 7 = 17.

Lösung 130
D und **L**.

Lösung 131
C. Die Buchstaben stehen für die Zahlen, die ihrer Position im Alphabet entsprechen. Diese ergeben sich aus der Zahl der Figuren mit geraden Kanten, die sie umschließen. Der Kreis soll nur Verwirrung stiften.

Lösung 132
Julia Roberts, Burt Reynolds, Jack Nicholson, David Niven, Marilyn Monroe, Jeremy Irons, Audrey Hepburn, Winona Ryder.

Lösung 133
K. Nur das K hat Serifen.

Lösung 134
C und **K**.

Lösung 135
Coq au vin, Paella, Dim sum, Sushi, Bratwurst, Hamburger, Spaghetti, Vindaloo (d. i. ein scharfes indisches Currygericht). A = 20, B = 21 usw.

Lösung 136
Oben: **+ –**, unten: **– –**.

Lösung 137
C. Sie besteht als einzige aus einer ungeraden Zahl von Elementen.

Lösung 138
C. Bei den übrigen Figuren bilden die kleinen Elemente zusammen die große Form.

Lösung 139

	1	2	3	4	5
A	A	B	C	D	E
B	F	G	H	I	K
C	L	M	N	O	P
D	Q	R	S	T	U
E	V	W	X	Y	Z

Robert, Pierre, Michelle, Wolfgang, Dolores, Sinead, Rachel, Magnus.

Lösung 140
C. Das Symbol besteht aus 3 Teilen, die übrigen nur aus 2.

Lösung 141
Asimov, Balzac, Hemingway, Joyce, Maugham, Miller, Proust, Twain.

Lösung 142
E und **M**.

Lösung 143
M **–** E **+** B **+** D = N.

GARGANTUA LOGIK-LABYRINTH

GARGANTUA, das elektronische Superhirn, das Kommunikation und Verkehr nahezu weltweit steuert, spielt verrückt. Bei routinemäßigen Wartungsarbeiten bekam sein Erfinder Dr. Ben Eischrank einen rätselhaften elektrischen Schlag. Die Welt ist ins Chaos gestürzt. Nur Sie als Assistent und Vertrauter von Dr. Eischrank können den Computer wieder in den Griff bekommen. Allerdings hat der Doktor, besessen von der Idee, jemand könne an seine Erfindung Hand anlegen, den Computer durch ein verzwicktes System von Denkaufgaben geschützt. Können Sie das Logik-Labyrinth überwinden und die Welt retten? Die Lösung einer Aufgabe weist Ihnen den Weg zur nächsten Hürde. Wenn Sie den Ausgang des Labyrinths erreichen, erhalten Sie eine Codezahl und damit Zugriff auf den Computer. Doch Eile ist geboten! Während Sie fieberhaft arbeiten, sind auf einer Videowand im Labor die Verwüstungen zu sehen, die über die Erde hereinbrechen. Flugzeuge stürzen vom Himmel, ganze Städte sind in Finsternis getaucht, Panik und Zerstörung greifen um sich wie die Pest. Verlieren Sie keine Minute! Beginnen Sie sofort, und notieren Sie unbedingt die Nummern der Aufgaben, die Sie gelöst haben, und zwar in der entsprechenden Reihenfolge.

Fünf Freunde trennen sich bei Ferienbeginn, um ihre Verwandten zu besuchen. Thomas reist nach Gifthorn, Stefan nach Hannover, Wilhelm nach Dinkelsbühl und Oskar nach Lindau.
Fährt Georg nach

A) Wiesbaden
B) Karlsruhe
C) Travemünde
D) Oberammergau
E) Aachen?

Wenn Sie A wählen, lösen Sie Aufgabe 22.
Wenn Sie B wählen, lösen Sie Aufgabe 11.
Wenn Sie C wählen, lösen Sie Aufgabe 7.
Wenn Sie D wählen, lösen Sie Aufgabe 16.
Wenn Sie E wählen, lösen Sie Aufgabe 10.

AUFGABE 1

Lösung ***1***

Nachstehend folgen sieben 6stellige Zahlen, die alle ohne Rest durch 136 teilbar sind. Die ersten drei Ziffern lauten jeweils 117, aber der zweite Dreierblock ist jeweils gelöscht. Sie müssen wissen, wie die Zahlen vollständig heißen. Wenn Sie sie ermittelt haben, addieren Sie alle Endziffern, subtrahieren 2 und gehen zur Aufgabe, die der Lösungszahl entspricht.

???
???
117 ???
???
???
???
???

AUFGABE 2

Lösung ***2***

Dieses Diagramm führt Sie zu einem Schatz. Er ist unter dem Feld mit dem Asterisken * verborgen. Sie dürfen auf einem Feld nur einmal anhalten, es jedoch beliebig oft durchqueren. Wenn Sie auf einem Feld anhalten, müssen Sie die dortige Anweisung befolgen. Die Buchstaben stehen für die Himmelsrichtungen

N = Norden; S = Süden; O = Osten; W = Westen

und die Ziffern für die Anzahl von Feldern, die Sie hinter sich lassen müssen (Beispiel: Auf einem Feld mit der Angabe 3SW müßten Sie 3 Felder nach Südwesten ziehen). Auf welchem Feld würden Sie beginnen, um zum Schatz zu gelangen? Wenn Sie die Koordinaten (ein Buchstabe und eine Zahl) ermittelt haben, addieren Sie 15 zu der Zahl und gehen zur entsprechenden Aufgabe.

A	B	C	D	E	F	G	H	
2O	2SO	3S	4O	1S	1SO	4S	1W	**1**
1SO	1N	3S	3W	3W	2S	1S	2S	**2**
4O	4O	4S	3SW	2S	3S	1NW	1N	**3**
3NO	2SO	3NO	1NW	2NW	4W	2W	3NW	**4**
4N	1S	2NW	2W	3SW	2NO	2SW	1SW	**5**
2S	1SW	2NW	4N	3O	2SO	2S	1S	**6**
3O	*	3O	3N	3W	1S	3N	2NW	**7**
3O	3O	2N	3NW	2N	1NO	4W	3N	**8**

AUFGABE 3

Lösung ***3***

C	U	G
F	X	D
?	T	J

Finden Sie heraus, welche Logik sich hinter diesem Raster verbirgt, und ersetzen Sie das Fragezeichen durch einen Buchstaben. Ist es B, gehen Sie zu Aufgabe 35. Ist es H, gehen Sie zu Aufgabe 23. Ist es J, gehen Sie zu Aufgabe 17.

AUFGABE 4

Lösung ***4***

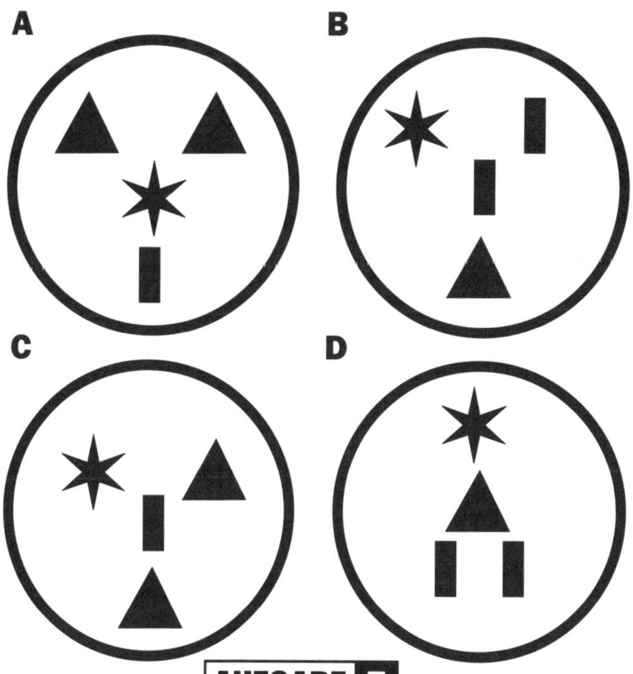

AUFGABE 5

Welches Muster paßt hier nicht zu den anderen? Bei A gehen Sie zu Aufgabe 14, bei B zu 17, bei C zu 20 und bei D zu 15.

Lösung ***5***

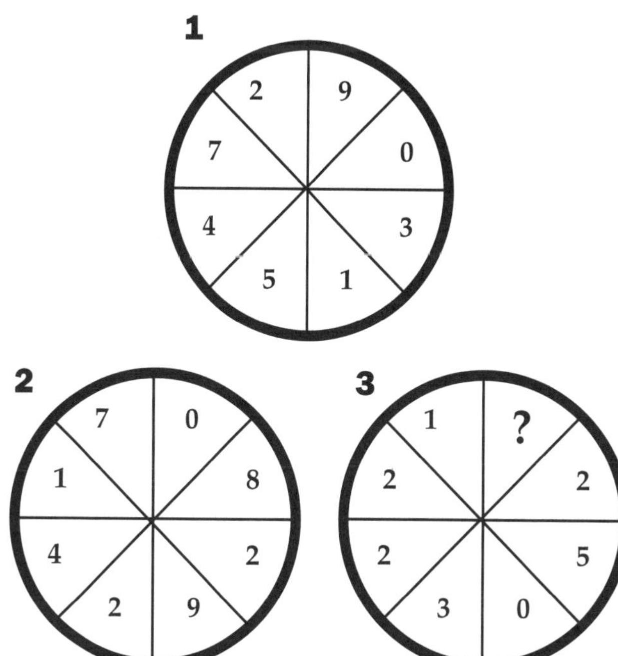

AUFGABE 6

Welche Zahl ersetzt das Fragezeichen? Addieren Sie 24, und gehen Sie zur entsprechenden Aufgabe.

Lösung ***6***

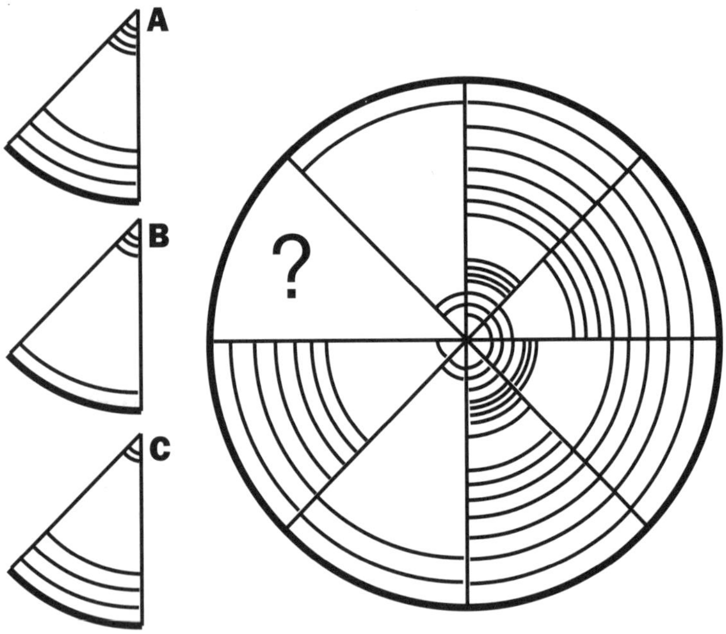

AUFGABE 7

Welches Segment gehört in das freie Feld?
Bei A gehen Sie zu Aufgabe 10, bei B zu 13 und bei C zu 34.

Lösung ***7***

Pizza	$ 2.90
Frankfurter	$ 6.10
Lasagne	$ 4.10
Chili con Carne	$ 7.50
Moussaka	$ 4.80

AUFGABE 8

Albert hat in New York ein Schnellrestaurant eröffnet. Das Geschäft geht gut, trotz der seltsamen Preise, die er festlegt. Finden Sie heraus, wie er kalkuliert und was er für Döner Kebab berechnet. Bilden Sie von diesem Ergebnis die Quersumme, und addieren Sie dazu 17. Dann machen Sie mit der entsprechenden Aufgabe weiter.

Lösung ***8***

Ein Schatz soll gesucht werden. Er liegt unter dem Feld mit dem Asterisken *. Um dorthin zu gelangen, dürfen Sie auf einem Feld nur einmal anhalten, es jedoch beliebig oft kreuzen. Wenn Sie auf einem Feld stoppen, müssen Sie die dortige Anweisung befolgen. Die Buchstaben stehen für die Himmelsrichtungen

N = Norden; S = Süden; O = Osten; W = Westen

und die Ziffern für die Anzahl von Feldern, die Sie hinter sich lassen müssen. (Beispiel: Auf einem Feld mit der Angabe 3SW müßten Sie 3 Felder nach Südwesten ziehen.) Auf welchem Feld beginnt die Schatzsuche? Wenn Sie die Koordinaten ermittelt haben, addieren Sie 12 zu der Zahl und gehen zur entsprechenden Aufgabe.

A	B	C	D	E	F	G	H	
2S	1SO	2W	3S	4S	2W	1SO	3W	1
4O	2O	2SW	2SW	2S	1O	1S	4S	2
1NO	4S	3S	2W	2W	*	4S	2NW	3
1SO	4S	1NO	3NO	3SO	3W	1SO	3N	4
3N	1S	4N	2NO	3SO	3N	2NW	1SW	5
4O	2O	2SW	2NO	1NO	2NO	2S	2SW	6
2NO	1SO	2NW	4NO	1W	1N	3N	2W	7
1N	1NO	2NW	3N	1N	2W	3N	3W	8

AUFGABE 9

Lösung ***9***

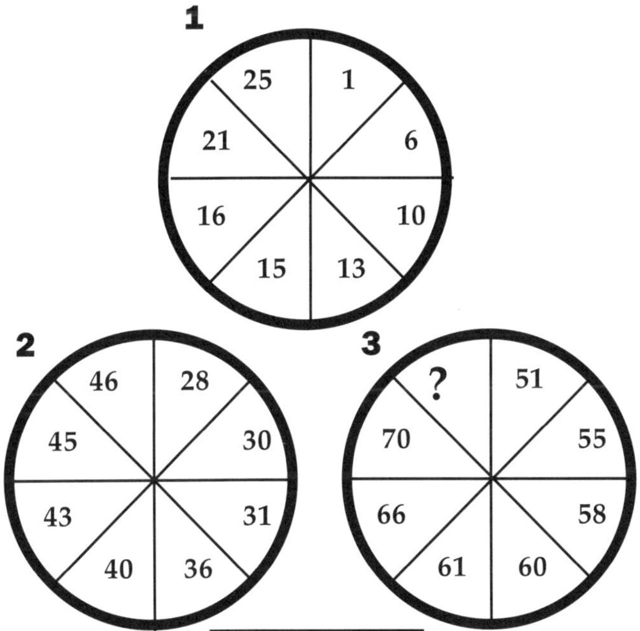

AUFGABE 10

Welche Logik liegt den Zahlenkreisen zugrunde, und welche Zahl ersetzt das Fragezeichen? Subtrahieren Sie 45 von diesem Wert, und gehen Sie zur entsprechenden Aufgabe.

Lösung ***10***

10	L	I	12
O			Z
M			B
?	N	D	10

AUFGABE 11

Für welche Zahl steht das Fragezeichen? Subtrahieren Sie 5, und gehen Sie zur Aufgabe mit der entsprechenden Zahl.

Lösung ***11***

AUFGABE 12

Die Symbole sind nach einem bestimmten Gesetz angeordnet. Finden Sie das heraus und bestimmen Sie, welches Symbol ins letzte Feld gehört.
Wenn Sie die Raute wählen, gehen Sie zu Aufgabe 16, beim Kreis zu 5, beim Herz zu 13, beim Dreieck zu 17 und beim Mond zu 10.

Lösung ***12***

AUFGABE 13

Zwischen diesen Uhrzeiten besteht ein logischer Zusammenhang. Welche Zeit muß Uhr 2 anzeigen? Addieren Sie die Ziffern, auf die der Stunden- und der Minutenzeiger weisen, und dazu noch 12. Das Ergebnis führt Sie zur nächsten Aufgabe.

Lösung ***13***

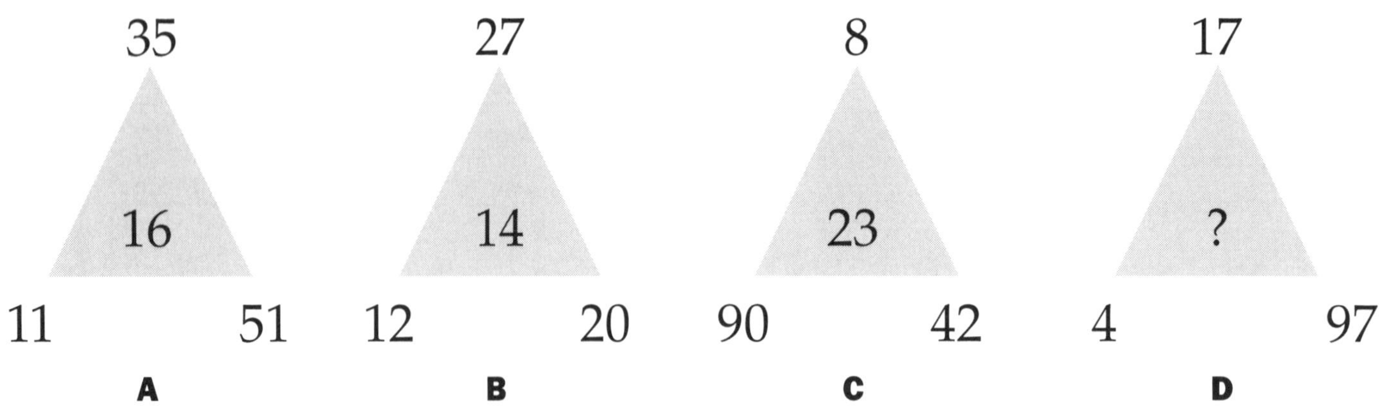

AUFGABE 14

Welche Zahl ersetzt das Fragezeichen in Dreieck D? Addieren Sie 6 zu Ihrem Ergebnis, und gehen Sie zu dieser Aufgabe.

Lösung ***14***

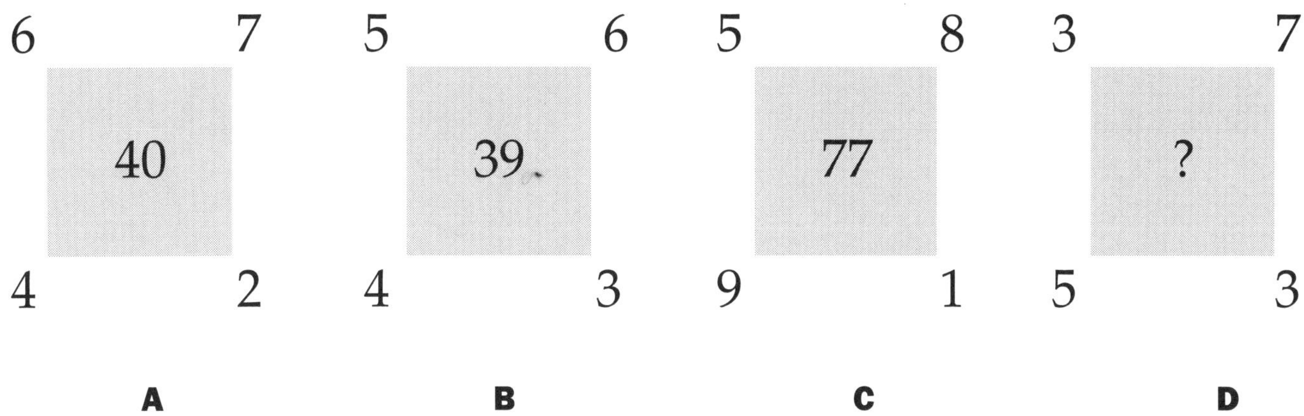

AUFGABE 15

Durch welche Zahl muß das Fragezeichen
im letzten Quadrat ersetzt werden? Subtrahieren Sie 36 von
Ihrem Ergebnis, und gehen Sie zur entsprechenden Aufgabe.

Lösung ***15***

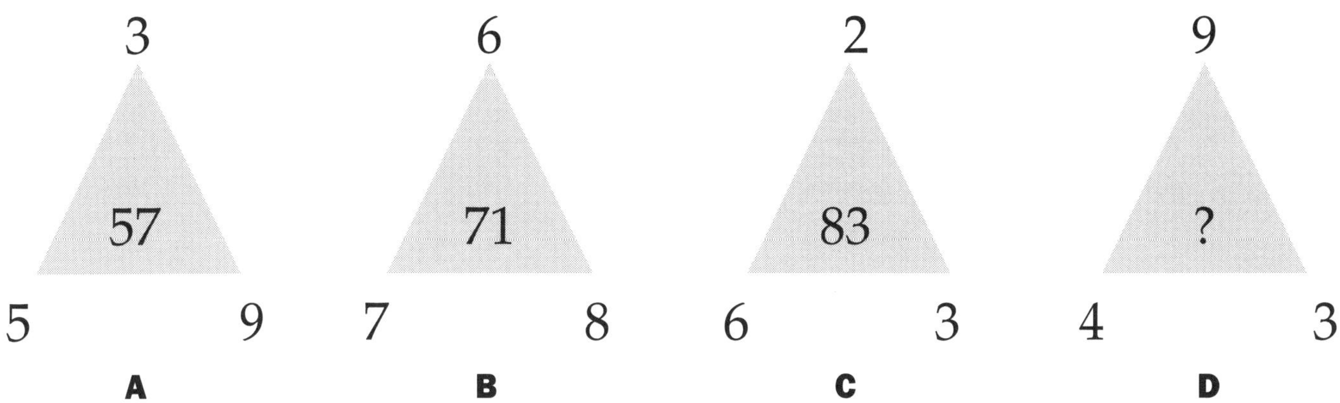

AUFGABE 16

Für welche Zahl steht das Fragezeichen?
Wenn Sie von Ihrem Ergebnis 21 subtrahieren,
erhalten Sie die Nummer der nächsten Aufgabe.

Lösung ***16***

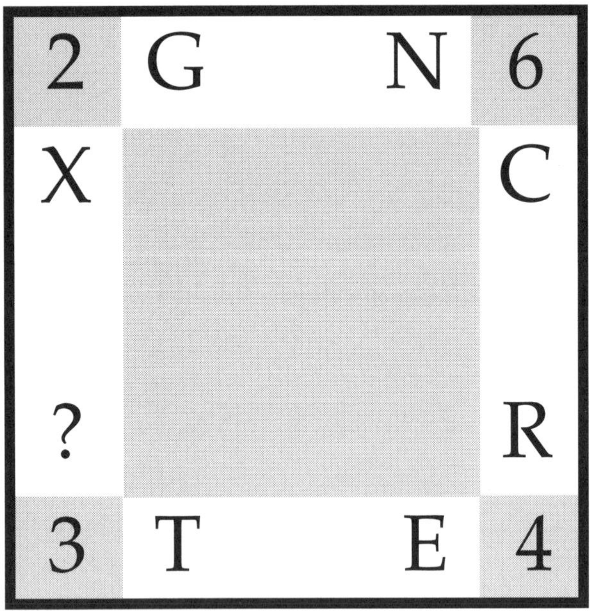

AUFGABE 17

Welches Gesetz gilt hier? Wenn Sie es ausgetüftelt haben, ersetzen Sie das Fragezeichen durch den passenden Buchstaben. Bei M gehen Sie zu Aufgabe 16, bei D zu 30, bei H zu 27 und bei F zu 2.

Lösung ***17***

AUFGABE 18

Können Sie die Logik hinter diesem Spinnennetz erkennen und den fehlenden Buchstaben ermitteln? Bei Z gehen Sie zu Aufgabe 31, bei V zu 23 und bei M zu 13.

Lösung ***18***

Sherry	$	1,70
Sambucco	$	2,10
Grand Marnier	$	3,20
Chianti	$	1,80
Cognac	$	1,60

AUFGABE 19

In Marias Bar wird eine merkwürdige Preiskalkulation praktiziert. Wie funktioniert sie, und was verlangt Maria für einen Whiskey? Ignorieren Sie den Dollarwert, und subtrahieren Sie vom Centbetrag 66. Das Ergebnis verweist sie auf die nächste Aufgabe.

Lösung ***19***

Fünf Jungen unternehmen eine Schiffsreise ins Ausland. Andy fährt mit der *Elizabeth II.*, John mit der *Norway*, Peter mit der *Tasmania* und Nick mit der *Rover*. Welches Schiff nimmt Larry?

A) Enterprise
B) Sea Sprite
C) Panama
D) Neptun
E) Iolanthe

Wenn Sie A wählen, weiter mit Aufgabe 19.
Wenn Sie B wählen, weiter mit Aufgabe 6.
Wenn Sie C wählen, weiter mit Aufgabe 32.
Wenn Sie D wählen, weiter mit Aufgabe 28.
Wenn Sie E wählen, weiter mit Aufgabe 5.

AUFGABE 20

Lösung ***20***

3	6	9
102	?	15
63	39	24

AUFGABE 21

Erkennen Sie die Logik hinter diesem Zahlensystem? Wenn Sie die fehlende Zahl ermittelt haben, subtrahieren Sie 163 und gehen zur Aufgabe mit der entsprechenden Nummer.

Lösung ***21***

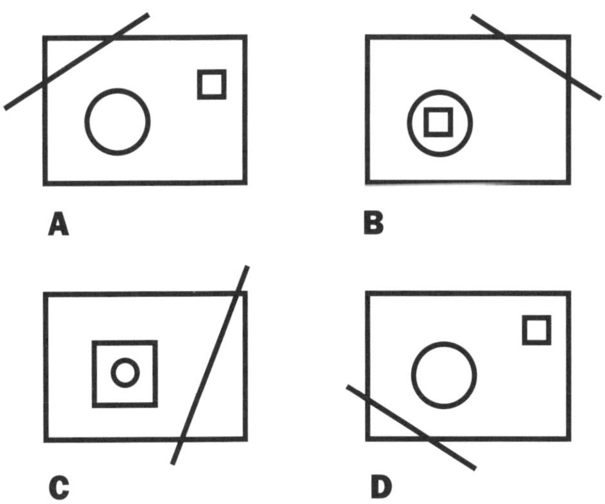

AUFGABE 22

Welche dieser Grafiken paßt nicht zu den anderen? Bei A gehen Sie zu Aufgabe 17, bei B zu 6, bei C zu 29 und bei D zu 30.

Lösung ***22***

AUFGABE 23

Die nachfolgend genannten Mädchen müssen jeweils eine Arbeit über einen großen Staatsmann verfassen. Yvonne entscheidet sich für Bismarck, Henrietta für Stalin, Trude für Gandhi, Irene für Roosevelt und Vera für Eisenhower. Wen wählt Nadja?

a) Churchill
b) Mao
c) Karl der Große
d) Reagan
e) Sadat

Bei A gehen Sie zu Aufgabe 6, bei B zu 19, bei C zu 31, bei D zu 34 und bei E zu 15.

Lösung ***23***

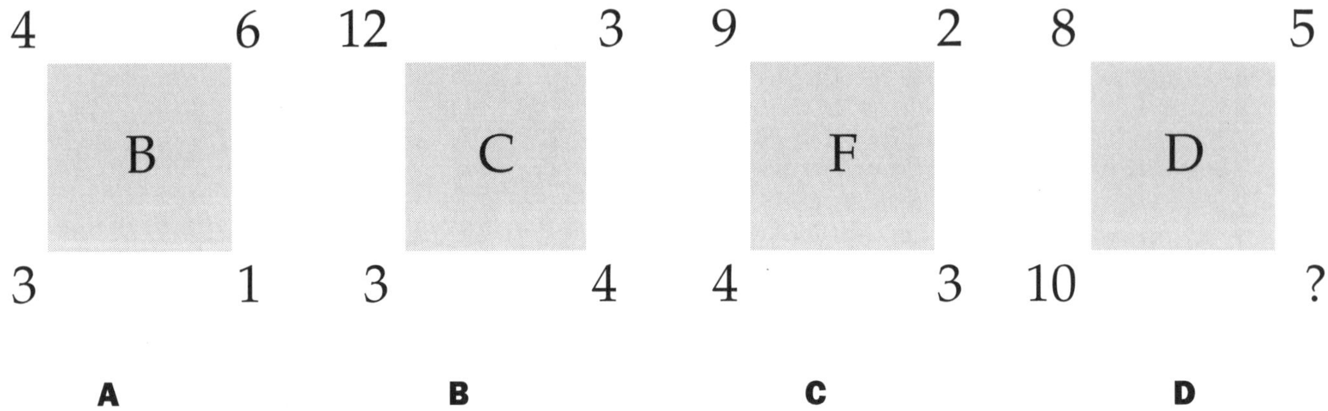

AUFGABE 24

Für welche Zahl steht das Fragezeichen?
Wenn Sie sie ermittelt haben, addieren Sie 2 und gehen zu dieser Aufgabe.

Lösung ***24***

M	?	E	M
J	S	U	N
P	M	D	M
D	F	S	S

AUFGABE 25

Ersetzen Sie das Fragezeichen durch den passenden Buchstaben. Ordnen Sie diesem seine Zahl gemäß seiner Position im Alphabet zu, subtrahieren Sie 5, und gehen Sie zur Aufgabe mit dieser Nummer.

Lösung ***25***

AUFGABE 26

Welchen Buchstaben ersetzt das Fragezeichen? Bei K gehen Sie zu Aufgabe 29, bei U zu 18 und bei G zu 7.

Lösung ***26***

Sie haben das Ende des Logik-Labyrinths erreicht. Um den Code zu ermitteln, der Ihnen den Zugriff auf Gargantua ermöglicht, addieren Sie die Kennzahlen der Aufgaben in der Reihenfolge ihrer Bearbeitung von Nummer 16 bis 23 einschließlich. Die Summe ist die Codezahl.

AUFGABE 27

Lösung ***27***

???
???
115 ???
???
???
???

AUFGABE 28

Oben stehen sechs 6stellige Zahlen, die jeweils mit 115 beginnen und ohne Rest durch 173 teilbar sind. Wie lauten jeweils die restlichen drei Stellen dieser Zahlen? Addieren Sie die letzte Ziffer dieser sechs Zahlen und dazu 8. Das Ergebnis führt Sie zur nächsten Aufgabe.

Lösung ***28***

B		D	C		F	D		H	E		J
	J			O			T			?	
H		F	L		I	P		L	T		O

AUFGABE 29

Welche Logik verbindet die Buchstaben,
und wofür steht das Fragezeichen?
Wenn Sie sich für F entscheiden, gehen Sie zu
Aufgabe 29, bei K zu 16 und bei Y zu 3.

Lösung ***29***

J	F	M	A
?	M	J	?
J	A	S	?
O	N	?	D

AUFGABE 30

Die Fragezeichen in diesem Raster stehen für
Zahlen, in diesem Fall speziell für ein und dieselbe
Zahl. Finden Sie diese heraus, addieren Sie 6, und
gehen Sie zur entsprechenden Aufgabe.

Lösung ***30***

AUFGABE 31

Gehen Sie auf Schatzsuche! Sie müssen zu dem Asterisken * gelangen, wobei Sie jedes Feld zwar beliebig oft kreuzen, sich aber nur einmal darauf aufhalten dürfen. Wenn Sie dies tun, müssen Sie die dortigen Anweisungen befolgen. Die Buchstaben stehen für die Himmelsrichtungen

N = Norden; S = Süden; O = Osten; W = Westen

und die Zahlen für die Anzahl von Feldern, die Sie hinter sich lassen müssen. (So bedeutet etwa die Anweisung 3SW, daß Sie von diesem Feld aus drei Felder in Richtung Südwesten ziehen müssen.) Wo nimmt die Schatzsuche ihren Anfang? Wenn Sie das Feld ermittelt haben, addieren Sie zur dortigen Zahl 10 und gehen dann weiter zur entsprechenden Aufgabe.

A	B	C	D	E	F	G	H	
2SO	4O	1S	1S	2W	1SW	1SO	4W	**1**
2S	1SW	1SO	2SW	2SO	4S	3S	2SW	**2**
1N	2N	3S	4SO	2SW	2O	1NW	1NW	**3**
2O	*	3S	3NO	3S	4S	4S	3NW	**4**
4N	4O	1W	2NW	2N	1SO	3W	4N	**5**
2SO	4N	2SO	2W	4W	2NO	2NW	2S	**6**
3O	1S	1W	3N	2O	4N	4N	2W	**7**
1N	3NO	2W	3NW	3NO	2NO	2NW	4W	**8**

Lösung ***31***

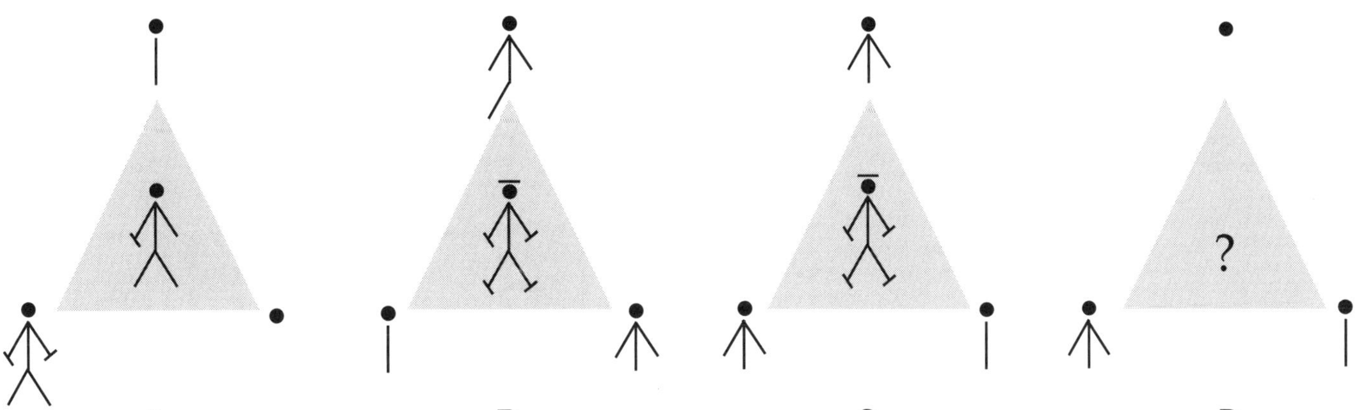

A **B** **C** **D**

AUFGABE 32

Wie muß das Strichmännchen im letzten Dreieck aussehen? Zählen Sie seine Bestandteile, addieren Sie 4 hinzu, und gehen Sie zur entsprechenden Aufgabe.

Lösung ***32***

Jedes der Mädchen soll seine Lieblingsband nennen.

Jessica schwärmt für Genesis, Elsbeth für Bon Jovi, Zita für Wet Wet Wet, Patricia für Meatloaf und Gundula für die Dire Straits.

Welches der nächsten Mädchen entscheidet sich für Queen?

A) Annabelle
B) Roberta
C) Barbara
D) Doris
E) Trixie

Wenn Sie A wählen, weiter mit Aufgabe 8.
Wenn Sie B wählen, weiter mit Aufgabe 32.
Wenn Sie C wählen, weiter mit Aufgabe 26.
Wenn Sie D wählen, weiter mit Aufgabe 2.
Wenn Sie E wählen, weiter mit Aufgabe 21.

AUFGABE 33

Lösung ***33***

???
???
124 ???
???
???
???

AUFGABE 34

Oben stehen sechs 6stellige Zahlen, die alle mit 124 beginnen und ohne Rest durch 149 teilbar sind. Wie lauten jeweils die restlichen drei Stellen? Addieren Sie die letzte Ziffer jeder der sechs Zahlen, subtrahieren Sie 16, und gehen Sie zur entsprechenden Aufgabe.

Lösung ***34***

AUFGABE 35

Finden Sie das Muster heraus, nach dem diese Schlange aufgebaut ist, und ergänzen Sie das Fragezeichen. Wenn Sie die Raute wählen, gehen Sie zu Aufgabe 12, beim Herz zu 16, beim Kreuz zu 9, beim Kreis zu 17 und beim Pfeil zu 3.

Lösung ***35***

Lösung 1
C. G (Anfangsbuchstabe von Georg) ist der siebte Buchstabe des Alphabets, T (Anfangsbuchstabe von Travemünde) ist der siebtletzte. Weiter mit Aufgabe 7.

Lösung 2
117.096, 117.232, 117.368, 117.504, 117.640, 117.776, 117.912. Teilen Sie 117.000 durch 136. Runden Sie das Ergebnis auf die nächste ganze Zahl auf, multiplizieren Sie sie mit 136, und addieren Sie zu dem Ergebnis noch fünfmal 136. 6 + 2 + 8 + 4 + 0 + 6 + 2 = 28. 28 – 2 = 26.

Lösung 3
D5. Arbeiten Sie sich vom Asterisken *, dem Ziel, zum Start vor: 5 + 15 = 20.

Lösung 4
B. Die Buchstaben repräsentieren Zahlen entsprechend ihrer Position im Alphabet. Die der linken Spalte ergeben, multipliziert mit denen der rechten Spalte, die in der Mitte. Weiter mit Aufgabe 35.

Lösung 5
D. Die Kreise stellen Gesichter dar, D steht auf dem Kopf. Weiter mit Aufgabe 15.

Lösung 6
1. Die entsprechenden Segmente der drei Kreise ergeben jeweils 10 als Summe. 1 + 24 = 25.

Lösung 7
A. Die Summe der Außenlinien eines Segments und der Innenlinien des ihm gegenüberliegenden beträgt stets 9. Weiter mit Aufgabe 10.

Lösung 8
$ 5.80. Vokale = 7, Konsonanten = 5. Daher: 5 + 8 + 17 = 30.

Lösung 9
B1. Arbeiten Sie sich rückwärts vom * (Ziel) zum Start vor. 1 + 12 = 13.

Lösung 10
73. Bei 1 beginnend, addieren Sie 5, dann 4, dann 3, dann 2, dann 1 usw. Nach der höchsten Zahl geht es weiter bei der niedrigsten im nächsten Kreis. 73 – 45 = 28.

Lösung 11
9. Jedem Buchstaben entspricht eine Zahl gemäß seiner Position im Alphabet. Addieren Sie die Ziffern zweier nebeneinanderliegender Buchstaben. Das Ergebnis steht in dem Feld, das im Uhrzeigersinn auf die Buchstaben folgt. 9 – 5 = 4, weiter mit Aufgabe 4.

Lösung 12
Kreis. Die Grundfolge ist Herz, Kreis, Raute, Dreieck, Mond. Nun folgt das erste Symbol, jedoch durchgestrichen, und dann die übrigen Symbole in umgekehrter Reihenfolge. Auf diese Weise mit allen Symbolen nacheinander verfahren. Weiter mit Aufgabe 5.

Lösung 13
4.30 Uhr. Von Uhr zu Uhr sind die Stunden und Minuten halbiert. Der Stundenzeiger zeigt auf 4, der Minutenzeiger auf 6, daher 4 + 6 + 12 = 22.

Lösung 14
28. Die Summe der Quersummen aus den drei Zahlen an den Ecken eines Dreiecks ergibt die Zahl in der Mitte. 28 + 6 = 34.

Lösung 15
44. Multiplizieren Sie jeweils die diagonal gegenüberliegenden Zahlen eines Quadrats, addieren Sie beide Ergebnisse, und Sie erhalten die Zahl in der Mitte. 44 – 36 = 8.

Lösung 16
30. Multiplizieren Sie die beiden unteren Zahlen eines Dreiecks, stellen Sie die Ziffern um, und addieren Sie die Zahl an der oberen Ecke des Dreiecks. So erhalten Sie die Zahl in der Mitte. 30 – 21 = 9.

Lösung 17
H. Den Buchstaben entsprechen Zahlen gemäß ihrer Position im Alphabet. Man multipliziert eine Eckzahl mit dem im Uhrzeigersinn folgenden Buchstabenwert und erhält den Wert des im Uhrzeigersinn folgenden Buchstaben.

Lösung 18
Z. Ordnen Sie den Buchstaben Zahlenwerte entsprechend ihrer Position im Alphabet zu. Subtrahieren Sie einen inneren vom äußeren Buchstaben, lautet das Ergebnis jedesmal 3.

Lösung 19
$1.90. Vokal = 2, Konsonant = 3. Addieren Sie den Wert aller Buchstaben, und multiplizieren Sie das Ergebnis mit 10. 90 – 66 = 24.

Lösung 20
C. Der Anfangsbuchstabe der Schiffe liegt im Alphabet jeweils vier Stellen hinter dem des entsprechenden Jungennamen. Weiter mit Aufgabe 32.

Lösung 21
165. 3 + 6 = 9, 6 + 9 = 15, 9 + 15 = 24, 15 + 24 = 39, 24 + 39 = 63, 39 + 63 = 102, 102 + 63 = 165. 165 – 163 = 2.

Lösung 22
C. Die Gerade muß an einer Ecke ein Dreieck abschneiden. Weiter bei Aufgabe 29.

Lösung 23
B. Bei jeder Paarung sind der Anfangsbuchstabe des Mädchen- und des Politikernamens gleich weit vom Anfang bzw. Ende des Alphabets entfernt. Nadja (Anfangsbuchstabe N ist der 13. Buchstabe von hinten) wählt Mao (Anfangsbuchstabe M ist der 13. Buchstabe von vorn). Weiter bei Aufgabe 19.

Lösung 24
4. Multiplizieren Sie jeweils die beiden Zahlen links bzw. rechts eines Quadrats miteinander, und dividieren Sie die neue linke durch die neue rechte Zahl. Das Ergebnis steht als Buchstabe, dem die Zahl gemäß seiner Position im Alphabet zukommt, in der Mitte des Quadrats (B = 4). 4 + 2 = 6.

Lösung 25
V. Es handelt sich um die Anfangsbuchstaben der Planeten des Sonnensystems, von der Sonne nach außen hin aufgezählt, gefolgt von denen der Wochentage. Die Reihenfolge: beginnend links oben, zeilenweise von links nach rechts. Nicht genannt ist Venus. V = Buchstabe 22 – 5 = 17.

Lösung 26
U. Die äußeren Buchstaben stehen im Alphabet jeweils vier Positionen hinter den inneren Buchstaben. Weiter bei Aufgabe 18.

Lösung 27
Der Zugriffscode für den Computer lautet 335.

Lösung 28
115.045, 115.218, 115.391, 115.564, 115.737, 115.910. Dividieren Sie 115.000 durch 173 und runden Sie das Ergebnis auf die nächste ganze Zahl auf. Jetzt multiplizieren Sie diese mit 173 und addieren weiter 173, bis Sie 115.910 erreichen. 5 + 8 + 1 + 4 + 7 + 0 = 25.
25 + 8 = 33.

Lösung 29
Y. Die Buchstaben repräsentieren Zahlen gemäß ihrer Position im Alphabet. Beim ersten Quadrat werden, oben links beginnend und im Uhrzeigersinn, jeweils 2 hinzugefügt. Beim zweiten Quadrat sind es 3, beim dritten 4 und beim vierten 5. Weiter mit Aufgabe 3.

Lösung 30
17 + 6 = 23. Die Buchstaben repräsentieren den Wert ihrer Position im Alphabet. Daß dreimal derselbe Buchstabe (Q = 17) gesucht ist, dient lediglich der Verwirrung.

Lösung 31
D6. Verfolgen Sie vom * (Ziel) den Weg zurück.
6 + 10 = 16.

Lösung 32
Es muß 10 Bestandteile aufweisen. Zählen Sie die Elemente der Männchen um ein Dreieck, dann wissen Sie, aus wie vielen Elementen die Figur im folgenden Dreieck besteht. Die Zahl der Elemente um Dreieck D gilt für die Anzahl der Elemente für das Männchen in Dreieck A. 10 + 4 = 14.

Lösung 33
E. Der Anfangsbuchstabe der Mädchennamen liegt im Alphabet stets drei Stellen vor dem Anfangsbuchstaben der zugehörigen Band. Weiter bei Aufgabe 21.

Lösung 34
124.117, 124.266, 124.415, 124.564, 124.713, 124.862. Dividieren Sie 124.000 durch 149 und runden Sie das Ergebnis auf die nächste ganze Zahl auf. Multiplizieren Sie diese nun mit 149, und addieren Sie weiter 149, bis Sie 124.862 erreichen.
7 + 6 + 5 + 4 + 3 + 2 = 27. 27 – 16 = 11.

Lösung 35
Raute. Die Reihenfolge: Herz, Kreuz, Kreis, Pfeil, Raute. Diese Folge wiederholen, dabei das erste Symbol auslassen und anschließend mit einer Zusatzumrandung einfügen. Dies mit jedem Symbol wiederholen. Weiter mit Aufgabe 12.

DIE REIHENFOLGE

1	**7**	**10**	**28**	**33**	**21**			
2	**26**	**18**	**31**	**16**	**9**	**13**	**22**	
29	**3**	**20**	**32**	**14**	**34**	**11**	**4**	**35**
12	**5**	**15**	**8**	**30**	**23**	**19**	**24**	**6**
25	**17**	**27**						

A verhält sich zu B wie C zu

D E F G H

AUFGABE 1

Lösung ***117***

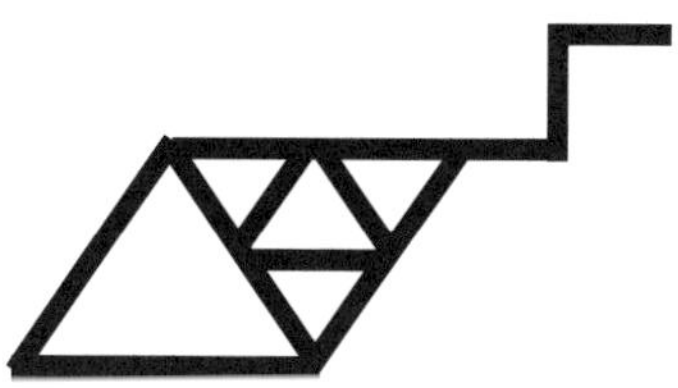

A

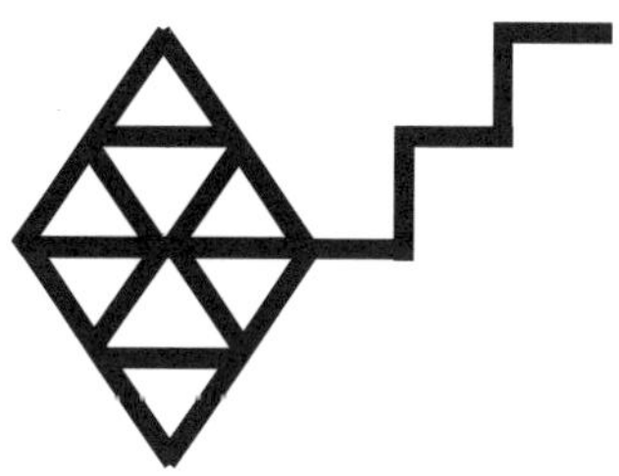

B

D

C

E

AUFGABE 2

Welche Figur paßt nicht zu den anderen?

Lösung ***170***

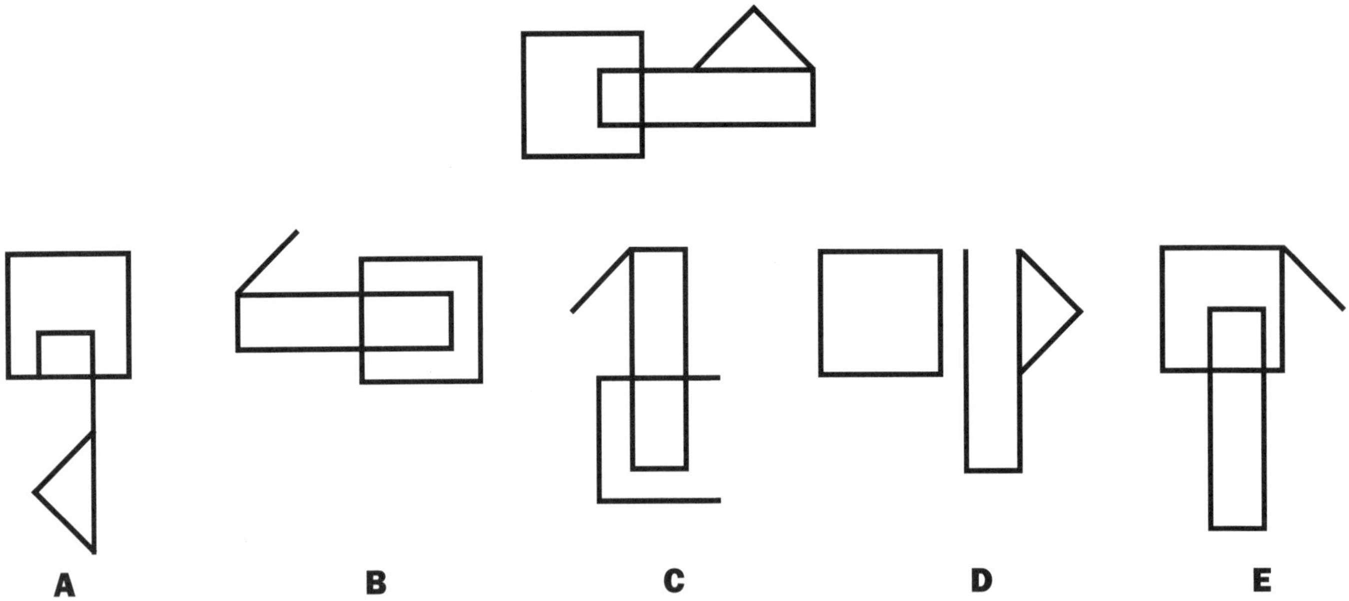

AUFGABE 3

Welche der Figuren A bis E läßt sich durch Hinzufügen eines Strichs so verändern, daß sie den Bedingungen der oberen genügt?

Lösung ***145***

J Q G O T D

Y N S Z P

W K M V H F

AUFGABE 4

Bei einem Anagramm sind die Buchstaben des Lösungsworts in durcheinandergewürfelter Reihenfolge angegeben. Hier dagegen sind die Buchstaben genannt, die NICHT benötigt werden, um das gesuchte Wort zu bilden.

Lösung ***176***

AUFGABE 5

Setzen Sie die Rechenzeichen der Grundrechenarten ein, damit die Gleichung aufgeht.

Lösung ***184***

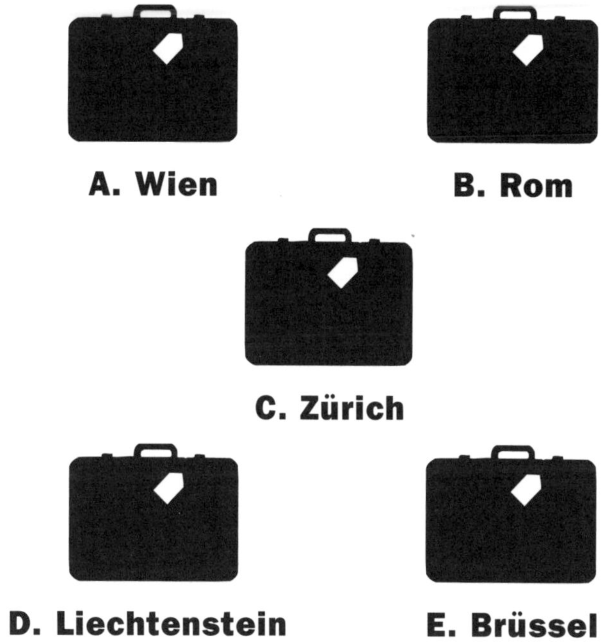

AUFGABE 6

Welche Logik steckt hinter den Dominosteinen?
Ersetzen Sie das Fragezeichen.

Lösung ***122***

AUFGABE 7

Bei allen Koffern ist das Reiseziel angegeben,
aber eine Angabe macht keinen Sinn.

Lösung ***60***

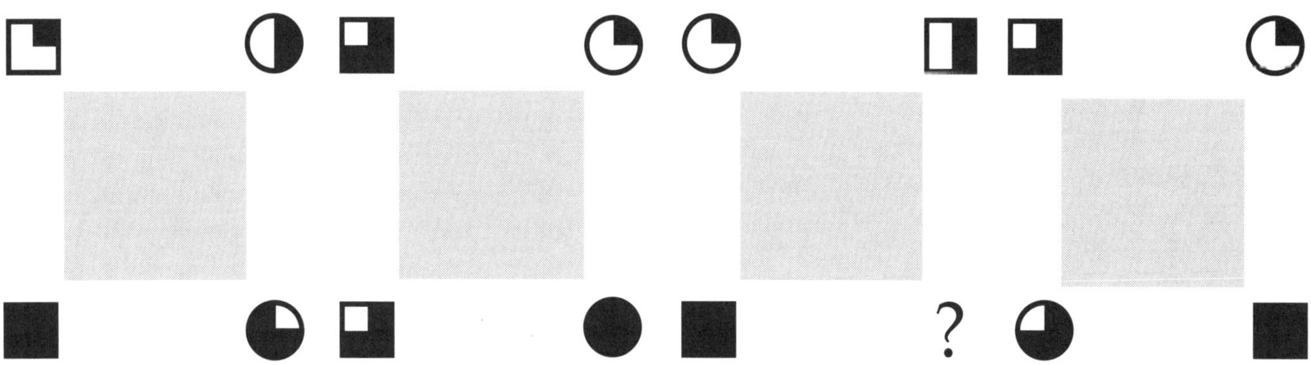

AUFGABE 8

Die Anordnung der Figuren hat System.
Welche Figur ersetzt das Fragezeichen?

Lösung ***9***

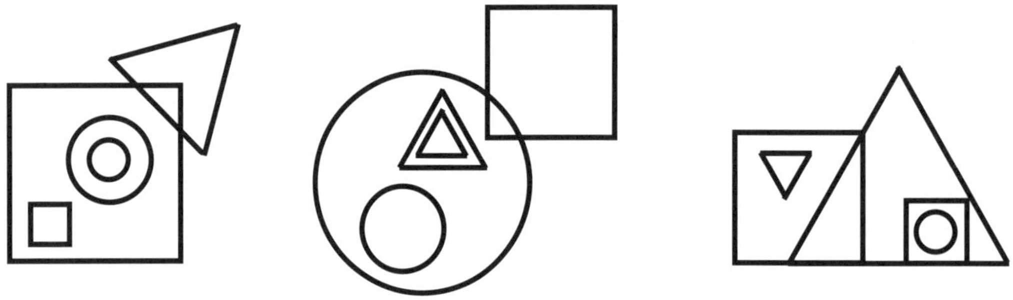

A verhält sich zu B wie C zu

D E F G H

AUFGABE 9

Lösung ***173***

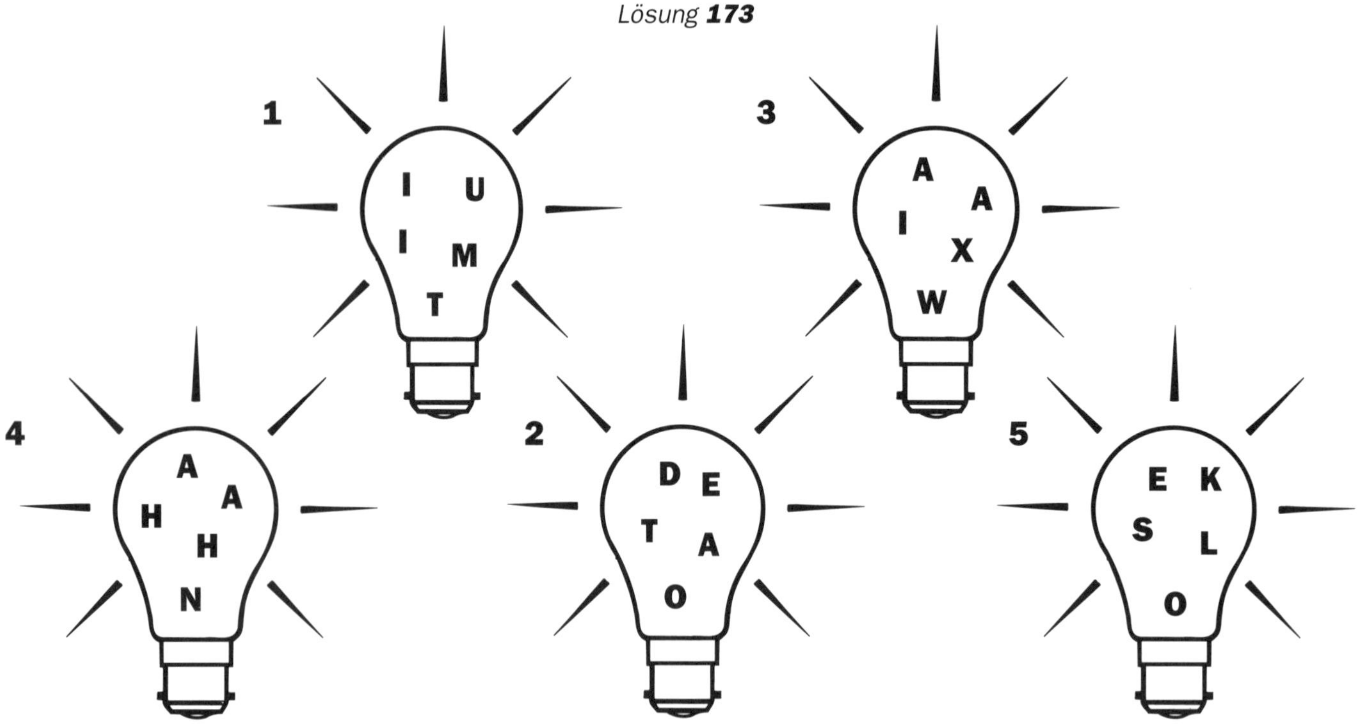

AUFGABE 10

Wählen Sie aus jeder Glühbirne in numerischer Reihenfolge einen Buchstaben aus. Daraus ergeben sich dann die Namen von fünf amerikanischen Staaten. Zwei Buchstaben bleiben dabei übrig.

Lösung ***46***

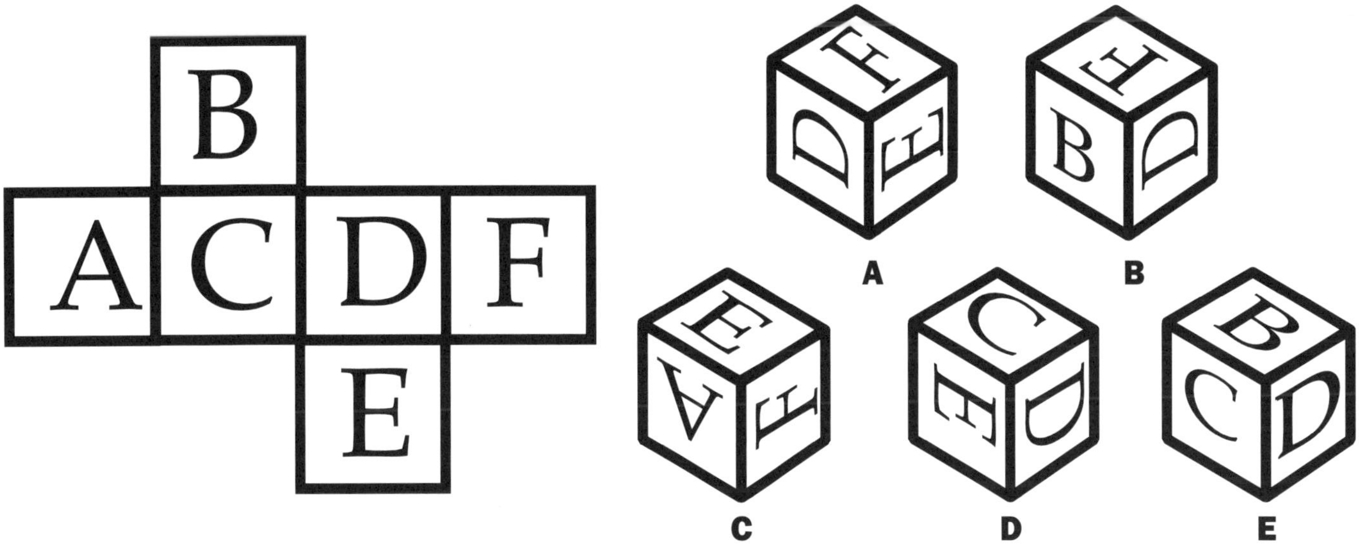

AUFGABE 11

Welcher der Würfel ergibt sich nicht
durch Zusammenklappen der Vorlage?

Lösung ***167***

1	E	T	K
2	B	O	?
3	X	V	Y

AUFGABE 12

Auf welche Ziffer muß
der fehlende Zeiger bei Uhr 4 zeigen?

Lösung ***137***

AUFGABE 13

Welches Gesetz liegt dem Raster
zugrunde, und welcher Buchstabe fehlt?

Lösung ***91***

Z	R	T	T	U	W	W	Z	Z	S	Z	R	T	T	U	W
S	Z	Z	W	W	U	T	T	R	Z	S	Z	Z	W	W	U
Z	S	Z	R	T	T	U	W	W	Z	Z	S	Z	R	T	T
Z	W	W	U	T	T	R	Z	S	Z	Z	W	W	U	T	T
W	Z	Z	S	Z	R	T	T				Z	Z	S	Z	R
W	U	T	T	R	Z	S	Z				U	T	T	R	Z
U	W	W	Z	Z	S	Z	R				W	W	Z	Z	S
T	T	R	Z	S	Z	Z	W	W	U	T	T	R	Z	S	Z
T	T	U	W	W	Z	Z	S	Z	R	T	T	U	W	W	Z
R	Z	S	Z	Z	W	W	U	T	T	R	Z	S	Z	Z	W
Z	R	T	T	U	W	W	Z	Z	S	Z	R	T	T	U	W
S	Z	Z	W	W	U	T	T	R	Z	S	Z	Z	W	W	U
Z	S	Z	R	T	T	U	W	W	Z	Z	S	Z	R	T	T
Z	W	W	U	T	T	R	Z	S	Z	Z	W	W	U	T	T
W	Z	Z	S	Z	R	T	T	U	W	W	Z	Z	S	Z	R
W	U	T	T	R	Z	S	Z	Z	W	W	U	T	T	R	Z

AUFGABE 14

Können Sie die Logik hinter diesem Raster erkennen und die Buchstaben in den neun leeren Kästchen ergänzen?

Lösung ***115***

A

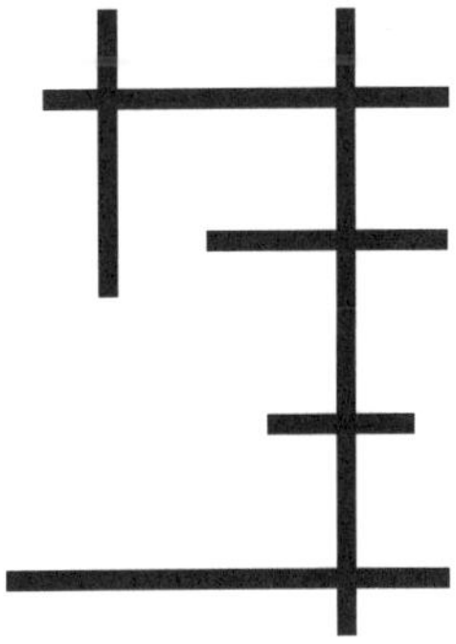

B

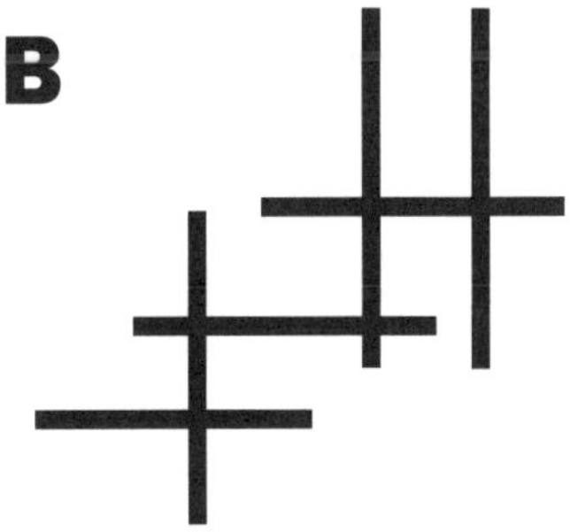

C

D

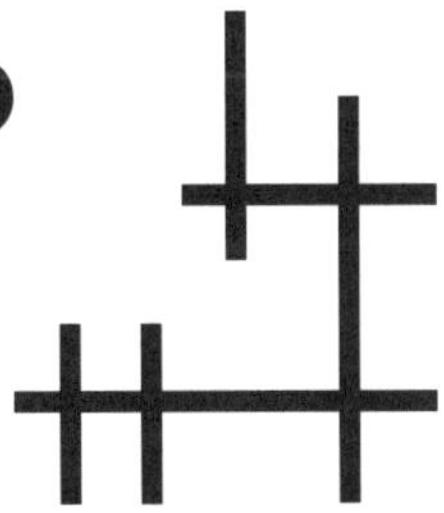

E

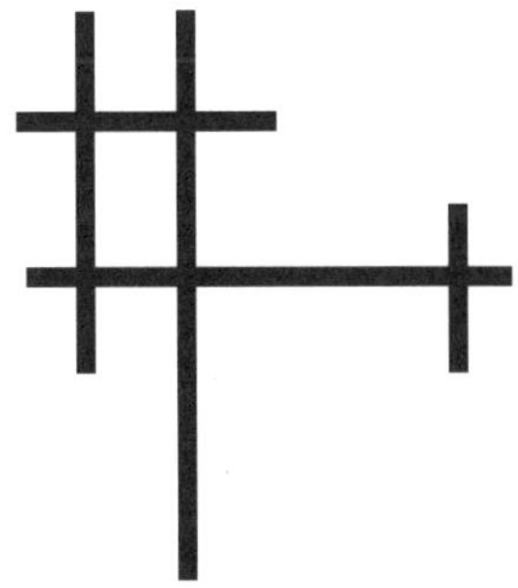

AUFGABE 15

Welche Figur paßt nicht zu den übrigen?

Lösung ***179***

A. 4 Std. 20 Min.

?

B. 3 Std. 15 Min.

80

C. 6 Std. 14 Min.

60

D. 7 Std. 13 Min.

42

E. 4 Std. 12 Min.

78

AUFGABE 16

Bei jedem Traktor ist die Dauer seines Einsatzes angegeben und dazu die Menge der geernteten Kartoffeln in Tonnen – nur bei Traktor A fehlt diese Angabe noch. Welches Gesetz gilt hier und wie viele Tonnen Kartoffeln müssen bei Traktor A angegeben sein?

Lösung ***90***

A verhält sich zu B wie C zu

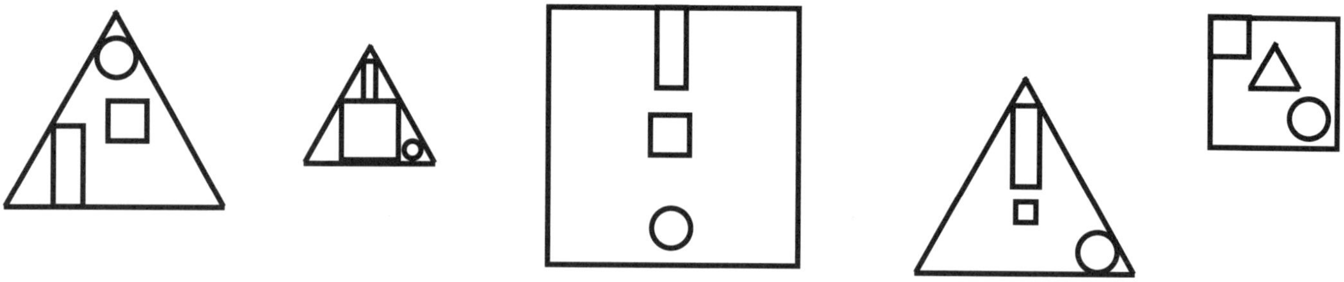

D E F G H

AUFGABE 17

Lösung ***106***

F C J Z I E

W K L P Y

Q H B V G X

AUFGABE 18

Auch in diesem „negativen" Anagramm sind wiederum nur die Buchstaben angegeben, die NICHT verwendet werden. Ermitteln Sie die richtigen Buchstaben, und bilden Sie daraus den Namen eines Astrologen. Achtung: Zwei Buchstaben werden doppelt eingesetzt.

Lösung ***177***

1	2	3
C	R	F
J	T	B
	Y	E

AUFGABE 19

Welche Logik liegt dem Raster zugrunde, und welcher Buchstabe fehlt?

Lösung ***93***

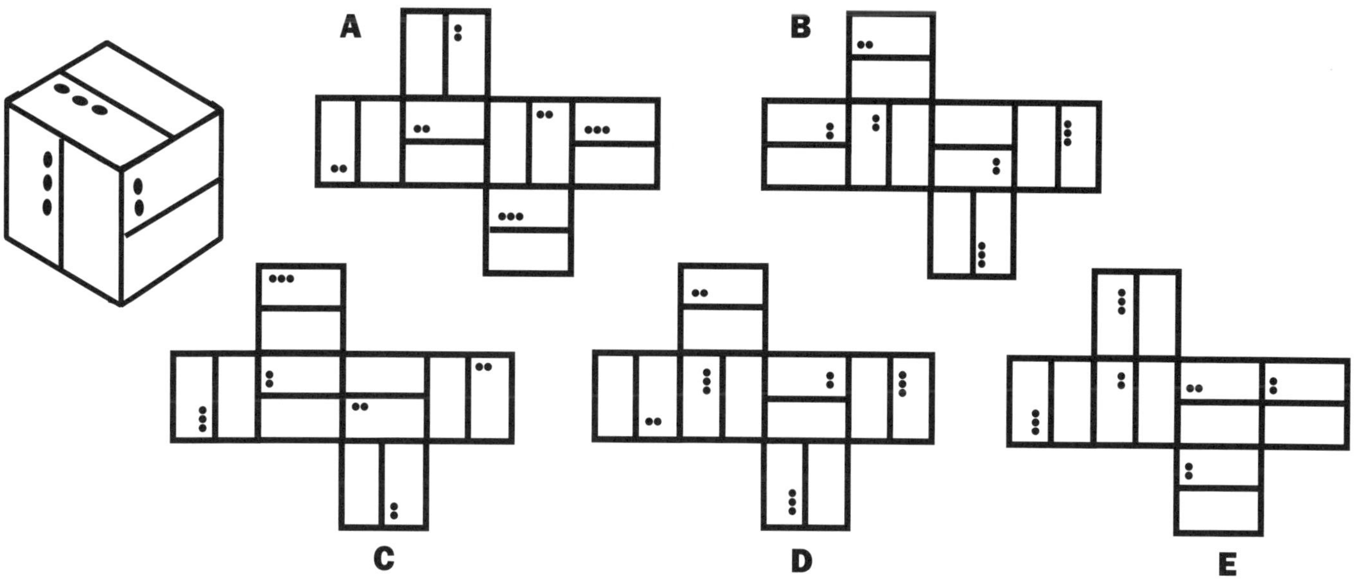

AUFGABE 20

Welche der fünf aufgeklappten
Vorlagen gehört zum fertigen Würfel?

Lösung ***149***

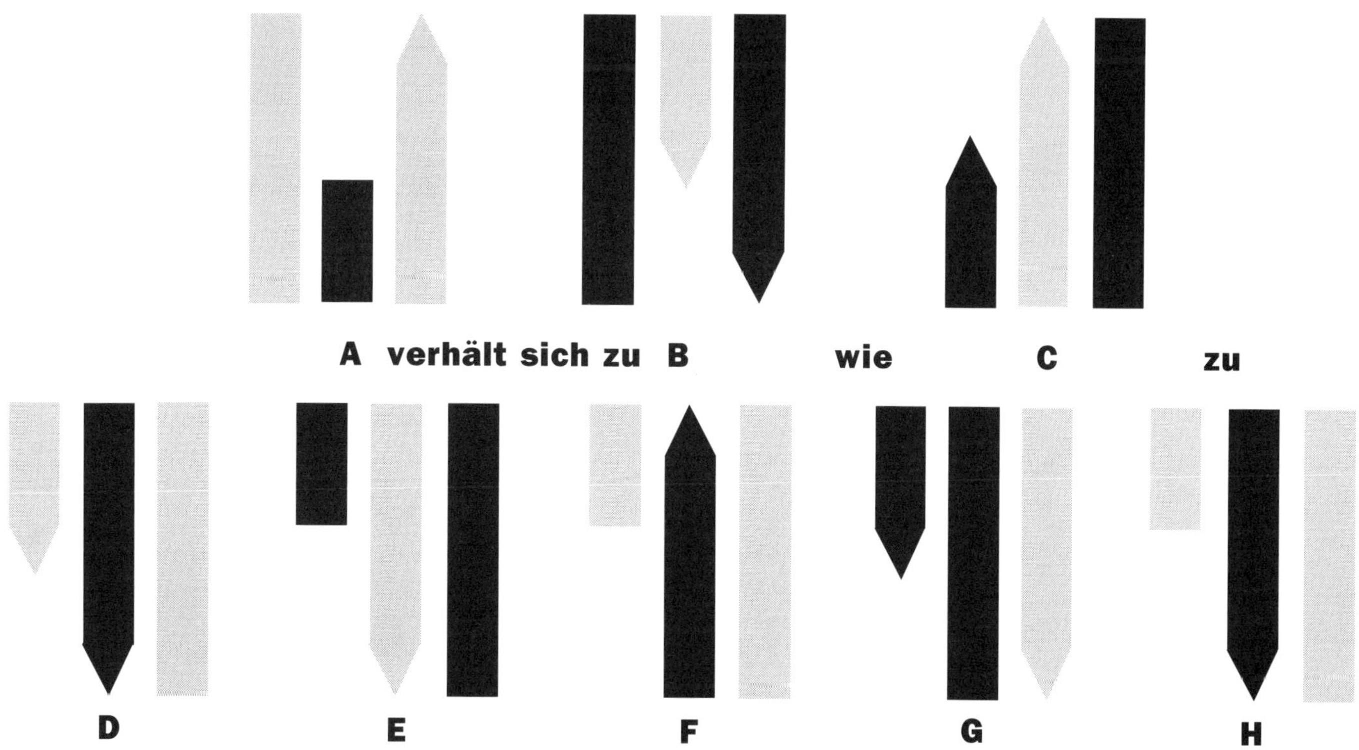

AUFGABE 21

Lösung ***178***

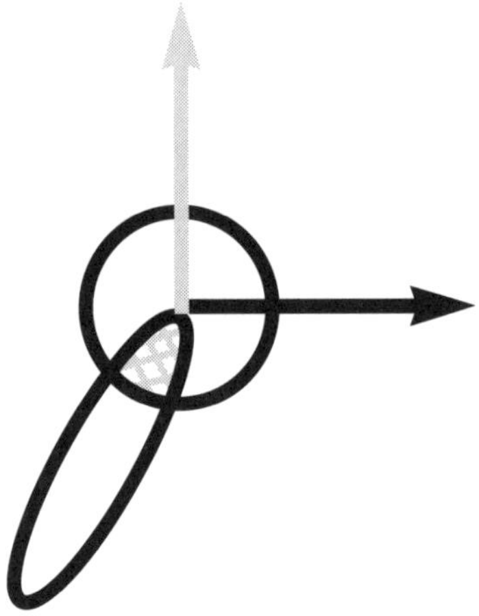
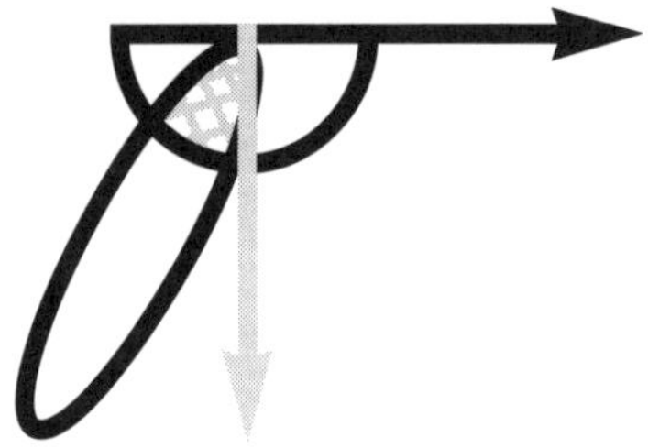
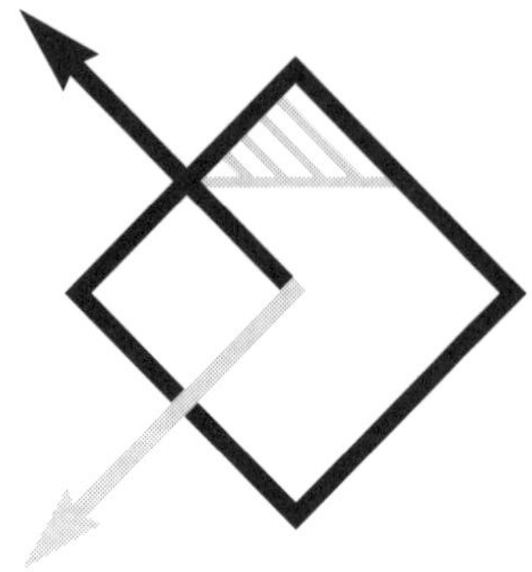

A verhält sich zu B wie C zu

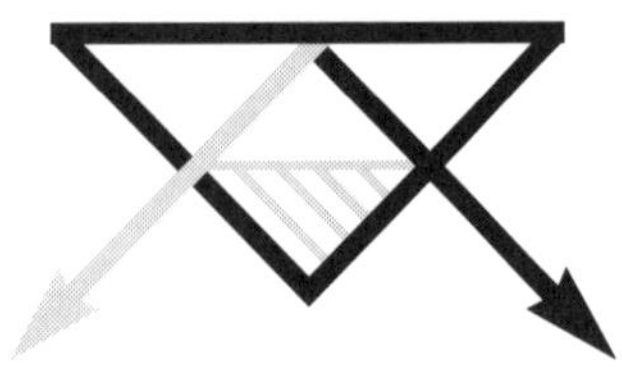

D

E

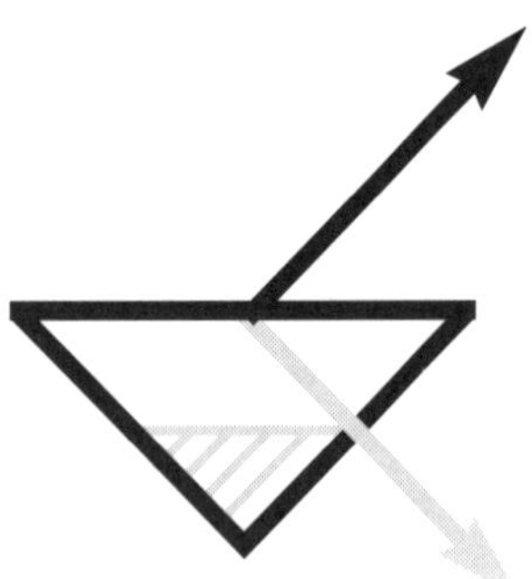

F

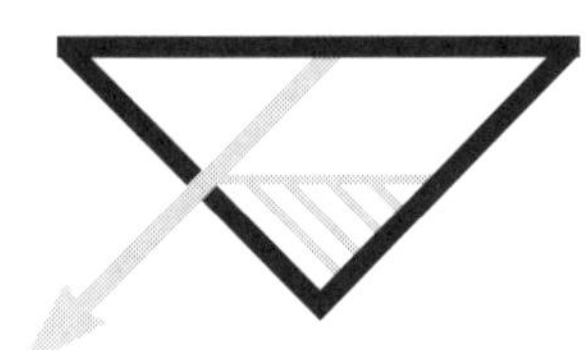

G

AUFGABE 22

Lösung ***86***

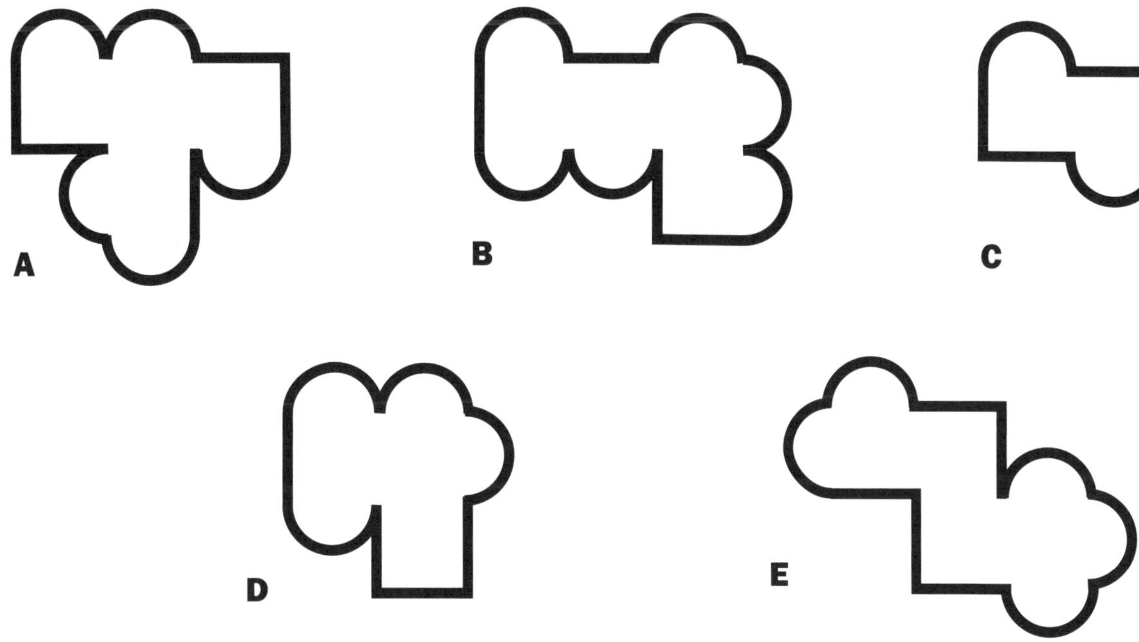

AUFGABE 23

Welche Form paßt nicht zu den anderen?

Lösung ***185***

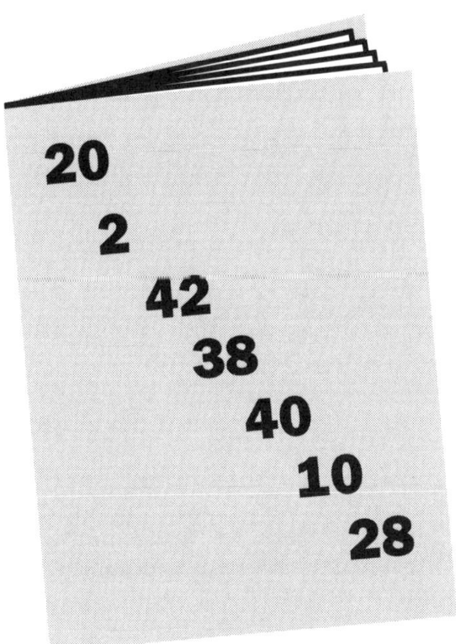

AUFGABE 24

Knacken Sie den Code auf dem Buch, um seinen Autor zu ermitteln.

Lösung ***131***

AUFGABE 25

Diese Wagen fahren alle auf berühmten Rennstrecken. Wie muß die Nummer des Wagens von Indianapolis lauten?

Lösung ***85***

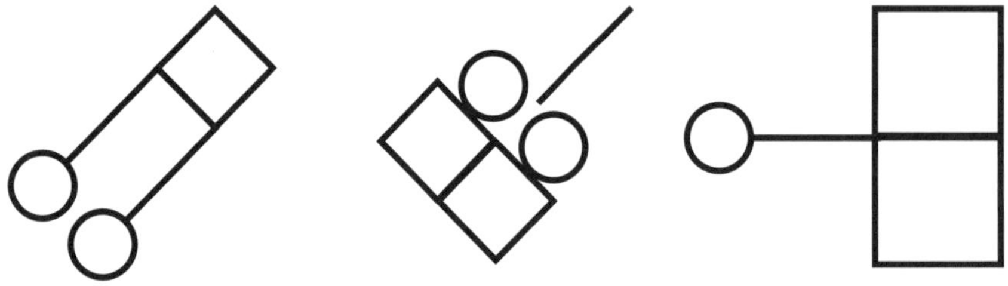

A verhält sich zu B wie C zu

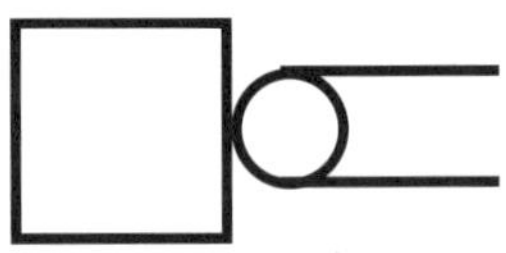

D

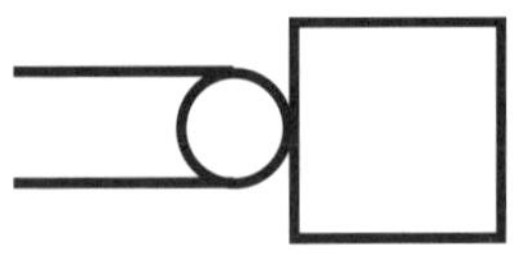

E

F

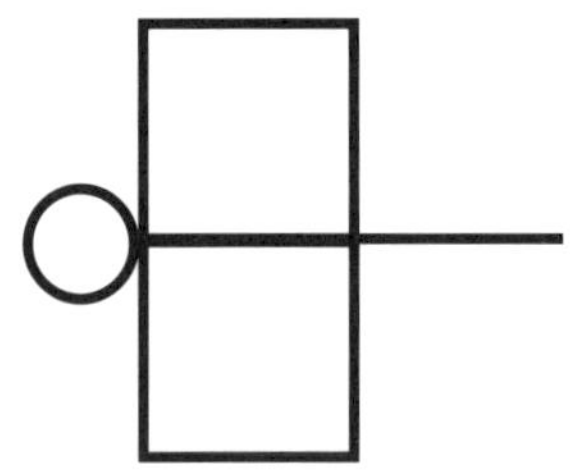

G

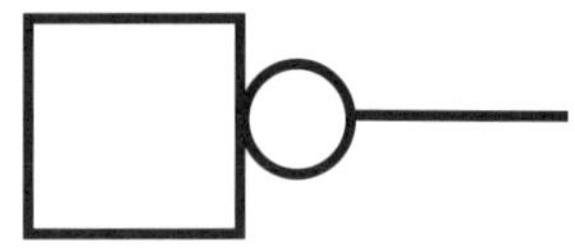

H

AUFGABE 26

Lösung ***154***

MOUSSAKA

A

RISOTTO

B

TIRAMISU

C

LASAGNE

D

CHOW MEIN

E

COQ AU VIN

F

VINDALOO

G

AUFGABE 27

Welches der obigen Gerichte ist hier fehl am Platz?

Lösung ***35***

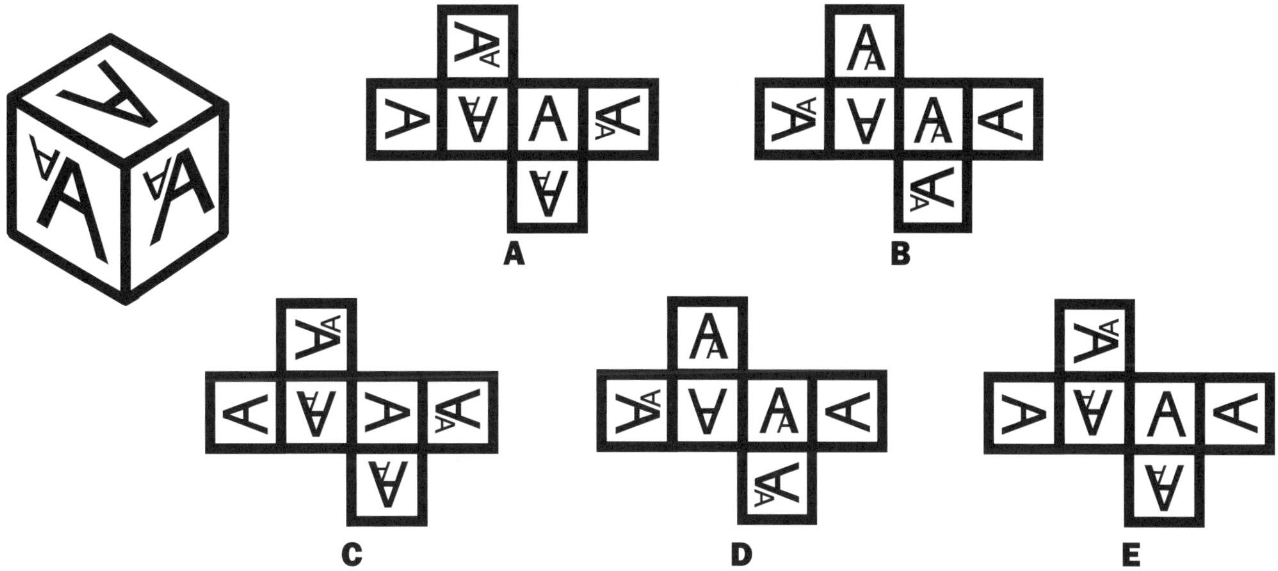

AUFGABE 28

Welche der fünf aufgeklappten
Vorlagen entspricht dem fertigen Würfel?

Lösung ***181***

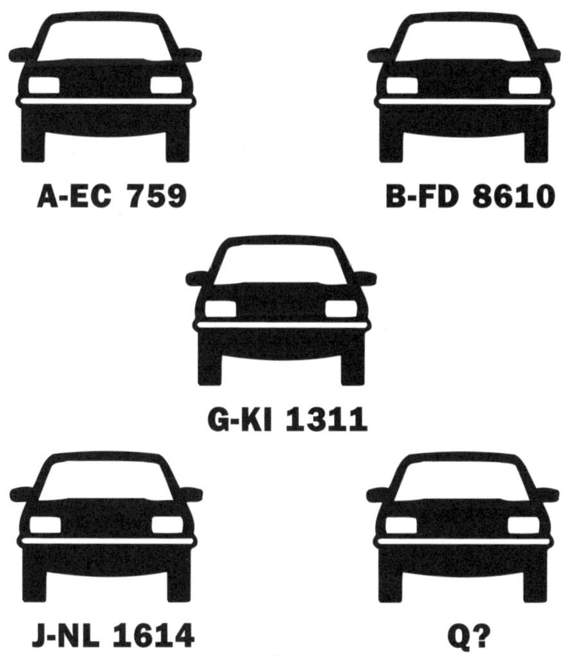

AUFGABE 29

Die Dominosteine sind mit System
aneinandergelegt. Wie viele Punkte ersetzt
das Fragezeichen?

Lösung ***92***

AUFGABE 30

Die Zusammensetzung der Autokennzeichen
gehorcht einem Muster. Wie muß daher
das letzte Nummernschild lauten?

Lösung ***84***

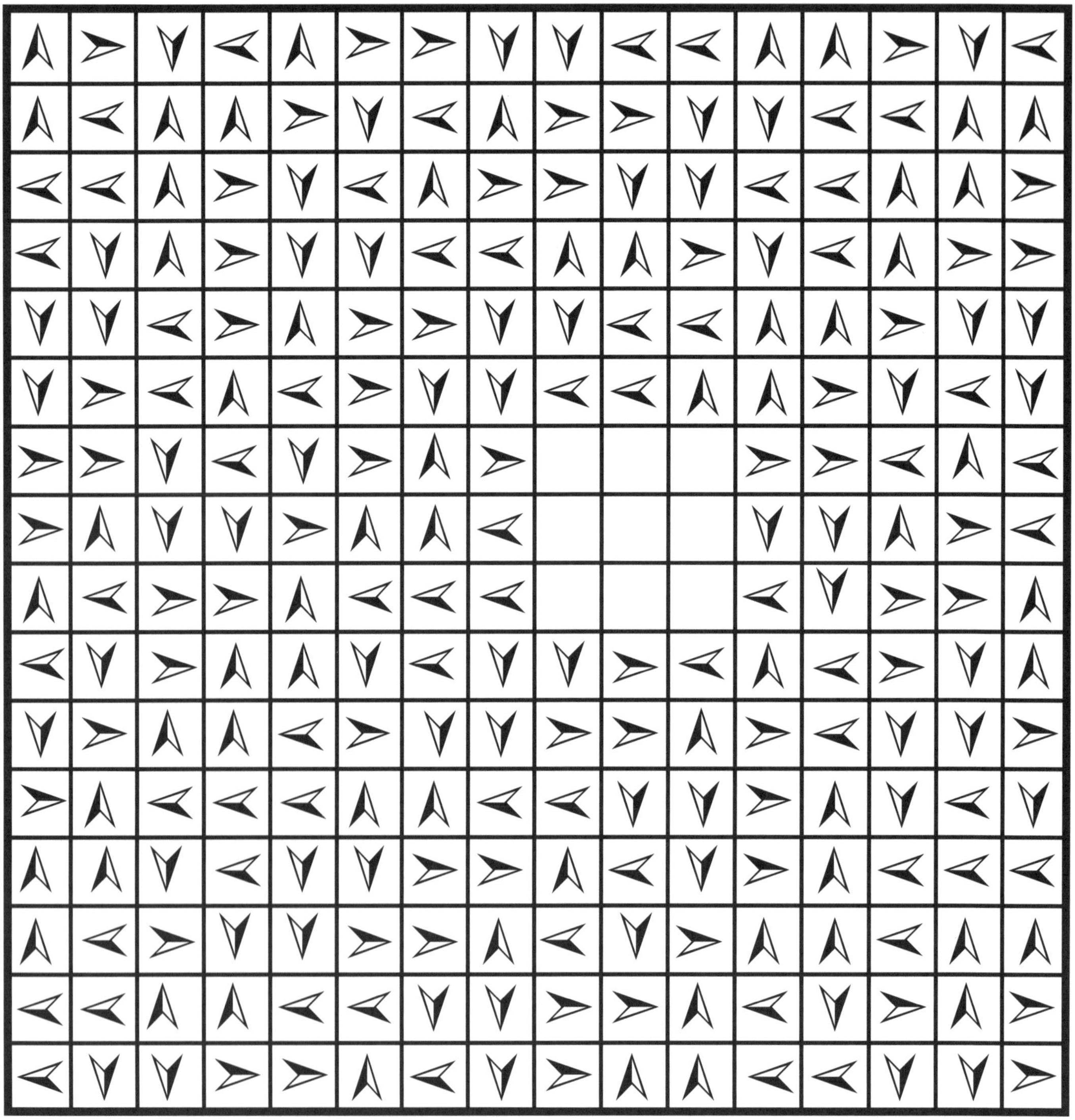

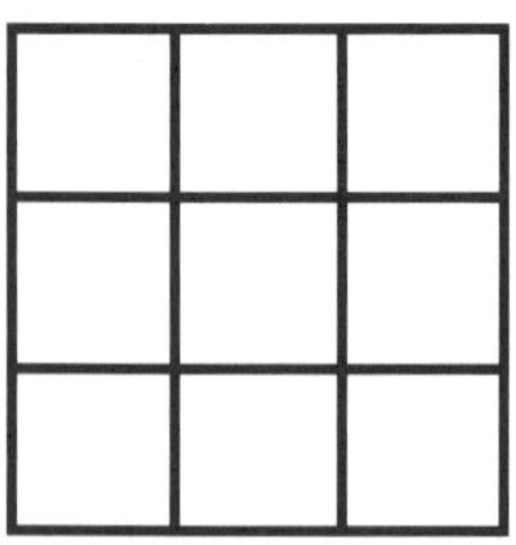

AUFGABE 31

Wenn Sie die Logik hinter diesem Raster erkennen, ist das Ausfüllen der leeren Kästchen leicht.

Lösung ***182***

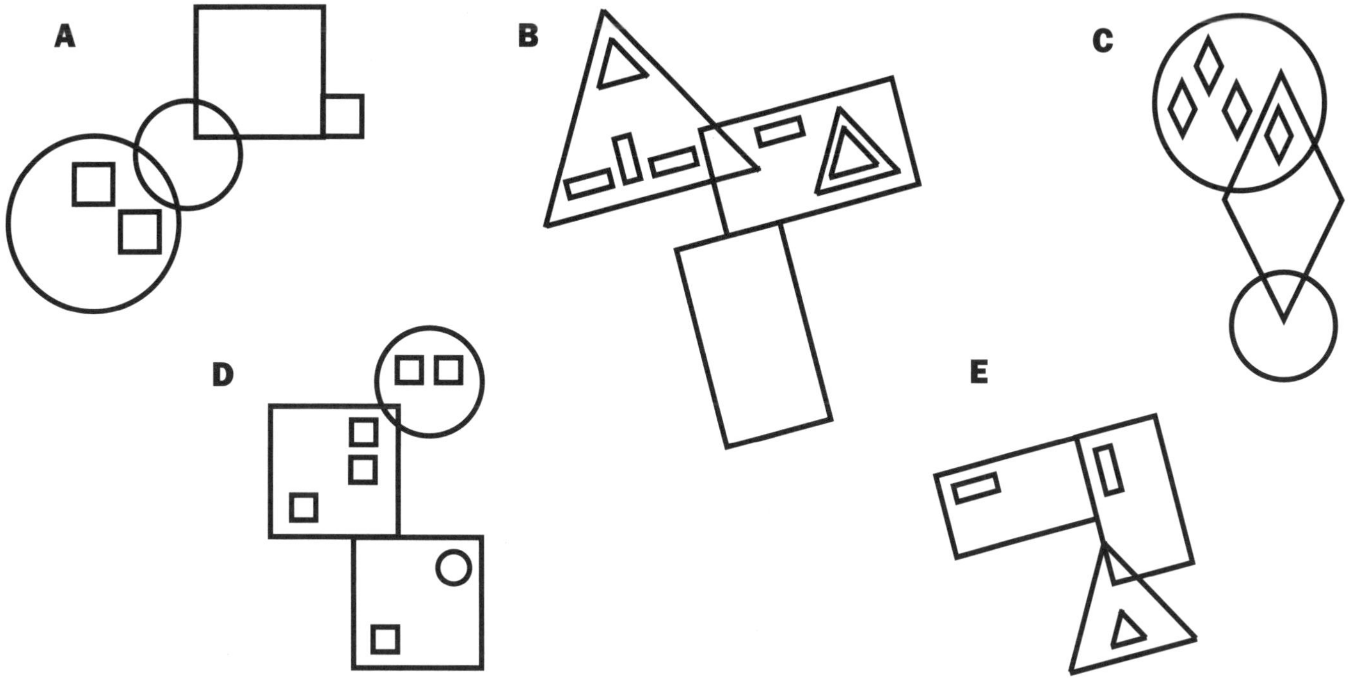

AUFGABE 32

Welche Figur paßt hier nicht zu den anderen?

Lösung ***153***

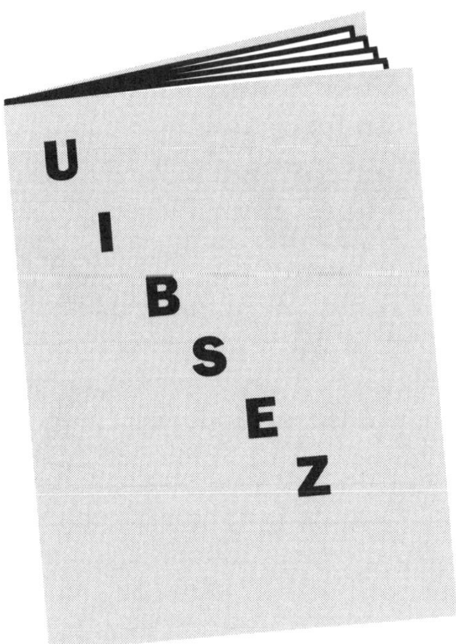

AUFGABE 33

Können Sie den codierten Namen des Buchautors entschlüsseln?

Lösung ***123***

D V H Y J Z

O Q S I B

W F X C M K

AUFGABE 34

Wieder handelt es sich um ein Anagramm, bei dem nur die Buchstaben des Alphabets vorhanden sind, die NICHT gebraucht werden. Die fehlenden Buchstaben ergeben in der richtigen Reihenfolge den Namen eines Riesen. Dabei wird ein Buchstabe zweimal verwendet. Ein zusätzlicher Hinweis: Sein Vater kommt auch in diesem Buch vor.

Lösung ***171***

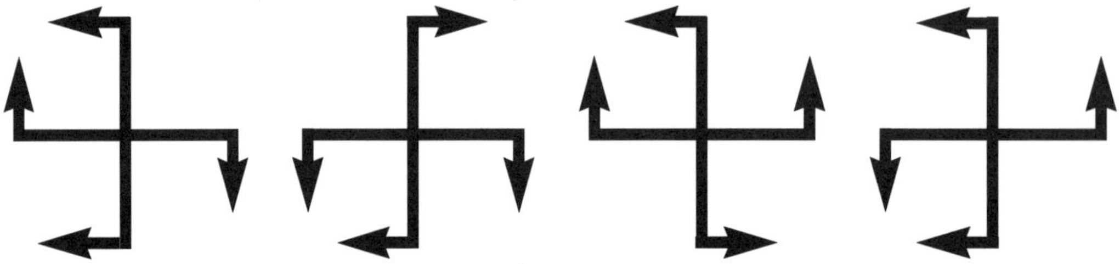

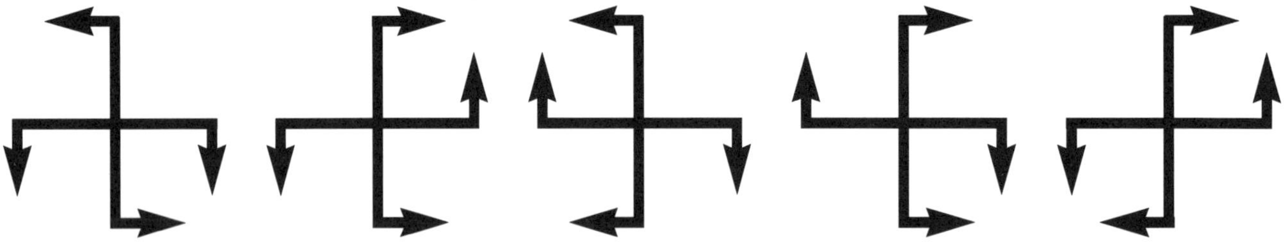

A B C D E

AUFGABE 35

Welche der Figuren A bis E setzt
die obere Reihe logisch fort?

Lösung ***104***

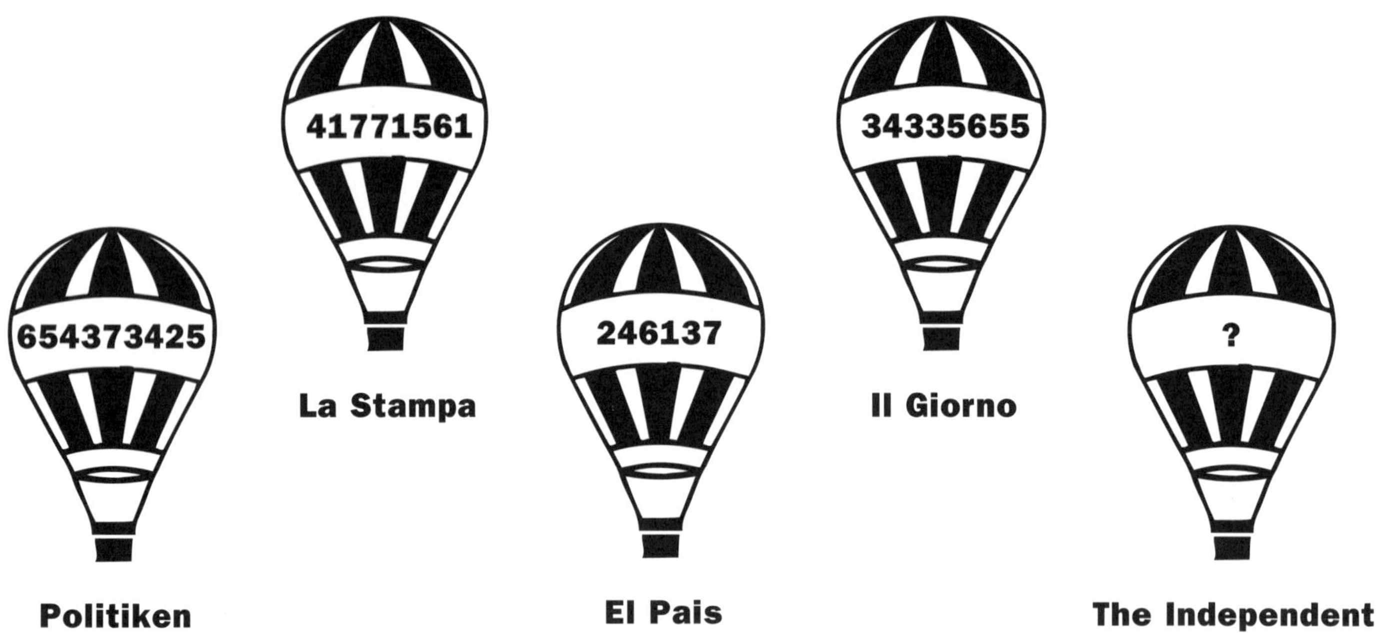

AUFGABE 36

Zwischen den Kennzahlen der Ballons und den Namen ihrer
jeweiligen Sponsoren, großen Zeitungen, besteht ein Zusammenhang.
Wie heißt die Kennzahl des Ballons „The Independent"?

Lösung ***78***

24	?	21
22		45
5	38	17

AUFGABE 37

Finden Sie das Gesetz heraus,
nachdem die Zahlen hier auftauchen,
und ersetzen Sie das Fragezeichen.

Lösung ***80***

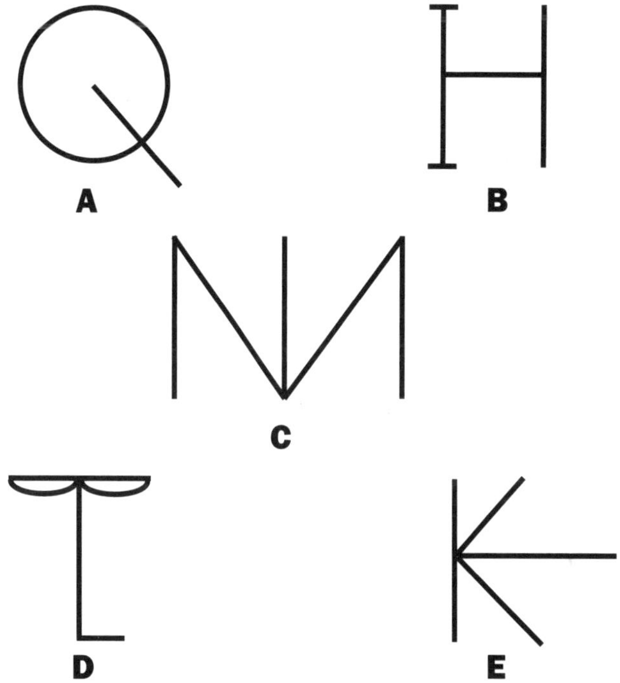

AUFGABE 38

Welche Figur paßt nicht zu den übrigen?

Lösung ***155***

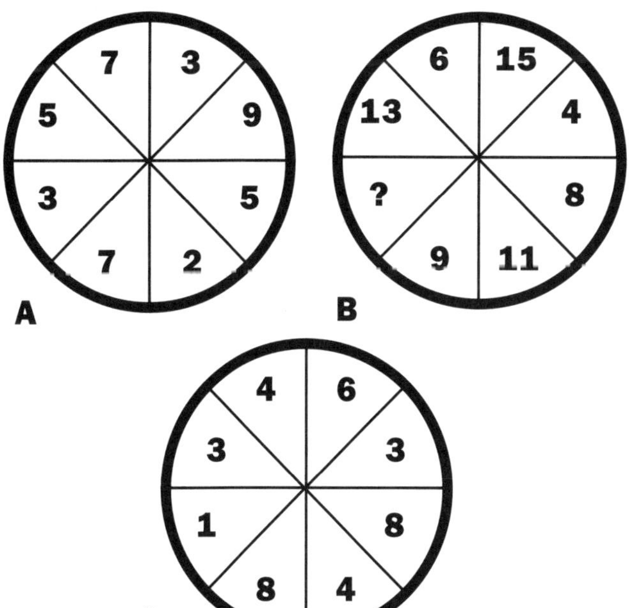

AUFGABE 39

Ersetzen Sie das Fragezeichen durch eine Zahl.

Lösung ***111***

Q H D U X

G W L M C O

P Z J V B Y

AUFGABE 40

Auch hier sind nur die Buchstaben des Alphabets angegeben, die NICHT verwendet werden. Die anderen sollen Sie ermitteln. In der richtigen Reihenfolge ergeben sie den Namen der Hauptfigur eines Schauerromans. Das N wird mehrfach verwendet, ein anderer Buchstabe zweimal.

Lösung ***172***

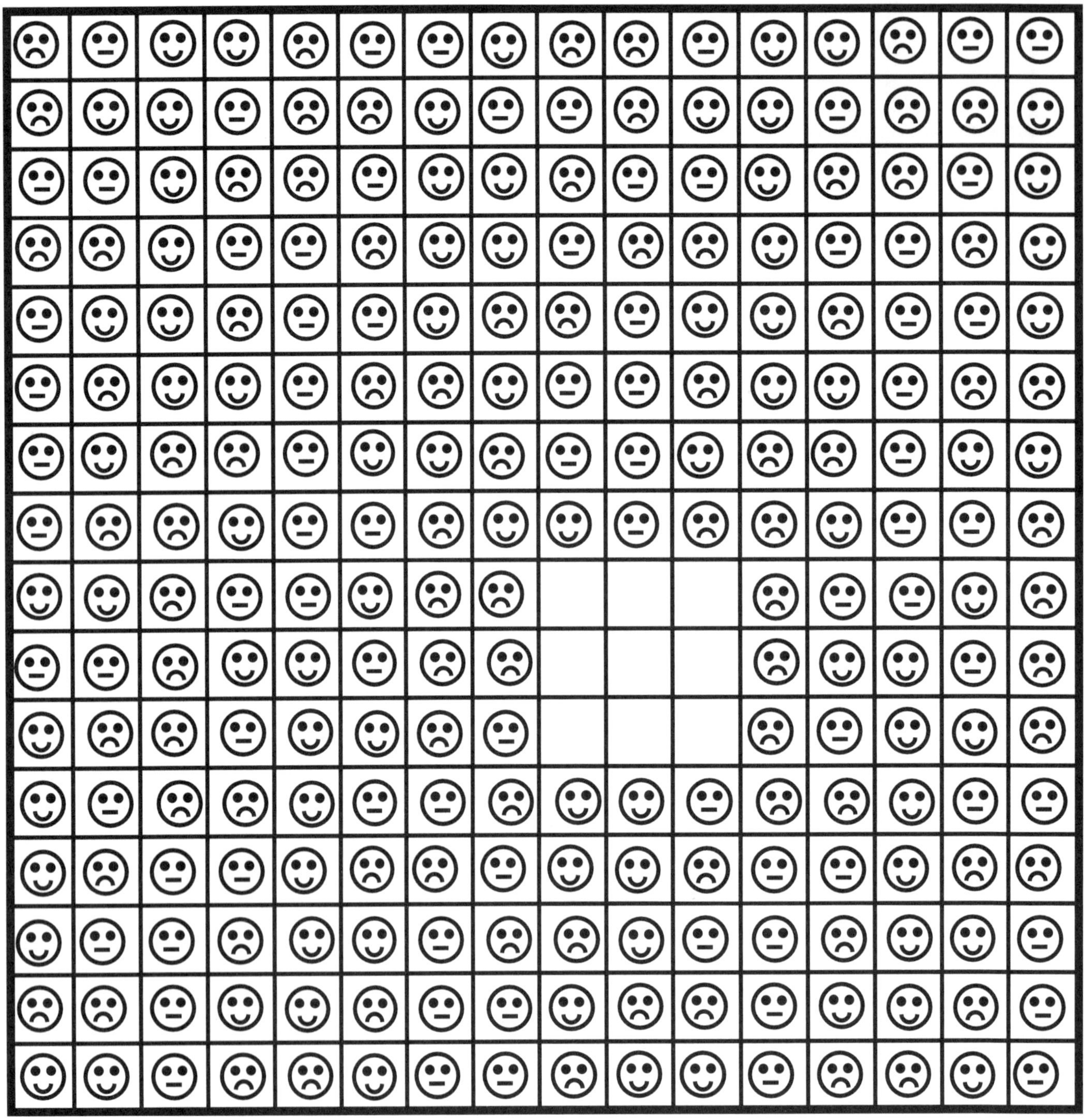

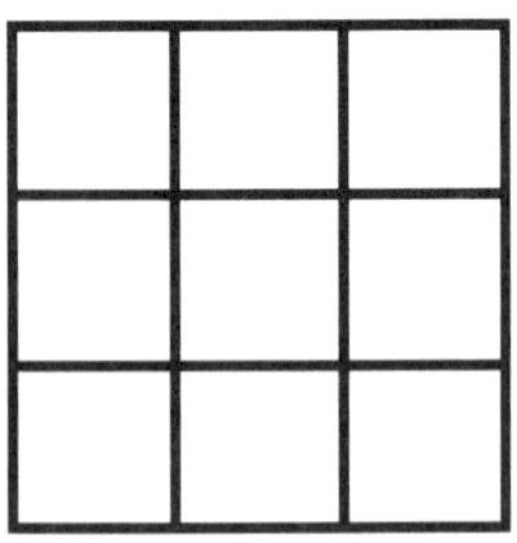

AUFGABE 41

Das obige Raster ist nach einem bestimmten Muster aufgebaut. Finden Sie es heraus, und ergänzen Sie die entsprechenden Gesichter in den leeren Kästchen.

*Lösung **42***

A verhält sich zu B wie C zu

D E F G H

AUFGABE 42

Lösung ***180***

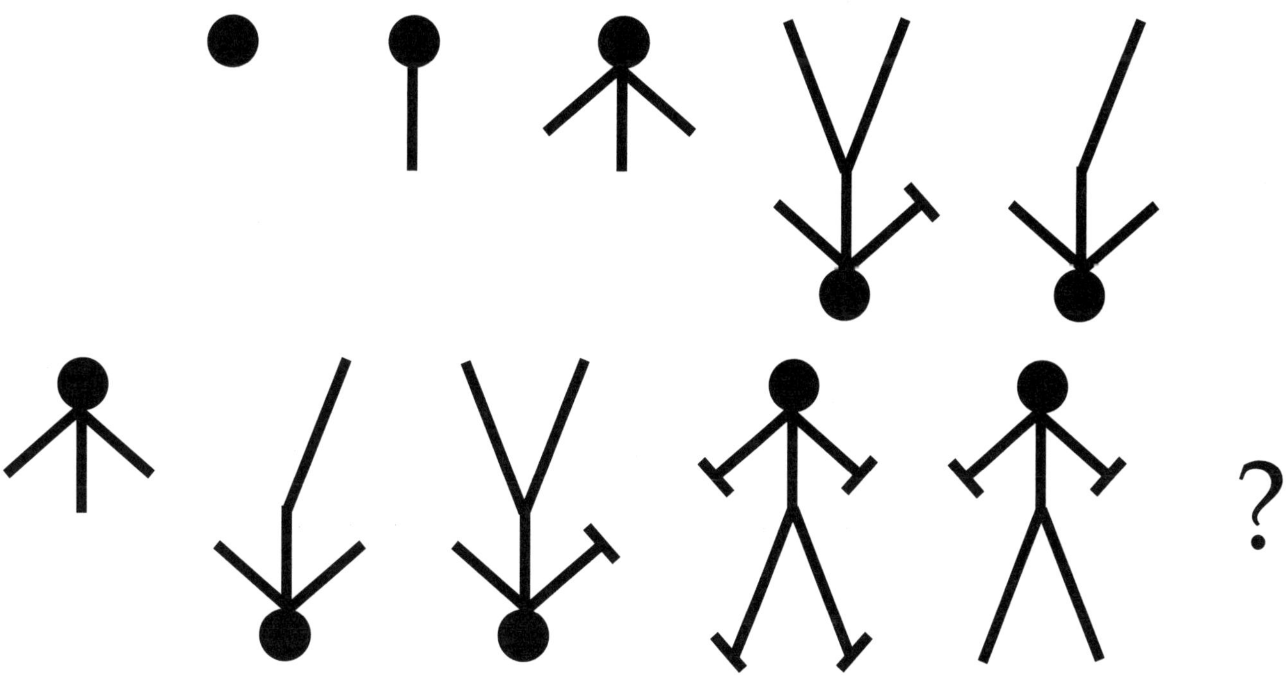

AUFGABE 43

Wie muß das nächste Strichmännchen dieser Reihe aussehen?

Lösung ***53***

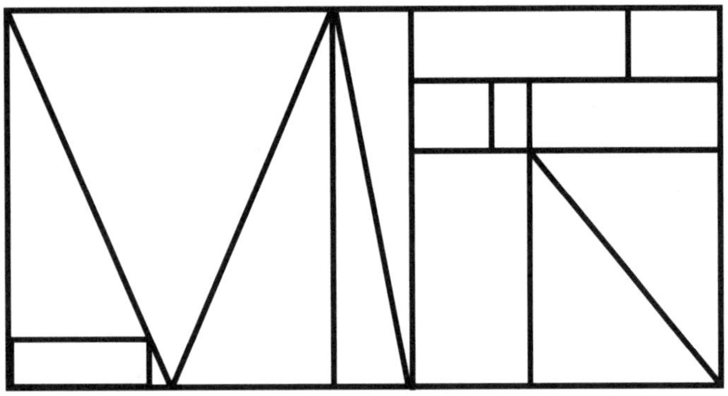

AUFGABE 44

Wie viele Rechtecke umfaßt
dieses Diagramm insgesamt?

Lösung ***56***

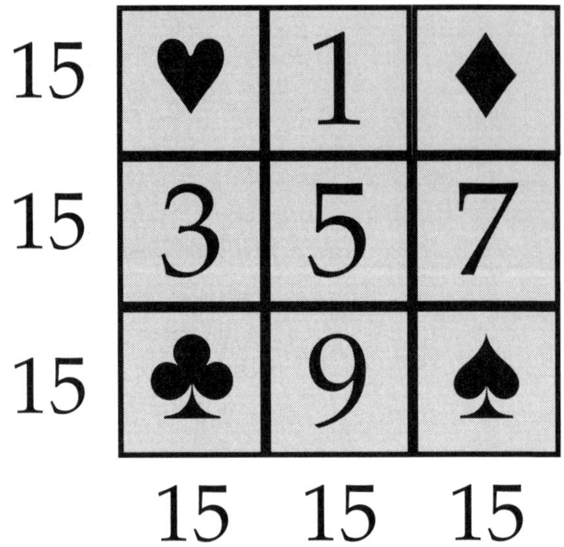

AUFGABE 45

Ermitteln Sie den Wert der einzelnen Symbole.

Lösung ***45***

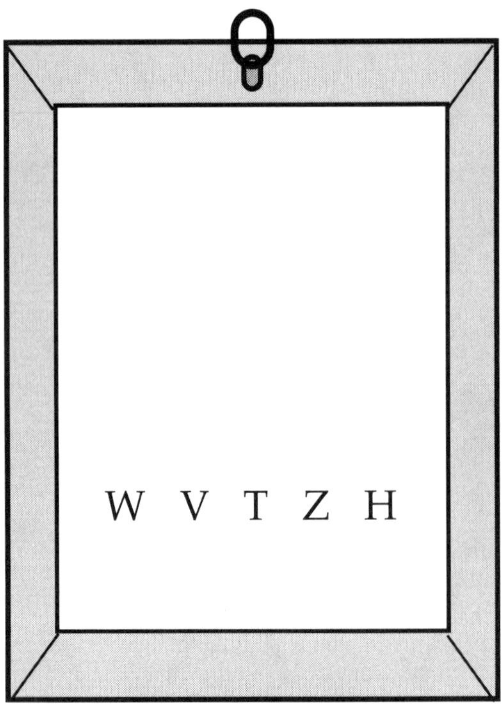

AUFGABE 46

Ein Malername wird gesucht.
Knacken Sie den Code auf dem Bildrücken?

Lösung ***102***

AUFGABE 47

Zwischen den Startnummern der Autos und den
Fahrernamen besteht ein Zusammenhang.
Welche Nummer hat Pascals Wagen?

Lösung ***79***

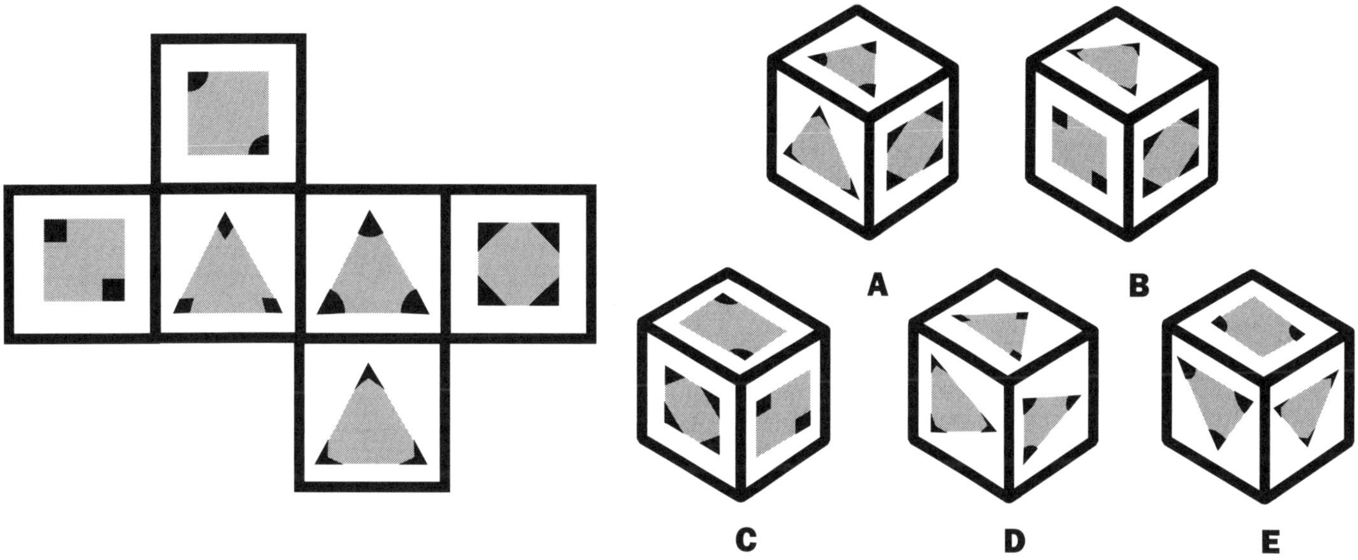

AUFGABE 48

Welcher der Würfel stimmt nicht mit
der aufgeklappten Vorlage überein?

Lösung ***165***

RDPNHVEE
FLBFILOAU
DISPEHMMA
ELTSBNOO
PSTAEELTH
IMAMAII

AUFGABE 49

Dies sind die Anagramme der Namen amerikanischer Städte. Jedem Anagramm wurden jedoch zwei Buchstaben hinzugefügt. Diese zusammen ergeben einen sechsten Städtenamen.

Lösung ***18***

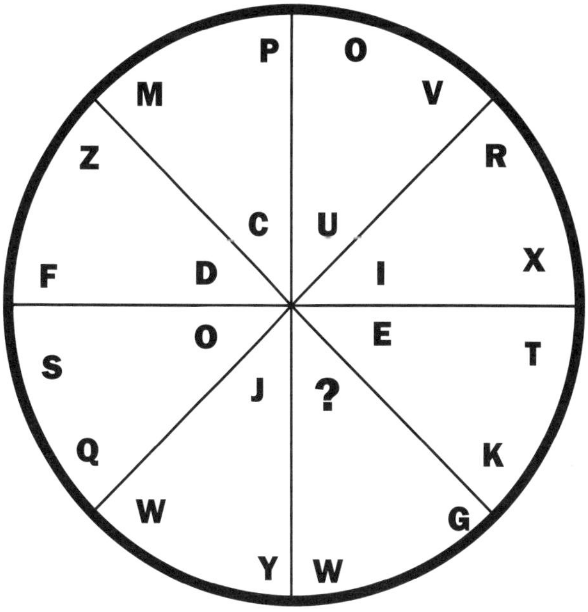

AUFGABE 50

Ersetzen Sie das Fragezeichen
durch den richtigen Buchstaben.

Lösung ***183***

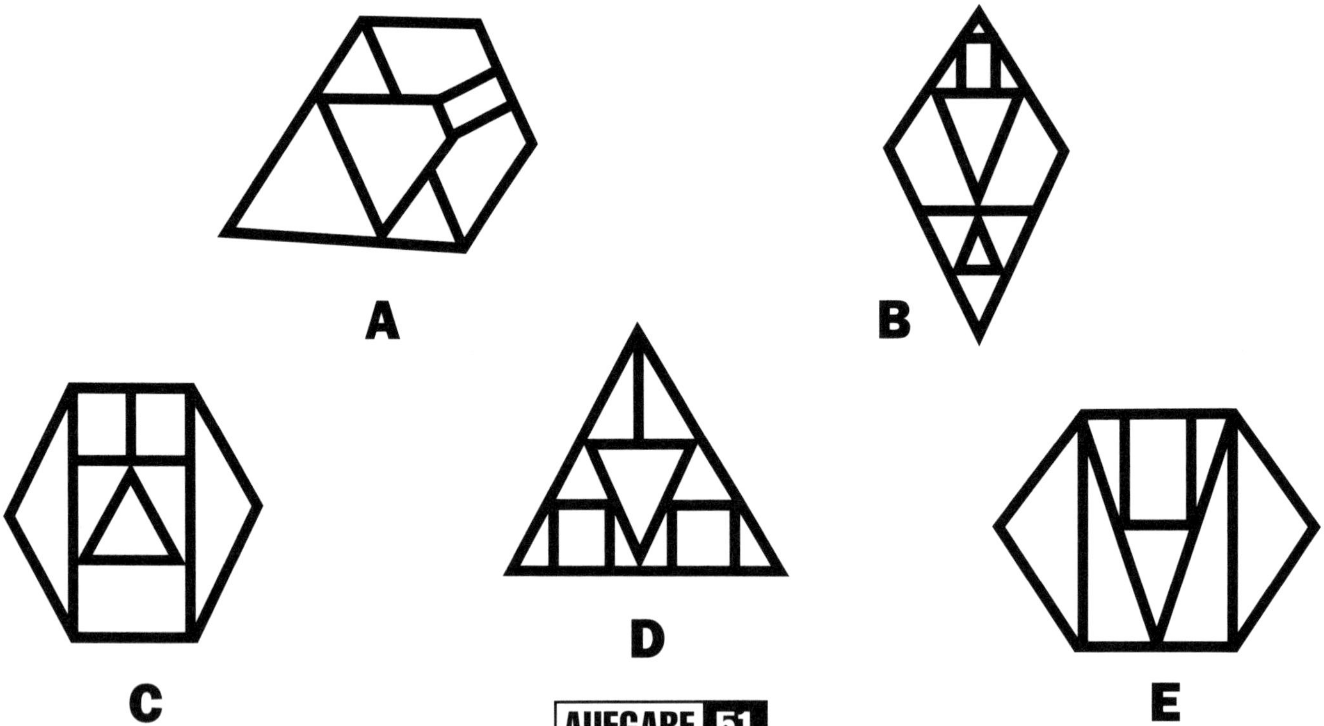

AUFGABE 51

Eine Figur paßt wieder nicht zu den anderen.

Lösung ***169***

FRANKFURTER
A

HAMBURGER
B

RATATOUILLE
C

GULASCH
D

SPAGHETTI BOLOGNESE
E

KLEFTIKO
F

OSSO BUCO
G

AUFGABE 52

Welches dieser Gerichte bildet hier eine Ausnahme?

Lösung ***21***

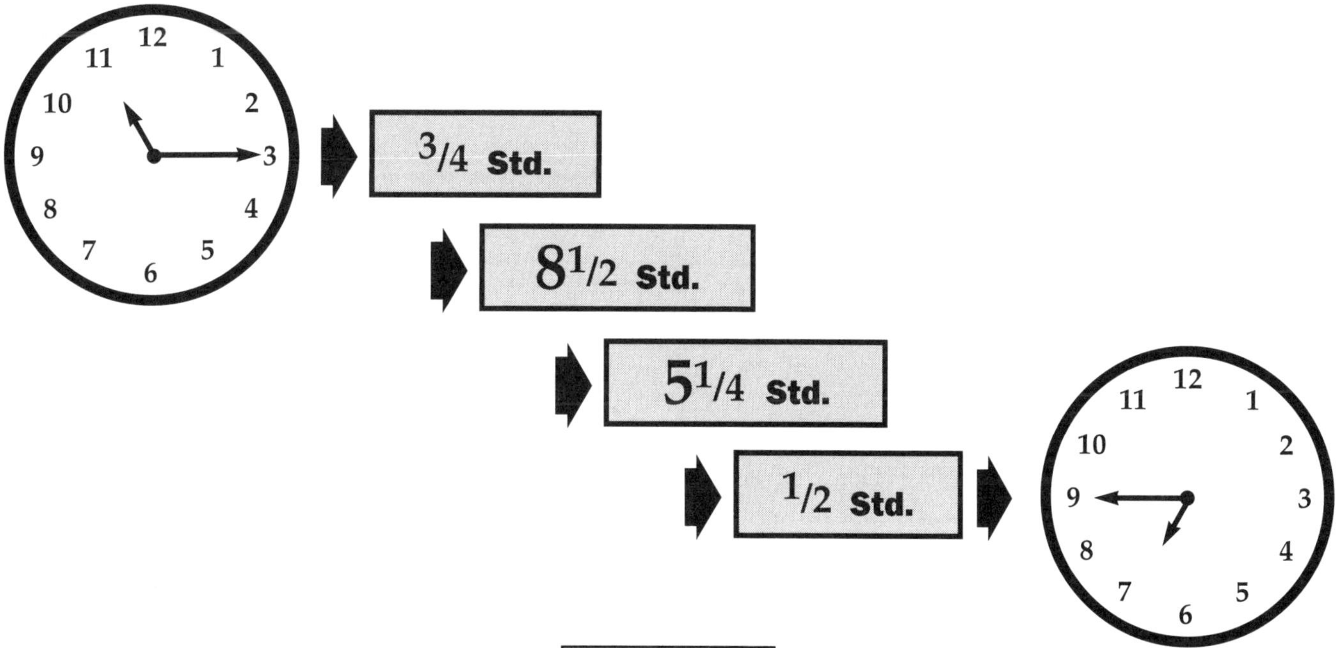

AUFGABE 53

Bei welchen dieser Zeitangaben muß
man die Uhr zurück- und wann vorstellen,
um von der Ausgangs- zur Endzeit zu kommen?

Lösung ***187***

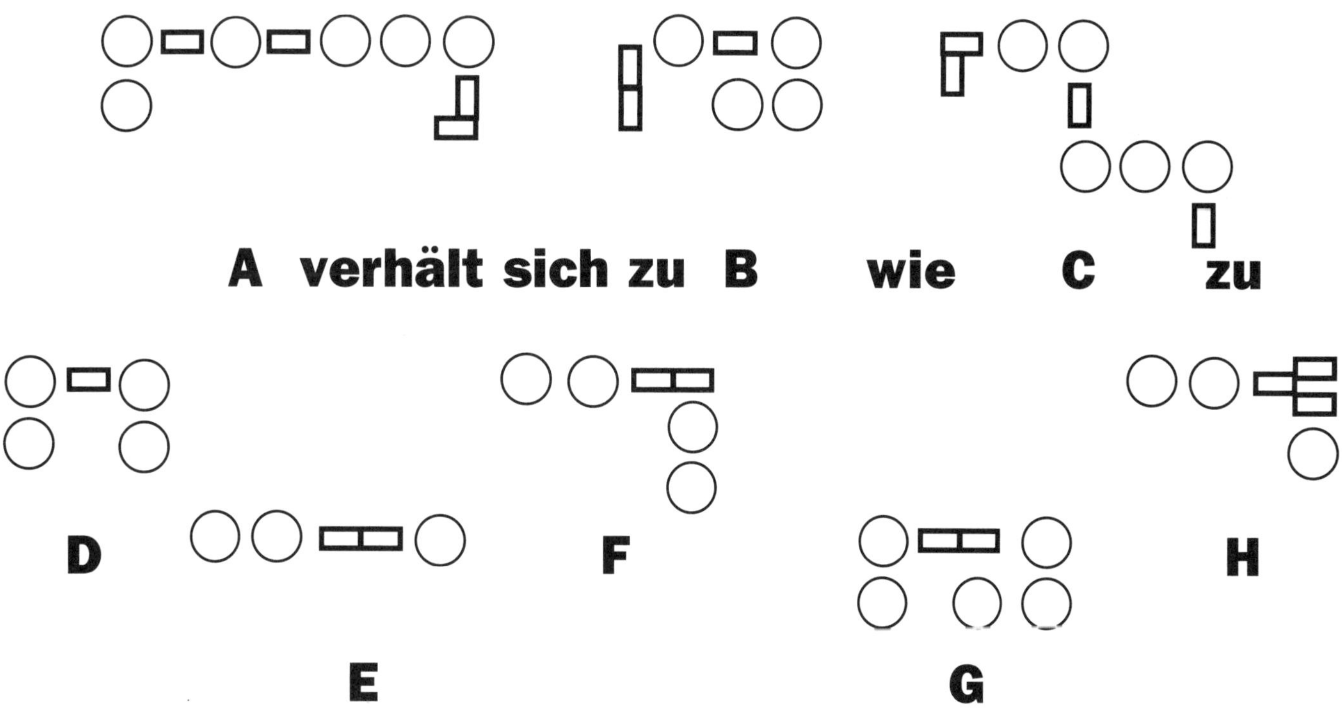

AUFGABE 54

Lösung ***186***

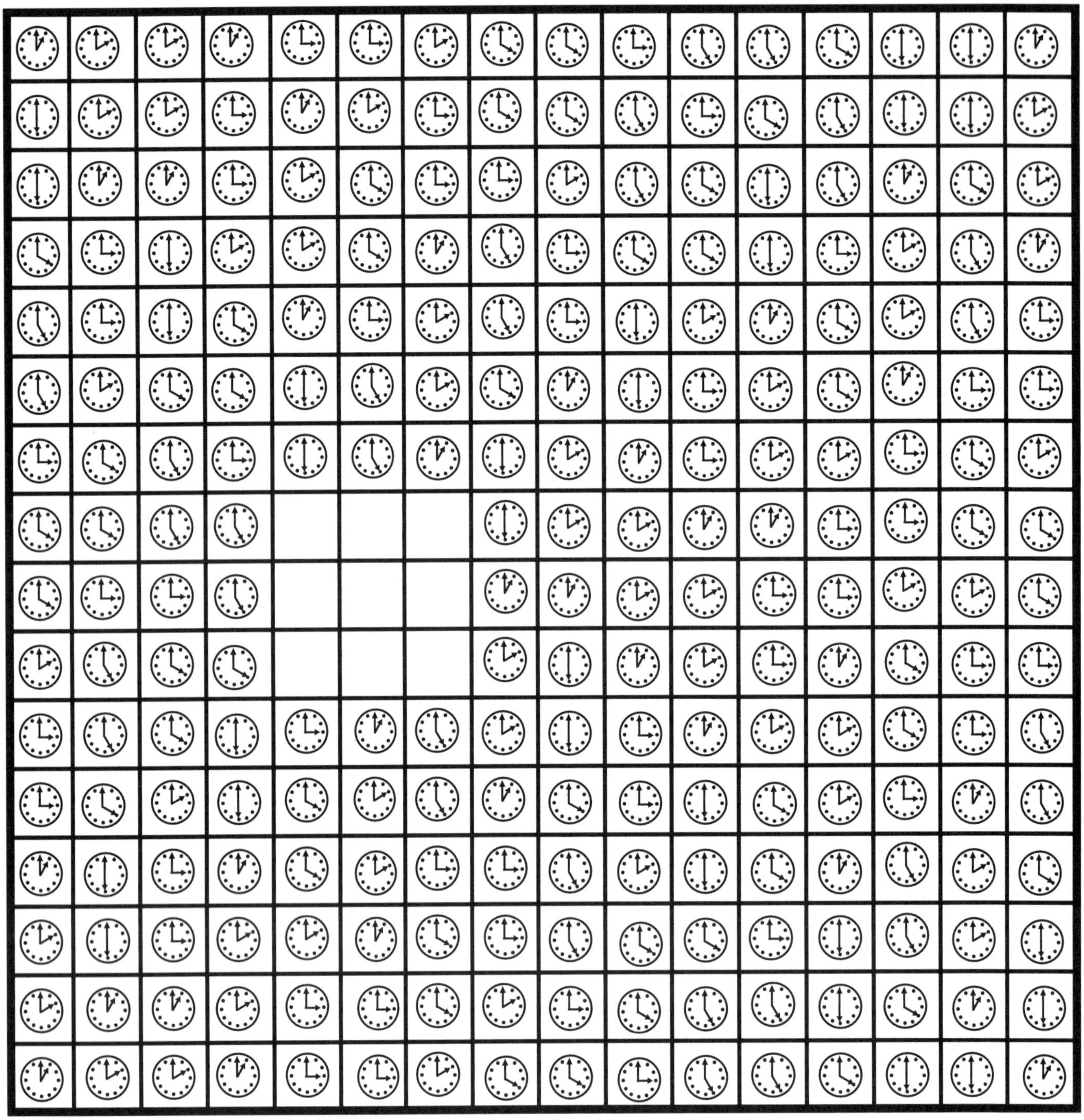

AUFGABE 55

Welche Gesetzmäßigkeit liegt diesem Raster zugrunde? Ergänzen Sie die entsprechenden Uhrsymbole in den leeren Kästchen.

Lösung ***164***

AUFGABE 56

Gesucht sind die Namen von fünf Komponisten. Entnehmen Sie dafür den Wolken in ihrer numerischen Reihenfolge jeweils einen Buchstaben.

Lösung ***41***

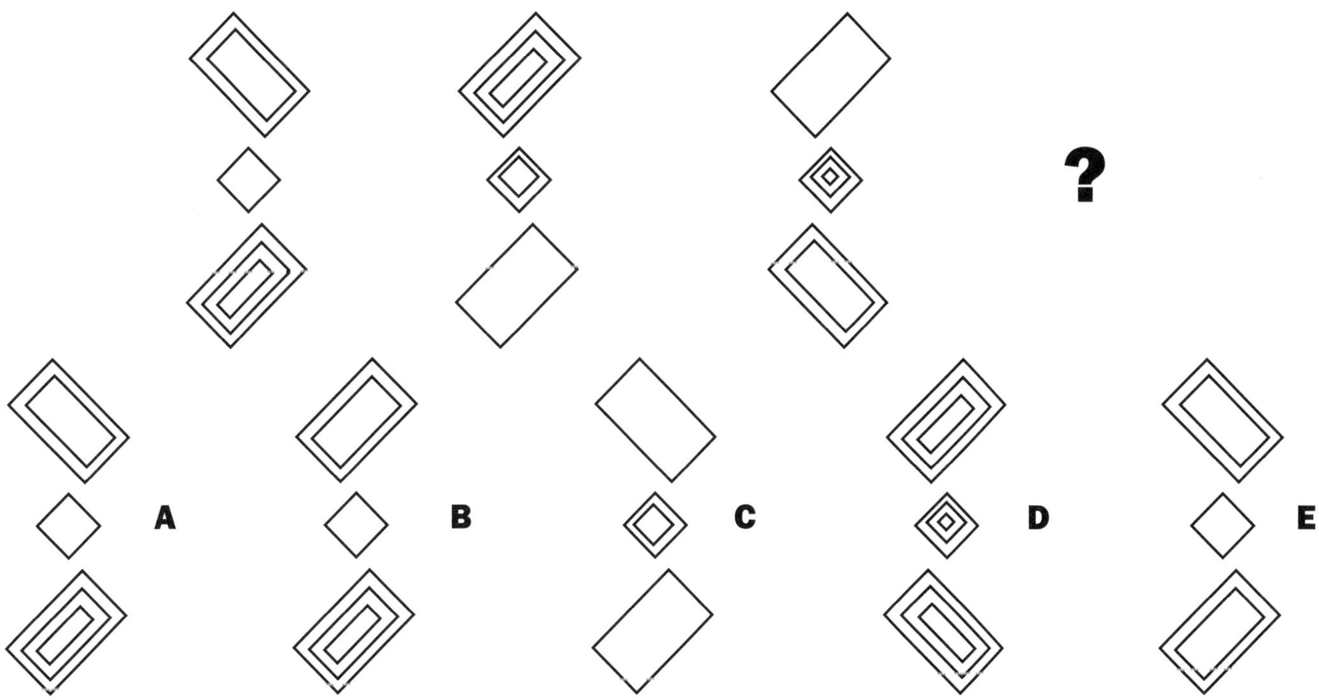

AUFGABE 57

Welche der fünf unteren Figurenkombinationen ersetzt das Fragezeichen?

Lösung ***175***

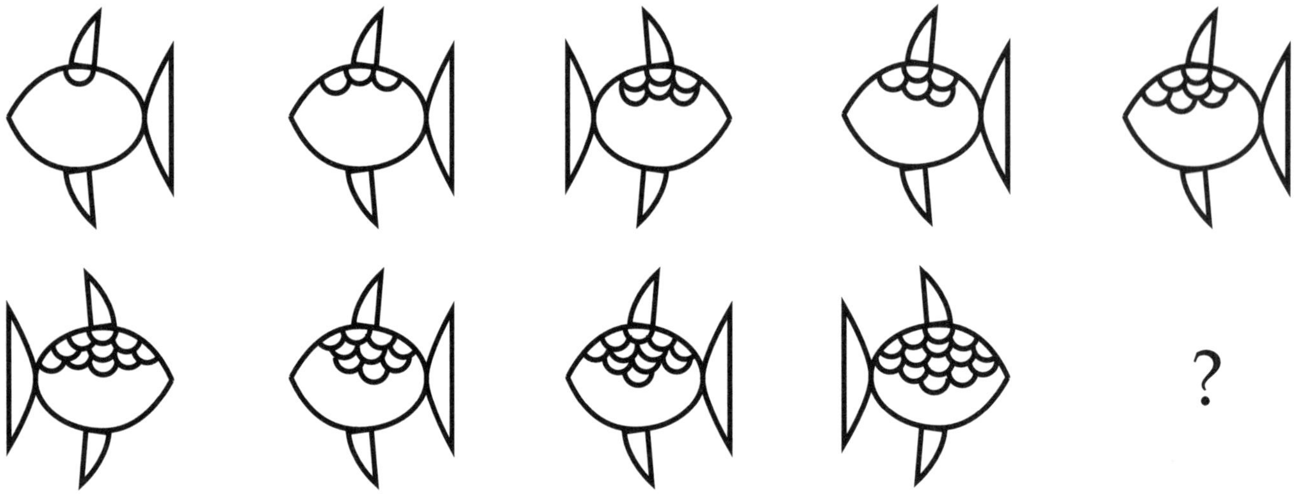

AUFGABE 58

Wie sieht der nächste Fisch dieser Folge aus?

Lösung ***52***

5	:	2	=	6
–				x
13				5
+				–
?	:	7	+	21

AUFGABE 59

Für welche Zahl steht
das Fragezeichen in dieser Gleichung?

Lösung ***144***

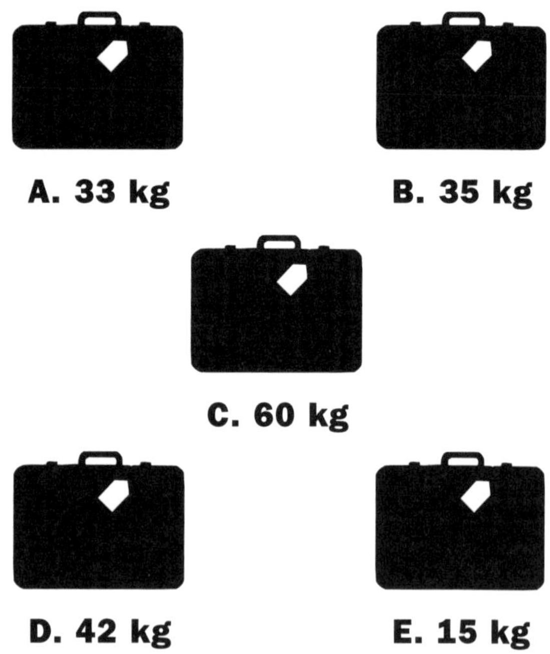

AUFGABE 60

Welcher Koffer paßt aufgrund
seines Gewichts nicht zu den übrigen?

Lösung ***67***

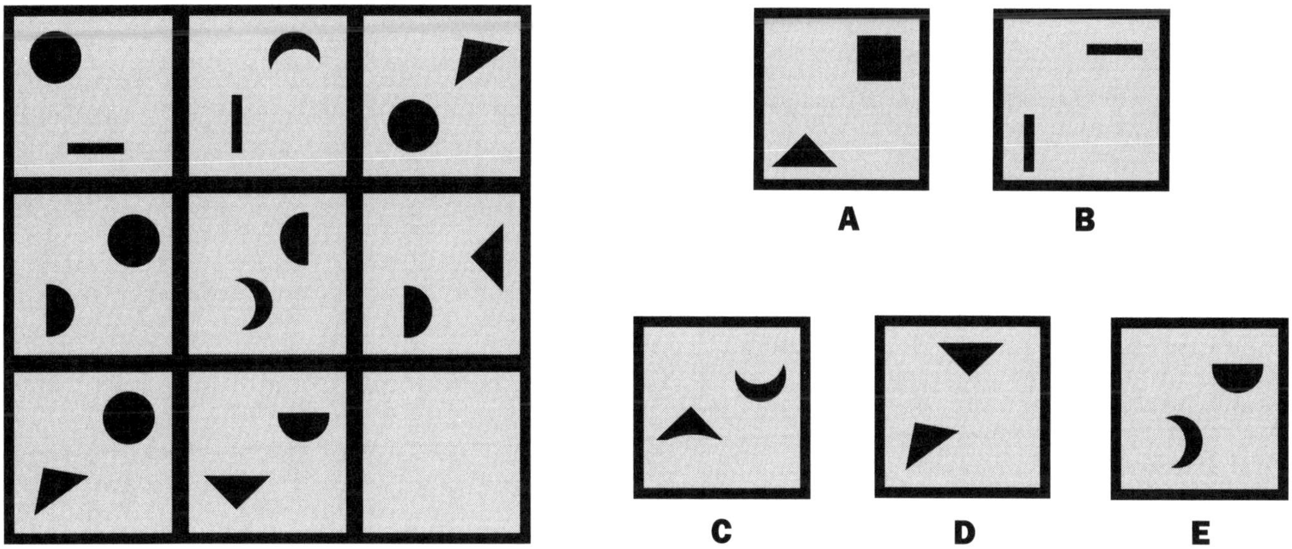

AUFGABE 61

Welches der Quadrate A bis E
gehört in das freie Feld des Diagramms?

Lösung ***160***

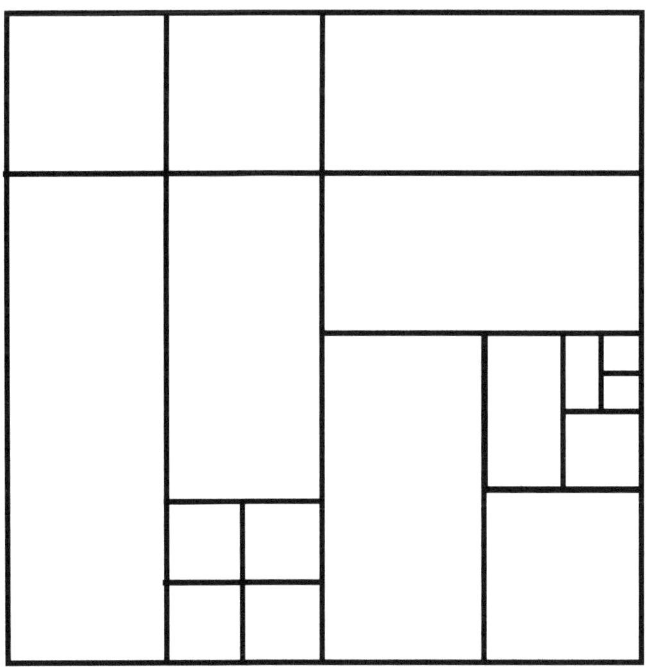

AUFGABE 62

Wie viele Quadrate sind in
dieser Darstellung insgesamt enthalten?

Lösung ***97***

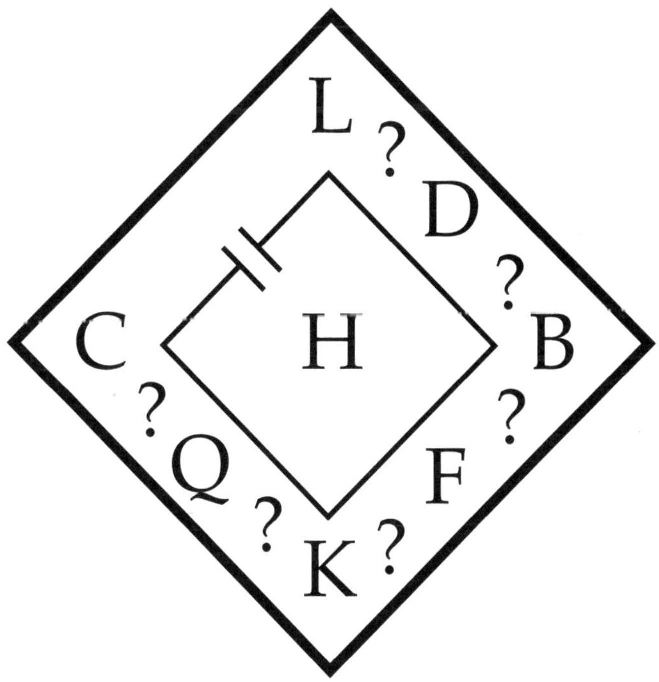

AUFGABE 63

Setzen Sie die Zeichen für
die Grundrechenarten (+, –, x, :) ein,
so daß die Rechnung aufgeht.

Lösung ***136***

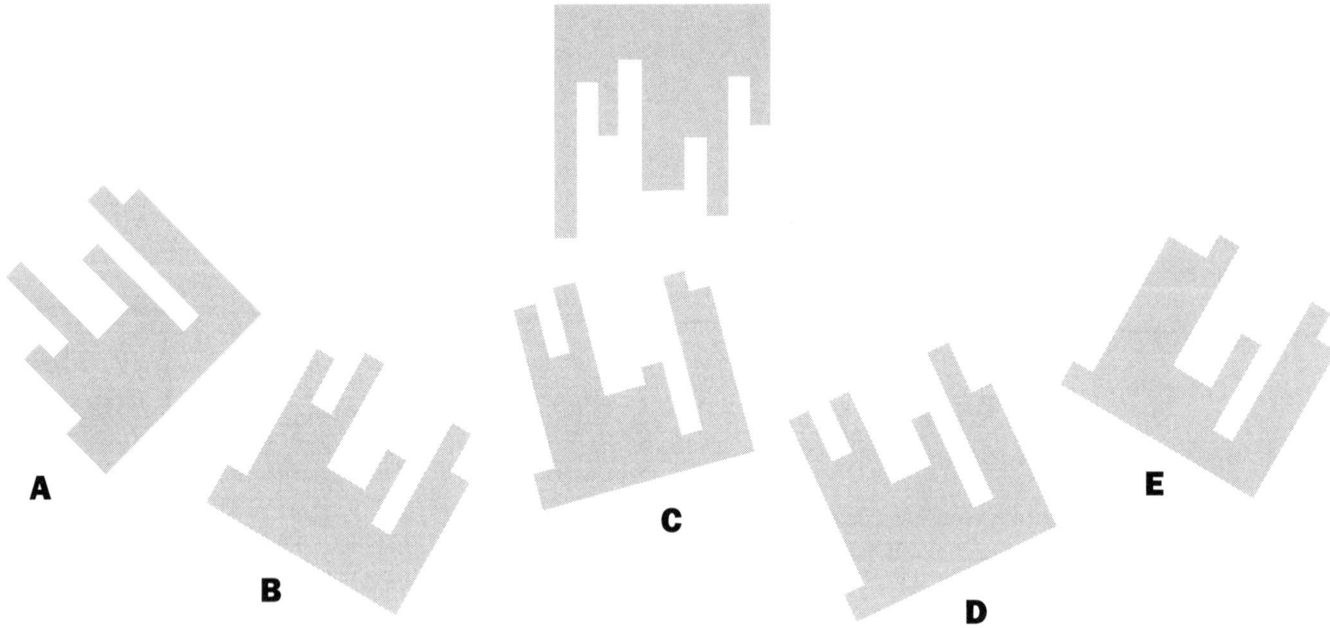

AUFGABE 64

Welche der Formen A bis E paßt
zur oberen wie ein Schlüssel zum Schloß?

Lösung ***116***

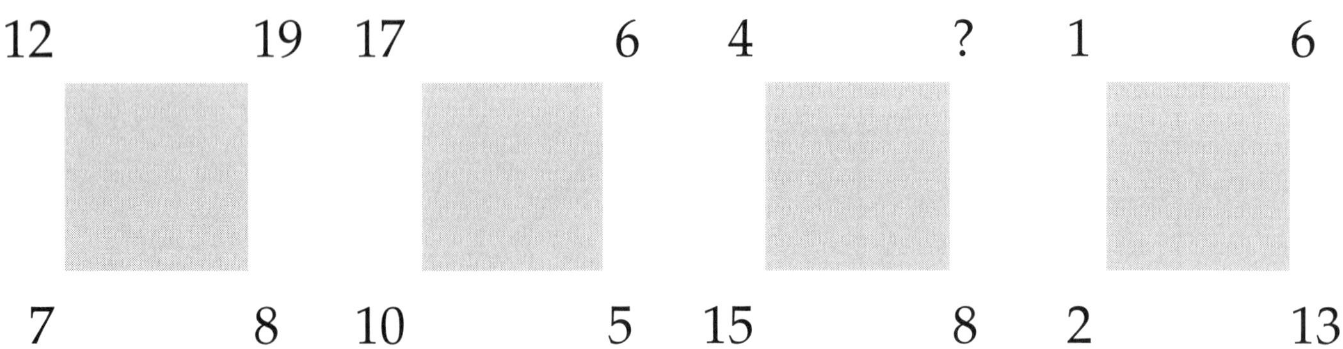

AUFGABE 65

In welcher Beziehung stehen die Zahlen der obigen
Quadrate zueinander? Setzen Sie die fehlende Zahl ein.

Lösung ***120***

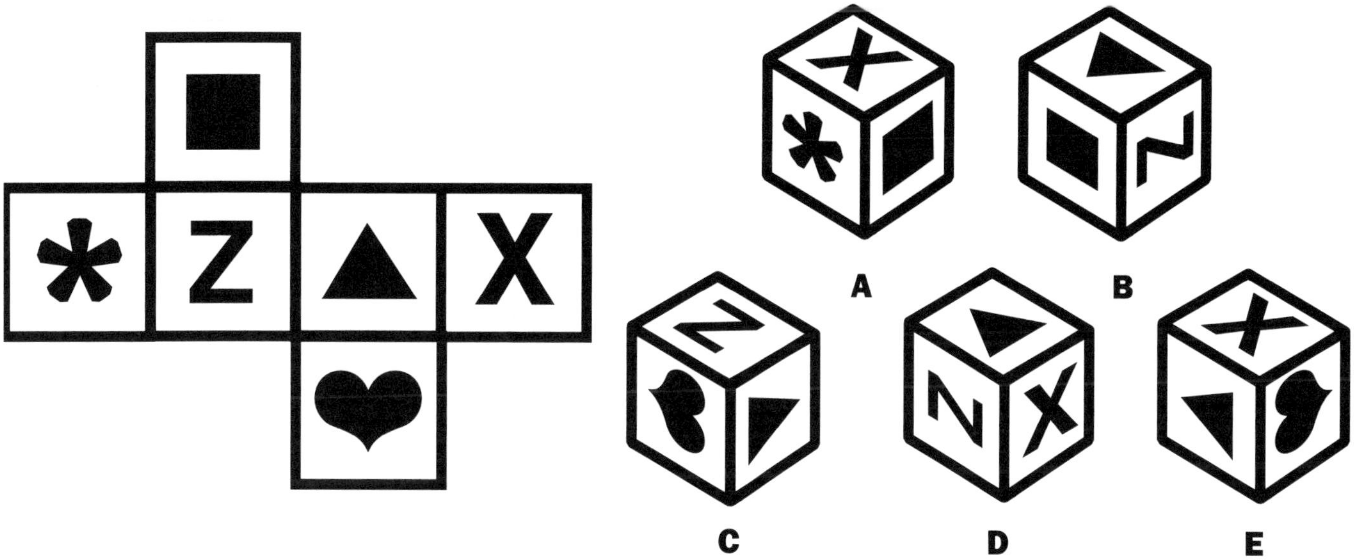

AUFGABE 66

Welcher Würfel entspricht nicht der aufgeklappten Vorlage?

*Lösung **163***

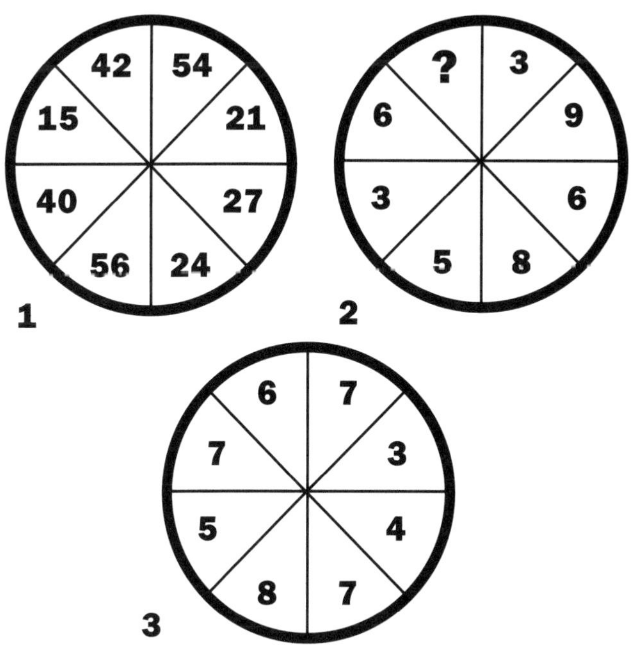

AUFGABE 67

Für welche Zahl steht
das Fragezeichen in Kreis 2?

*Lösung **121***

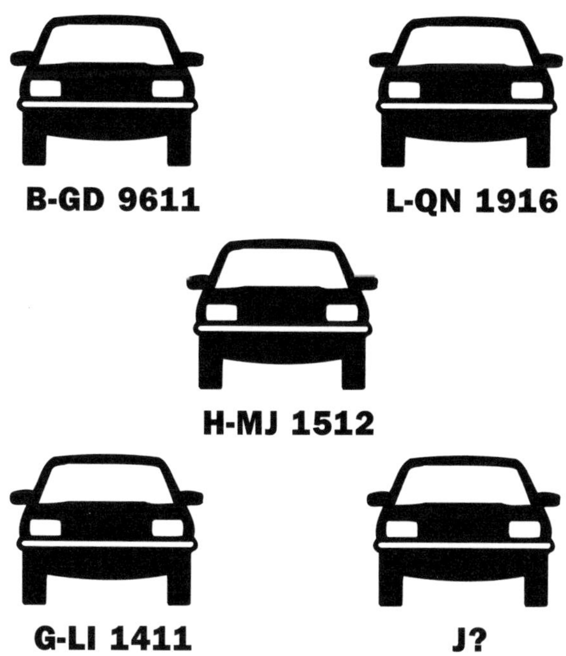

AUFGABE 68

Zwischen den Nummernschildern
besteht ein logischer Zusammenhang.
Wie lautet das letzte Kennzeichen?

*Lösung **77***

5	6	9
4	3	2
0	7	1

8	4	12
2	6	0
0	10	4

4	9	6
22	7	11
2	14	1

A verhält sich zu B wie C zu

8	18	12
44	14	22
4	28	2

D

7	7	9
25	5	9
5	17	0

E

7	12	9
25	10	14
5	17	4

F

2	12	4
20	10	14
0	12	4

G

AUFGABE 69

*Lösung **88***

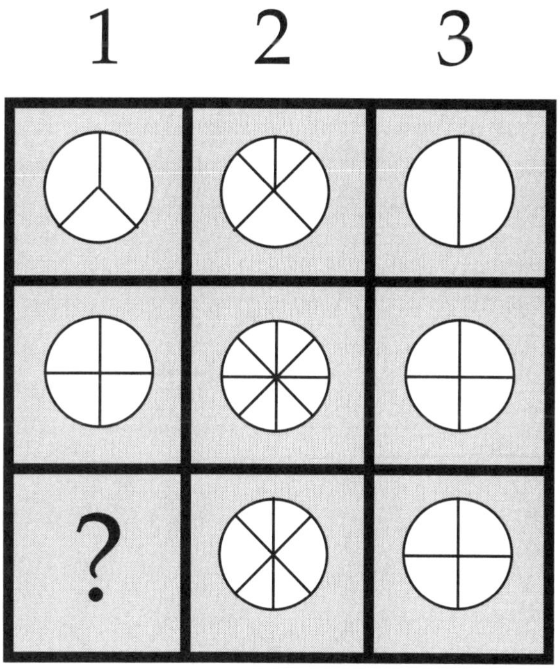

AUFGABE 70

Welche Logik liegt diesem Raster zugrunde, und was kommt an die Stelle des Fragezeichens?

Lösung ***36***

A	**E**
F	**H**
I	**K**
L	**?**

AUFGABE 71

Welcher Buchstabe folgt als nächster in dieser Reihe?

Lösung ***64***

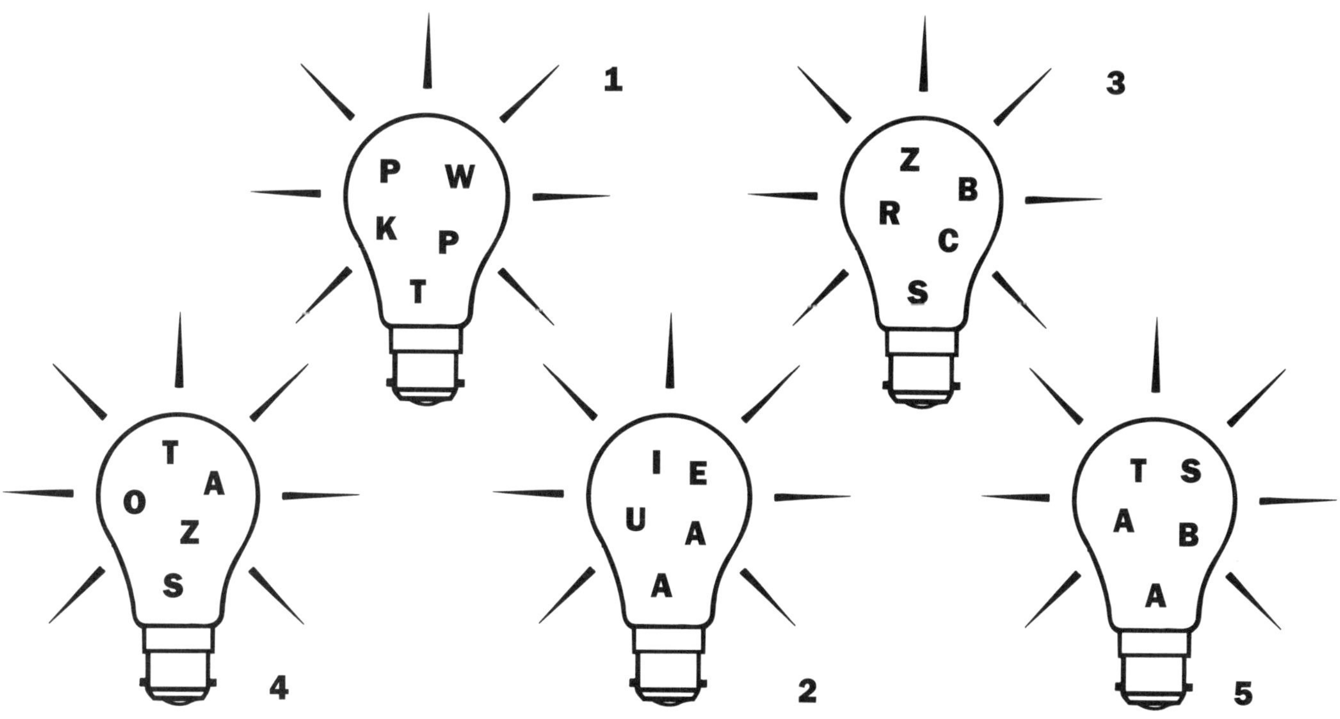

AUFGABE 72

Gesucht sind fünf Speisen. Entnehmen Sie die Buchstaben den Glühbirnen jeweils in numerischer Reihenfolge.

Lösung ***40***

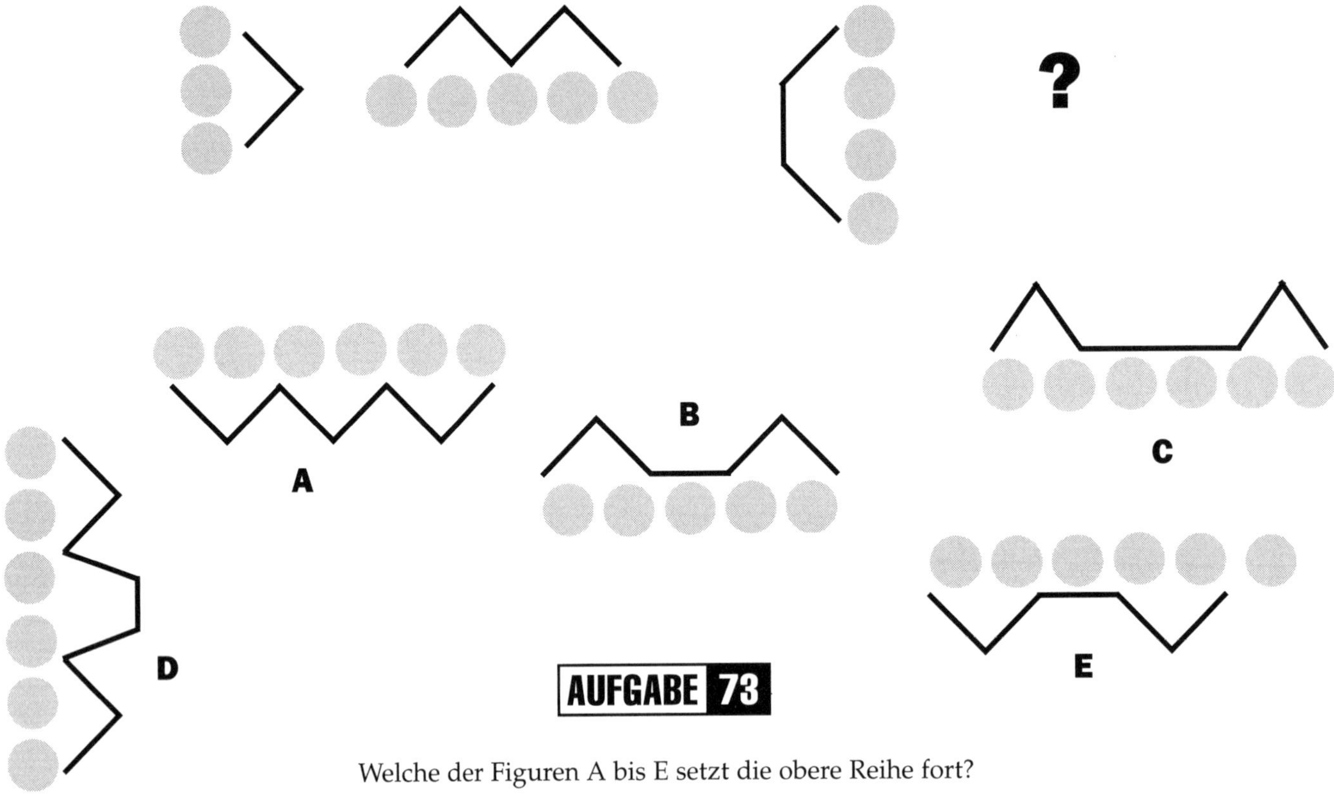

AUFGABE 73

Welche der Figuren A bis E setzt die obere Reihe fort?

Lösung ***161***

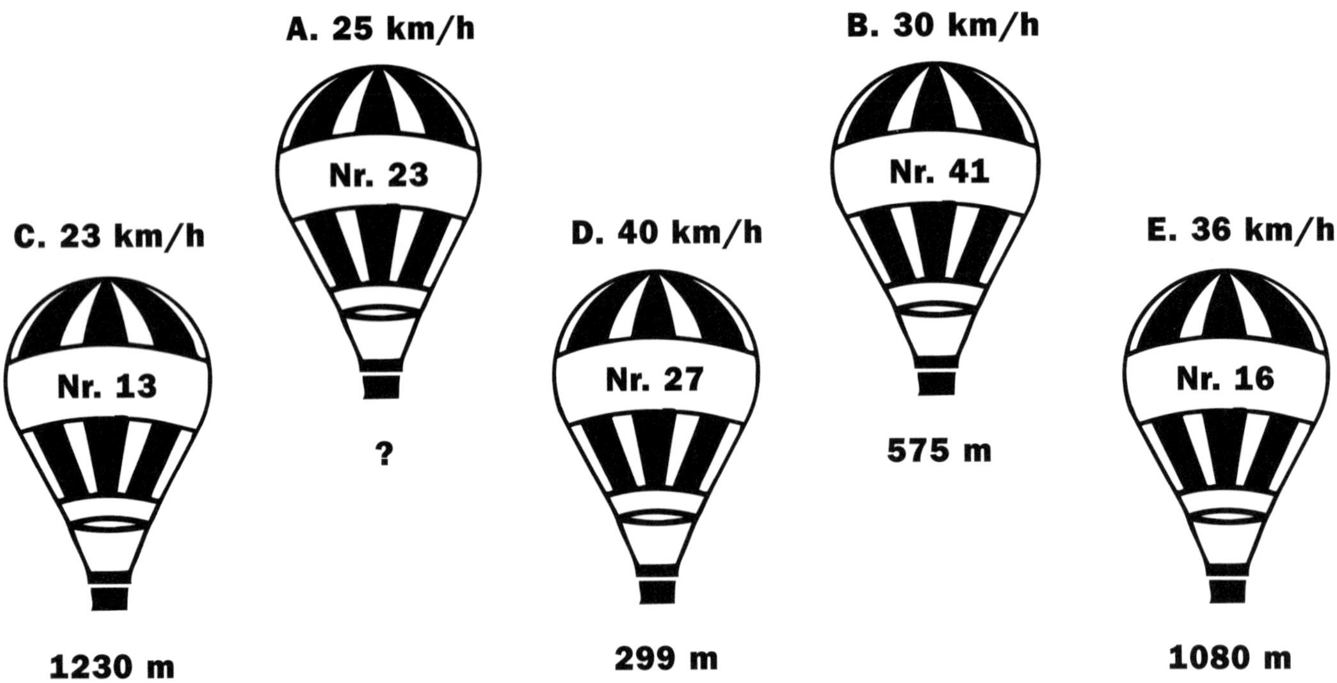

AUFGABE 74

Zu jedem Ballon ist die Startnummer, Geschwindigkeit und zurückgelegte Distanz angegeben. Wie viele Meter ist A geflogen?

Lösung ***69***

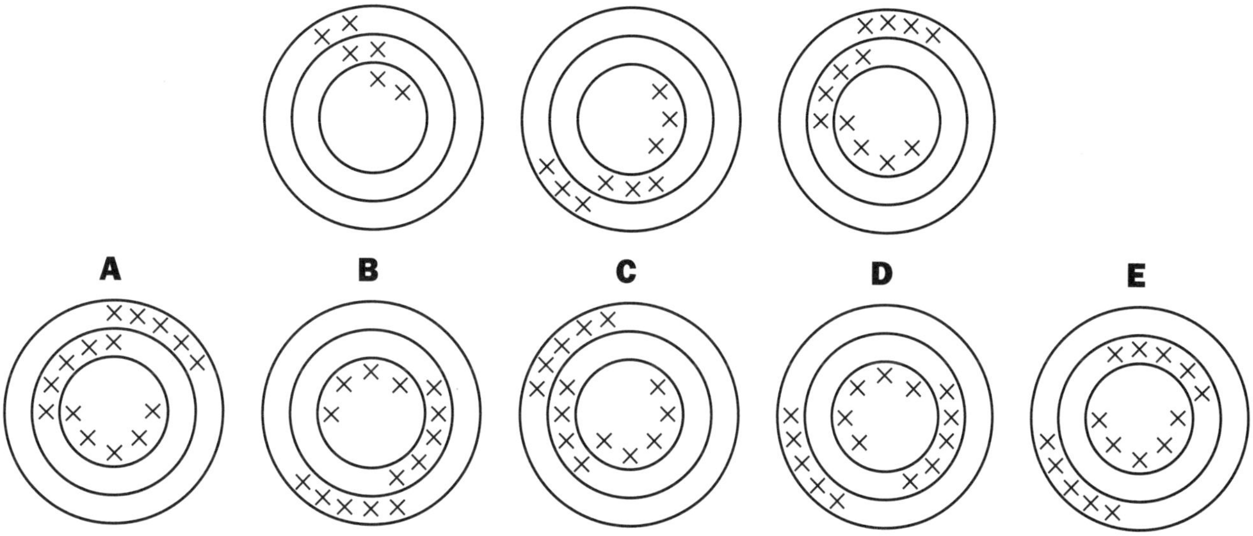

AUFGABE 75

Welche der Figuren A bis E setzt die obere Reihe fort?

Lösung ***105***

AUFGABE 76

Wer hat das Bild gemalt?
Knacken Sie den Code!

Lösung ***96***

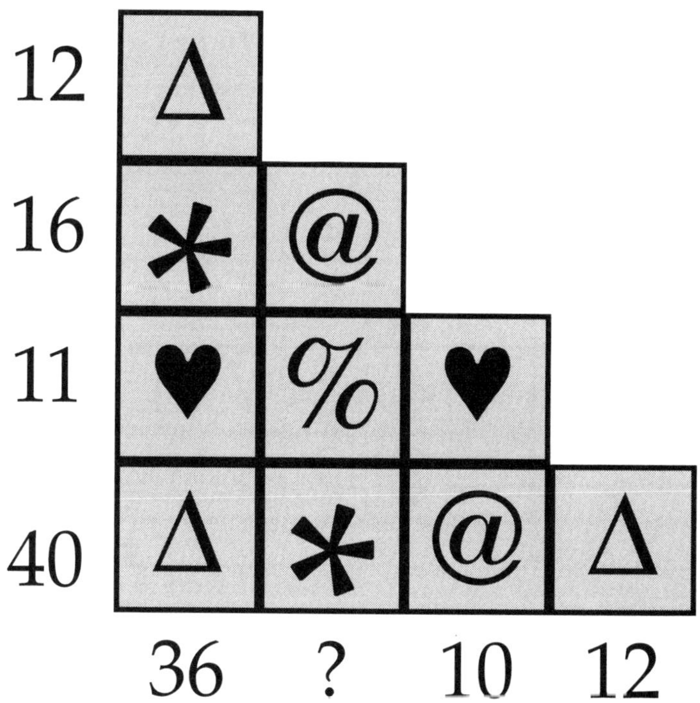

AUFGABE 77

Für welche Zahl steht
das Fragezeichen in diesem Schema?

Lösung ***26***

2	2	3	1	1	7	1	4	5	5	2	2	3	1	1	7
5	3	1	1	7	1	4	5	5	2	2	3	1	1	7	1
5	2	3	1	1	7	1	4	5	5	2	2	3	1	1	4
4	2	2	2	2	3	1	1	7	1	4	5	5	2	7	5
1	5	2	5	1	4	5	5	2	2	3	1	1	2	1	5
7	5	5	5	7	2	2	3	1	1	7	1	7	3	4	2
1	4	5	4	1	5	3	1	1	7	1	4	1	1	5	2
1	1	4	1	1	5	2	3	1	1	4	5	4	1	5	3
3	7	1	7	3	4	2	2	2	7	5	5	5	7	2	1
2	1	7	1	2	1	5	5	4	1	5	2	5	1	2	1
2	1	1	1	2	7	1	1	3	2	2	2	2	4	3	7
5	3	1	3	5	5	4	1	7	1	1	3	2	5	1	1
5	2	3	2	2	5	5	4	1	7	1	1	3	5	1	4
			2	5	5	4	1	7	1	1	3	2	2	7	5
			4	1	7	1	1	3	2	2	5	5	4	1	5
			3	2	2	5	5	4	1	7	1	1	3	2	2

AUFGABE 78

Finden Sie die Gesetzmäßigkeit hinter diesem Raster heraus, und ergänzen Sie die Zahlen, die in den leeren Kästchen stehen müssen.

Lösung ***135***

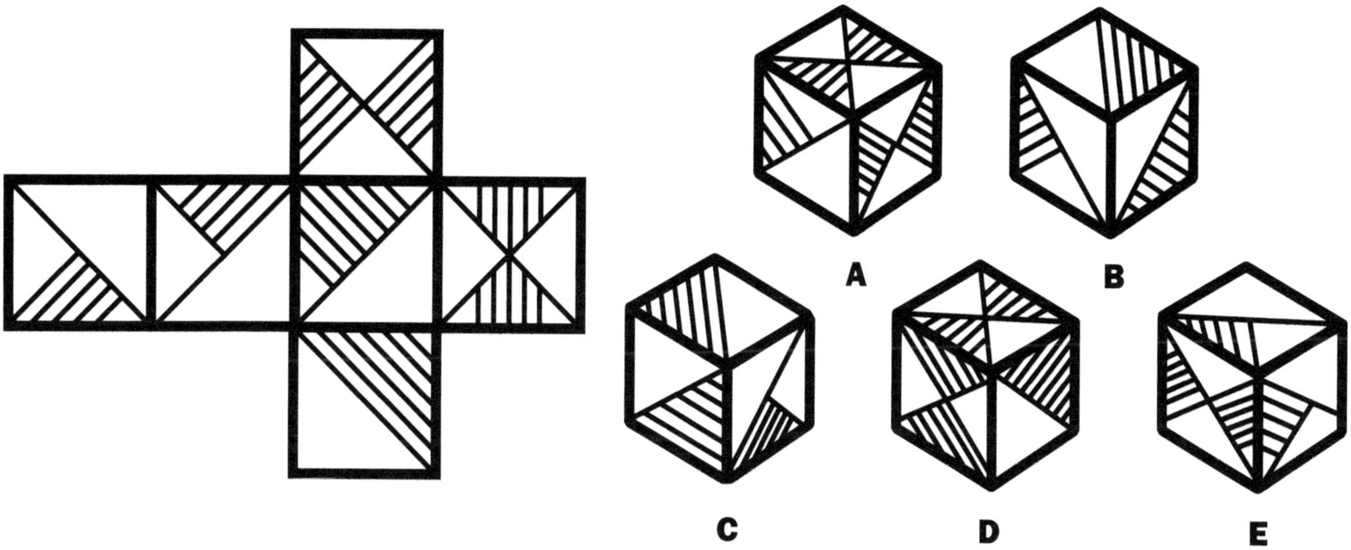

AUFGABE 79

Welcher der Würfel stimmt mit
der aufgeklappten Vorlage überein?

Lösung ***128***

POLKA — A
GAVOTTE — B
POLONAISE — C
GIGUE — D
SARABANDE — E
TANGO — F
ANDANTE — G

AUFGABE 80

Einer der obigen Begriffe aus dem Bereich
der Musik paßt nicht zu den übrigen.

Lösung ***20***

AUFGABE 81

Nehmen Sie in numerischer Reihenfolge jeweils einen Buchstaben, und bilden Sie daraus fünf Wörter aus verschiedenen Sprachen, die Allgemeingut geworden sind.

Lösung ***50***

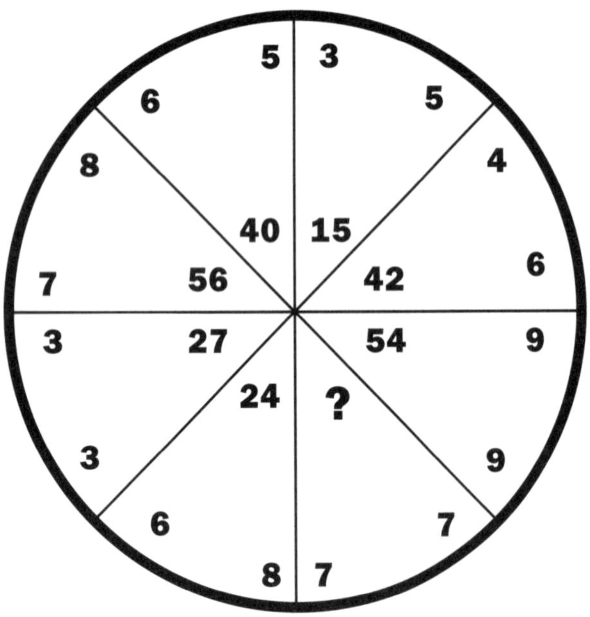

AUFGABE 82

Was steckt hinter der Abfolge dieser Zahlen, und wofür steht das Fragezeichen?

Lösung ***151***

Ernst verbrachte seinen Urlaub in Großbritannien. Cambridge gefiel ihm, Oxford dagegen nicht. Er fuhr nach Derby, aber nicht nach Nottingham. Er besuchte Leeds, machte um York aber einen Bogen.

Und was hielt er von London?

AUFGABE 83

Lösung ***159***

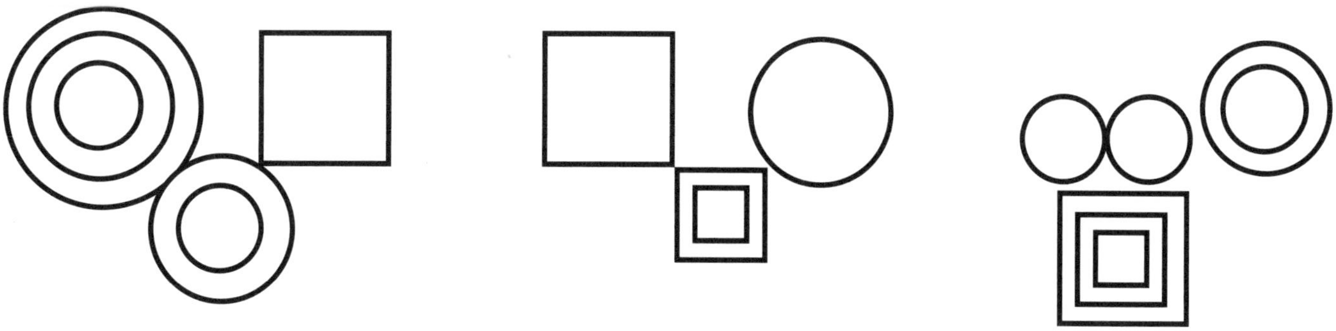

A verhält sich zu B wie C zu

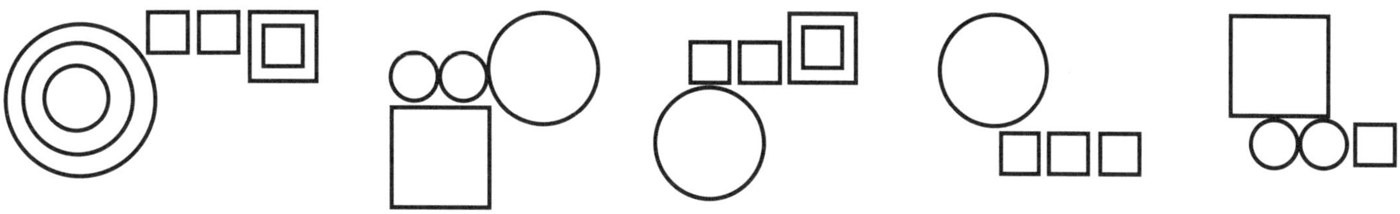

D E F G H

AUFGABE 84

Lösung ***156***

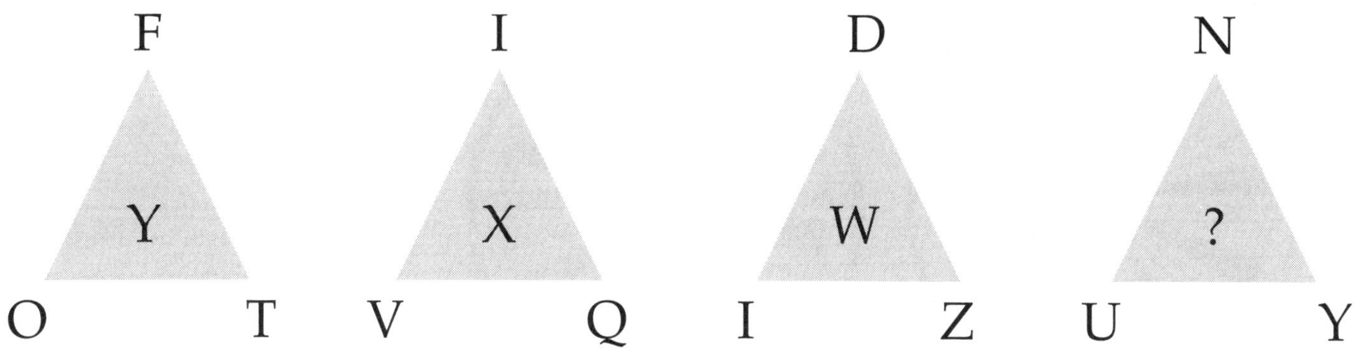

A B C D

AUFGABE 85

Für welchen Buchstaben
steht das Fragezeichen?

Lösung ***119***

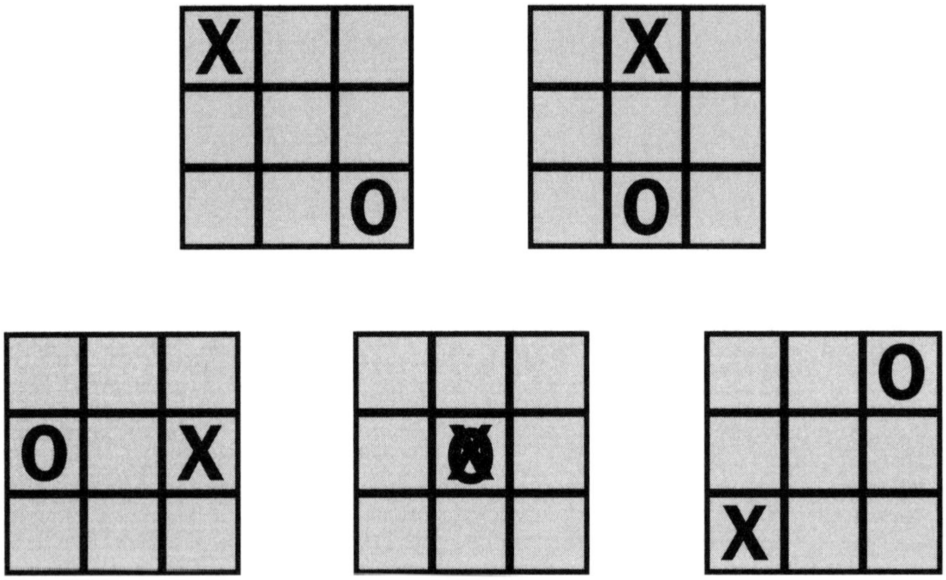

AUFGABE 86

Wie muß das nächste Element
in dieser Reihe aussehen?

Lösung **54**

AUFGABE 87

Wie sieht das Segment aus,
das den rechten Kreis vervollständigt?

Lösung **57**

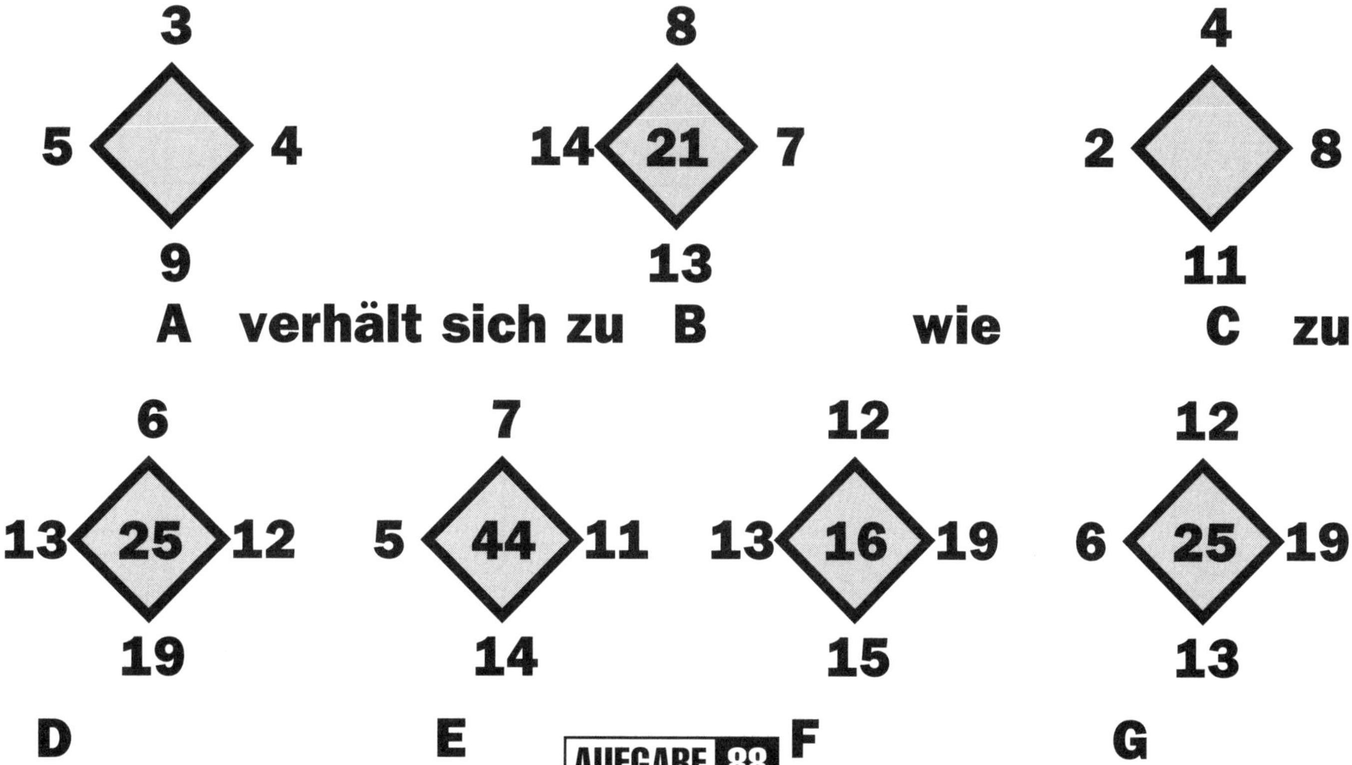

AUFGABE 88

Lösung ***94***

B	P	?	F
D	N	T	D
F	L	V	B
H	J	X	Z

AUFGABE 89

Welcher Buchstabe
vervollständigt das Schema?

Lösung ***75***

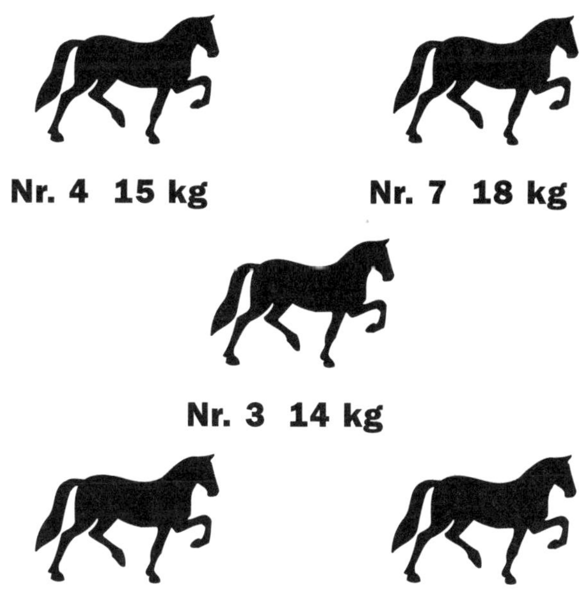

AUFGABE 90

Jedes Pferd geht mit einem Gewichtshandicap
an den Start. Welche Nummer erhält dann
das letzte Pferd?

Lösung ***15***

1	2	2	3	4	4	1	2	3	3	4	1	2	2	3	4
3	3	2	1	4	4	3	2	2	1	4	3	3	2	1	4
4	1	2	2	3	4	4	1	2	3	3	4	1	2	2	3
3	2	1	4	4	3	2	2	1	4	3	3	2	1	4	4
3	4	1	2	2	3	4	4	1	2	3	3	4	1	2	2
2	1	4	4	3	2	2	1	4	3	3	2	1	4	4	3
3	3	4	1	2	2	3	4	4	1	2	3	3	4	1	2
1	4	4	3	2	2	1	4	3	3	2	1	4	4	3	2
2	3	3	4	1	2	2	3	4	4	1	2	3	3	4	1
4	4	3	2	2	1	4				1	4	4	3	2	2
1	2	3	3	4	1	2				4	1	2	3	3	4
4	3	2	2	1	4	3				4	4	3	2	2	1
4	1	2	3	3	4	1	2	2	3	4	4	1	2	3	3
3	2	2	1	4	3	3	2	1	4	4	3	2	2	1	4
4	4	1	2	3	3	4	1	2	2	3	4	4	1	2	3
2	2	1	4	3	3	2	1	4	4	3	2	2	1	4	3

AUFGABE 91

Nach welcher Systematik ist das Raster aufgebaut? Ergänzen Sie in den leergelassenen Kästchen die entsprechenden Zahlen.

Lösung ***51***

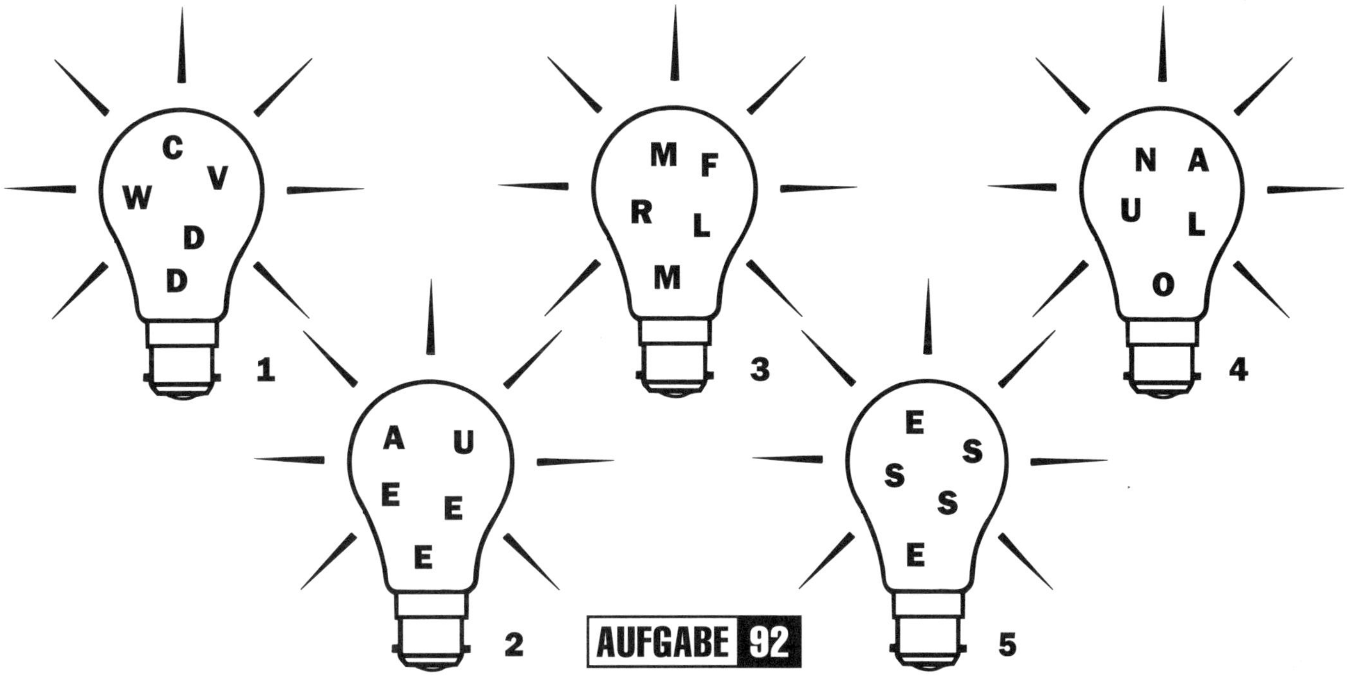

AUFGABE 92

Nehmen Sie aus jeder Glühbirne in numerischer Reihenfolge einen Buchstaben, und bilden Sie daraus die Namen von fünf Schriftstellern.

Lösung ***30***

AUFGABE 93

Diese Autos fuhren von einem Punkt aus zu ihren jeweiligen Zielorten. Der angegebene Kilometerstand scheint zwar keinen Sinn zu machen, steht aber im Zusammenhang mit dem Zielort. Finden Sie die Gesetzmäßigkeit dahinter und damit den Kilometerstand beim letzten Auto.

Lösung ***68***

1. M R V N O A E C

2. D O N I G F E I L

3. T V T A L N N A R A A I

4. O O E N H L I N G R A

5. G D I I I W O B O S U N R O

AUFGABE 94

Dies sind die Anagramme der Namen von fünf bekannten Opern. Außerdem sind jeder Zeile zwei weitere Buchstaben hinzugemogelt. Diese ergeben einen weiteren Operntitel. Ein Tip: Der sechste Name fängt mit einem „D" an, und dieses „D" ist in keiner der Buchstabenfolgen enthalten.

Lösung ***7***

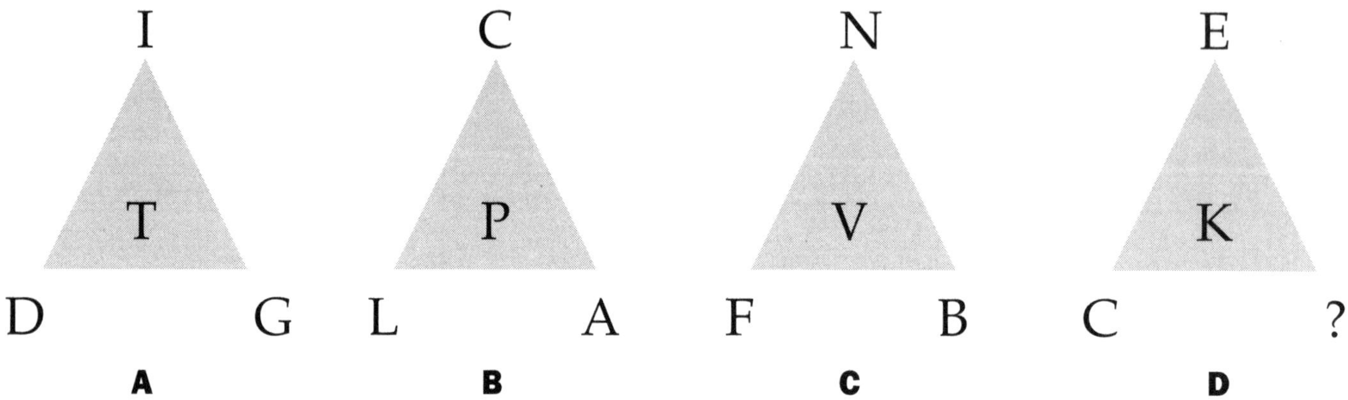

AUFGABE 95

Für welchen Buchstaben
steht das Fragezeichen?

Lösung ***109***

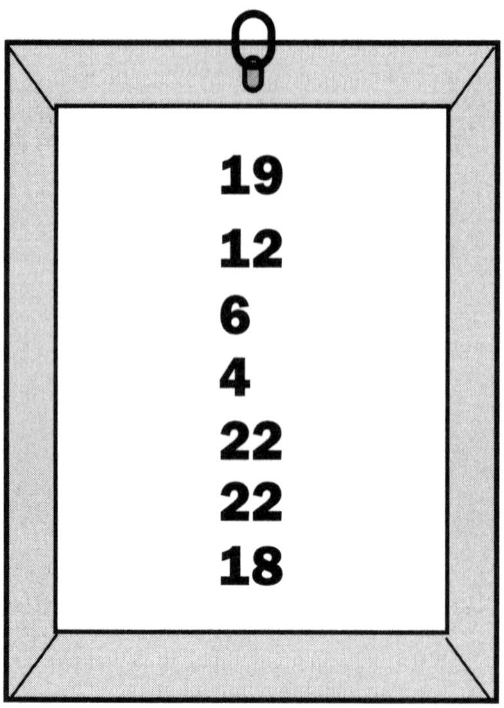

AUFGABE 96

Knacken Sie den Zahlencode,
um den Namen des Malers zu ermitteln.

Lösung ***87***

Thomas bereiste die Vereinigten Staaten. Er mochte Idaho, aber nicht Texas. Er fühlte sich auf Hawaii wohl, aber nicht in Arkansas. Er liebte Kalifornien, nicht aber Wisconsin.

Gefiel ihm Illinois?

AUFGABE 97

Lösung ***158***

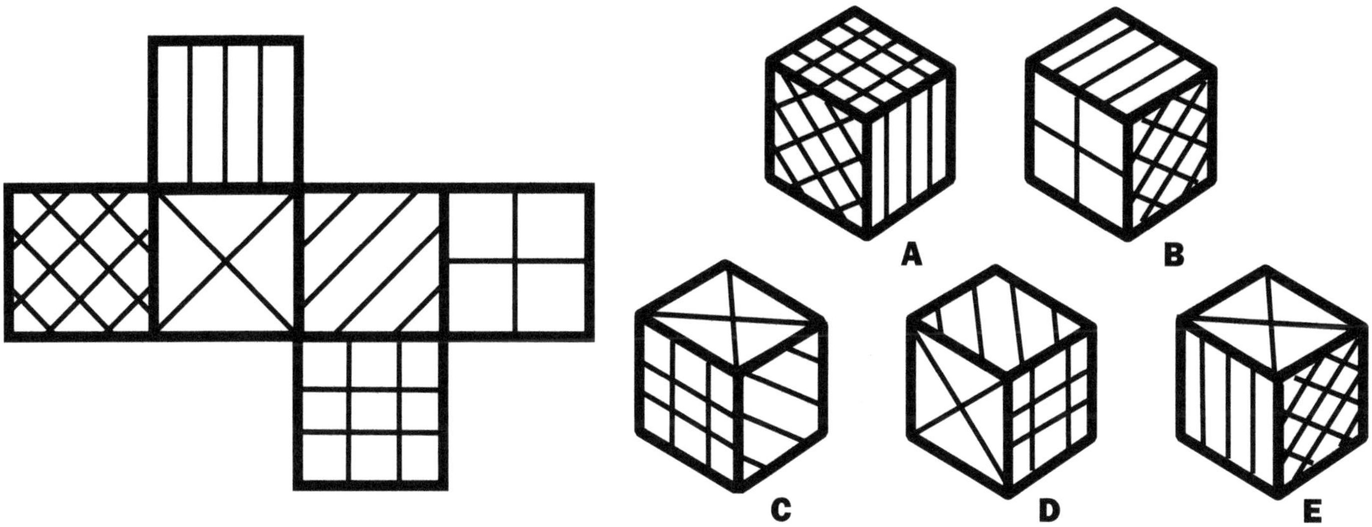

AUFGABE 98

Einer der Würfel paßt nicht
zu der aufgeklappten Vorlage.

*Lösung **118***

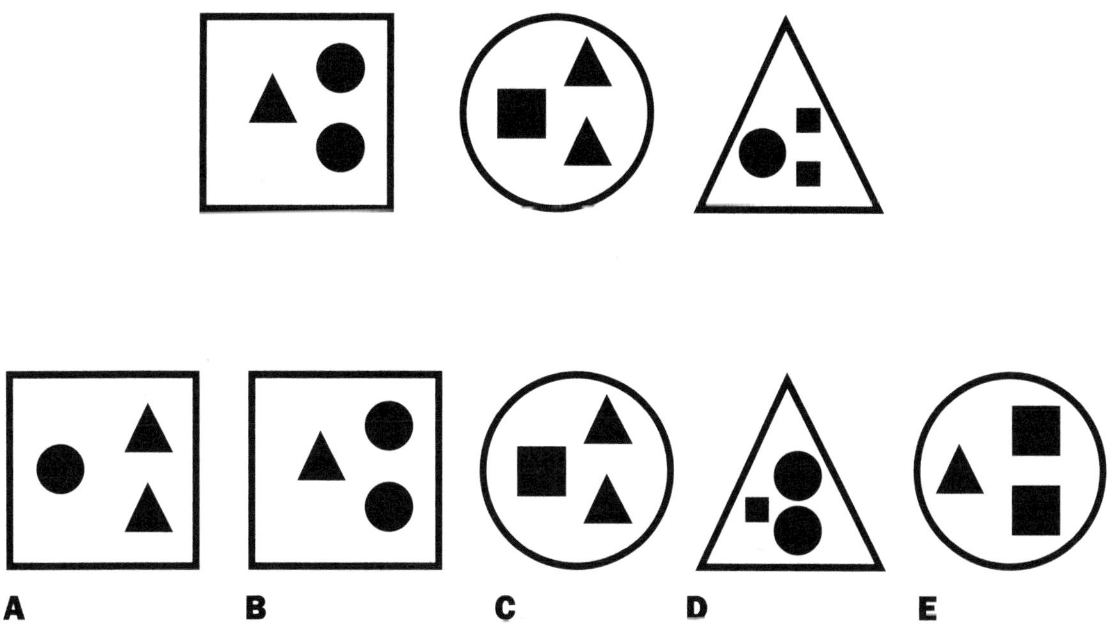

AUFGABE 99

Welche der Figuren A bis E setzt die obere Reihe logisch fort?

*Lösung **150***

AUFGABE 100

Gesucht werden die Namen von fünf Wissenschaftlern. Entnehmen Sie dafür jeweils einen Buchstaben aus jeder Wolke, und zwar in numerischer Reihenfolge.

Lösung ***58***

J	G	D	A
F	I	Z	?
A	L	U	F
U	P	O	J

AUFGABE 101

Für welchen Buchstaben steht das Fragezeichen?

Lösung ***62***

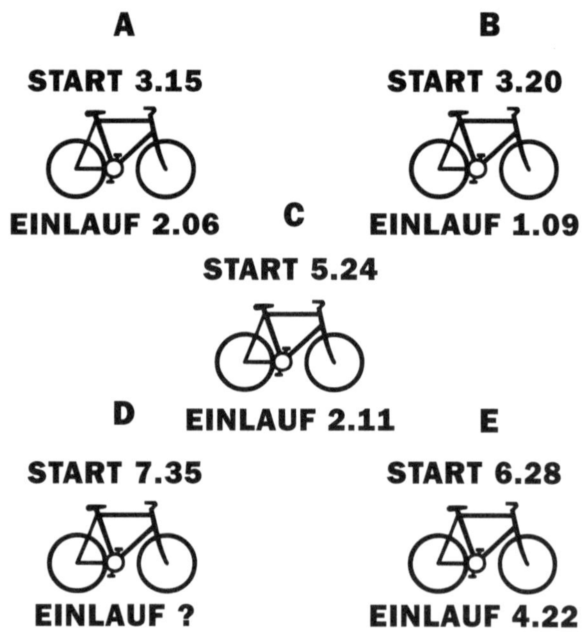

AUFGABE 102

Es hat ein 24-Stunden-Rennen stattgefunden. Zwischen den Start- und Einlaufzeiten gibt es einen Zusammenhang. Entdecken Sie ihn, so finden Sie auch die Einlaufzeit von Rad D heraus.

Lösung ***16***

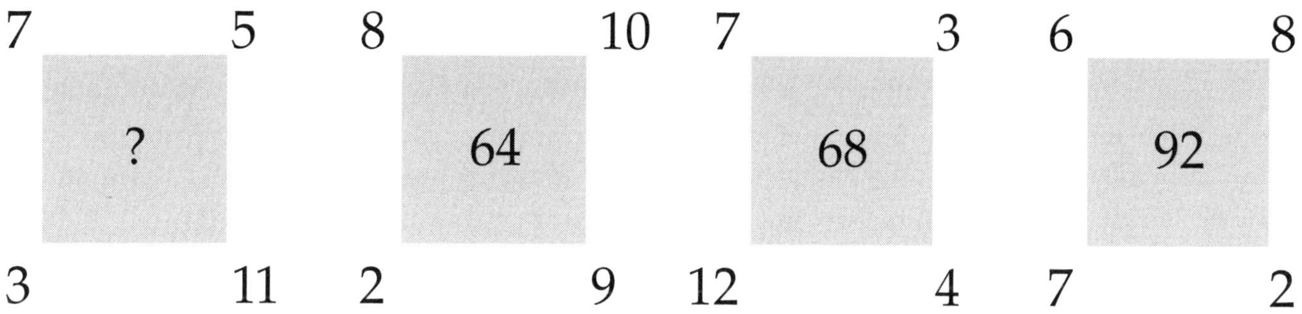

AUFGABE 103

Ergründen Sie die Logik, die hier am Werk ist,
und Sie finden die fehlende Zahl.

Lösung ***32***

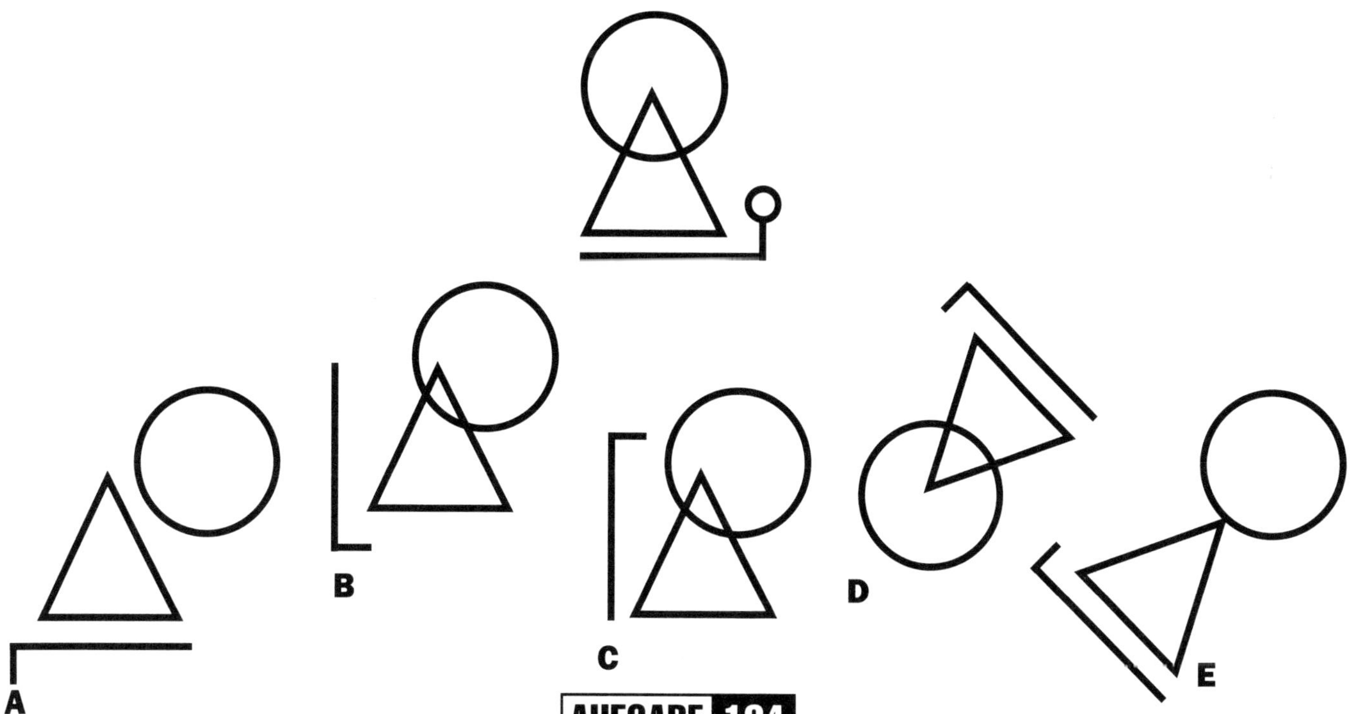

AUFGABE 104

Welche der Figuren A bis E erfüllt die Bedingungen
der obigen Figur, wenn Sie nur einen Kreis hinzufügen?

Lösung ***148***

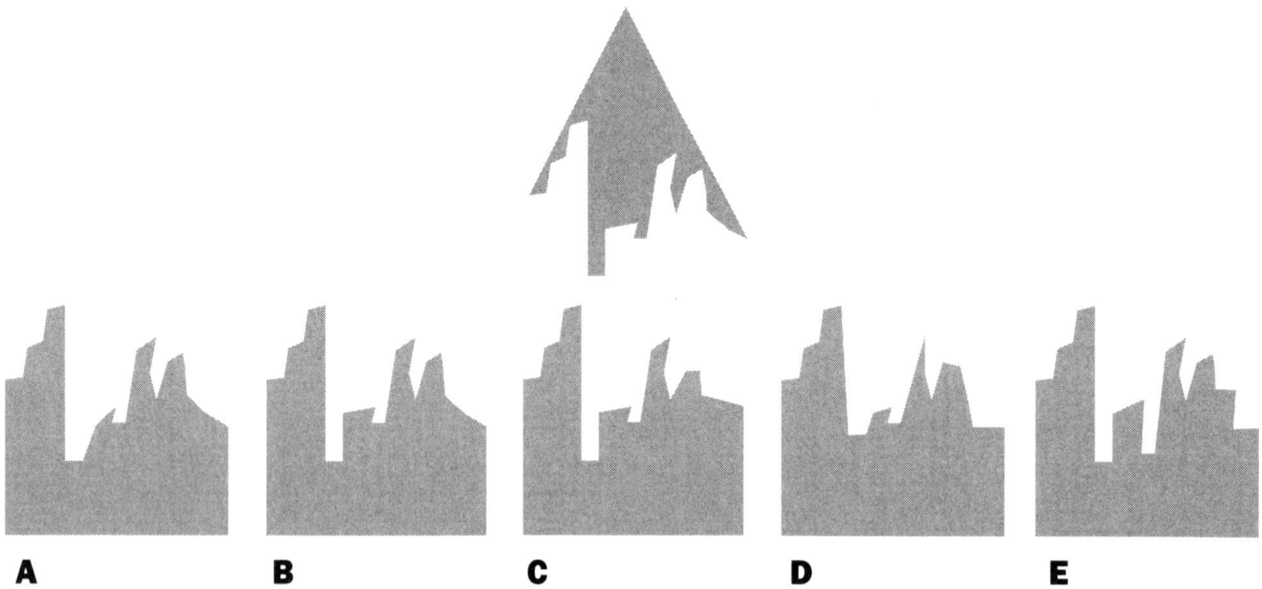

AUFGABE 105

Welche der Formen A bis E läßt sich mit der oberen ohne Lücke zu einem Vieleck zusammenschieben?

Lösung ***174***

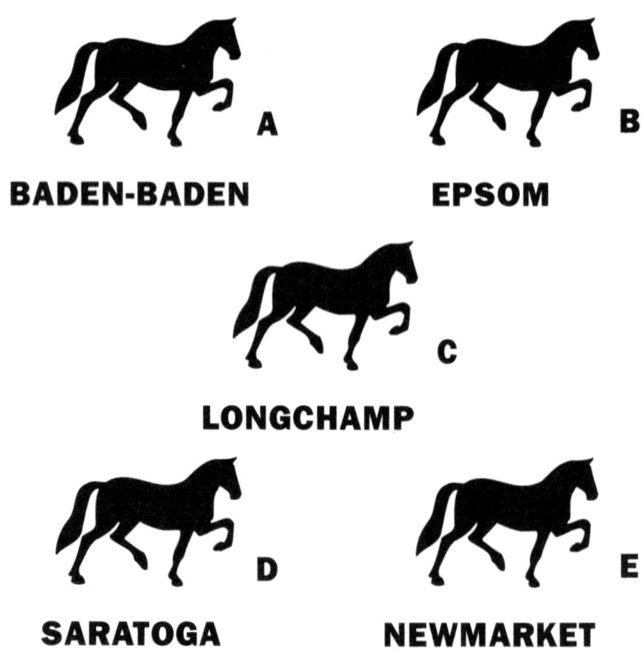

AUFGABE 106

All diese Pferde starten auf berühmten Rennstrecken. Welches ist trotzdem fehl am Platz?

Lösung ***11***

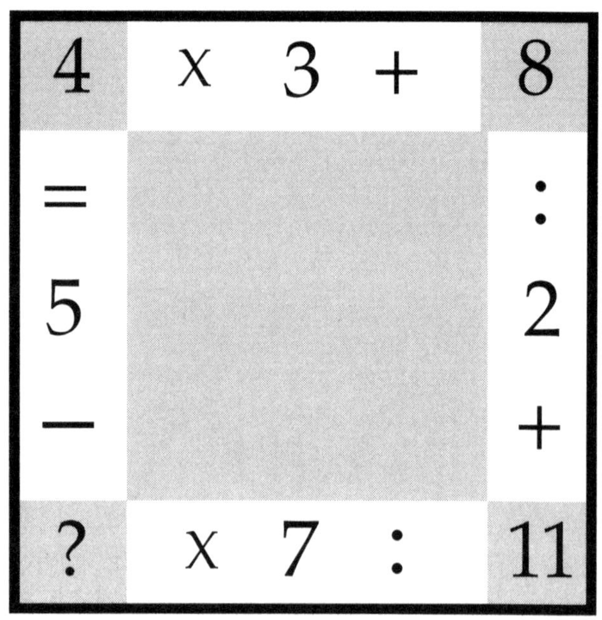

AUFGABE 107

Ersetzen Sie das Fragezeichen durch eine Zahl!

Lösung ***143***

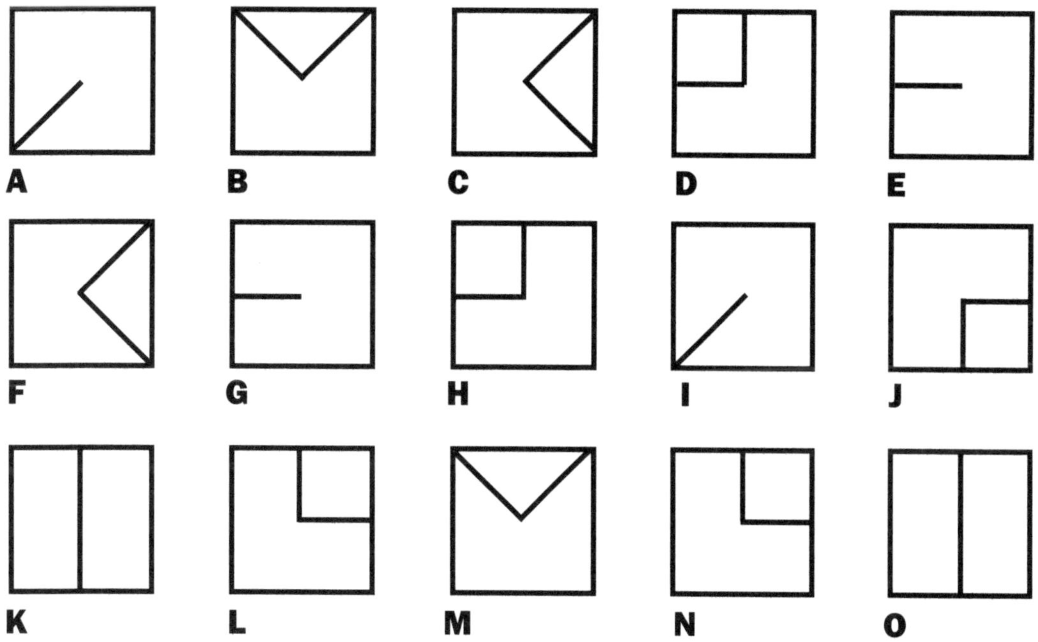

AUFGABE 108

Welches Quadrat gehört nicht hierher?

Lösung ***103***

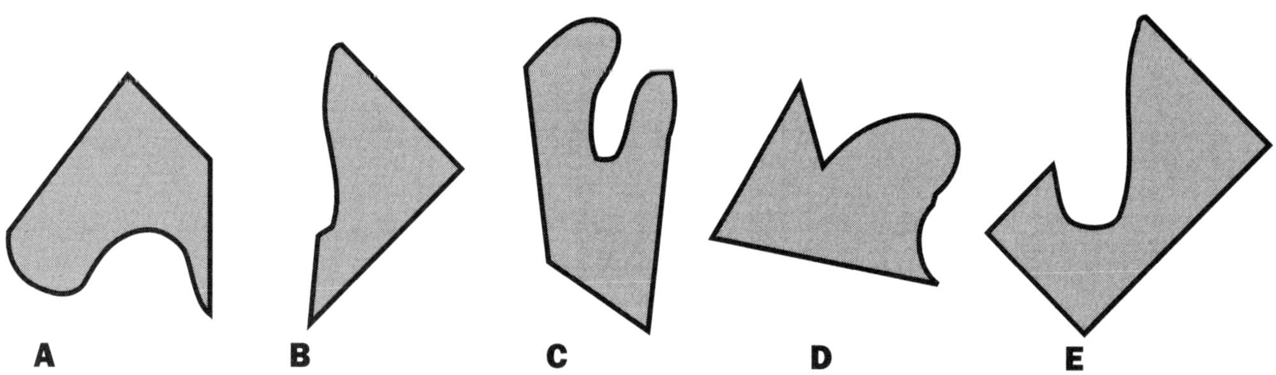

AUFGABE 109

Eine der Figuren paßt nicht zu den anderen.

Lösung ***108***

&	&	%	*	%	@	@	%	*	&	&	%	*	%	@	@
*	@	@	%	*	&	&	%	*	%	@	@	%	*	&	&
%	%	&	&	%	*	%	@	@	%	*	&	&	%	*	%
@	*	*	*	%	@	@	%	*	&	&	%	*	%	%	*
@	%	%	%	@				&	&	%	*	%	@	@	%
%	&	@	&	%				&	&	%	*	@	@	@	@
*	&	@	&	*				*	&	&	%	@	%	%	@
%	*	%	*	%	%	@	@	@	%	%	@	%	*	*	%
&	%	*	%	&	*	%	%	*	*	*	@	*	&	&	*
&	@	%	@	&	%	*	%	&	&	%	%	&	&	&	&
*	@	&	@	*	&	&	*	%	@	@	*	&	%	%	&
%	%	&	%	%	@	@	%	*	%	&	&	%	*	*	%
@	*	*	*	%	&	&	*	%	@	@	%	*	%	%	*
@	%	%	@	@	%	*	%	&	&	*	%	@	@	@	%
%	&	&	*	%	@	@	%	*	%	&	&	*	%	@	@
*	%	&	&	*	%	@	@	%	*	%	&	&	*	%	@

AUFGABE 110

Finden Sie das Schema heraus, und ergänzen Sie die Symbole in den leeren Kästchen.

Lösung ***101***

?	− 5 x	4
:		:
14		6
+		−
8	= 5 +	1

AUFGABE 111

Für welche Zahl steht das Fragezeichen in dieser Gleichung?

Lösung **152**

12
31
23
42
34
53
45
?

AUFGABE 112

Welche Zahl muß als nächste kommen?

Lösung **65**

MOSER

95

HUBER

111

MAIER

56

GANGHOFER

146

SCHULZE

?

AUFGABE 113

Alle Bauern erzielen andere Hektarerträge. Zwischen ihren Namen und den Tonnenangaben besteht ein logischer Zusammenhang. Wie viele Tonnen fährt Schulze ein? Für jeden Buchstaben gelten zwei mögliche Werte.

Lösung **61**

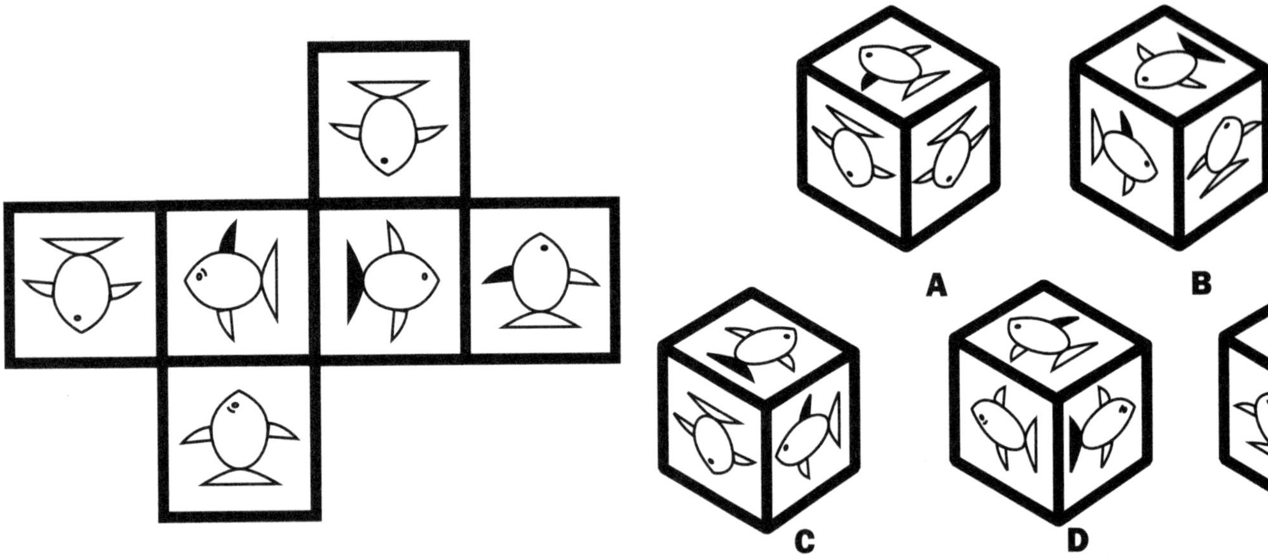

AUFGABE 114

Mit welchem der Würfel stimmt
die aufgeklappte Vorlage überein?

Lösung ***114***

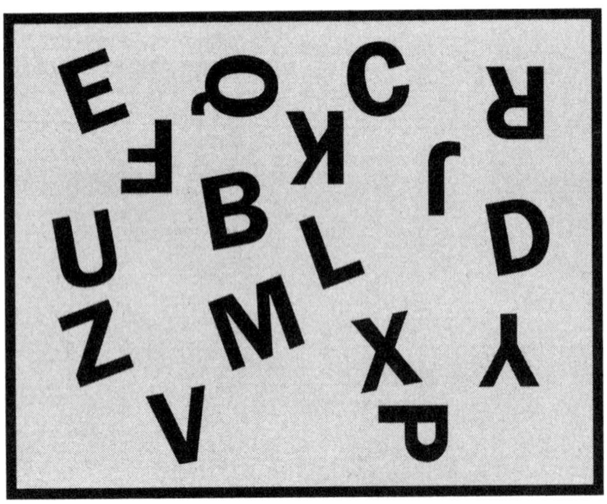

AUFGABE 115

Es sind die Buchstaben des Alphabets dargestellt, die NICHT zur Lösung des Rätsels benötigt werden. Bringen Sie die fehlenden Buchstaben in die richtige Reihenfolge, so daß sie den Namen einer amerikanischen Großstadt ergeben, die nach einem amerikanischen Präsidenten benannt ist. Aber Vorsicht: Ein Buchstabe wird dabei zweimal verwendet.

Lösung ***166***

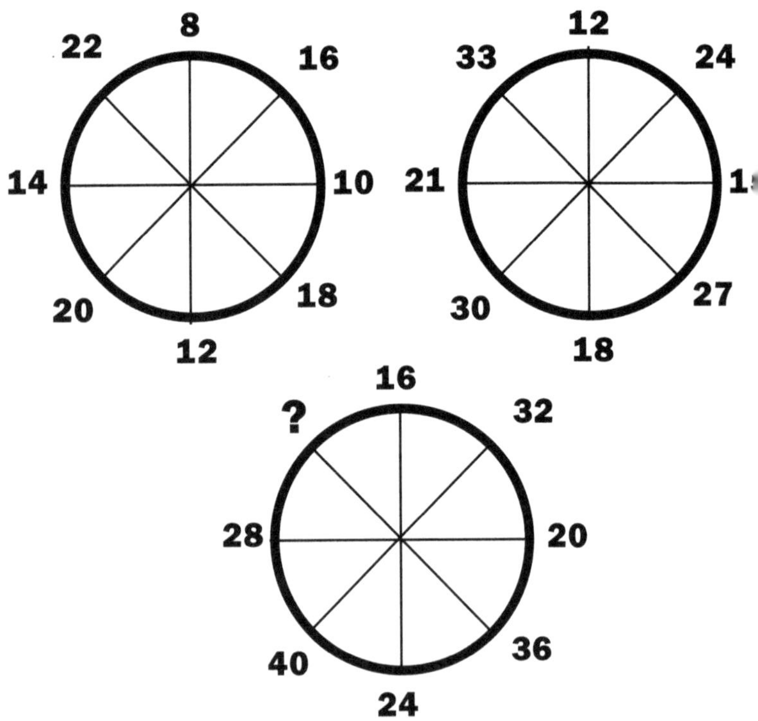

AUFGABE 116

Für welche Zahl steht
das Fragezeichen am unteren Rad?

Lösung ***33***

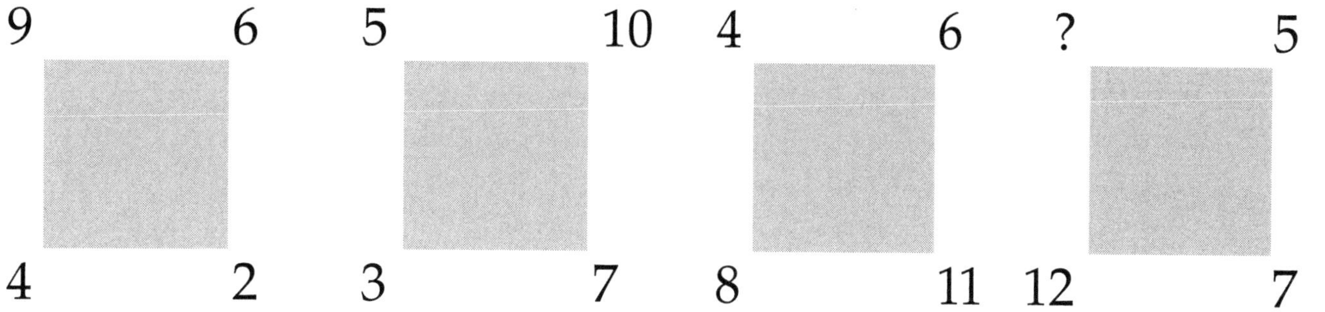

AUFGABE 117

Welche Logik liegt den Quadraten zugrunde,
und welche Zahl ersetzt das Fragezeichen?

Lösung ***110***

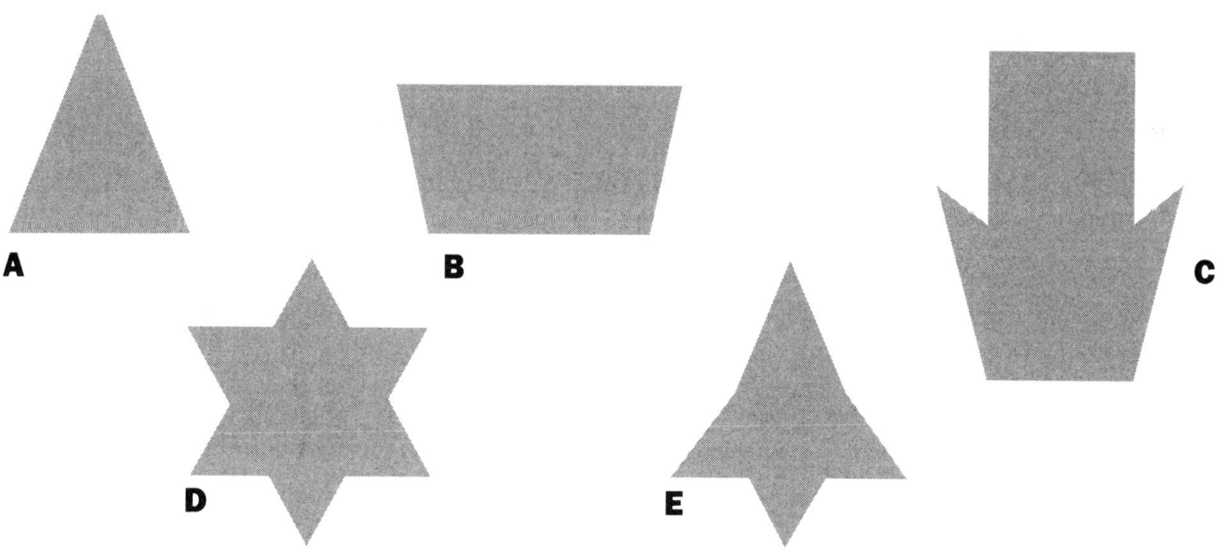

AUFGABE 118

Eine Form paßt nicht zu den anderen.

Lösung ***147***

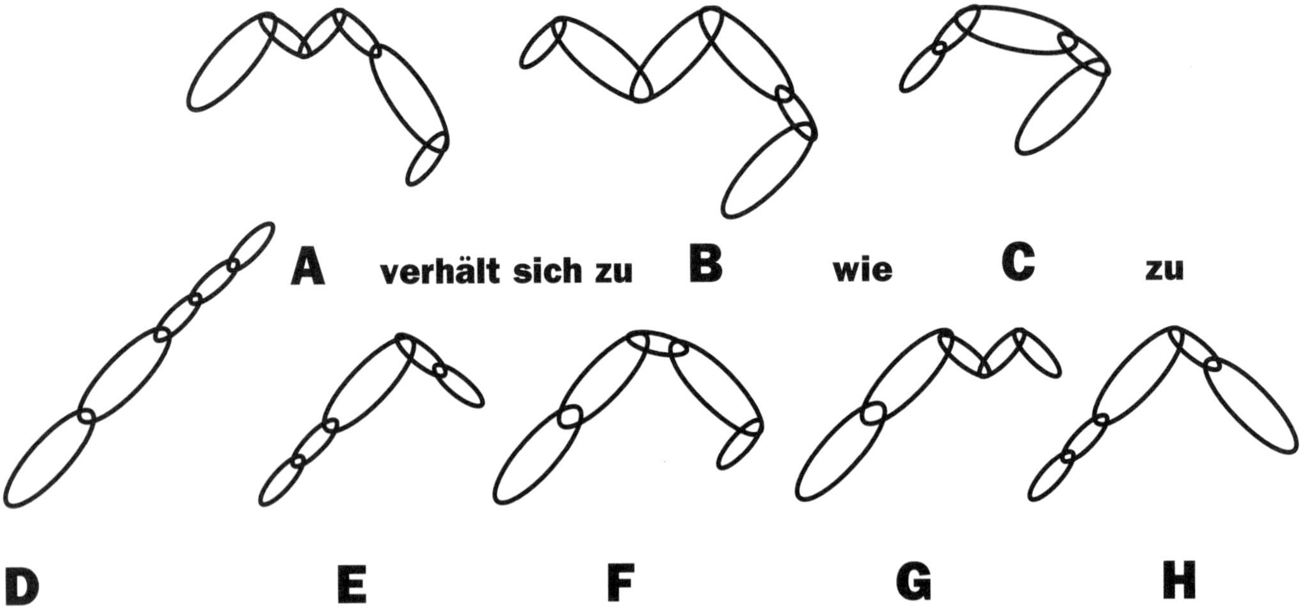

AUFGABE 119

Lösung ***146***

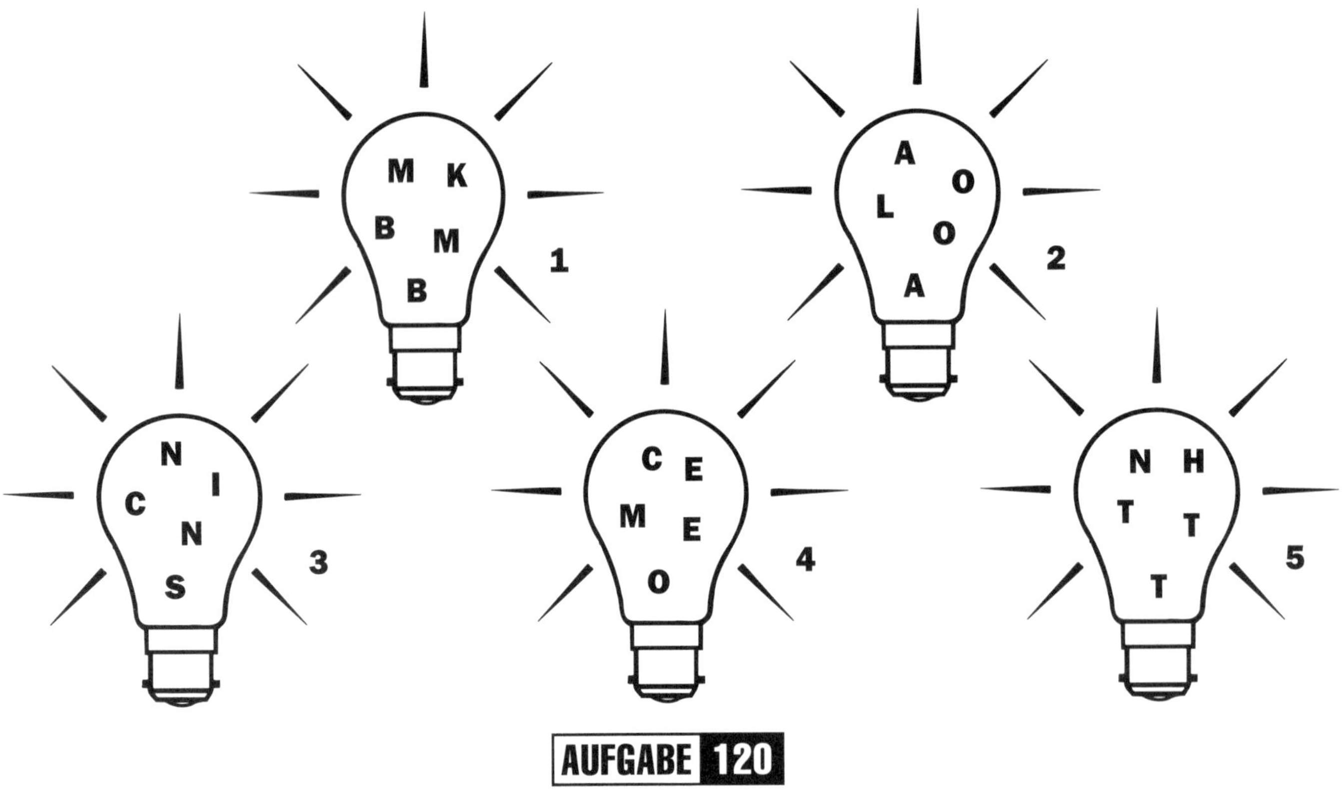

AUFGABE 120

Gesucht werden fünf Künstler. Nehmen Sie aus jeder Glühbirne der Reihe nach einen Buchstaben.

Lösung ***28***

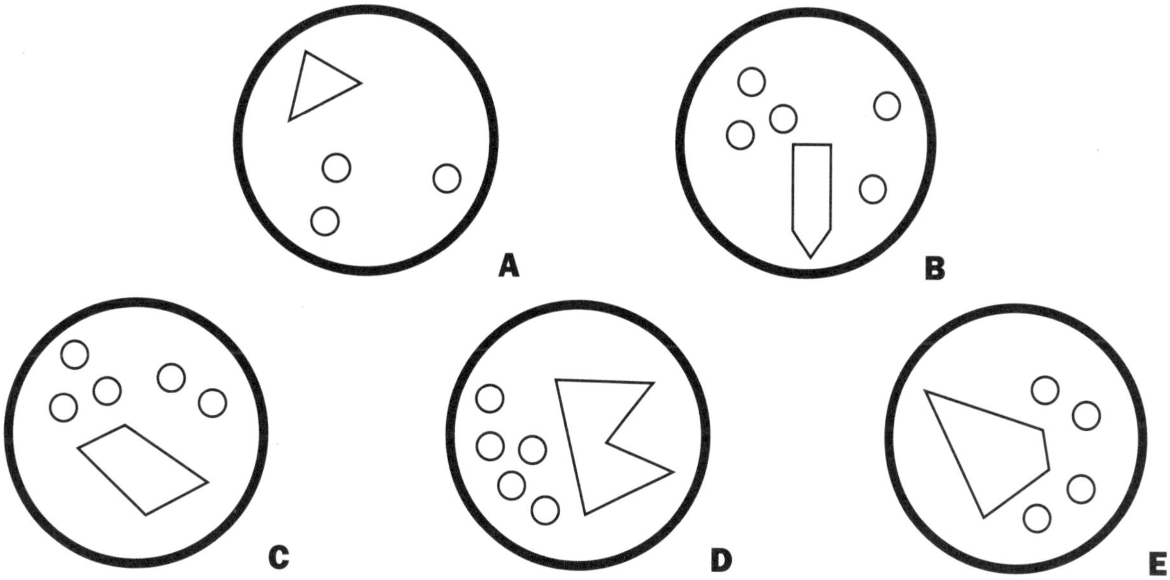

AUFGABE 121

Welche Figur paßt nicht zu den anderen?

Lösung ***124***

5	3	8	7
12	15	49	56
3	9	4	12
18	27	36	?

AUFGABE 122

Ergründen Sie das Schema der Zahlenverteilung, und ersetzen Sie das Fragezeichen durch eine Zahl.

Lösung ***23***

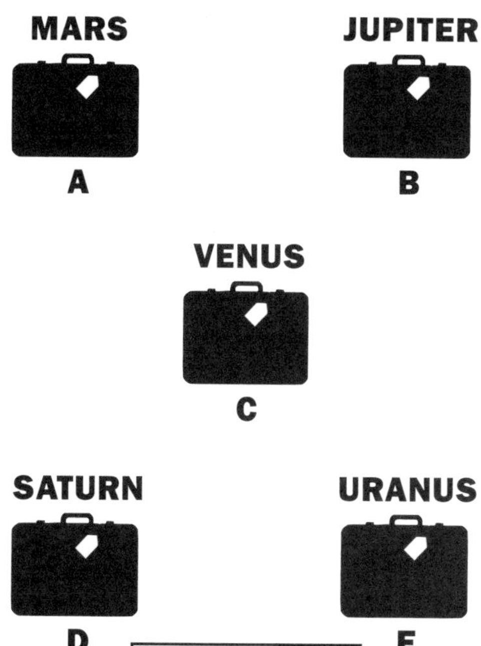

AUFGABE 123

Die ersten Weltraumreisenden wurden soeben abgefertigt. Welcher Koffer wird am falschen Ort ankommen?

Lösung ***49***

A	R	C	D	E	T	R	I	O	M	P	A	R	C	D	E
R	R	R	T	E	D	C	R	A	H	P	M	O	I	R	T
C	D	C	T	R	I	O	M	P	H	E	H	P	M	O	I
D	E	T	D	E	T	R	I	O	M	A	R	C	D	E	A
H	P	M	O	I	R	T	E	D	P	M	O	I	R	T	R
A	R	C	D	E	T	R	I	E	O	M	P	H	E	A	R
C	R	A	E	H	P	M	T	E	D	I	R	T	E	D	C
D	E	T	R	I	O	R	M	P	H	C	E	A	R	C	D
C	D	T	R	I	I	O	M	P	H	E	R	M	I	I	E
R	A	E	H	O	P	M	O	I	R	T	P	A	R	R	T
O	M	P	M	H	E	A	R	I	D	E	H	O	T	T	R
I	R	P	T	E	D	C	R	A	E	H	E	I	E	E	I
R	H	C	D	E	T	R	I	O	M	P	A	R	D	D	O
E	A	H	P	M	O	I	R	T	E	D	R	T	A	C	M
D	E	T	R	I	O	M	P	H	A	R	C	E	R	R	P
C	R	A	H	P	M	O	I	R	T	E	D	D	C	A	H

AUFGABE 124

Irgendwo in diesem Raster ist der Name ARC DE TRIOMPHE versteckt. Sie finden ihn nur einmal komplett, und zwar in gerader Linie mit einem einzigen Richtungswechsel. Entdecken Sie ihn?

Lösung ***43***

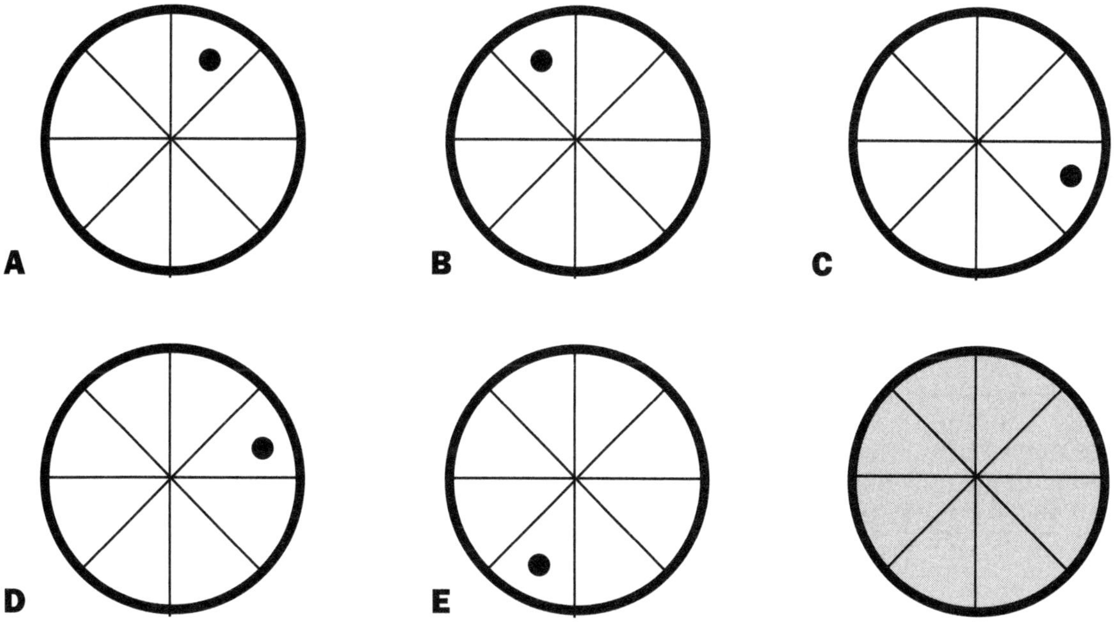

AUFGABE 125

In welchem Kreissegment, gemäß der Vorgaben in A bis E, muß der Punkt im grauen Rad stehen?

Lösung ***55***

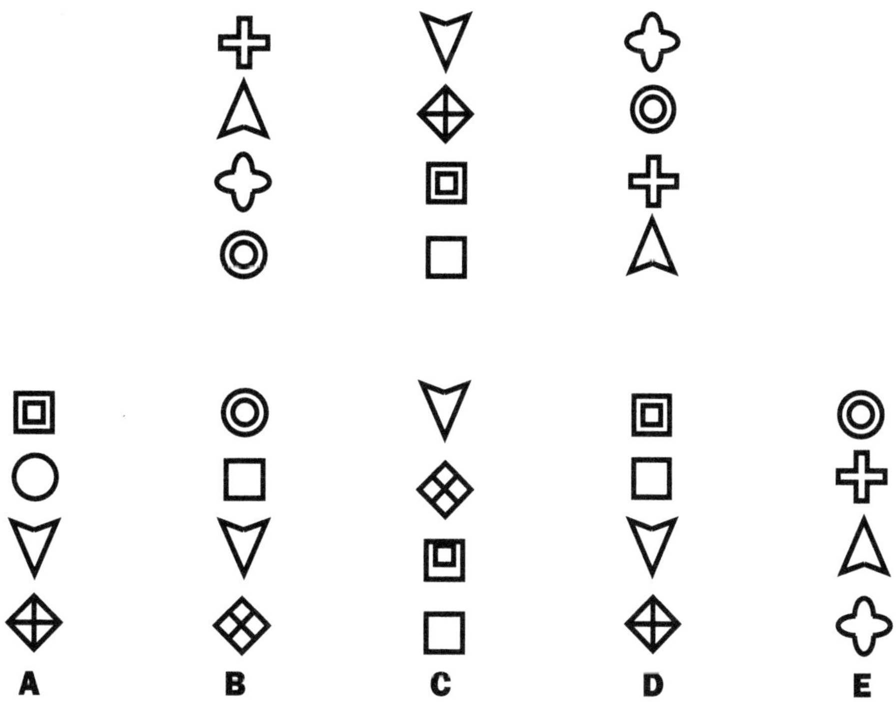

AUFGABE 126

Welche der Symbolkombinationen A bis E setzt die obere Reihe fort?

Lösung ***130***

MINNEAPOLIS DALLAS ANDOVER ROCKFORD DAVENPORT	INDEPENDENCE WICHITA FALLS ATLANTA CHICAGO PASADENA NEW YORK

AUFGABE 127

Trotz der ausschließlich amerikanischen Namen hat die Lösung nichts mit Amerika zu tun. Gesucht wird die Hauptstadt eines Staates, die Sie erst herausfinden, wenn Sie einen Namen der rechten Gruppe der linken zugeordnet haben.

Lösung ***139***

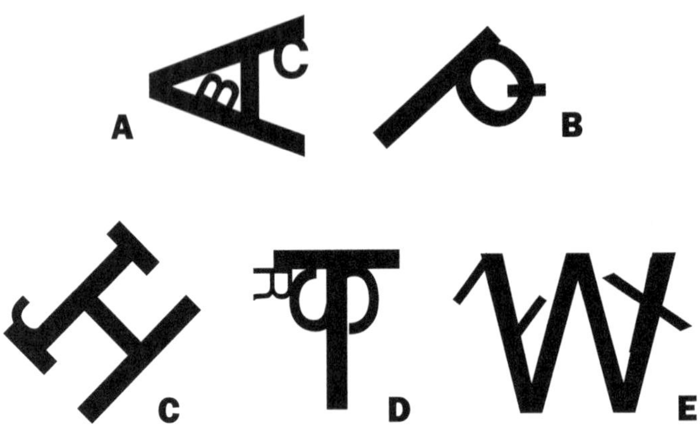

AUFGABE 128

Welche Figur paßt nicht zu den übrigen?

Lösung ***125***

AUFGABE 129

Eines der Pferde gehört nicht in diese Startgruppe.

Lösung ***48***

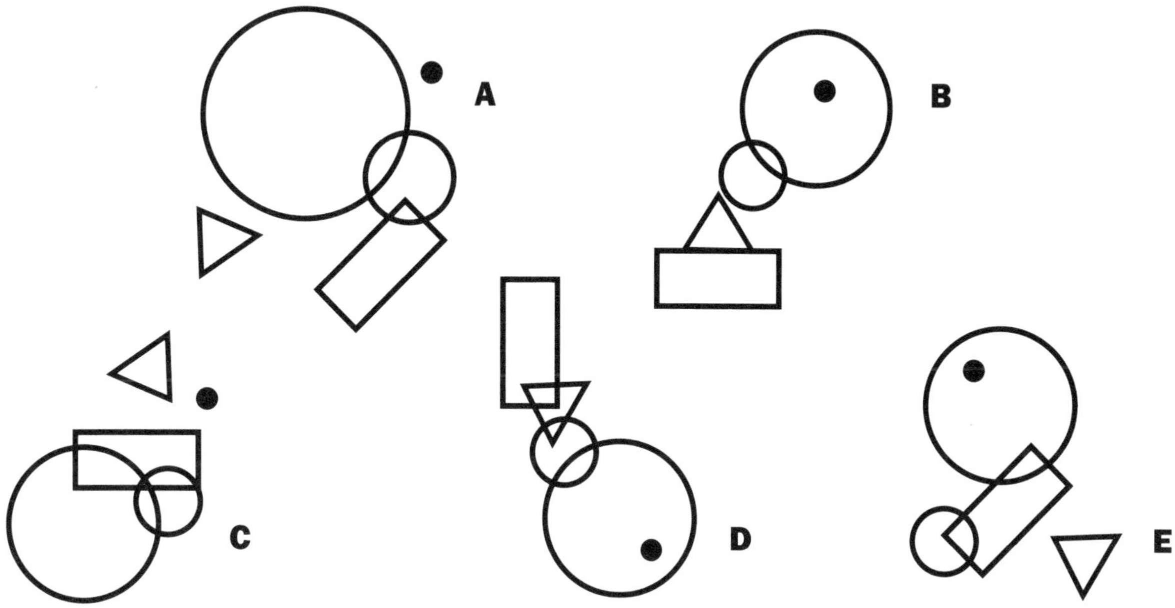

AUFGABE 130

Welche Figur paßt hier nicht zu den anderen?

Lösung ***142***

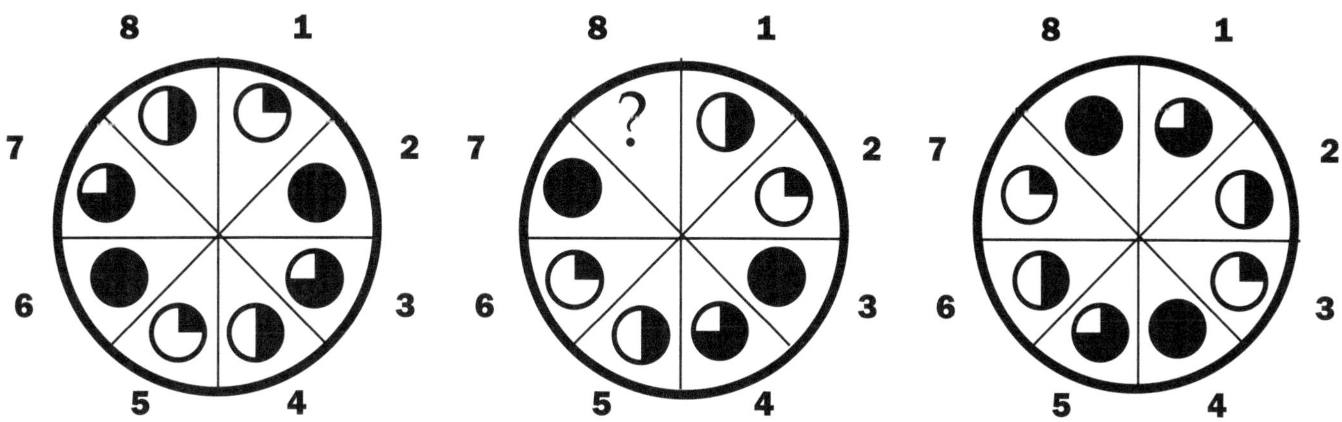

AUFGABE 131

Für welches Symbol steht
das Fragezeichen im mittleren Kreis?

Lösung ***22***

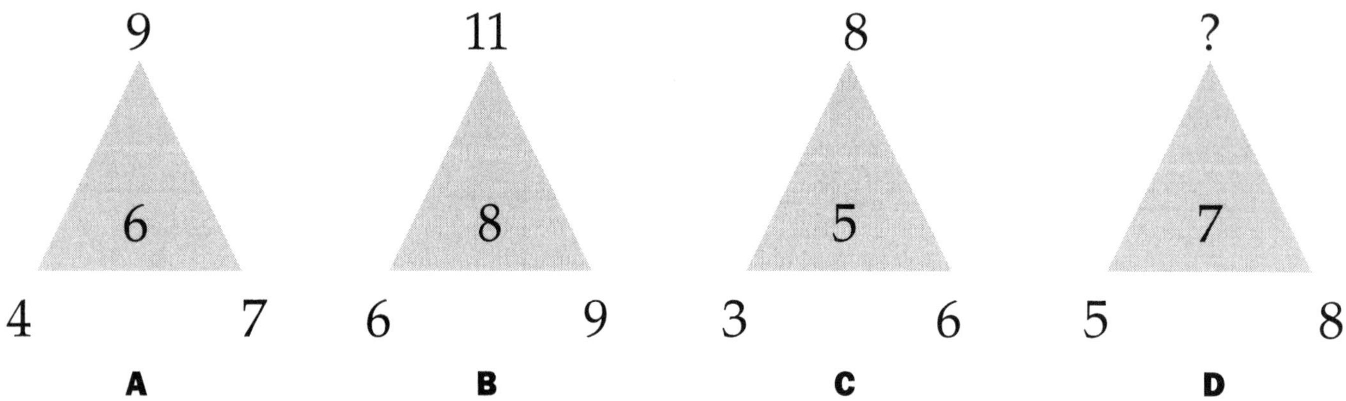

AUFGABE 132

Ergründen Sie die Gesetzmäßigkeit, die hier herrscht, und ersetzen Sie das Fragezeichen durch eine Zahl.

Lösung ***100***

Steffie macht eine Rundreise durch Europa. Ihr gefällt Hamburg, aber nicht Berlin, Straßburg, aber nicht Paris, und Barcelona, aber nicht Madrid.

Mag sie London?

AUFGABE 133

Lösung ***157***

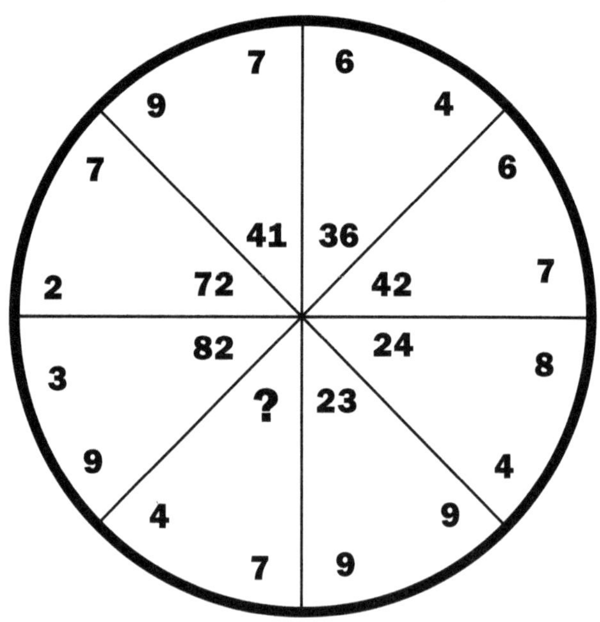

AUFGABE 134

Für welche Zahl steht das Fragezeichen in dieser Darstellung?

Lösung ***13***

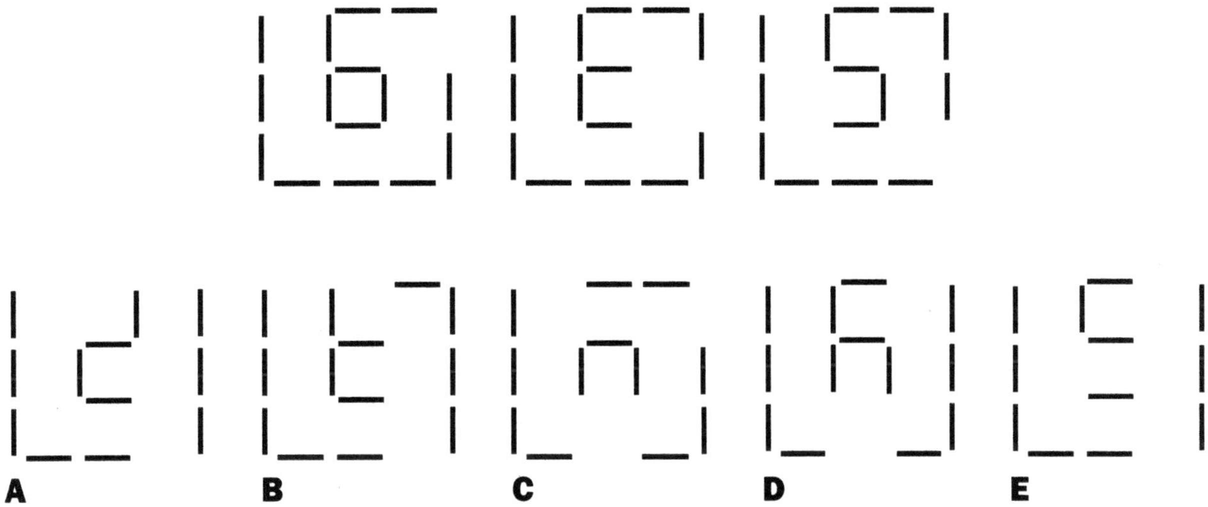

AUFGABE 135

Welche der Figuren A bis E
setzt die obere Reihe fort?

Lösung ***141***

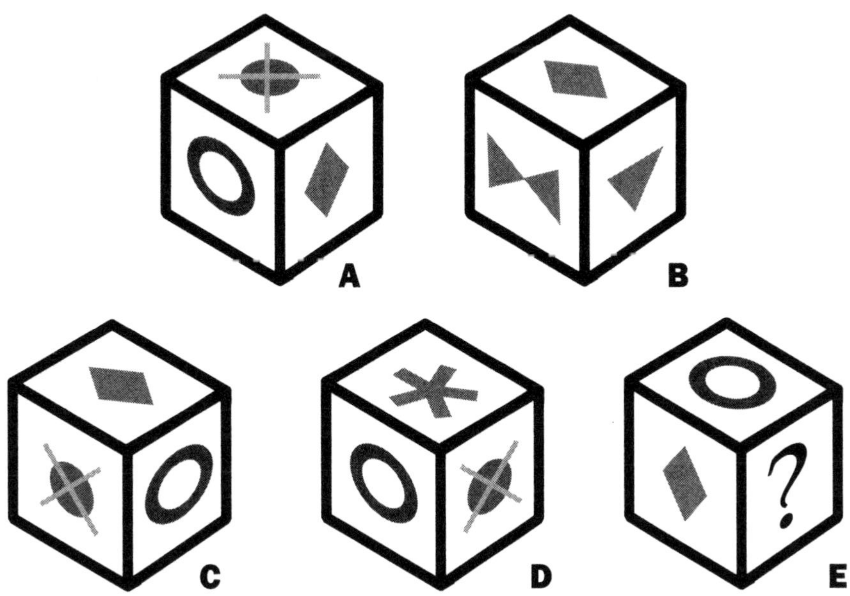

AUFGABE 136

Welches der Symbole gehört
an die Stelle des Fragezeichens?

Lösung ***29***

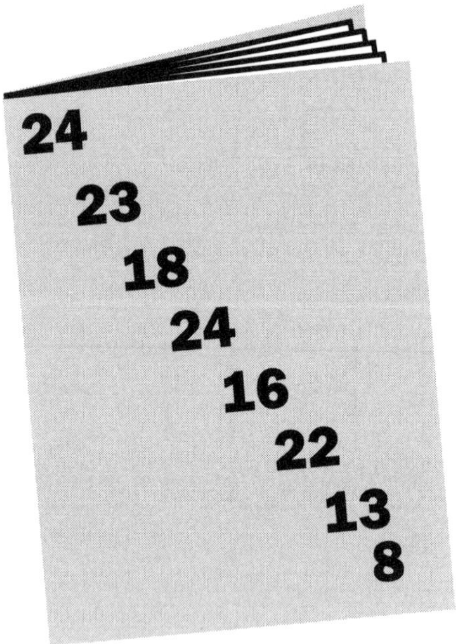

AUFGABE 137

Gesucht wird der Autor des Buches.
Knacken Sie den Zahlencode!

Lösung ***1***

AUFGABE 138

Erkennen Sie die Logik hinter diesem Raster?
Wofür steht das Fragezeichen?

Lösung ***81***

A

Nr. 220
Davos

B

Nr. 47
Kitzbühel

C

Nr. 25
Garmisch-Partenkirchen

D

Nr. 363
Luzern

E

Nr. 428
a) Zermatt
b) Innsbruck
c) Nauders
d) Lech

AUFGABE 139

Zwischen den Zugnummern und Zielbahnhöfen
in den Alpen besteht ein logischer Zusammenhang.
Wohin fährt Zug Nr. 428?

Lösung ***47***

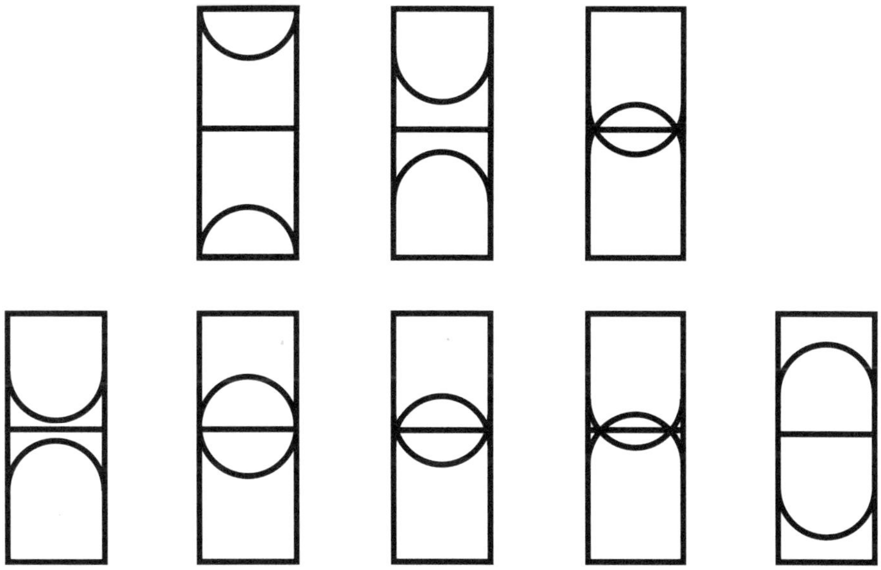

A B C D E

AUFGABE 140

Welche der Figuren A bis E bildet den logischen Anschluß an die obere Reihe?

Lösung ***113***

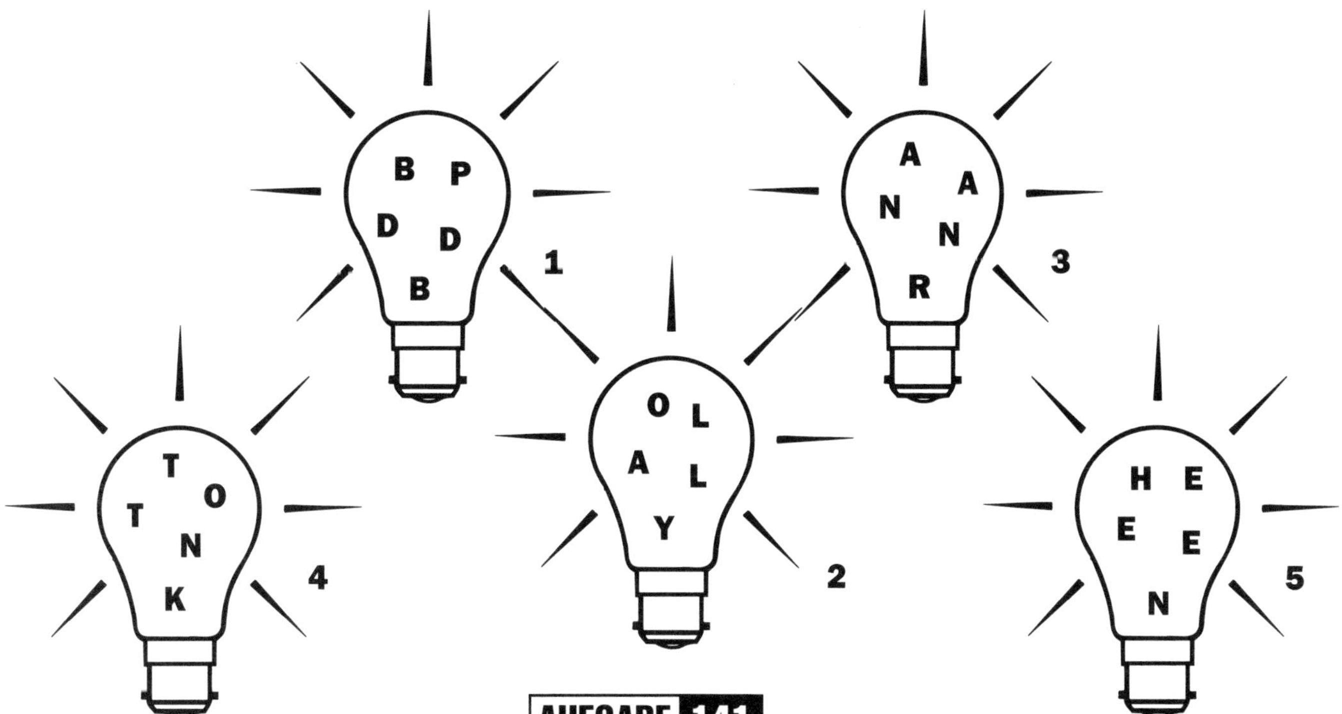

AUFGABE 141

Bilden Sie die Namen von fünf Dichtern mit jeweils einem Buchstaben aus den Glühbirnen, entnommen in numerischer Reihenfolge.

Lösung ***19***

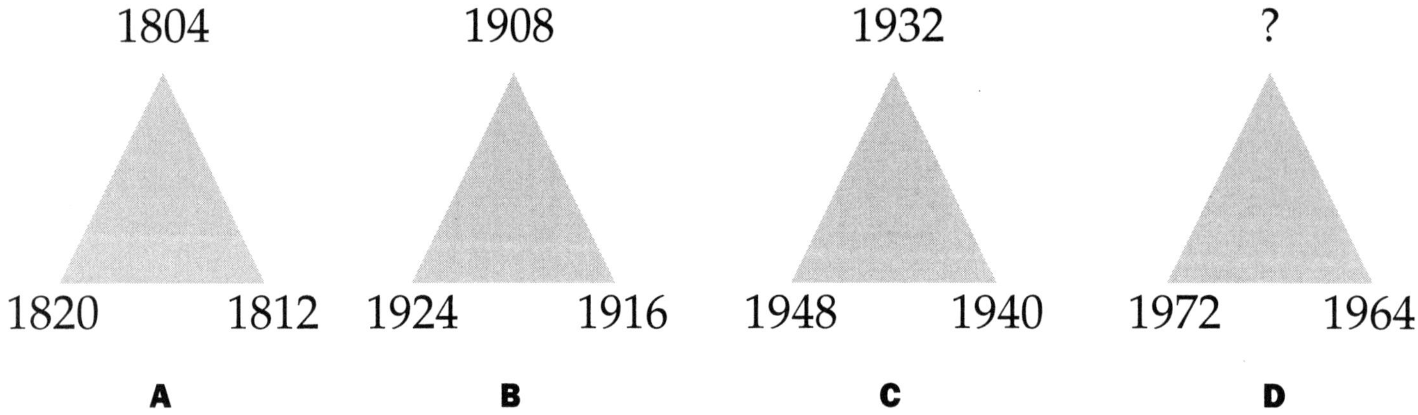

AUFGABE 142

Wenn Sie das Muster der Zahlenverteilung erkannt haben, finden Sie mühelos die fehlende Jahreszahl!

Lösung ***34***

3 4 6 8 9 12 15 16 ?

AUFGABE 143

Welche Zahl ist die nächste?

Lösung ***66***

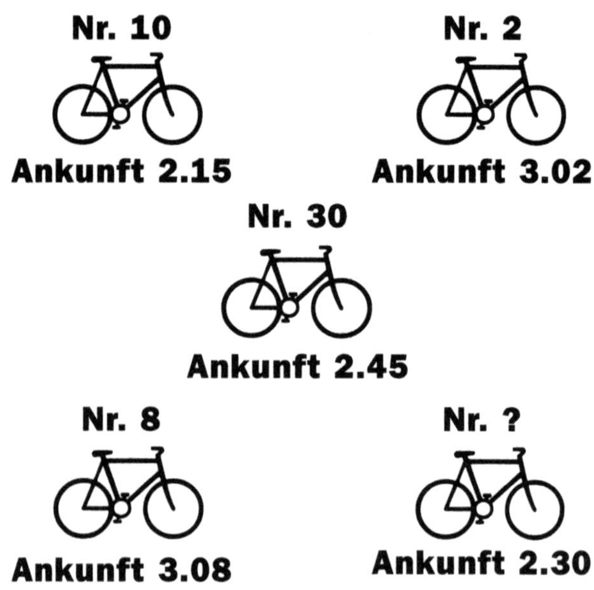

AUFGABE 144

Fünf Fahrer nehmen an einem Radrennen teil. Zwischen den Startnummern und den Ankunftszeiten besteht ein Zusammenhang. Welche Nummer hat der Fahrer, der um 2.30 Uhr ins Ziel kommt?

Lösung ***3***

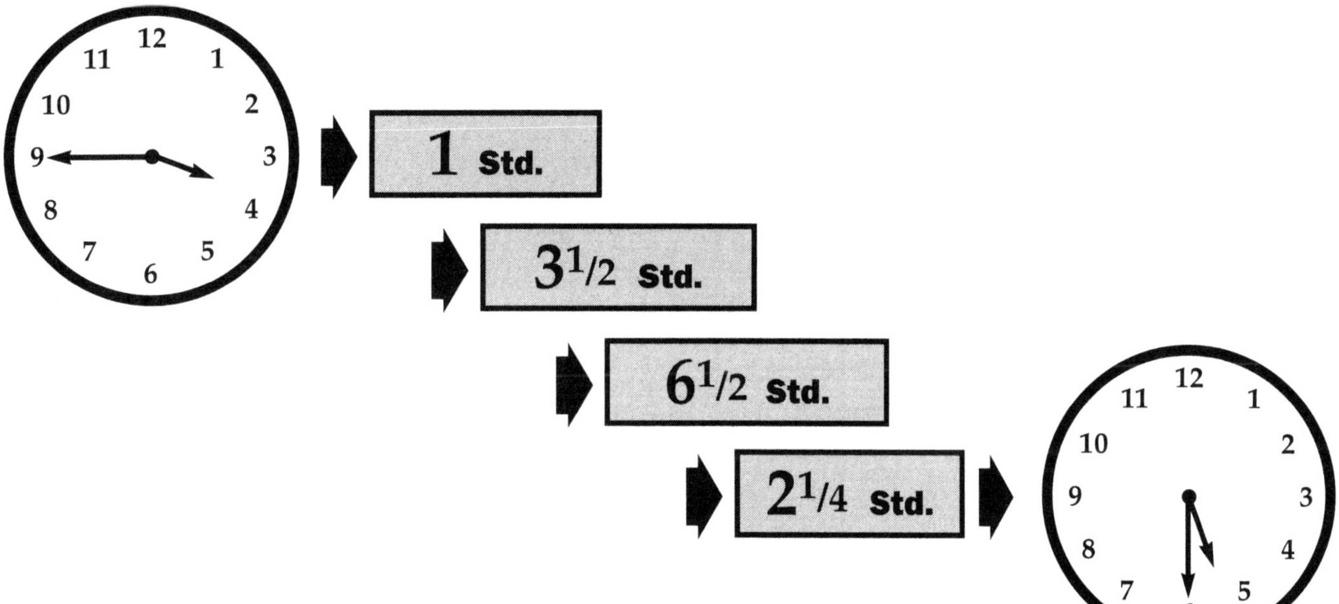

AUFGABE 145

Bei welchem Schritt muß man die Uhr um die angegebenen Zeiten zurück- und bei welchem vorstellen, um von der Ausgangs- zur Endzeit zu kommen?

Lösung ***162***

B	Z	W	U
E	Q	O	R
?	J	L	P
F	H	K	M

AUFGABE 146

Für welchen Buchstaben steht hier das Fragezeichen?

Lösung ***31***

AUFGABE 147

Die Stellungen der Zeiger auf diesen Uhren hängen irgendwie zusammen. Welche Zeit muß demzufolge Uhr 3 anzeigen?

Lösung ***5***

S	T	A	T	U	E	O	R	T	S	T	A	T	U	E	S
S	R	E	B	I	L	F	O	E	U	T	A	T	A	T	D
L	S	T	A	T	U	L	I	B	E	R	T	O	F	F	A
I	L	I	B	E	R	T	E	L	I	B	E	R	L	O	T
B	O	F	L	I	B	U	E	O	S	T	A	I	F	S	U
E	T	S	T	A	T	U	E	O	F	S	B	T	S	O	F
R	O	F	L	A	S	U	F	T	L	E	T	T	A	S	L
T	I	C	T	B	T	L	R	I	T	Y	A	S	T	T	I
Y	U	S	E	A	I	S	B	Y	T	T	A	T	U	A	B
E	L	I	T	B	B	E	E	S	T	A	T	U	E	T	E
R	T	S	E	Y	R	Y	T	R	E	B	L	F	O	U	R
S	T	R	A	T	U	S	O	F	L	I	B	E	R	T	Y
L	T	I	S	B	E	T	O	F	S	T	A	T	U	E	O
Y	T	A	T	U	E	A	F	O	T	R	E	B	I	L	F
E	B	I	L	F	O	T	S	T	A	T	U	E	O	E	L
R	T	S	T	A	T	U	T	S	F	O	T	R	E	B	I

AUFGABE 148

In diesem Buchstabengewirr ist einmal der Name STATUE OF LIBERTY versteckt, und zwar in gerader Linie mit nur einem Richtungswechsel.

Lösung ***98***

?	−	9	x	5
=				:
7				2
+				−
3	:	12	+	4

AUFGABE 149

Durch welche Zahl ist das Fragezeichen
in dieser Gleichung zu ersetzen?

Lösung ***138***

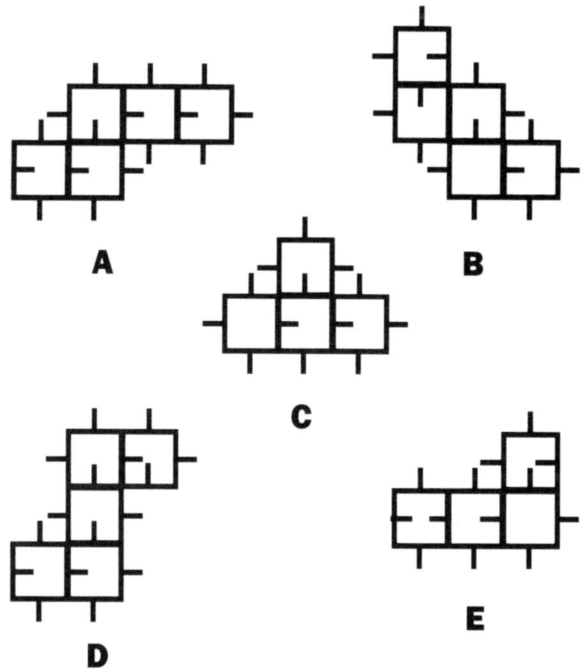

AUFGABE 150

Welche Figur paßt
nicht zu den anderen?

Lösung ***140***

A. Nr. 6 (873)

4372

B. Nr. 10 (?)

6356

C. Nr. 4 (1093)

5238

D. Nr. 14 (454)

3786

E. Nr. 3 (1262)

9870

AUFGABE 151

Jeder Traktor bearbeitet eine bestimmte Fläche (Hektarzahl in Klammern)
und erntet dabei die unter dem Fahrzeug angegebene Kilozahl Kartoffeln.
Zwischen den Nummern der Traktoren, der bearbeiteten Fläche und der Erntemenge
besteht ein Zusammenhang. Wie viele Hektar bearbeitete Traktor B?

Lösung ***39***

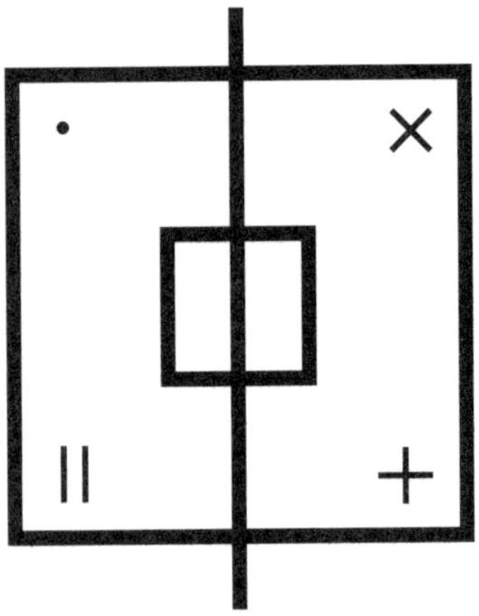 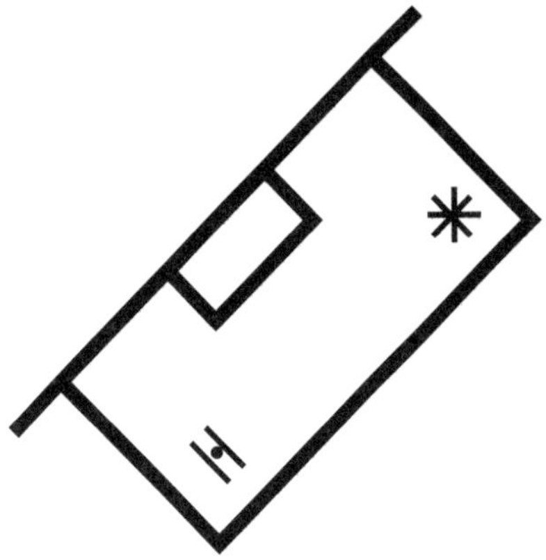 

A verhält sich zu B wie C zu

D

E

F

G

AUFGABE 152

Lösung ***6***

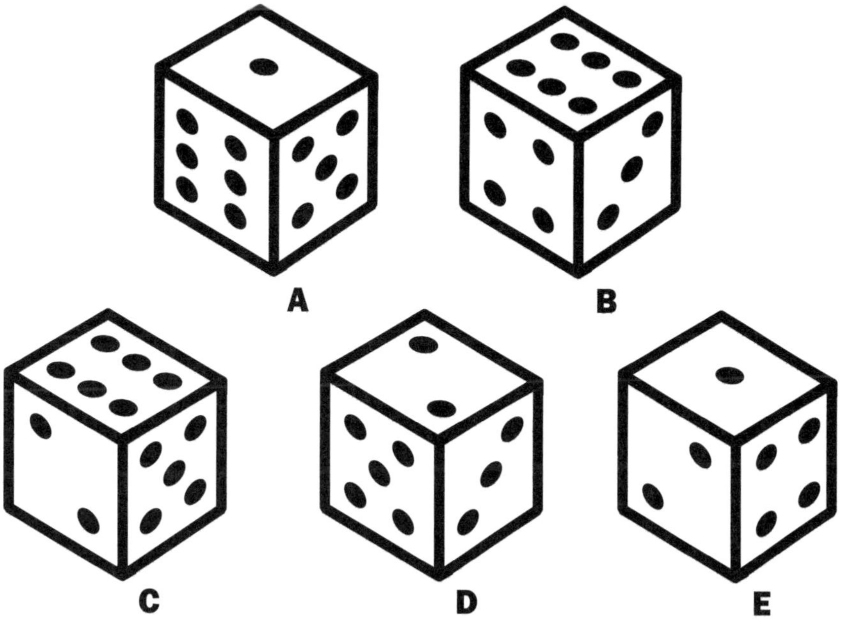

AUFGABE 153

Einer der Würfel stimmt nicht
mit den anderen überein.

Lösung ***2***

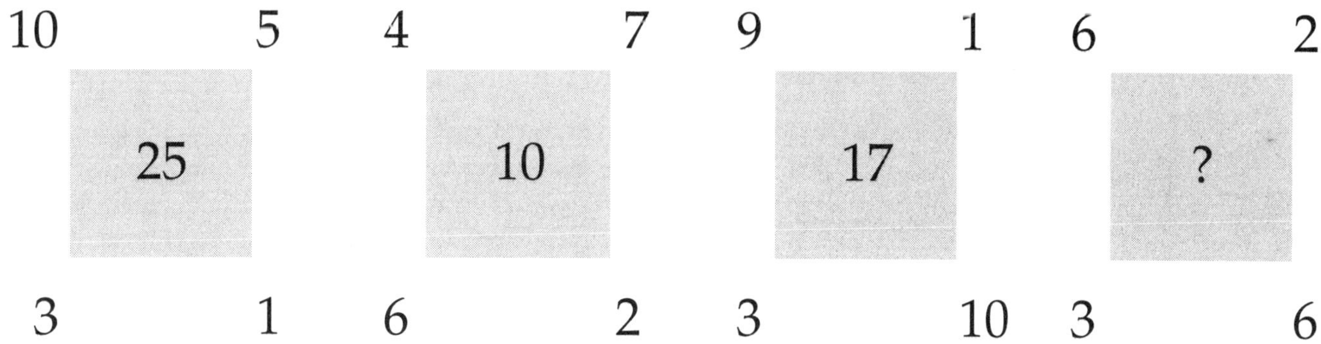

AUFGABE 154

Finden Sie die Systematik heraus, die diese
Quadrate verbindet, und damit die fehlende Zahl.

Lösung ***71***

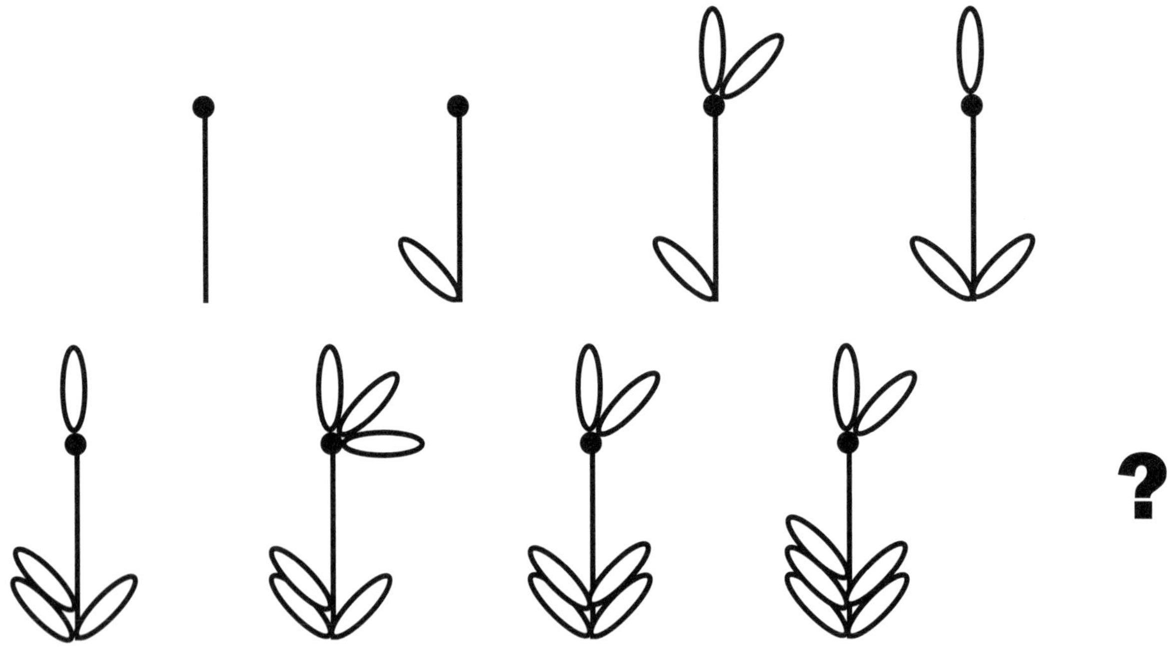

AUFGABE 155

Wie muß die nächste Blume in dieser Reihe aussehen?

*Lösung **95***

1536	48	96	3
384	192	24	12
768	96	48	6
192	?	12	24

AUFGABE 156

Durch welche Zahl wird das Raster komplett?

*Lösung **10***

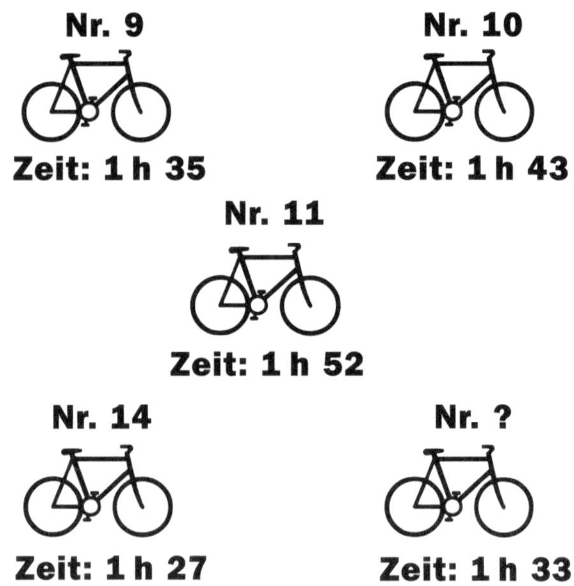

AUFGABE 157

Fünf Radfahrer sind gegeneinander angetreten. Ihre Startnummer und Zeit stehen jeweils in Beziehung zueinander. Welche Startnummer hat der letzte Teilnehmer?

*Lösung **38***

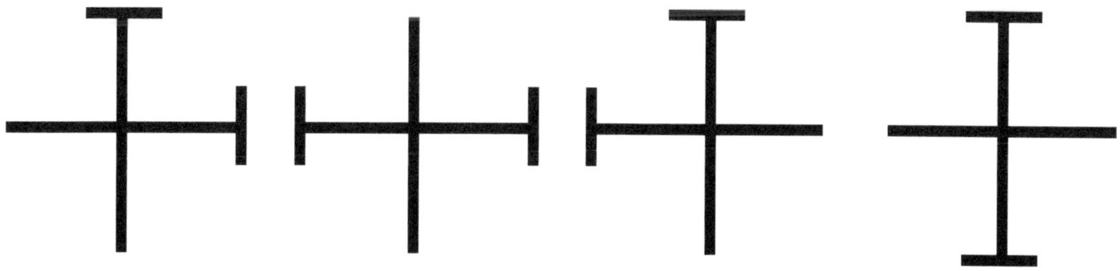

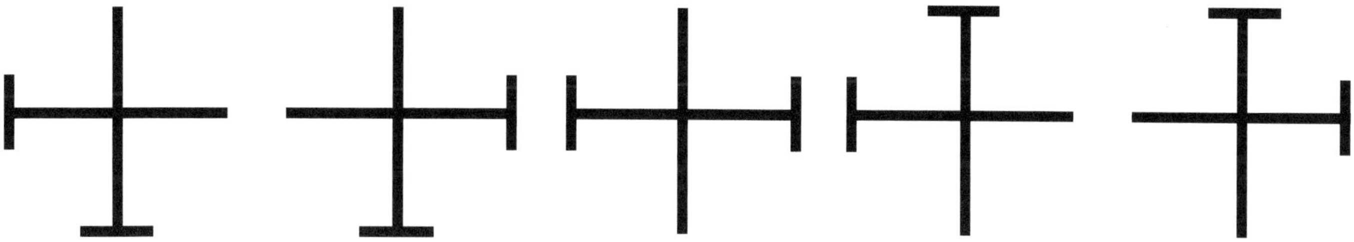

A B C D E

AUFGABE 158

Welche der Figuren A bis E
setzt die obere Reihe logisch fort?

Lösung ***134***

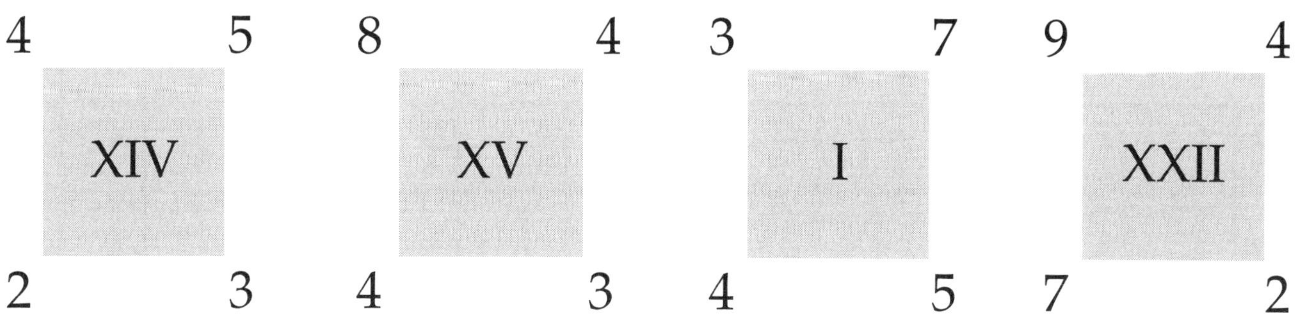

A B C D

AUFGABE 159

Eines der Quadrate
paßt nicht zu den anderen.

Lösung ***74***

S	E	R	E	P	E	N	S	T	I	N	E	R	E	S	E
E	E	S	E	N	R	P	E	N	S	E	R	P	E	N	T
R	S	R	S	E	I	S	R	T	E	R	P	E	N	T	I
P	E	P	P	S	E	T	P	I	N	E	N	E	S	S	S
E	R	E	S	N	T	N	N	N	E	R	I	N	N	N	E
N	P	N	E	R	T	E	T	E	P	N	S	E	E	I	R
T	E	T	R	P	S	I	I	T	P	T	P	T	R	T	P
N	N	I	P	E	E	N	N	T	R	R	S	E	P	N	E
E	T	N	E	N	T	E	E	E	E	S	E	T	E	E	N
I	N	E	N	T	R	S	E	S	R	E	T	S	N	P	T
S	E	R	T	P	E	N	T	I	N	E	T	S	T	R	I
S	E	R	N	P	E	N	T	I	N	E	E	N	I	E	T
E	S	R	E	I	S	E	R	P	E	N	T	I	N	S	E
S	E	T	E	N	N	I	T	N	E	P	R	E	S	T	E
R	S	E	N	E	I	T	N	I	P	R	E	S	E	S	T
S	E	R	P	E	N	S	N	I	T	N	E	P	R	E	S

AUFGABE 160

Hier wimmelt es nur so von Serpentinen. Doch nur einmal steht SERPENTINE in voller Länge und einer Linie da. Vorwärts, rückwärts, waagerecht, senkrecht oder diagonal? Finden Sie es heraus!

Lösung ***59***

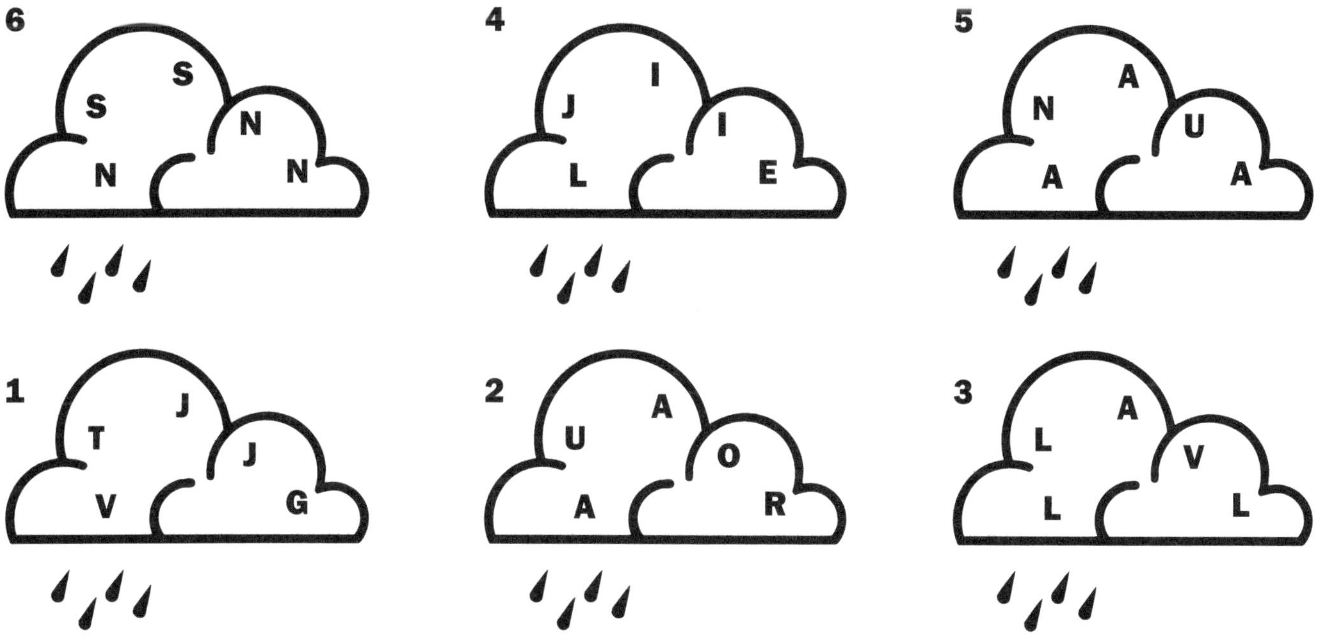

AUFGABE 161

Entnehmen Sie jeder Wolke der numerischen Reihenfolge nach einen Buchstaben, und bilden Sie daraus die Namen fünf römischer Herrscher.

Lösung ***63***

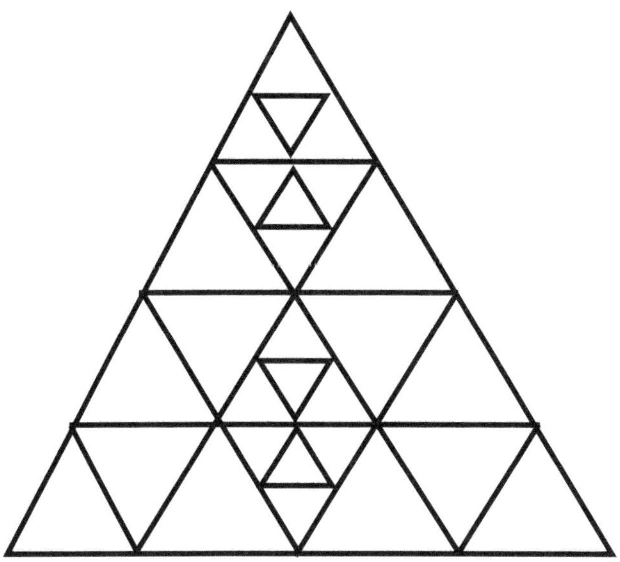

AUFGABE 162

Wie viele Dreiecke sind bei diesem Diagramm insgesamt zu sehen?

Lösung ***99***

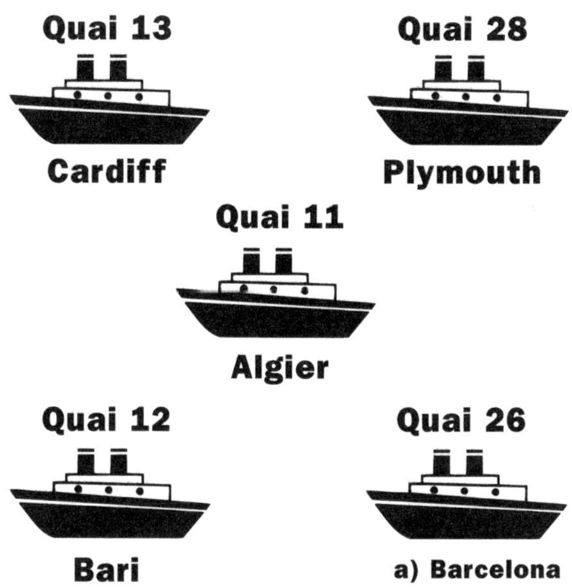

a) Barcelona
b) Marseille
c) Athen
d) Lissabon

AUFGABE 163

Quainummer und Zielhafen der Schiffe sind logisch miteinander verknüpft. Wohin fährt das Schiff an Quai 26?

Lösung ***4***

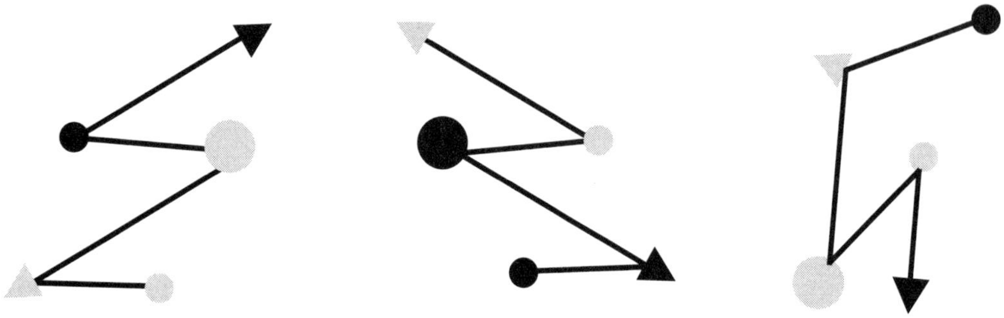

A verhält sich zu B wie C zu

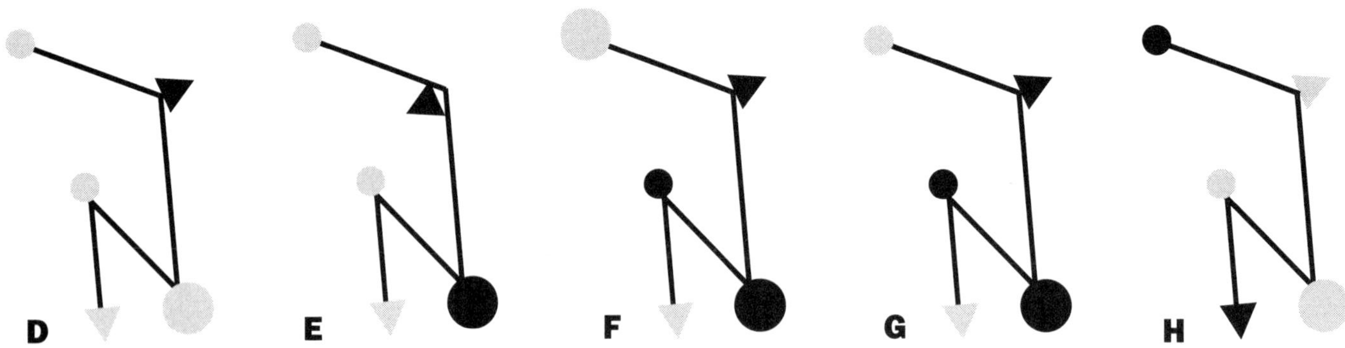

AUFGABE 164

Lösung ***112***

16	10	20	14
8	140	134	28
14	70	268	22
7	?	38	44

AUFGABE 165

Welche Zahl ersetzt
hier das Fragezeichen?

Lösung ***27***

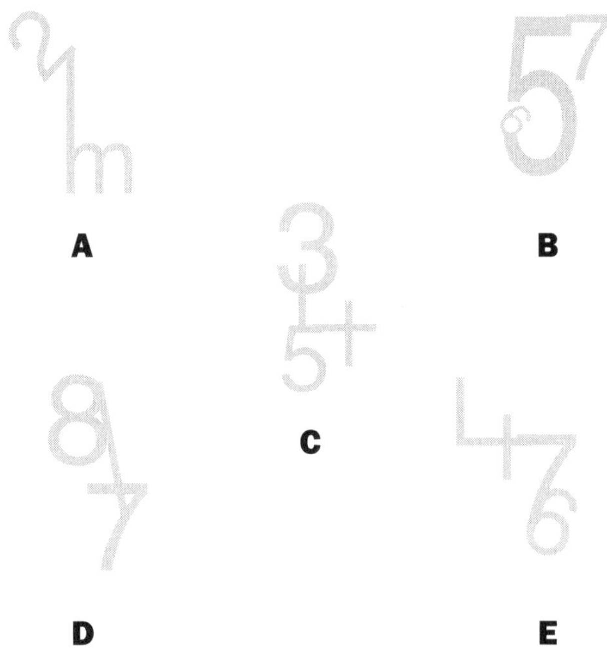

AUFGABE 166

Eine Figur gehört nicht hierher.

Lösung ***132***

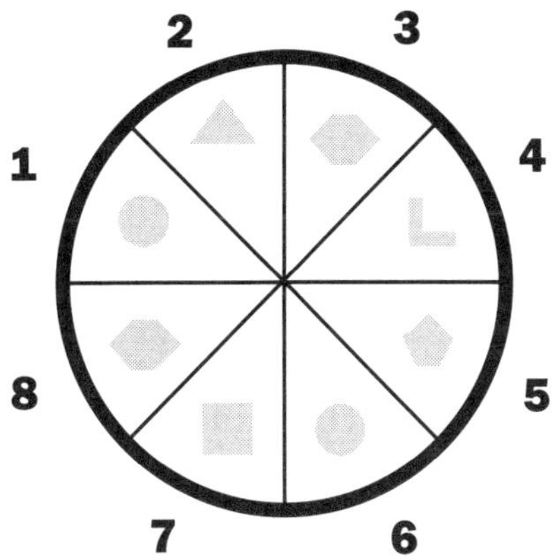

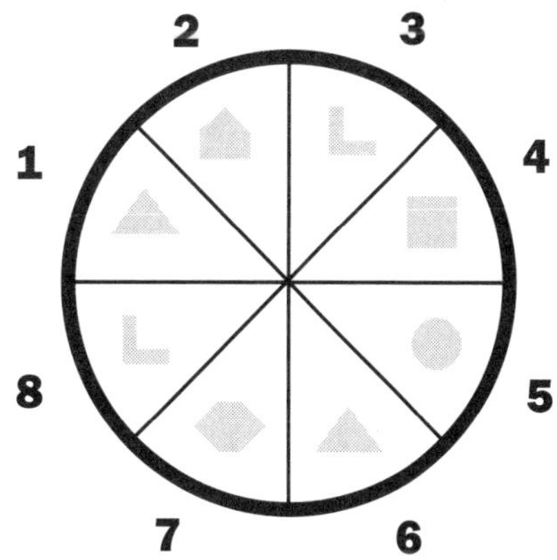

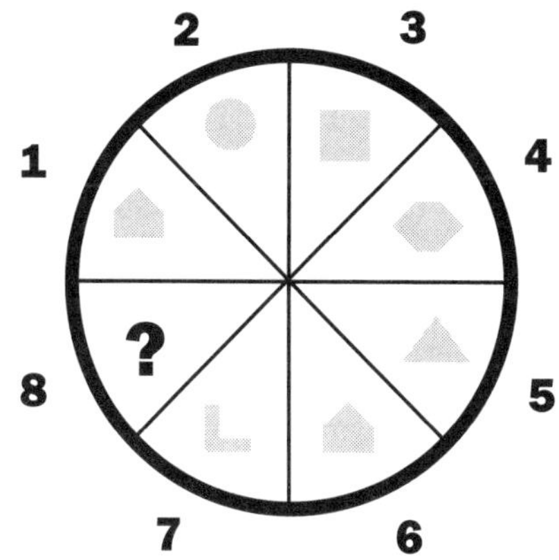

AUFGABE 167

Durch welche Form ist das Fragezeichen
im letzten Kreis zu ersetzen?

Lösung ***8***

A

Augsburg
Düsseldorf
Gütersloh

B

Magdeburg
Potsdam
Stettin

C

Prag
Salzburg
Villach

D

Bebra
Erfurt
Halle

E

Celle
– ? –
Ingolstadt

a) Berlin
b) Frankfurt
c) Bern
d) Hanau

AUFGABE 168

Die Züge halten jeweils in drei Städten.
Wo macht der letzte Zug seinen Zwischenstopp?

Lösung ***37***

+	+	−	−	−	:	:	X	X	X	+	+	−	−	−	:
X	+	+	−	−	−	:	:	X	X	X	+	+	−	−	:
X	+	−	−	−	:	:	X	X	X	+	+	−	−	−	X
X	+	:	:	X	X	X	+	+	−	−	−	:	−	:	X
:	X	−	+	−	−	−	:	:	X	X	X	:	:	:	X
:	X	−	+	X	+	+	−	−	−	:	+	X	:	X	+
−	X	−	X	X	X	+	+	−	−	:	+	X	X	X	+
−	:	+	X	X	X	+	−	−	−	X	−	X	X	X	−
−	:	+	X	:				−	:	X	−	+	X	+	−
+	−	X	:	:				X	:	X	−	+	+	+	−
+	−	X	:	−				−	+	+	:	−	+	−	:
X	−	X	−	−	−	+	+	X	X	X	:	−	−	−	:
X	+	:	−	−	+	+	X	X	X	:	:	−	−	−	X
X	+	:	−	−	−	+	+	X	X	X	:	:	−	:	X
:	X	X	X	:	:	−	−	−	+	+	X	X	X	:	X
:	−	−	−	+	+	X	X	X	:	:	−	−	−	+	+

AUFGABE 169

Dem Raster liegt ein bestimmtes Schema zugrunde. Füllen Sie die leeren Kästchen entsprechend mit Rechenzeichen aus!

Lösung ***70***

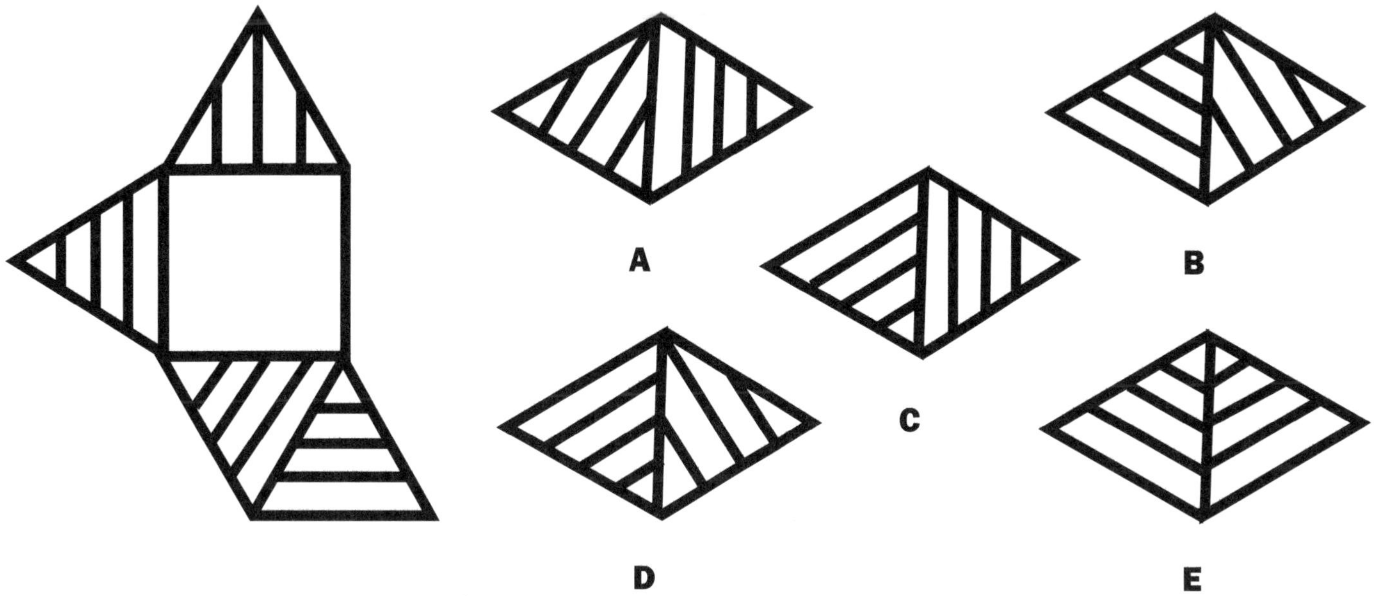

AUFGABE 170

Welche beiden Pyramiden stimmen nicht mit dem aufgeklappten Modell überein?

Lösung ***168***

6		8	9		4	6		2	9		6
	86			38			64			?	
6		4	7		5	5		8	1		8

AUFGABE 171

Finden Sie das Gesetz der Zahlenverteilung heraus, und ersetzen Sie das Fragezeichen durch die richtige Zahl.

Lösung ***72***

 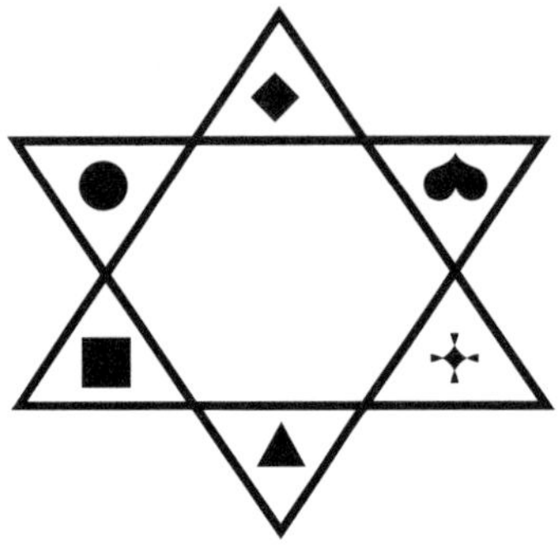 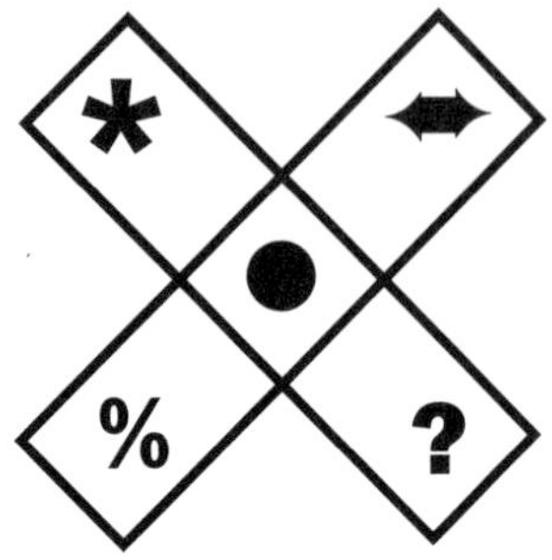

A verhält sich zu B wie C zu

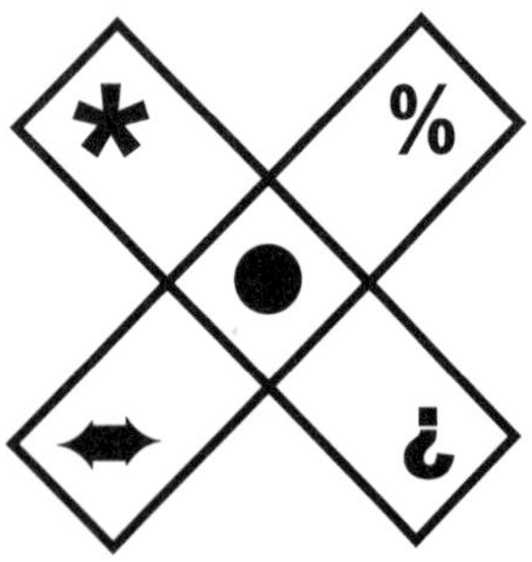

D

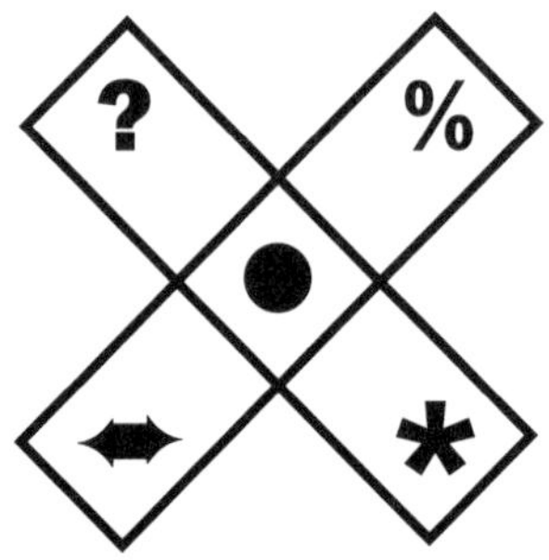

E

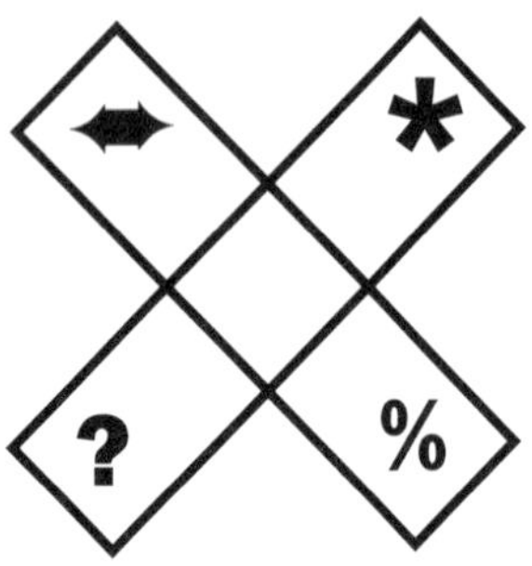

F

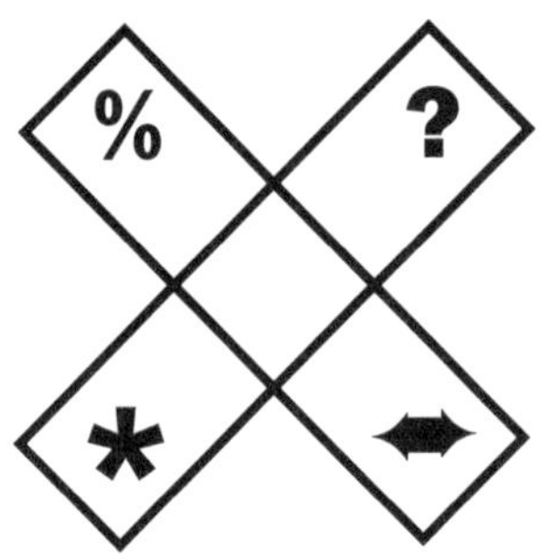

G

AUFGABE 172

Lösung ***83***

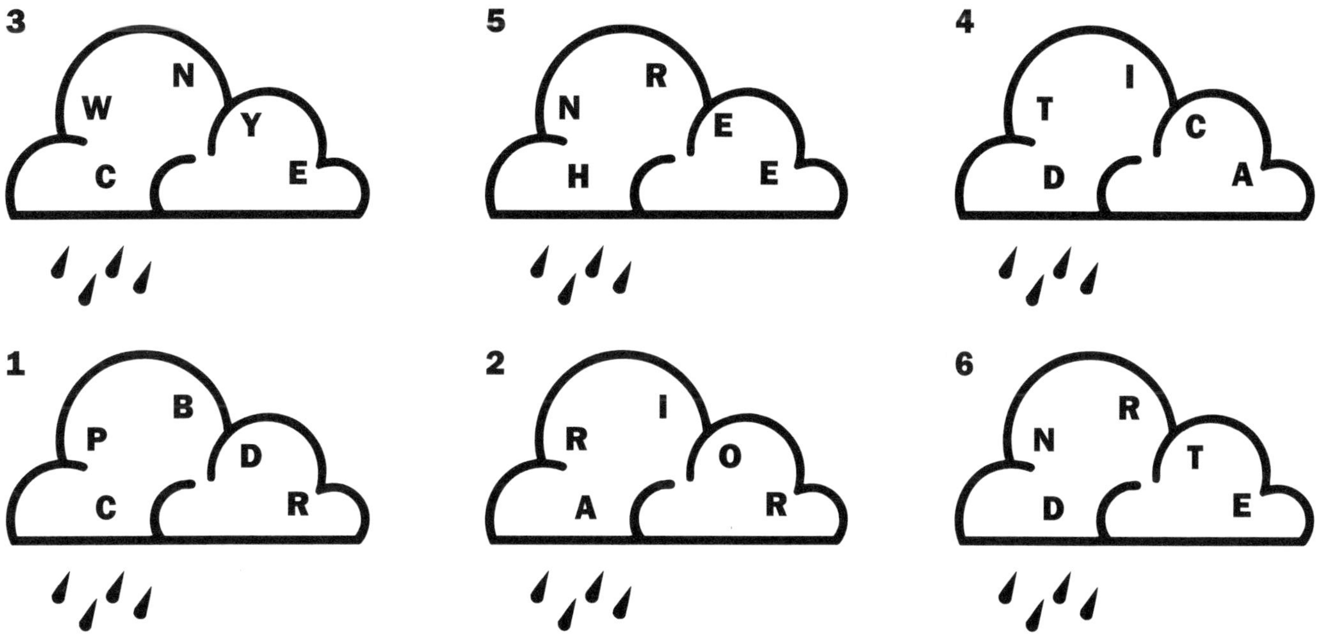

AUFGABE 173

Gesucht sind fünf Schriftsteller. Nehmen Sie dafür aus jeder Wolke in numerischer Reihenfolge einen Buchstaben.

Lösung ***25***

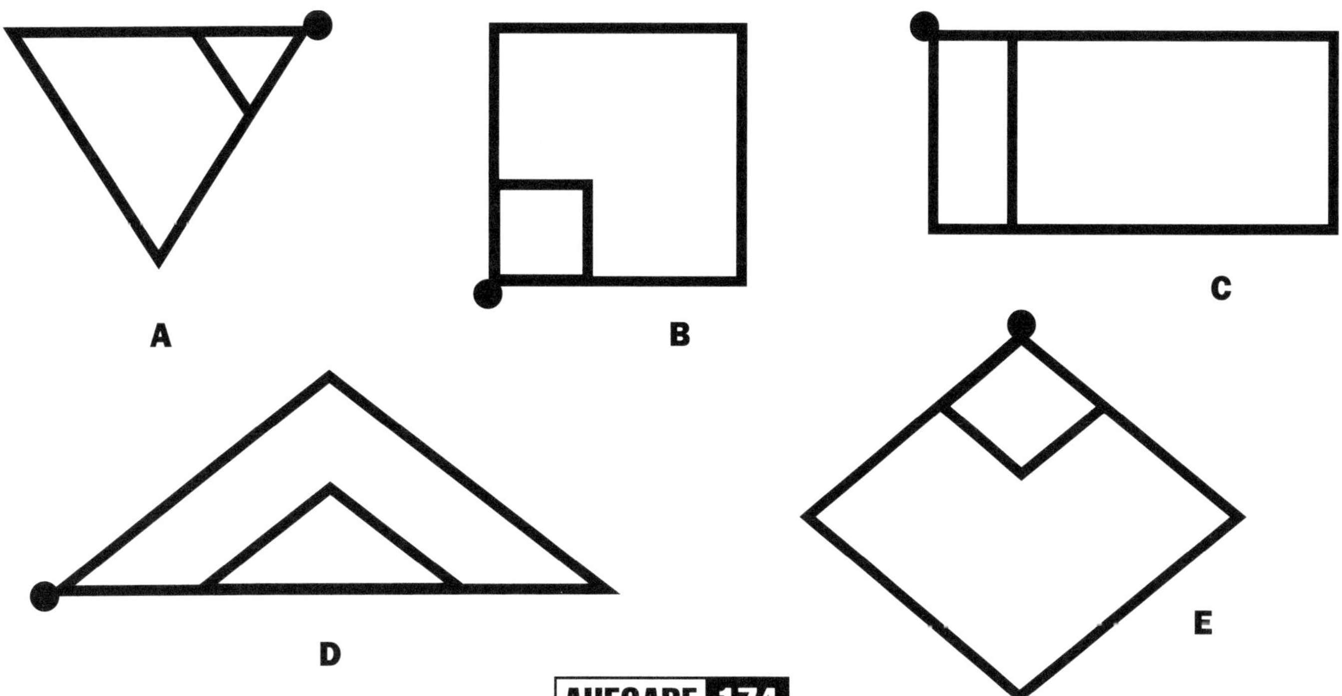

AUFGABE 174

Eine Figur paßt nicht zu den anderen.

Lösung ***133***

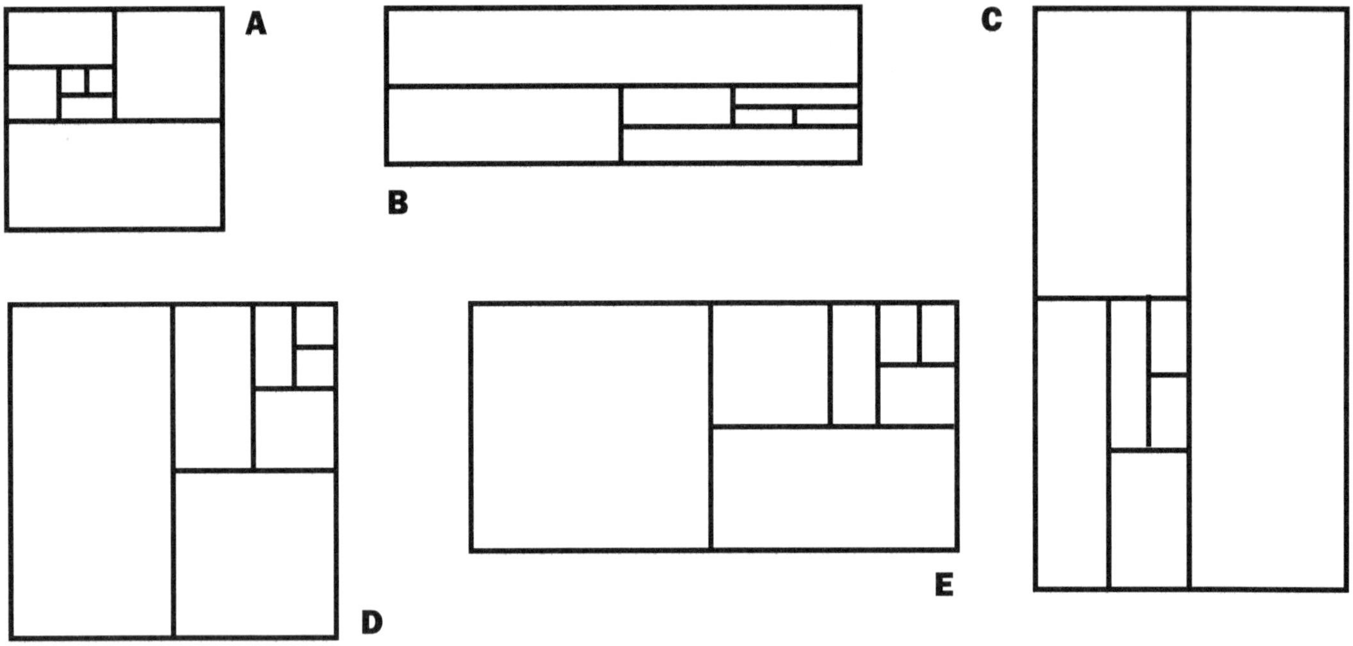

AUFGABE 175

Welche Figur paßt nicht zu den übrigen?

Lösung ***107***

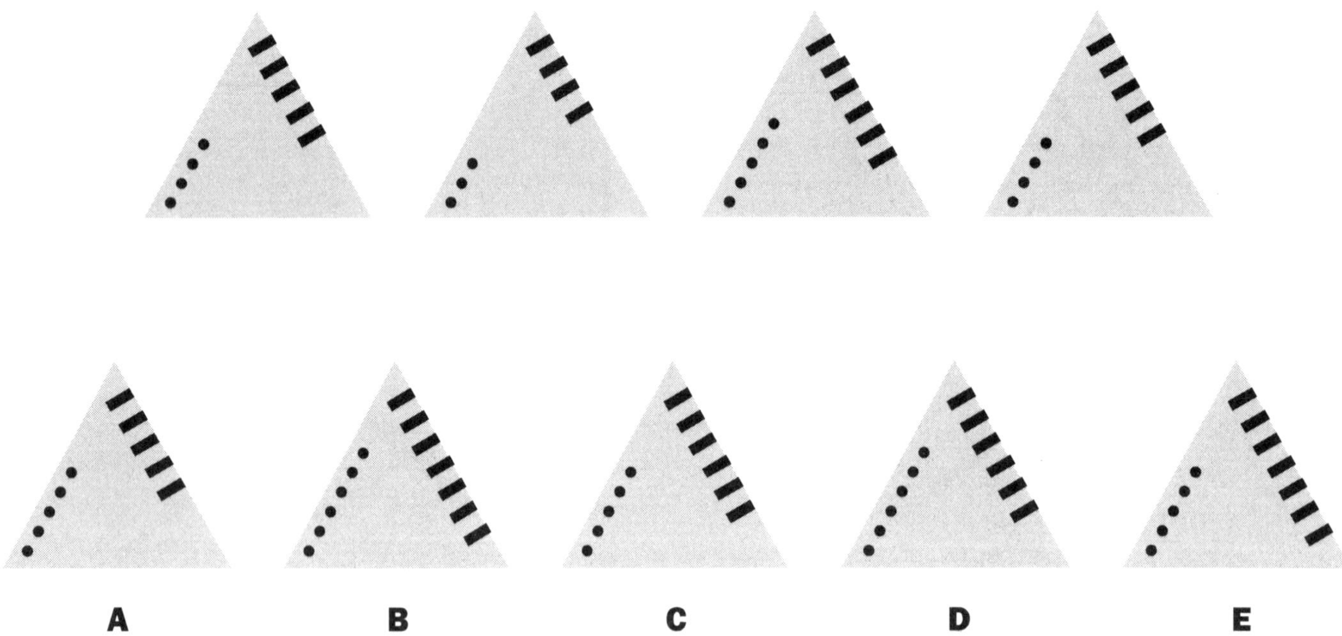

AUFGABE 176

Mit welcher der Figuren A bis E
wird die obere Reihe fortgesetzt?

Lösung ***126***

AUFGABE 177

Wie muß die nächste Form in dieser Reihe aussehen?

Lösung ***44***

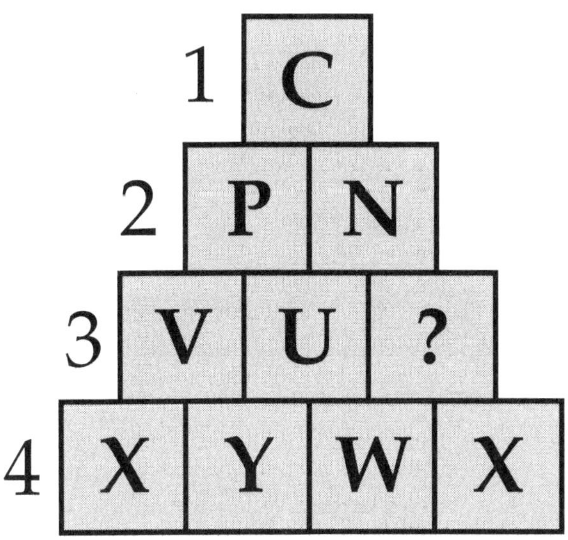

AUFGABE 178

Durch welchen Buchstaben
wird das Schema komplettiert?

Lösung ***14***

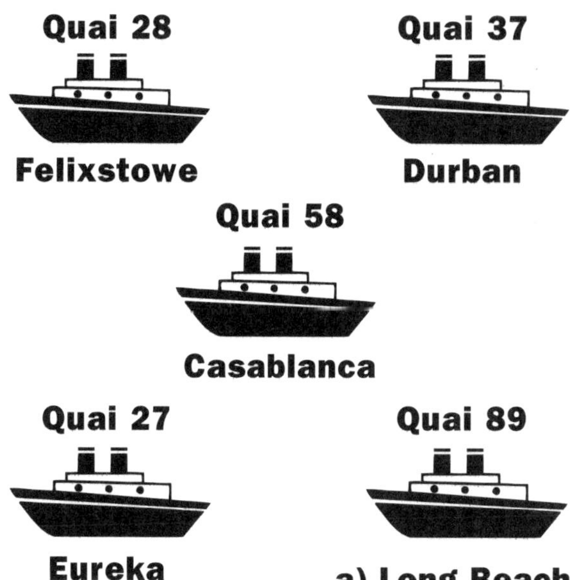

a) Long Beach
b) East London
c) Alexander Bay
d) Lagos

AUFGABE 179

Wohin fährt der Dampfer von Quai 89?

Lösung ***24***

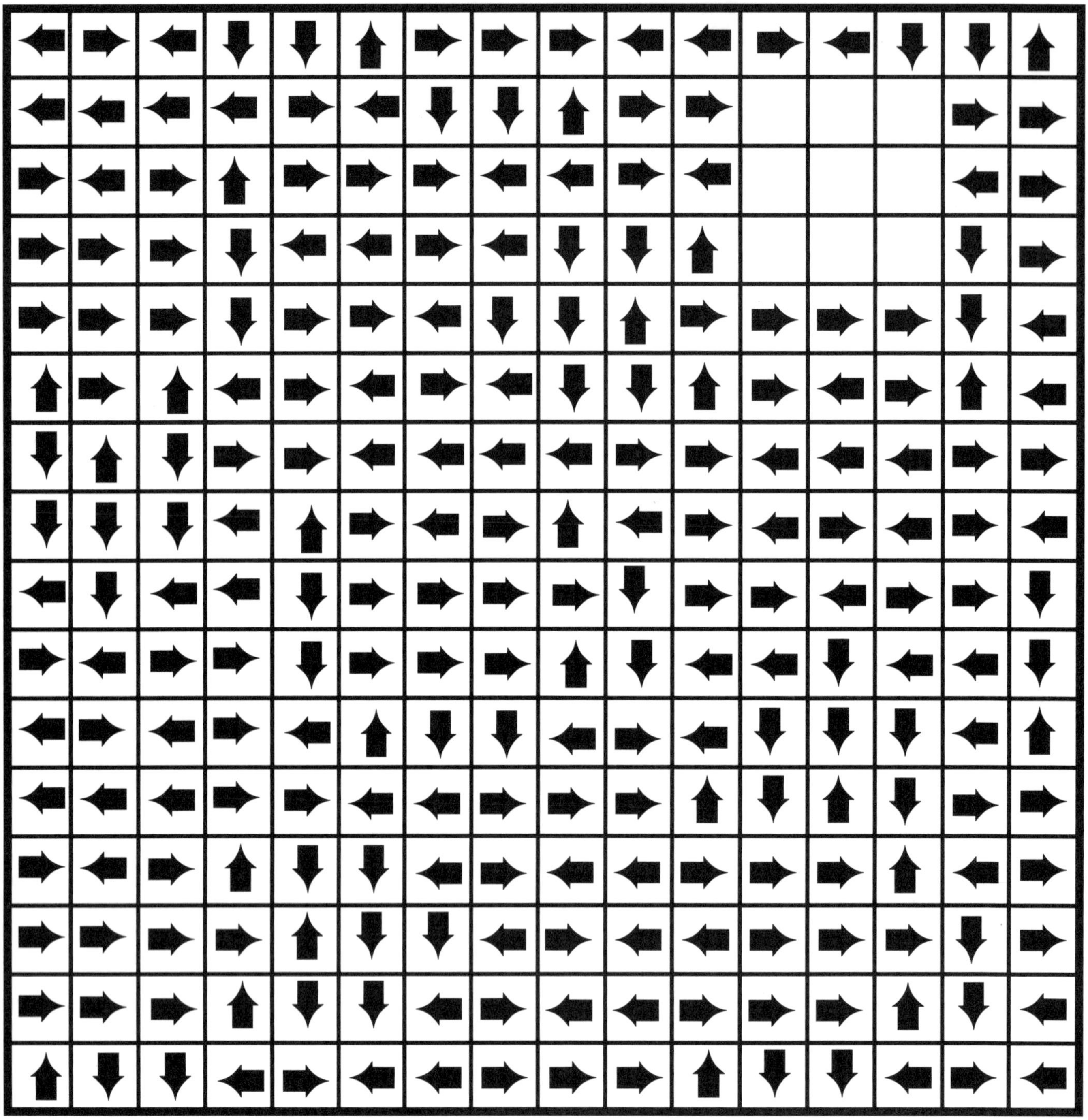

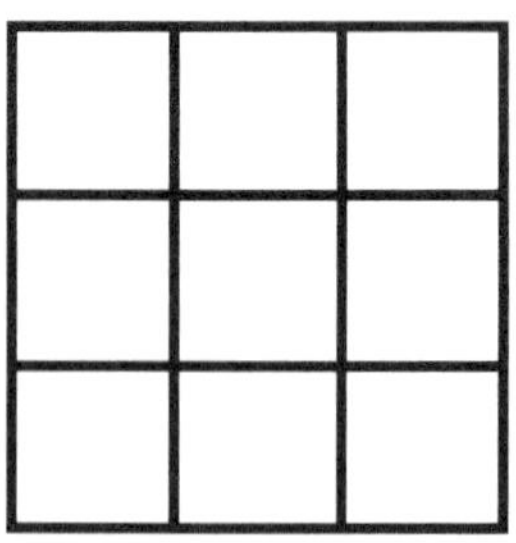

AUFGABE 180

Wenn Sie die Systematik erkannt haben, können Sie die Pfeilsymbole in den leeren Kästchen mühelos ergänzen.

Lösung ***12***

11 13 17 25 32 37 47 ?

AUFGABE 181

Welche Zahl folgt als nächste?

Lösung ***82***

AUFGABE 182

Wo liegt das schwarze Feld im letzten Quadrat?

Lösung ***129***

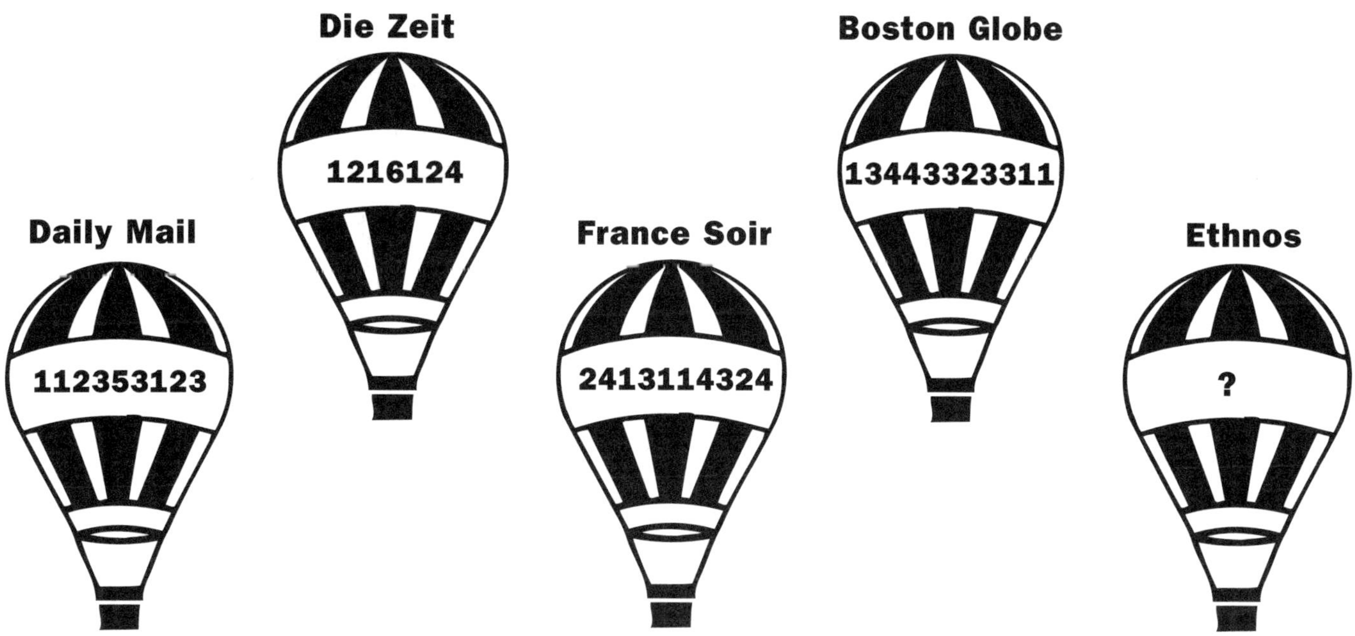

AUFGABE 183

Alle Ballons werden von großen Zeitungen gesponsert.
Ihre Registriernummern stehen mit deren Namen in Zusammenhang.
Wie lautet die Nummer des *Ethnos*-Ballons?

Lösung ***17***

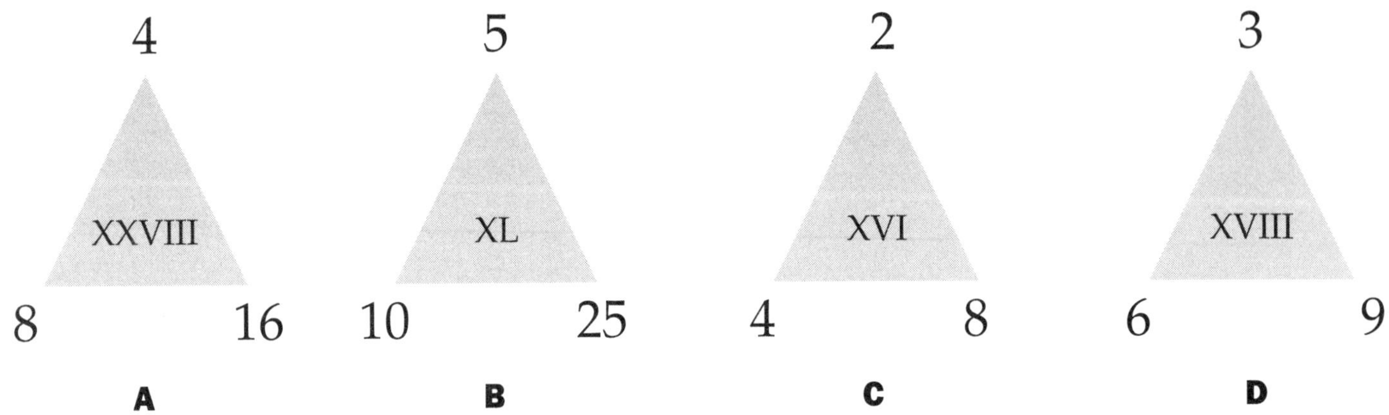

AUFGABE 184

Eines der Dreiecke gehorcht nicht
der hier herrschenden Logik.

*Lösung **73***

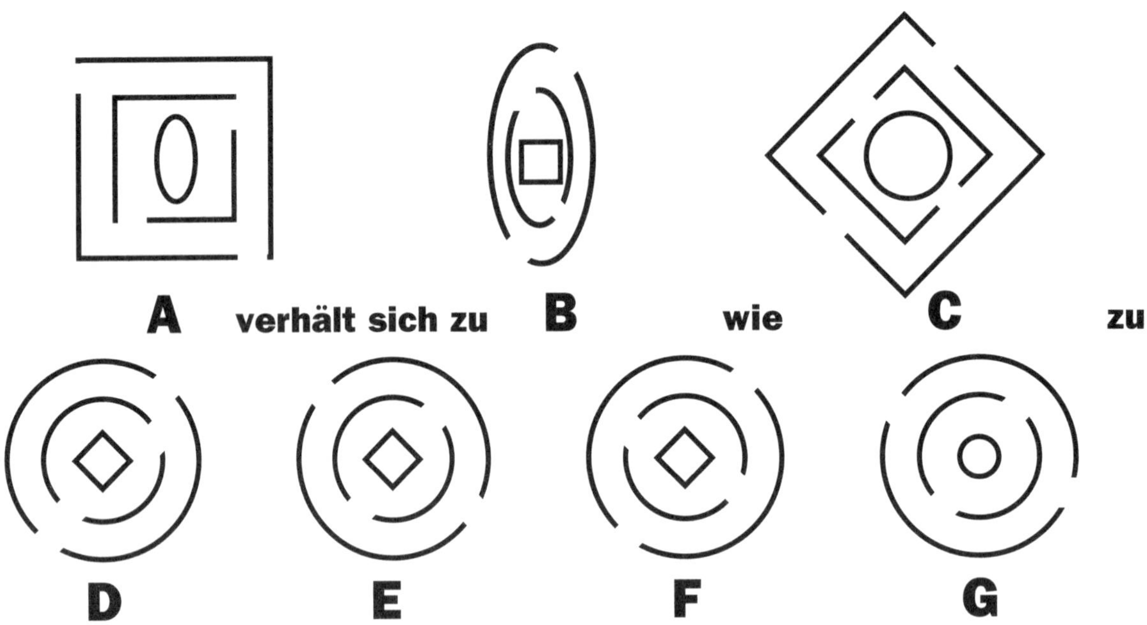

AUFGABE 185

*Lösung **89***

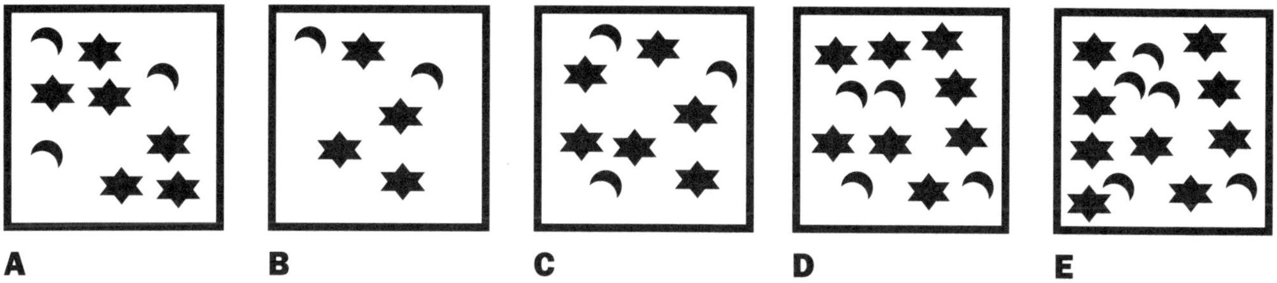

AUFGABE 186

Welches Quadrat bricht die Regel,
die alle anderen befolgen?

Lösung ***127***

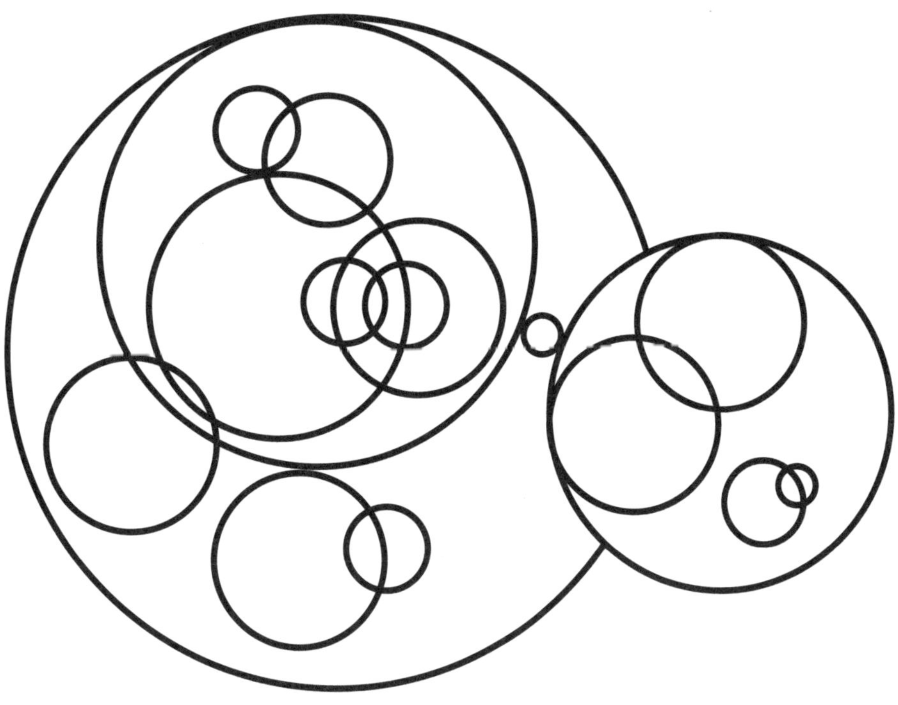

AUFGABE 187

Wie viele Kreise sind hier insgesamt abgebildet?

Lösung ***76***

Lösung 1
C. Dickens. Das Alphabet wird rückläufig durchnumeriert (Z = 1, A = 26).

Lösung 2
C.

Lösung 3
20. Sie erhalten die Startnummer, indem Sie Stunden und Minuten multiplizieren und das Ergebnis durch 3 dividieren, um die Nummer der Fahrers zu erhalten.

Lösung 4
d. Die Ziffern der Quainummer werden multipliziert. Das Ergebnis verweist auf den Buchstaben, der diese Position im Alphabet innehat und zugleich den Anfangsbuchstaben der Stadt bildet.

Lösung 5
9.05 Uhr. Der Minutenzeiger bewegt sich von Uhr zu Uhr um 25 Minuten vorwärts, der Stundenzeiger um 5 Stunden zurück.

Lösung 6
E. Die obere Hälfte wird über die untere geklappt und die Form um 45° gegen den Uhrzeigersinn gedreht.

Lösung 7
Carmen, Fidelio, La Traviata, Lohengrin, Boris Godunow und – als sechster Titel – Don Giovanni.

Lösung 8

Die Symbole folgen entsprechend der Zahl ihrer Seiten aufeinander: Kreis 1, Winkel 2, Dreieck 3, Viereck 4, Fünfeck 5, Sechseck 6. Es beginnt in Segment 1 des ersten Kreises und verläuft im Uhrzeigersinn. Dabei werden abwechselnd 1 und 2 Symbole ausgelassen. Nach Segment 8 setzt sich die Reihe in Segment 1 des zweiten Kreises fort.

Lösung 9

Die kleinen Formen der Quadrate 1 oben und 2 unten sowie die von 3 oben und 4 unten hängen zusammen: Sie verändern sich von viertel, über halb und dreiviertel gefüllt bis zur ganzen Füllung, wobei Quadrate und Kreise von Schritt zu Schritt abwechseln. Die übrigen Formen korrespondieren ebenso, aber durch Wiederholung, nämlich 1 unten = 3 unten und 2 oben = 4 oben; d. h., am Platz des Fragezeichens bei 3 unten rechts ist dieselbe Form wie bei 1 unten rechts: ein zu drei Vierteln gefüllter Kreis.

Lösung 10
384. Das Schema beginnt oben rechts und verläuft abwechselnd ab- und aufsteigend. Die Zahlen werden zuerst mit 4 multipliziert, dann durch 2 dividiert usw.

Lösung 11
D. Dieses Pferd unterbricht die alphabetische Reihenfolge.

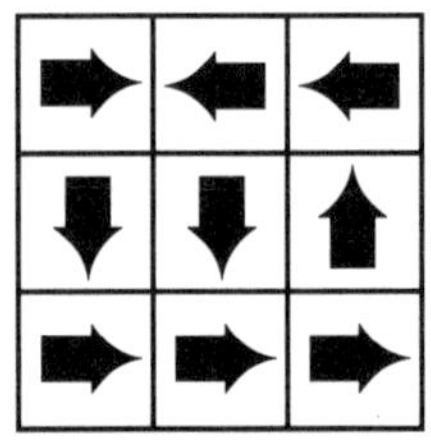

Lösung 12
Die Zeichenfolge:
← ← → → → ↑ ↓ ↓ ← →
Sie beginnt links oben und verläuft spiralförmig gegen den Uhrzeigersinn.

Lösung 13
18. Man multipliziert die beiden äußeren Zahlen eines Segments, stellt die Ziffern des Ergebnisses um und diese Zahl dann in die Spitze des nächsten Segments.

Lösung 14
T. Den Buchstaben werden Werte zugeordnet, indem das Alphabet rückläufig durchnumeriert wird. Zwei nebeneinanderliegende Buchstaben ergeben addiert immer den Wert des in der Mitte darüberliegenden Buchstabens.

Lösung 15
2. Die Startnummer ergibt sich aus der Gewichtsangabe, indem man hierbei die erste von der zweiten Ziffer subtrahiert.

Lösung 16
3.13 Uhr. Startzeit minus Einlaufzeit von A = Einlaufzeit von B; Startzeit minus Einlaufzeit von B = Einlaufzeit von C usw.

Lösung 17
142334. Die Nummern basieren auf einem Zahlencode: A–E = 1, F–J = 2, K–O = 3, P–T = 4, U–Y = 5 und Z = 6.

Lösung 18
Denver, Buffalo, Memphis, Boston, Seattle, Miami. Die sechste Stadt ist Philadelphia.

Lösung 19
Blake, Byron, Dante, Donne, Plath.

Lösung 20
G. Es ist eine Tempoangabe, alles andere sind Namen von Tänzen.

Lösung 21
Ratatouille. Es ist das einzige vegetarische Gericht.

Lösung 22
Die Abfolge sieht so aus:

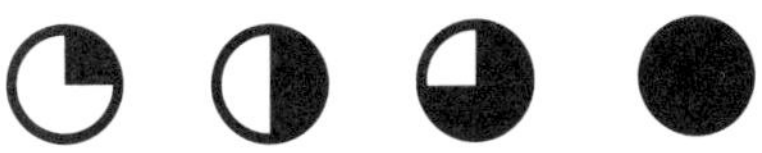

Die kleinen Kreise werden, beginnend mit einem Viertel, über halb und dreiviertel bis zur ganzen Füllung immer voller. Um dies zu erreichen, muß man von Rad zu Rad weitergehen und jeweils das gleiche Segment betrachten, also Segment 1 in den Rädern 1 bis 3, anschließend Segment 2 in den Rädern 1 bis 3 usw.

Lösung 23
48. In jedem Quadratviertel werden die beiden oberen Zahlen multipliziert. Vom Ergebnis, das im rechten unteren Feld steht, subtrahiert man die Zahl rechts oben und findet das Ergebnis im Feld links unten.

Lösung 24
c. Die erste Ziffer der Quainummer wird von der zweiten subtrahiert. Das Ergebnis verweist auf den Buchstaben, der an dieser Stelle im Alphabet steht und den Anfang des Hafennamens bildet.

Lösung 25
Brecht, Coward, Dryden, Pinter, Racine.

Lösung 26
21. Δ = 12, ∗ = 9, ♥ = 3, % = 5, @ = 7.

Lösung 27
76. Die Zahlenfolge verläuft von links unten an spiralförmig im Uhrzeigersinn. Abwechselnd die Zahlen mit 2 multiplizieren und 6 subtrahieren.

Lösung 28
Bacon, Bosch, Klimt, Manet, Monet.

Lösung 29
Der durchkreuzte Punkt (wie oben in A, links in B und rechts in D) ersetzt das Fragezeichen.

Lösung 30
Camus, Defoe, Dumas, Verne, Wells.

Lösung 31
G. Unten links beginnend, sind spiralförmig gegen den Uhrzeigersinn die Buchstaben in ihrer Reihenfolge genannt. Abwechselnd 1 und 2 auslassen und nach Z wieder von vorn mit A beginnen.

Lösung 32
92. Multiplizieren Sie die diagonal gegenüberliegenden Zahlen eines Quadrats, und addieren Sie die Ergebnisse. Das Ergebnis steht im übernächsten Quadrat.

Lösung 33
44. An jedem Rad steigen die Zahlenwerte, oben beginnend, im Uhrzeigersinn und immer eine Speiche überspringend (nur nach dem vierten Schritt zwei Speichen) an. Dabei werden im ersten Rad von einer Zahl zur anderen jeweils 2, im zweiten 3 und im dritten 4 addiert.

Lösung 34
1956. Die Zahlen sind, oben beginnend, im Uhrzeigersinn um die Dreiecke angeordnet und stehen für Schaltjahre, wobei jeweils eines übersprungen wird. Jedes Dreieck steht für sich.

Lösung 35
Tiramisu. Es ist das einzige Dessert. Alles andere sind Hauptspeisen.

Lösung 36
Die Anzahl der Segmente in Spalte 2 entspricht der von Spalte 1 und Spalte 3 zusammen.

Lösung 37
b) Frankfurt. Bei den Anfangsbuchstaben der Ortsnamen werden in der alphabetischen Reihenfolge immer zwei Buchstaben übersprungen.

Lösung 43

A	R	C	D	E	T	R	I	O	M	P	A	R	C	D	E
R	R	R	T	E	D	C	R	A	H	P	M	O	I	R	T
C	D	C	T	R	I	O	M	P	H	E	H	P	M	O	I
D	E	T	D	E	T	R	I	O	M	A	R	C	D	E	A
H	P	M	O	I	R	T	E	D	P	M	O	I	R	T	R
A	R	C	D	E	T	R	I	E	O	M	P	H	E	A	R
C	R	A	E	H	P	M	T	E	D	I	R	T	E	D	C
D	E	T	R	I	O	R	M	P	H	C	E	A	R	C	D
C	D	T	R	I	I	O	M	P	H	E	R	M	I	I	E
R	A	E	H	O	P	M	O	I	R	T	P	A	R	R	T
O	M	P	M	H	E	A	R	I	D	E	H	O	T	T	R
I	R	P	T	E	D	C	R	A	E	H	E	I	E	E	I
R	H	C	D	E	T	R	I	O	M	P	A	R	D	D	O
E	A	H	P	M	O	I	R	T	E	D	R	T	A	C	M
D	E	T	R	I	O	M	P	H	A	R	C	E	R	R	P
C	R	A	H	P	M	O	I	R	T	E	D	D	C	A	H

Lösung 38
15. Rechnen Sie die Stunden in Minuten um. Teilen Sie die Gesamtminutenzahl durch 10, und ignorieren Sie die Zahl hinter dem Komma.

Lösung 39
987. Multipliziert man die Traktornummer mit der Flächenzahl, dann ergibt sich die Kilozahl. Jedoch sind die Kiloangaben vertauscht. Die unter A gehört zu C und umgekehrt. Die unter B gehört zu D, die unter D zu E und die unter E zu B.

Lösung 40
Kebab, Pasta, Pizza, Tacos, Wurst.

Lösung 41
Bartok, Boulez, Chopin, Delius, Mahler.

Lösung 42
Die Reihenfolge: Mund lächelnd, lächelnd, gerade, traurig, traurig, lächelnd, gerade, gerade, traurig usw. Sie beginnt unten links und verläuft waagerecht hin und her.

Lösung 43 – siehe oben

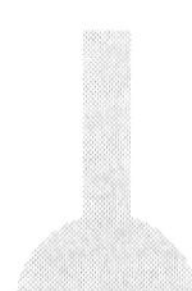

Lösung 44
Drehung der Figur um 180° im Uhrzeigersinn, 135° gegen den Uhrzeigersinn, 90° im Uhrzeigersinn, 45° gegen den Uhrzeigersinn usw.

Lösung 45
♥ = 8, ♣ = 4, ♦ = 6, ♠ = 2.

Lösung 46
Idaho, Iowa, Maine, Texas, Utah. K und L bleiben übrig.

Lösung 47
c. Die Quersumme der Zugnummern verweist auf den Buchstaben, der an dieser Position im Alphabet steht und den Anfangsbuchstaben des Ziels bildet.

Lösung 48
Sky Fly. Der Name enthält als einziger keine Vokale.

Lösung 49
C. Die anderen sind so eingeladen, daß sie am richtigen Planeten ausgeladen werden, wenn man auf der Erde startet und von der Sonne weg fliegt.

Lösung 50
Bodega, Bonsai, Ersatz, Hombre, Kitsch.

3	3	2
2	3	4
3	2	1

Lösung 51
Die Zahlenfolge lautet: 1, 2, 2, 3, 4, 4, 1, 2, 3, 3, 4. Die Abfolge beginnt links oben und verläuft horizontal, in Schleifen, abwechselnd hin und her.

Lösung 52
Das Schema: +2 Schuppen, +3 Schuppen, –1 Schuppe. Ein Fisch mit gerader Schuppenzahl blickt in die entgegengesetzte Richtung.

Lösung 53
Das Schema: +1 Element, +2, +3, -2, –1, +1, +2, +3 usw. Figuren mit einer ungeraden Zahl von Elementen sind kopfüber abgebildet.

	O	
	X	

Lösung 54
Von den entgegengesetzten Enden aus bewegen sich die beiden Symbole abwechselnd 1 und 2 Felder weiter. Dabei ist ihre Bewegung gegenläufig und erfolgt in Hin- und Rückreihen.

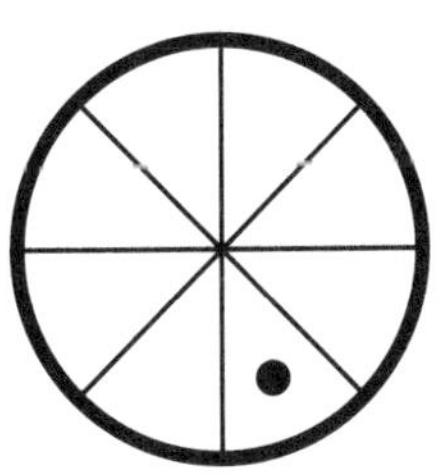

Lösung 55
Der Punkt springt 1 Feld gegen den Uhrzeigersinn, dann 3 Felder im Uhrzeigersinn usw.

Lösung 56
21.

Lösung 57
Die korrespondierenden Segmente der drei Räder ergänzen sich so, daß jedes ein schwarzes Feld in einem anderen Drittel dieses Segments enthält.

Lösung 58
Brunel, Darwin, Edison, Pascal, Planck.

Lösung 59 – siehe Seite 184

Lösung 60
D. Liechtenstein ist ein Fürstentum, seine Hauptstadt heißt Vaduz.

Lösung 61
75. Die Buchstaben erhalten die Werte gemäß ihrer Position im Alphabet: an ungeraden Positionen A = 1 usw., an geraden Positionen A = 26 usw.

Lösung 62
C. Das Muster enthält das Alphabet in fortlaufender Reihenfolge. Es beginnt oben rechts und verläuft abwechselnd ab- und aufwärts (in Schleifen), wobei 1, 2, 3, 4, 5, 4, 3, 2, 1, 2 usw. Buchstaben übersprungen werden.

Lösung 63
Gallus, Jovian, Julian, Trajan, Valens.

Lösung 64
M. Es kommen nur Buchstaben mit geraden Linien vor, wenn man das Alphabet durchgeht.

Lösung 65
64. Betrachten Sie die Abfolge der einzelnen Ziffern, Zeile für Zeile aufeinander: 1, 2, 3, 1; dann 2, 3, 4, 2; dann 3, 4, 5, 3; und schließlich 4, 5, 6, 4.

Lösung 66
18. Es sind nacheinander alle Zahlen aufgeführt, die durch 3 oder 4 teilbar sind.

Lösung 67
B. Bei allen anderen ist die Quersumme der Gewichtsangabe 6.

Lösung 68
1980. Vokale = 243, Konsonanten = 126.

Lösung 59

S	E	R	E	P	E	N	S	T	I	N	E	R	E	S	E
E	E	S	E	N	R	P	E	N	S	E	R	P	E	N	T
R	S	R	S	E	I	S	R	T	E	R	P	E	N	T	I
P	E	P	P	S	E	T	P	I	N	E	N	E	S	S	S
E	R	E	S	N	T	N	N	N	E	R	I	N	N	N	E
N	P	N	E	R	T	E	T	E	P	N	S	E	E	I	R
T	E	T	R	P	S	I	I	T	P	T	P	T	R	T	P
N	N	I	P	E	E	N	N	T	R	R	S	E	P	N	E
E	T	N	E	N	T	E	E	E	E	S	E	T	E	E	N
I	N	E	N	T	R	S	E	S	R	E	T	S	N	P	T
S	E	R	T	P	E	N	T	I	N	E	T	S	T	R	I
S	E	R	N	P	E	N	T	I	N	E	E	N	I	E	T
E	S	R	E	I	S	E	R	P	E	N	T	I	N	S	E
S	E	T	E	N	N	I	T	N	E	P	R	E	S	T	E
R	S	E	N	E	I	T	N	I	P	R	E	S	E	S	T
S	E	R	P	E	N	S	N	I	T	N	E	P	R	E	S

Lösung 69

576. Die Startnummer, multipliziert mit der Geschwindigkeit, ergibt die Flugstrecke des nächsten Ballons.

X	+	:
:	X	X
:	—	—

Lösung 70

Die Zeichenfolge lautet:

+ + – – – : : x x x

Sie verläuft von oben links spiralförmig im Uhrzeigersinn.

Lösung 71

6. In jedem Quadrat werden jeweils die beiden linken und dann die beiden rechten Zahlen multipliziert. Das zweite vom ersten Ergebnis subtrahieren – das Endresultat steht in der Mitte.

Lösung 72

75. Multiplizieren Sie jeweils die beiden linken und die beiden rechten Zahlen eines Quadrats, addieren Sie die beiden Werte und stellen Sie die Ziffern um. Das Ergebnis steht in der Mitte des Quadrats.

Lösung 73

C. Die linke Zahl wird halbiert. Das Ergebnis steht an der Spitze und wird ins Quadrat erhoben. Diesmal steht das Ergebnis rechts unten. Die Summe aller drei Zahlen steht in römischen Ziffern in der Mitte. In C müßte die Zahl rechts unten 4 heißen und in der Mitte X stehen.

Lösung 74

B. Bei jedem Quadrat werden jeweils die beiden oberen und die beiden unteren Zahlen multipliziert. Das zweite Ergebnis wird vom ersten subtrahiert, das Resultat steht in römischen Ziffern in der Mitte. In der Mitte von B müßte also XX (= 20) stehen.

Lösung 75
R. Beginnend oben links und abwechselnd die Spalten ab- und aufsteigend, enthält das Schema jeden zweiten Buchstaben des Alphabets in alphabetischer Reihenfolge.

Lösung 76
17.

Lösung 77
J-OL 1714. Den Buchstaben entsprechen Zahlen gemäß ihrer Position im Alphabet. Zum ersten Buchstabenwert 5 addieren, von diesem Wert nun wieder 3 subtrahieren. Um auf die Zahl nach den Buchstaben zu kommen, gilt die Formel +7, –1, +7 (jeweils zu den Werten der Buchstaben addieren). Sollte sich aus den Additionen aus den ersten beiden Buchstabenwerten bereits eine vierstellige Zahl ergeben, wird der dritte Buchstabenwert nicht mehr genutzt.

Lösung 78
73235226252257. Das Alphabet ist in Dreiergruppen gestaffelt: A–C = 1, D–F = 2, G–I = 3, J–L = 4, M–O = 5, P–R = 6, S–U = 7, V–X = 8, Y–Z = 9.

Lösung 79
52. Addieren Sie die Werte der Buchstaben, die ihnen aufgrund ihrer Position im Alphabet zukommen.

Lösung 80
29. Die Zahlen der beiden Eckfelder einer Zeile oder Spalte werden addiert, das Ergebnis steht in dem Feld, das im Uhrzeigersinn auf die zweite Zahl folgt.

Lösung 81
F. Den Buchstaben entsprechen Zahlenwerte, dafür wird das Alphabet rückläufig durchnumeriert (Z = 1, A = 26). Die Summe zweier Eckwerte entspricht dem gegenüberliegenden Mittelwert.

Lösung 82
58. Es wird jeweils die letzte Quersumme zur letzten Zahl addiert.

Lösung 83
D. Die Figur wird zunächst an ihrer horizontalen Symmetrieachse um 180° gespiegelt, dann wandern die Symbole im Uhrzeigersinn um eine Position weiter.

Lösung 84
Q-US 2321. Den Buchstaben entsprechen Zahlen gemäß ihrer Position im Alphabet. Zum ersten Buchstaben 4 addieren, um den zweiten zu erhalten, davon dann 2 subtrahieren (= 3. Buchstabe. Um auf die Zahl nach den Buchstaben zu kommen, gilt die Formel +6, +0, +6 (Werte zu den Werten der Buchstaben addieren). Sollte sich aus den Additionen aus den ersten beiden Buchstabenwerten bereits eine vierstellige Zahl ergeben, wird der dritte Buchstabenwert nicht mehr genutzt.

Lösung 85
201. Das Alphabet wird rückläufig durchnumeriert (A = 26, Z = 1). Durch Addition der Buchstabenwerte erhält man die zugehörige Nummer.

Lösung 86
E. Die obere Hälfte der Form ist entlang der waagerechten Achse umgeklappt, und ein schraffiertes Teil überdeckt ein weißes.

Lösung 87
Picasso. Bei der Codierung wurde das Alphabet durchnumeriert und zum Zahlenwert jeweils eine 3 addiert.

Lösung 88
G. Zu ungeraden Zahlen wird 3 addiert, von geraden Zahlen 2 subtrahiert.

Lösung 89
E. Die äußeren und inneren Formen kehren sich jeweils um (gerade Linien mit rechtem Winkel werden zu gebogenen Linien und umgekehrt), die Öffnungen wandern um 90° im Uhrzeigersinn.

Lösung 90
84. Multiplizieren Sie die Stunden von A mit den Minuten von B, so erhalten Sie die Ernte von C. Die Stunden von B, multipliziert mit den Minuten von C, ergeben die Ernte von D. So weiterrechnen, bis Sie zu den Stunden von D kommen, die multipliziert mit den Minuten von E, dic Ernte von A ergeben.

Lösung 91
I. Das Alphabet wird rückläufig durchnumeriert. Durch Addition der oberen und unteren Zahl einer Spalte ergibt sich der Wert in der Mitte.

S	T	A	T	U	E	O	R	T	S	T	A	T	U	E	S
S	R	E	B	I	L	F	O	E	U	T	A	T	A	T	D
L	S	T	A	T	U	L	I	B	E	R	T	O	F	F	A
I	L	I	B	E	R	T	E	L	I	B	E	R	L	O	T
B	O	F	L	I	B	U	E	O	S	T	A	I	F	S	U
E	T	S	T	A	T	U	E	O	F	S	B	T	S	O	F
R	O	F	L	A	S	U	F	T	L	E	T	T	A	S	L
T	I	C	T	B	T	L	R	I	T	Y	A	S	T	T	I
Y	U	S	E	A	I	S	B	Y	T	T	A	T	U	A	B
E	L	I	T	B	B	E	E	S	T	A	T	U	E	T	E
R	T	S	E	Y	R	Y	T	R	E	B	L	F	O	U	R
S	T	R	A	T	U	S	O	F	L	I	B	E	R	T	Y
L	T	I	S	B	E	T	O	F	S	T	A	T	U	E	O
Y	T	A	T	U	E	A	F	O	T	R	E	B	I	L	F
E	B	I	L	F	O	T	S	T	A	T	U	E	O	E	L
R	T	S	T	A	T	U	T	S	F	O	T	R	E	B	I

Lösung 98

Lösung 92
Zwei Punkte. Die beiden Eckfelder einer Zeile oder Spalte enthalten zusammen genauso viele Punkte wie das gegenüberliegende mittlere Feld.

Lösung 93
E. Jedem Buchstaben entspricht eine Zahl gemäß seiner Position im Alphabet. Durch Multiplizieren des Wertes von Spalte 1 mit dem von Spalte 3 erhält man den für Spalte 2.

Lösung 94
D. Man addiert zwei im Uhrzeigersinn aufeinanderfolgende Zahlen der ersten Figur und setzt das Ergebnis bei der zweiten Figur an die Position der zweiten Zahl. Die vier äußeren Zahlen der ersten Figur ergeben addiert die Zahl in der Mitte der zweiten Figur.

Lösung 95
Es kommen immer wieder erst 1 Blatt (unten) und dann 2 Blütenblätter (oben) hinzu, hierauf wieder je 1 Blatt und Blütenblatt weg usw.

Lösung 96
Renoir. Die Codebuchstaben stehen im Alphabet eine Stelle vor denen des Malernamens, bei umgekehrter Reihenfolge der Buchstaben des Künstlernamens.

Lösung 97
16.

Lösung 98 – siehe oben

Lösung 99
41.

Lösung 100
10. Von Dreieck zu Dreieck werden zu den Zahlen in gleicher Position jeweils 2 addiert, 3 subtrahiert und wieder 2 addiert usw.

@	%	*
@	%	*
@	@	%

Lösung 101
Die Musterfolge lautet: @, @, %, *, %, &, &, *, %. Sie beginnt rechts oben und verläuft spiralförmig gegen den Uhrzeigersinn.

Lösung 102
Degas. Die Codebuchstaben sind genauso weit vom Alphabetende entfernt wie die des Malernamens vom Anfang des Alphabets.

Lösung 103
J. Alle anderen haben einen Zwilling.

Lösung 104
D. Einmal wird die Figur um 90° gegen den Uhrzeigersinn gedreht, beim nächsten Mal wechselt die Richtung der Pfeile.

Lösung 105
A. Die Zahl der Kreuze in den drei Ringen nimmt jedesmal um 1 zu, und das erste und letzte Kreuz benachbarter Reihen liegen jeweils auf gleicher Höhe.

Lösung 106
G. Oberstes und unterstes Element tauschen ihre Position, das kleinere zentrale Element wird noch kleiner, und alle drei Elemente rücken in die größere zentrale Form.

Lösung 107
E. Jede Figur wird abwechselnd durch waagerechte und senkrechte Linien (oder umgekehrt) in kleinere geteilt. Nur bei „E" folgen einmal zwei Senkrechte aufeinander.

Lösung 108
E. Alle anderen Elemente weisen 3 gerade Linien auf, nur E hat 4.

Lösung 109
C. Jeder Buchstabe erhält einen Zahlenwert entsprechend seiner Stellung im Alphabet. Die drei Eckzahlen ergeben addiert die Zahl in der Mitte.

Lösung 110
9. Die Zahlen nehmen von Quadrat zu Quadrat um 1 zu und rücken dabei im Uhrzeigersinn um einen Platz vor.

Lösung 111
12. Addieren Sie die Zahlen in den gleichen Segmenten von Kreis 1 und 3, und Sie finden das Ergebnis im gegenüberliegenden Segment von Kreis 2.

Lösung 112
G. Die Figuren sind um die Längsachse gespiegelt, zugleich wird Schwarz zu Grau, und umgekehrt.

Lösung 113
B. Die Bögen wandern jeweils um die gleiche Strecke zum entgegengesetzten Ende.

Lösung 114
B.

U	W	W
Z	W	W
T	T	U

Lösung 115
Die Buchstabenabfolge lautet:

Z R T T U W W Z Z S

Die Abfolge beginnt rechts unten und verläuft waagerecht abwechselnd von rechts nach links und von links nach rechts.

Lösung 116
B.

Lösung 117
F. Eine geschwungene Linie geht in eine gerade über und eine gerade in eine geschwungene Linie.

Lösung 118
A.

Lösung 119
V. Das Alphabet wird rückläufig durchnumeriert (Z = 1, A = 26). Mit diesen Zahlenwerten wird operiert: Die beiden unteren und der mittlere addiert ergeben den an der Spitze.

Lösung 120
3. Die Zahlen rotieren gegen den Uhrzeigersinn von einem Quadrat zum nächsten und werden dabei jeweils um 2 verringert.

Lösung 121
9. Multiplizieren Sie die Zahlen in den gleichen Segmenten von Kreis 2 und 3. Das Ergebnis steht in Kreis 1 in dem Segment, das im Uhrzeigersinn als nächstes folgt.

Lösung 122
N. Es geht von oben nach unten und dann nach oben zum nächsten Stein und dabei abwechselnd fünf Buchstaben vor und drei zurück.

Lösung 123
T. Hardy. U steht in dem Code für T, I für H usw. Die Codebuchstaben sind also jeweils um eine Stelle nach hinten versetzt.

Lösung 124
C. Bei allen anderen entspricht die Zahl der kleinen Kreise jener der Kanten der eckigen Form.

Lösung 125
E. Alle übrigen bestehen aus drei aufeinanderfolgenden Buchstaben des Alphabets.

Lösung 126
B. Zuerst fallen ein Punkt und ein Strich weg, dann kommen je zwei hinzu usw.

Lösung 127
E. Alle übrigen enthalten halb so viele Monde wie Sterne.

Lösung 128
C.

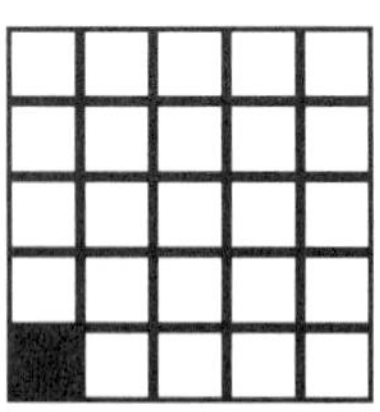

Lösung 129
Das schwarze Feld wandert von links oben zeilenweise abwechselnd hin und her durch das Raster des großen Quadrats. Dabei geht es zuerst 2 Felder weiter, dann 3, dann 4 usw.

Lösung 130
D. Zwei Kombinationen wechseln sich ab, und jedesmal rücken die Symbole zwei Stellen weiter nach oben.

Lösung 131
J. Austen. Die Zahlen entsprechen dem Zweifachen des Wertes, der den Buchstaben gemäß ihrer Position im Alphabet zukommt.

Lösung 132
E. Alle anderen bestehen aus drei aufeinanderfolgenden Zahlen.

Lösung 133
D. Bei allen anderen berührt der Punkt eine gemeinsame Außenlinie der großen und der kleinen Form.

Lösung 134
A. Es sind zwei versetzte Figurenpaare, deren kurze Querbalken jeweils um 90° gegen den Uhrzeigersinn weiterwandern.

4	2	2
1	5	5
7	1	1

Lösung 135
Die Zahlenfolge: 7, 1, 1, 3, 2, 2, 5, 5, 4, 1. Das Muster beginnt rechts oben und verläuft spiralförmig gegen den Uhrzeigersinn.

Lösung 136
+ : – x – +. Den Buchstaben entsprechen Zahlen gemäß ihrer Position im Alphabet. Also lautet die Gleichung:
L(12) **+** D(4) **:** B(2) **–** F(6) **x** K(11) **–** Q(17) **+** C(3) = H(8).

Lösung 137
8. Die Summe der Ziffern, auf die die Zeiger bei jeder Uhr weisen, ist 13.

Lösung 138
13.

Lösung 139
Madrid. Wenn Sie „Independence" vom rechten in den linken Block stellen, dann ergeben die Anfangsbuchstaben der Namen dort den gesuchten Namen der spanischen Hauptstadt.

Lösung 140
B. Sie weist als einzige keine drei Kästchen in einer Reihe auf.

Lösung 141
B. Die gegen den Uhrzeigersinn laufenden Spiralen weisen jeweils Lücken auf: In der ersten Figur die erste

nach 8 und dann – wäre die Spirale nicht schon komplett – nach 7 Elementen, die zweite Figur hat die erste Lücke nach 7, die zweite Lücke nach 6 Elementen, die dritte eine Lücke nach 6 und nach 5 Elementen usw.

Lösung 142
E. Sie ist die einzige, bei der der große und der kleine Kreis sich nicht überschneiden.

Lösung 143
3.

Lösung 144
4.

Lösung 145
B. Es ist das einzige, bei dem durch eine zusätzliche Linie ein Dreieck an einem Rechteck entsteht, das ein Quadrat schneidet.

Lösung 146
F. Kleine Elemente werden groß, und umgekehrt.

Lösung 147
A. Sie ist die einzige mit einer ungeraden Zahl an Kanten.

Lösung 148
D. Beiden gemeinsam ist, daß das Dreieck den Kreis schneidet und eine Linie mit rechtwinkligem Knick nach oben parallel zur Unterseite des Dreiecks verläuft.

Lösung 149
B.

Lösung 150
B. Von einer Figur zur nächsten wird das Quadrat zum Kreis, das Dreieck zum Quadrat und der Kreis zum Dreieck.

Lösung 151
21. Man multipliziert eine Zahl mit der, die am entgegengesetzten Ende derselben Achse steht, und trägt das Ergebnis in der Mitte des Segments dieser zweiten Zahl ein.

Lösung 152
2.

Lösung 153
C. Sie weist als einzige ein Element in ungerader Zahl auf.

Lösung 154
D. Ein Kreis wird zum Quadrat, eine Linie zum Kreis und ein Quadrat zur Linie. Größe und Positionen werden beibehalten.

Lösung 155
D. Alle anderen sind symmetrisch.

Lösung 156
F. Aus Kreisen werden Quadrate, und umgekehrt. Das größte Element verliert alle inneren Elemente.

Lösung 157
Nein. In Hauptstädten fühlt sie sich nicht wohl.

Lösung 158
Nein, denn Illinois enthält ein „S".

Lösung 159
Gar nichts. Er mochte nur Orte ohne „O" im Namen.

Lösung 160
D. Die Zahl der Begrenzungslinien dieser Formen nimmt in jeder Zeile von links nach rechts und auch in jeder Spalte von oben nach unten jeweils um 1 zu.

Lösung 161
E. Es werden je zwei Kreise und Linien hinzugefügt, dann je ein Element weggenommen usw. Dazu wird die Figur jedesmal um 90° gegen den Uhrzeigersinn gedreht.

Lösung 162
Vor, zurück, vor, zurück.

Lösung 163
D.

Lösung 164
Die Reihenfolge der Uhrzeiten: 1, 2, 2, 1, 3, 3, 2, 4, 4, 3, 5, 5, 4, 6, 6. Das Muster beginnt unten links und verläuft senkrecht, abwechselnd auf und ab.

Lösung 165
E.

Lösung 166
Washington.

Lösung 167
C.

Lösung 168
D und **E**.

Lösung 169
B. Es besteht aus 14 Linien, alle übrigen aus 13.

Lösung 170
C. Es ist das einzige, das nicht halb so viele „Stufenlinien" wie Dreiecke hat.

Lösung 171
Pantagruel.

Lösung 172
Frankenstein.

Lösung 173
E. Ein Quadrat wird zum Kreis, ein Kreis zu einem Dreieck und ein Dreieck zu einem Quadrat, wobei Proportionen und Anordnung beibehalten werden.

Lösung 174
B.

Lösung 175
A. Die Zahl der Konturen einer Form nimmt von Mal zu Mal zu. Sind 3 erreicht, wird es beim nächsten Mal wieder eine. Außerdem wechseln die Formen beim Wechsel von 1 zu 2 und von 2 zu 3 Konturen ihre Ausrichtung.

Lösung 176
Excalibur.

Lösung 177
Nostradamus.

Lösung 178
H. Die längeren Balken und Pfeile wechseln die Farbe, der kurze Balken wechselt Farbe und Form, und das Ganze wird nach unten umgeklappt.

Lösung 179
B. Sie ist die einzige mit der gleichen Zahl waagerechter und senkrechter Linien.

Lösung 180
E. Die Buchstaben beider Paare folgen jeweils aufeinander im Alphabet, zeigen in die richtige Richtung und gehen ineinander über.

Lösung 181
D.

Lösung 182
Die Musterfolge:

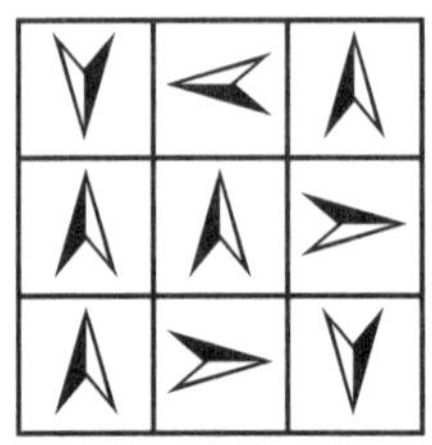

Das Muster verläuft von links unten spiralförmig im Uhrzeigersinn zur Mitte hin.

Lösung 183
B. Das Alphabet wird rückläufig durchnumeriert (A = 26, Z = 1). Man addiert die beiden äußeren Buchstabenwerte eines Segments und findet das Ergebnis in der Spitze des gegenüberliegenden Segments.

Lösung 184
– x + – : +. 9 **–** 3 **x** 4 **+** 19 **–** 8 **:** 5 **+** 4 = 11.

Lösung 185
B. Die anderen haben alle die gleiche Anzahl gerader Linien und Kurven.

Lösung 186
F. Aus Kreisen werden Rechtecke, und aus Rechtecken werden Kreise, wobei zugleich Dreiergruppen von Kreisen entfallen.

Lösung 187
Zurück, zurück, vor, zurück.

ZIEL
START

ZIEL
START

ZIEL
START

ZIEL
START

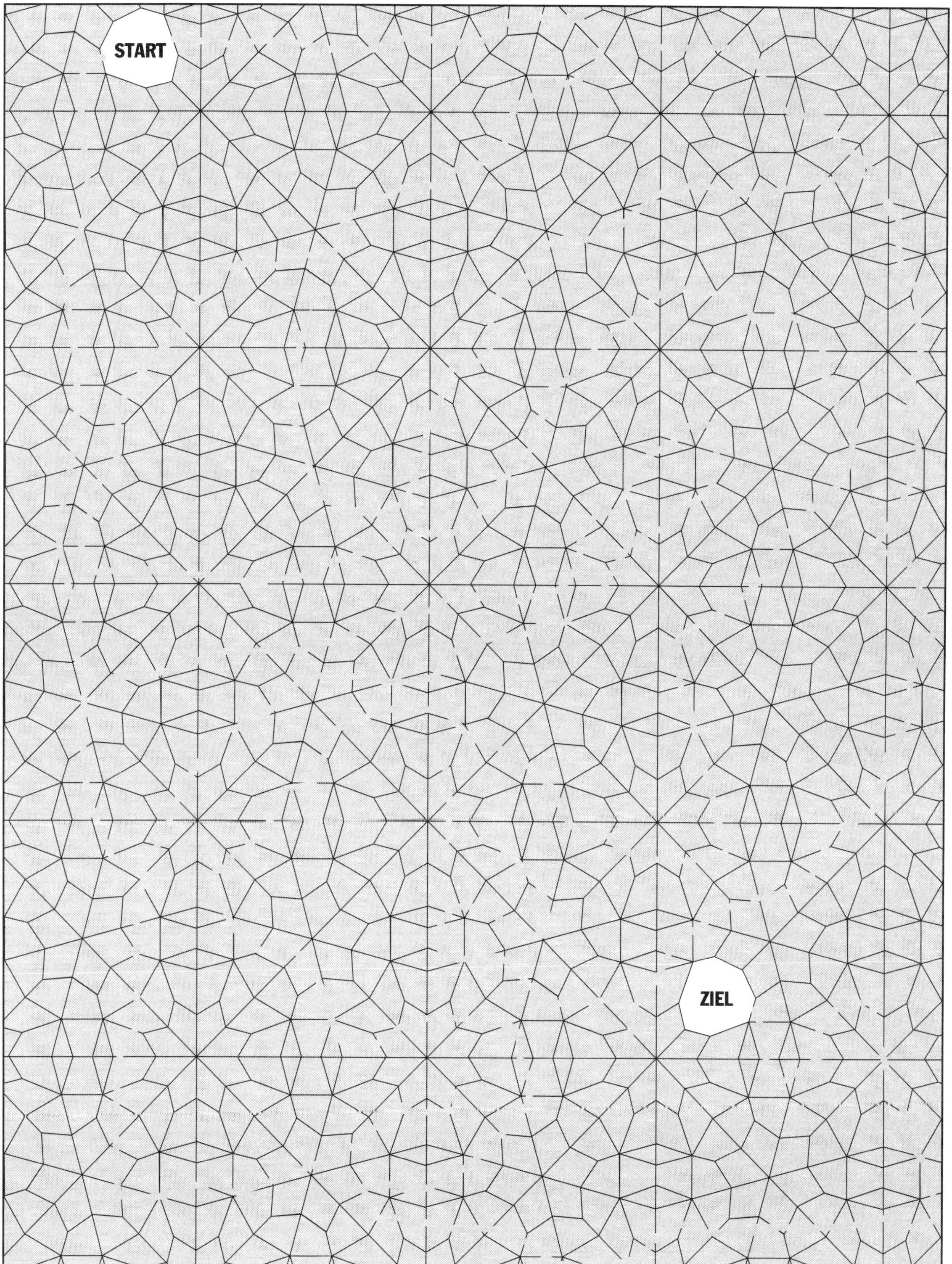
START
ZIEL

START
ZIEL

ZIEL
START

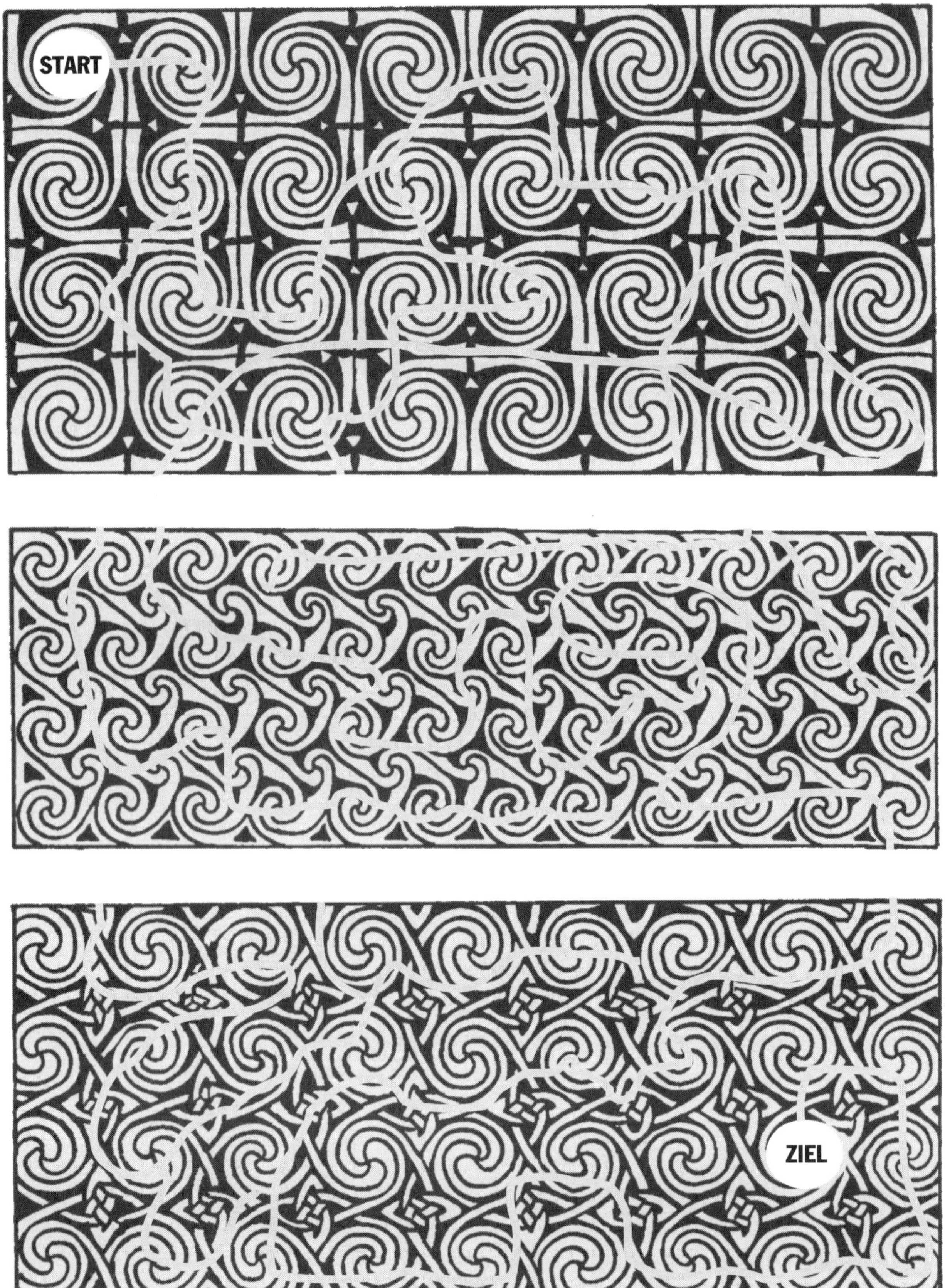
START
ZIEL

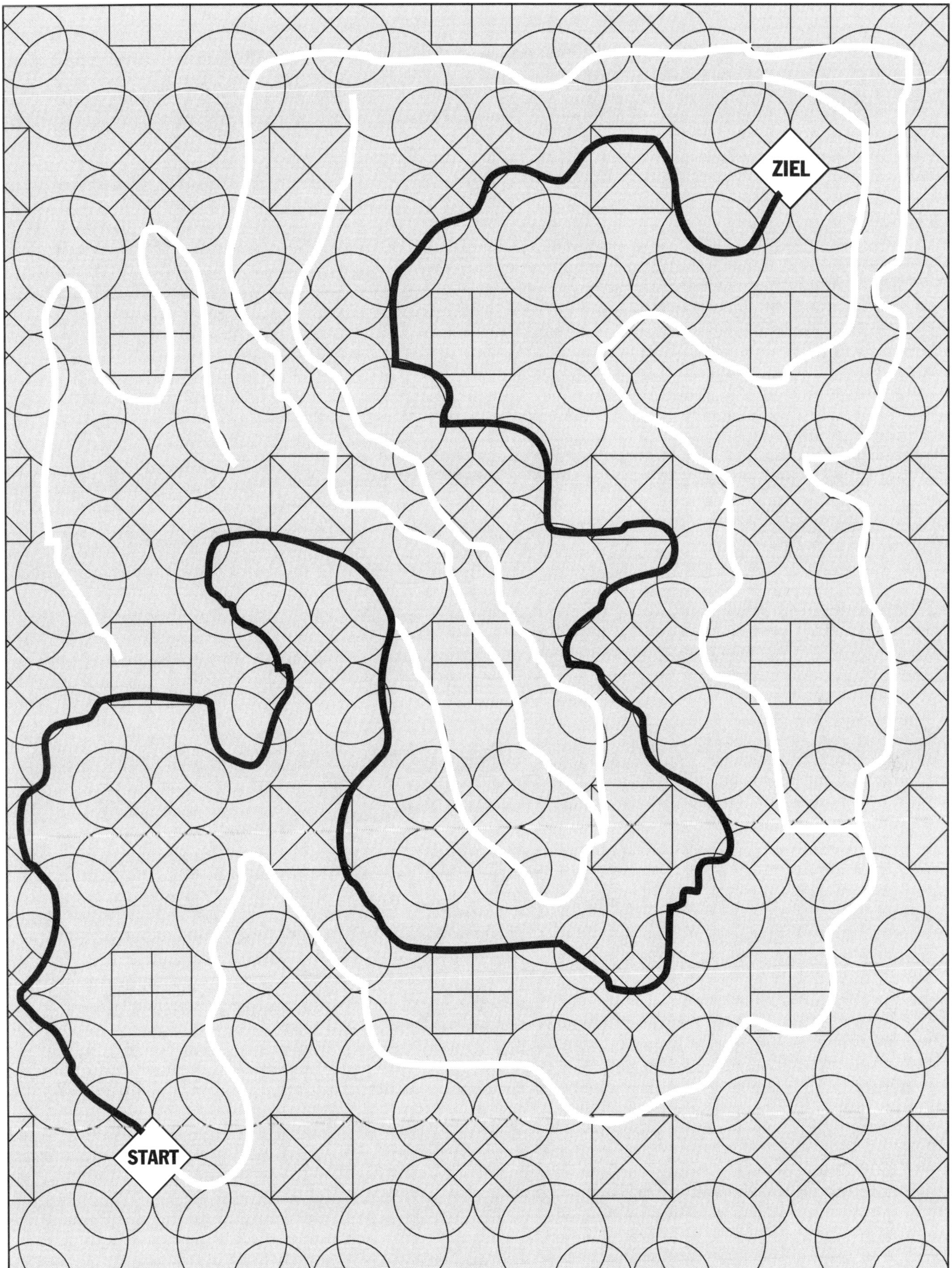
ZIEL
START

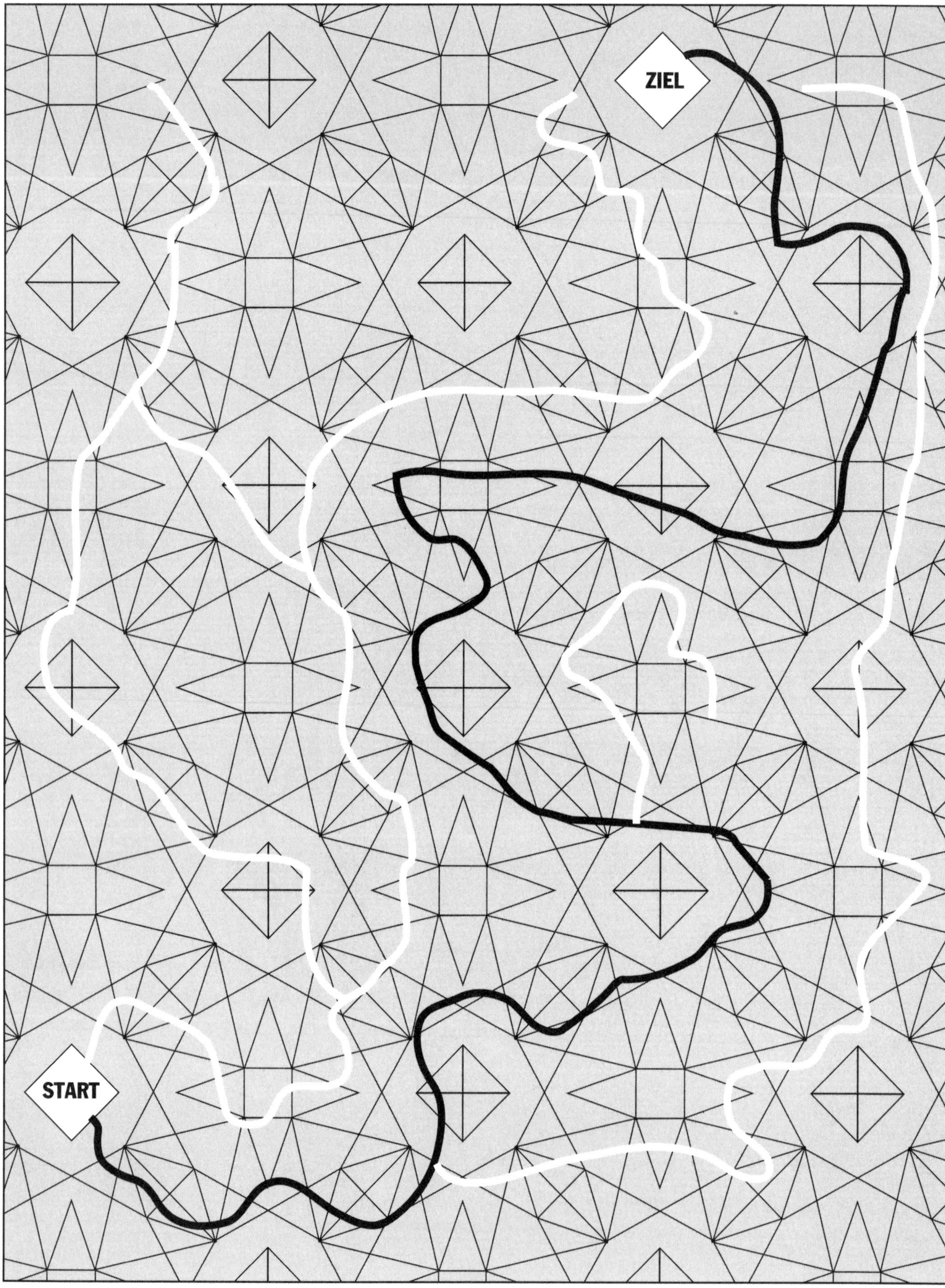
ZIEL
START

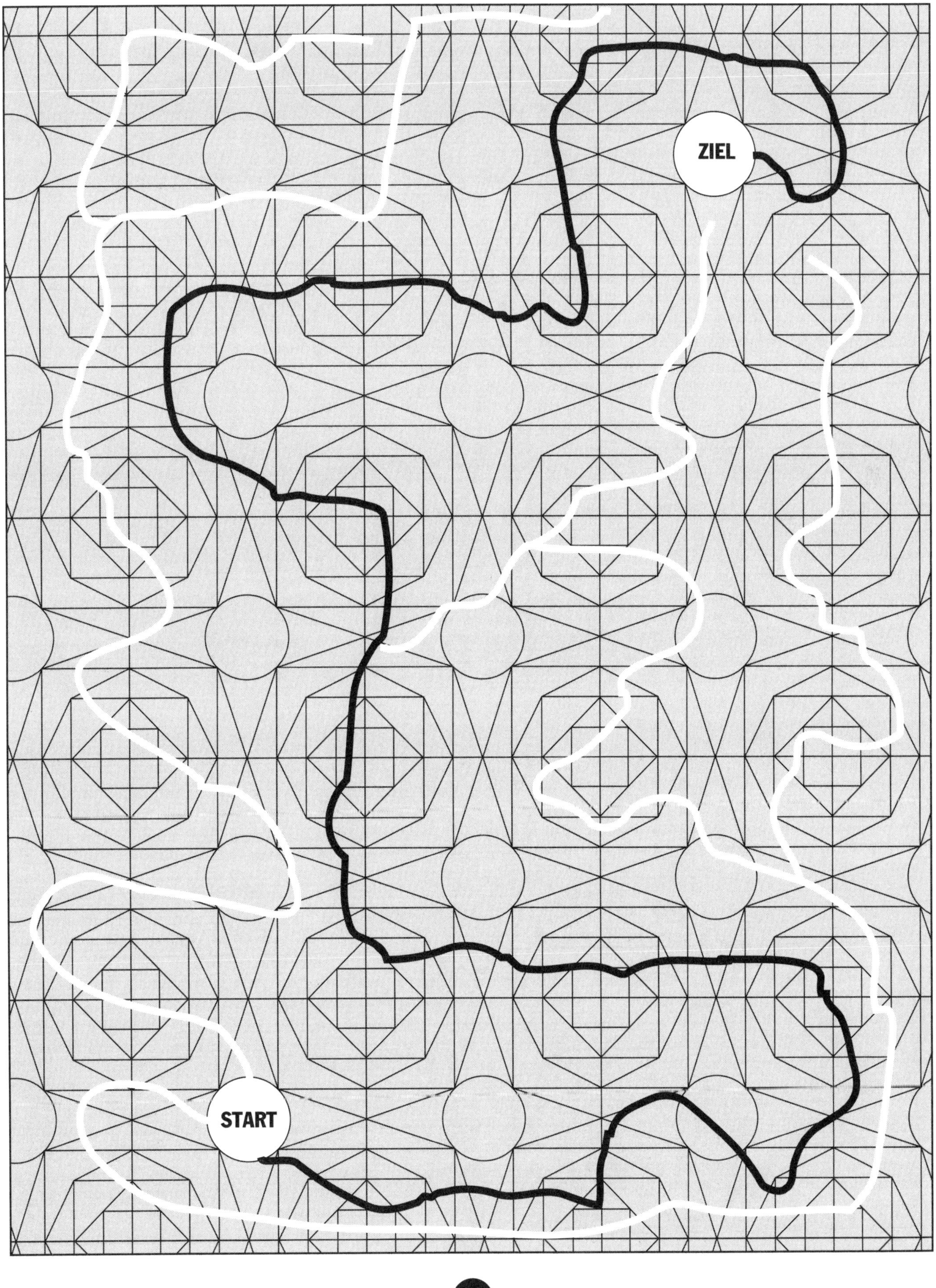
ZIEL
START

ZIEL
START

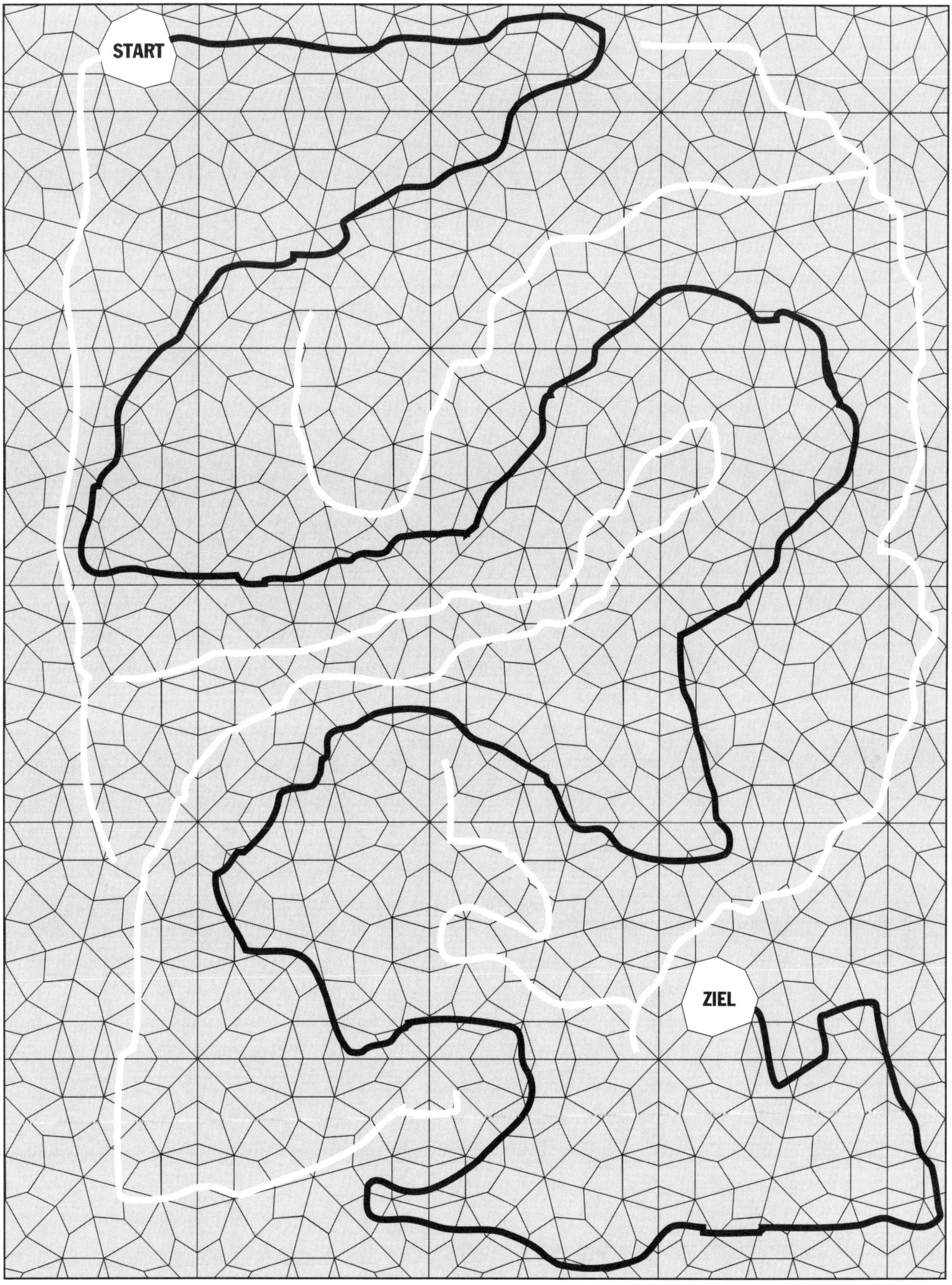
START
ZIEL

START
ZIEL

ZIEL
START

START
ZIEL

AUFGABE 1

Nehmen Sie in numerischer Reihenfolge immer einen Buchstaben aus den Wolken. Sie erhalten die Namen von fünf Schauspielern und einem weiteren Star. Wer ist es?

Lösung ***23***

A **B** **C** **D**

AUFGABE 2

Welche der Figuren A bis D setzt die obere Reihe fort?

Lösung ***70***

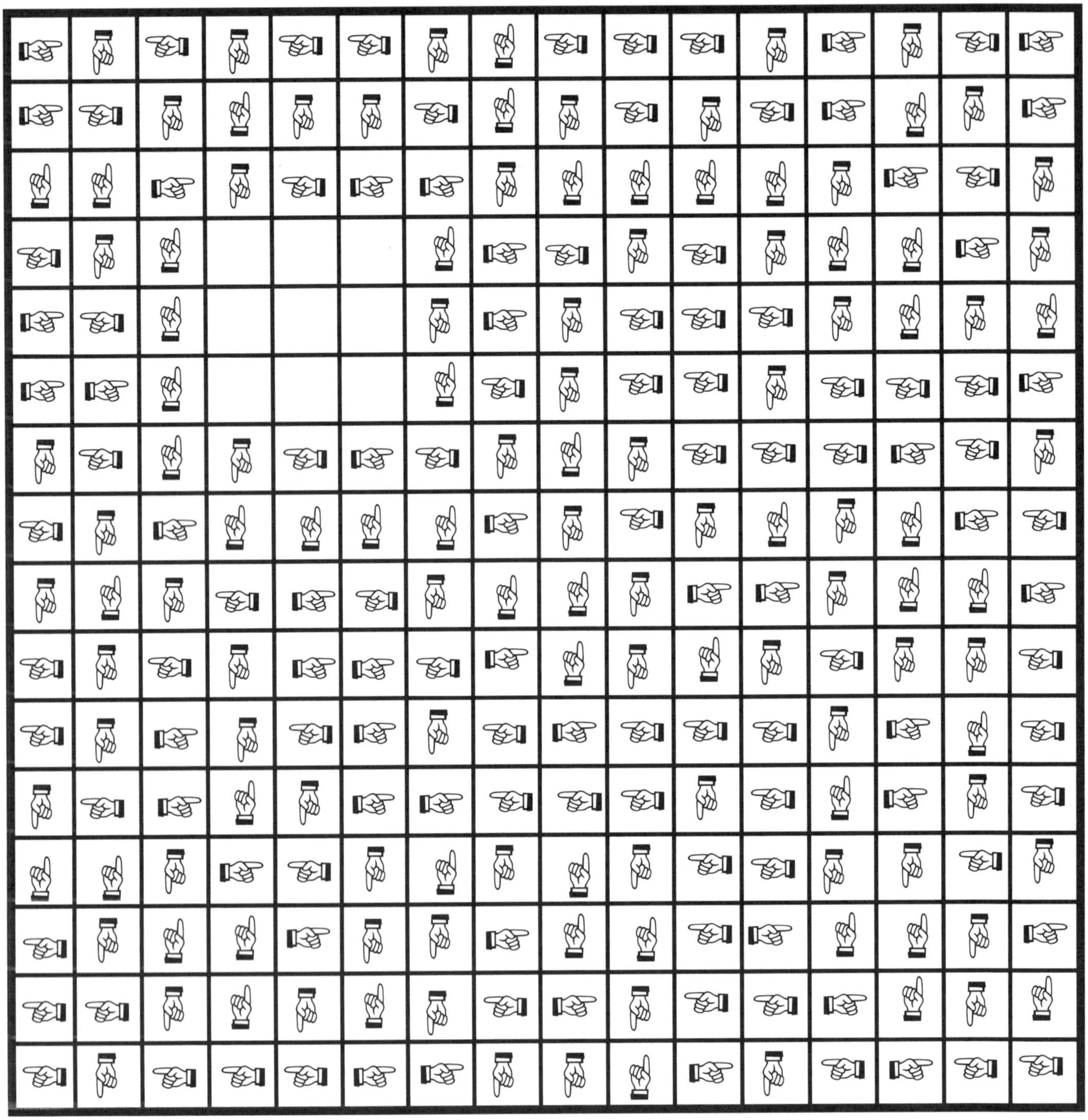

AUFGABE 3

System ist alles! Wenn Sie dieses hier erkannt haben, können Sie die leeren Kästchen auch ausfüllen.

Lösung ***4***

AUFGABE 4

Entnehmen Sie jeder Wolke in numerischer Reihenfolge einen Buchstaben, und bilden Sie damit die Namen von fünf Komponisten – und den einer weiteren gesuchten Person.

Lösung ***72***

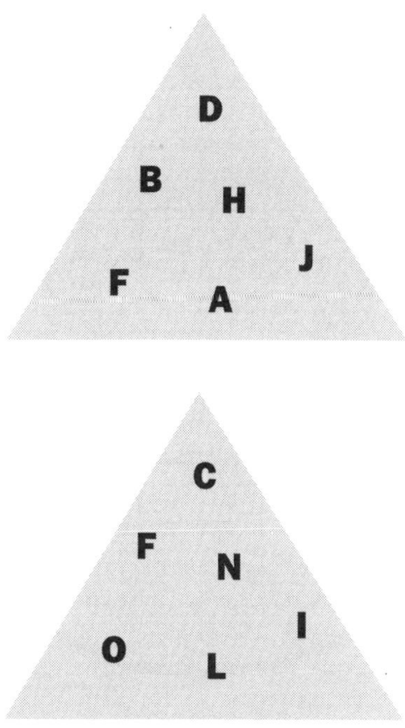

AUFGABE 5

In beiden Dreiecken ist jeweils ein Buchstabe, der nicht hineingehört.

Lösung ***127***

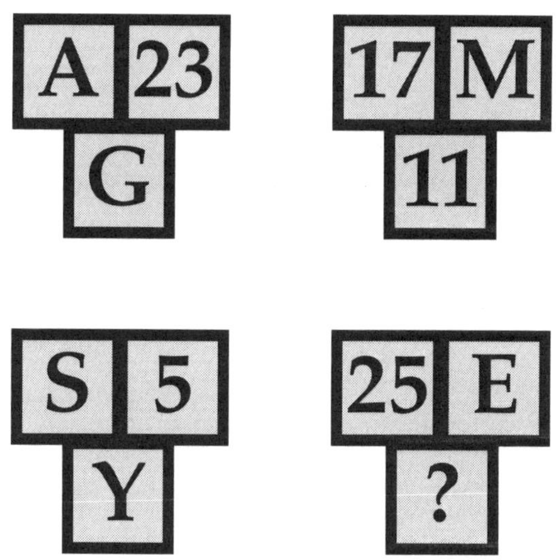

AUFGABE 6

Wofür steht hier das Fragezeichen?

Lösung ***81***

S4	O3	SW2	O8	O3	O3	SO3	SW1	SW6	S6	S1	W2
SO4	S2	SO5	S2	NO1	S6	SO3	SO4	W5	SW2	S1	W11
NO1	O5	N2	O2	W1	SO3	S1	W5	S4	O2	NO1	W4
NO2	S3	W2	N3	O6	NW1	NW2	W5	N1	O2	S3	W7
O2	SW1	NO4	SW1	S2	S2	W5	W1	W4	SO1	*	W1
O3	NO4	O7	SW2	O2	N2	SO2	N4	N1	N4	N5	S2
O6	N1	O9	NO2	NO1	NO3	NO1	NW6	W5	N4	W10	N2
NO3	N5	NO6	O4	W2	W2	O3	W1	W4	O1	NW3	W11

AUFGABE 7

Gehen Sie auf Schatzsuche! Auf jedem Feld dürfen Sie nur einmal anhalten, doch dürfen Sie es beliebig oft kreuzen. Bei einem Halt müssen Sie die entsprechende Anweisung befolgen. Die Buchstaben geben die Himmelsrichtung an (NW = Nordwesten usw.), die Ziffer die Zahl der Felder, die Sie hinter sich lassen müssen. Sie müssen auf das Feld mit dem Asterisken * gelangen. Sie sollen den Ausgangspunkt finden. Aber es gibt da eine Schwierigkeit: Sie werden feststellen, daß Sie auf einige der Felder nie kommen. Kreuzen Sie die Felder an, auf denen Sie bereits gehalten haben, bilden die übrigen zuletzt eine zweistellige Zahl. Welche Zahl ist das?

Lösung ***33***

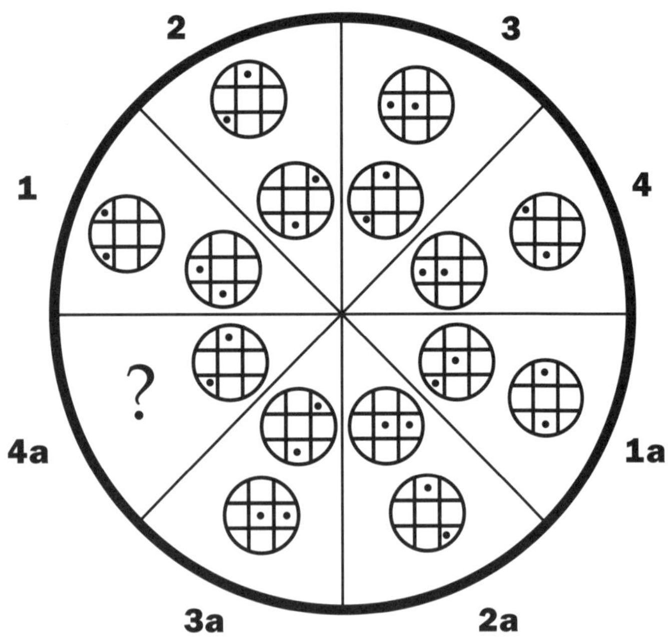

AUFGABE 8

Welche Logik liegt diesem Raster zugrunde, und wodurch ist das Fragezeichen zu ersetzen?

Lösung ***2***

AUFGABE 9

Eine Figur fehlt hier.
Wie muß sie aussehen?

Lösung ***8***

AUFGABE 10

Karl Krabbe war vierzig Jahre lang Kapitän

und umrundete in dieser Zeit den Globus viele Male.

Dabei übernachtete er stets in seinem Bett und an Land.

Wie konnte das sein?

Lösung ***66***

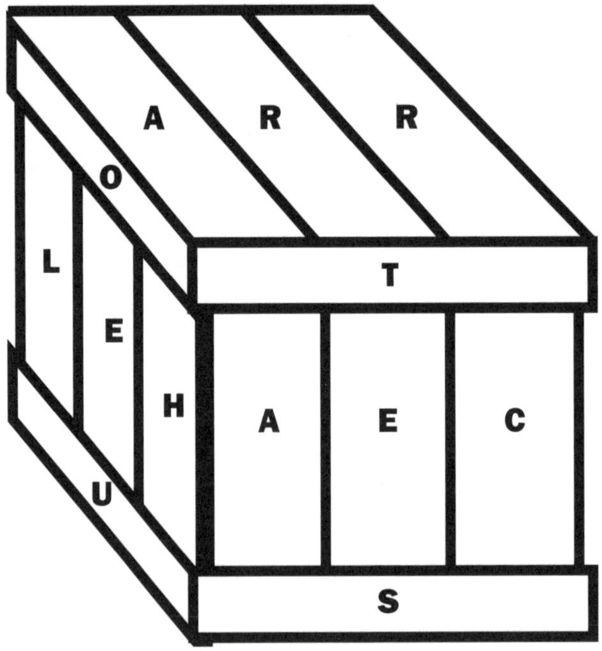

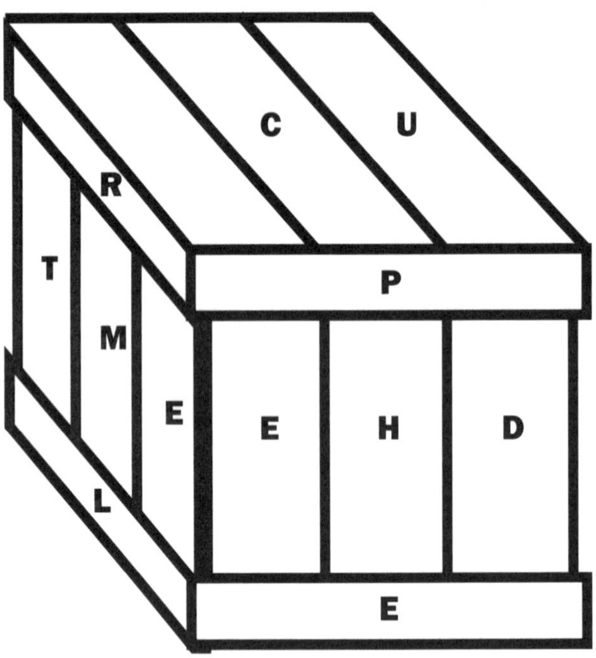

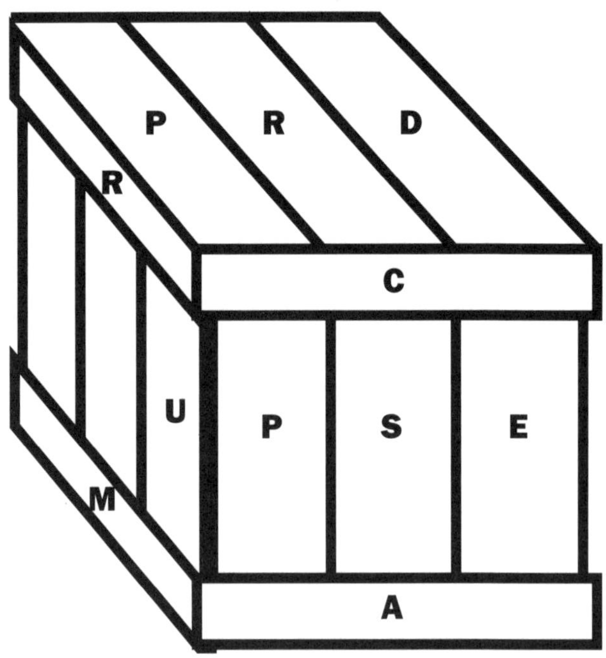

AUFGABE 11

In der richtigen Reihenfolge ergeben die Buchstaben den Titel eines Romans und den Namen seines Autors.

Lösung ***85***

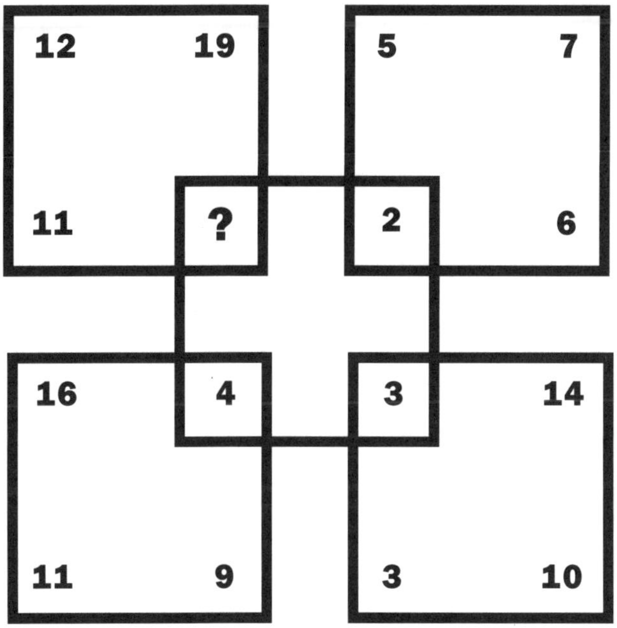

AUFGABE 12

Für welche Zahl steht das Fragezeichen?

Lösung ***155***

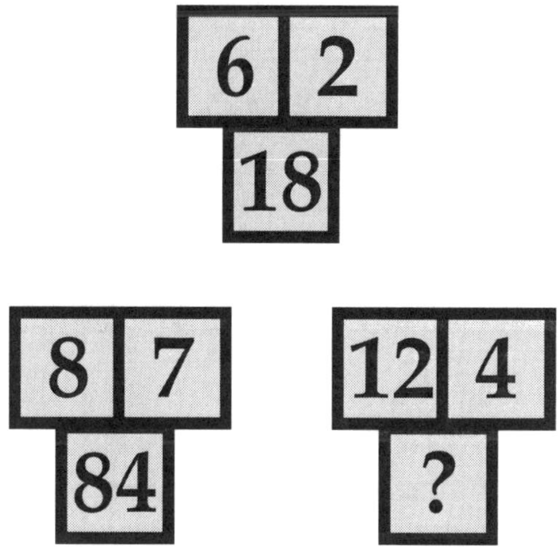

AUFGABE 13

Ersetzen Sie das Fragezeichen durch die passende Zahl.

Lösung ***84***

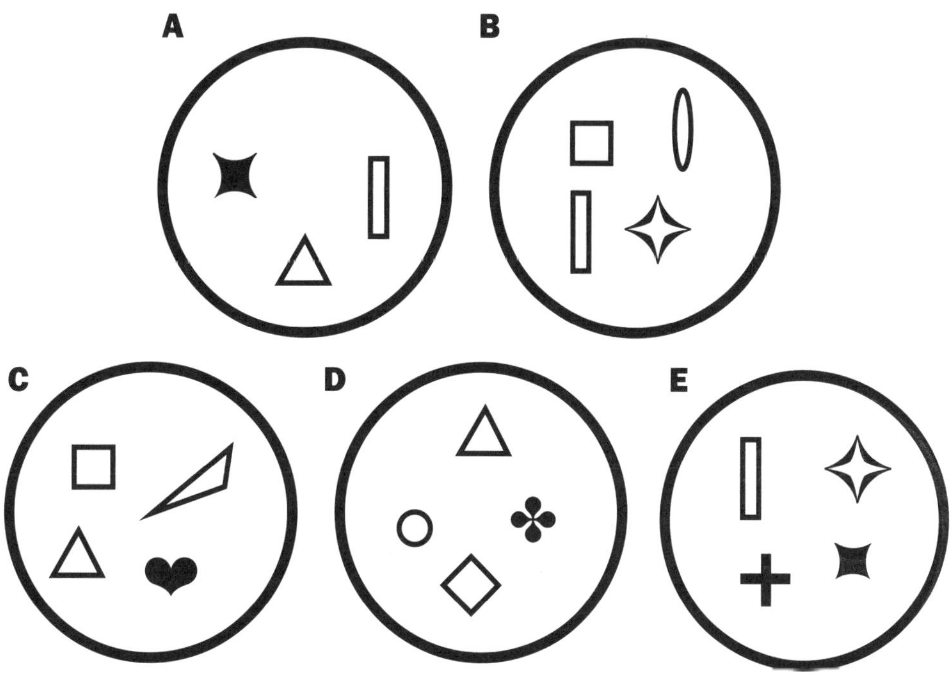

AUFGABE 14

Welcher Kreis fällt hier aus dem Rahmen?

Lösung ***110***

I	D	I	A	I	D	D	A	I	A	I	I	D	A	I	D
D	I	A	I	A	D	A	A	D	A	I	I	A	D	A	I
A	A	D	I	I	A	D	D	A	D	D	A	I	D	I	A
I	A	A	I	D	I	D	D	D	I	A	D	A	A	D	A
D	A	D	A	I	D	I	A	D	D	A	D	D	A	I	D
I	A	A	D	A	D	A	I	A	D	D	A	D	I	D	A
A	D	I	I	I	I	D	D	A	I	I	A	D	A	I	D
D	A	I	D	D	A	D	D	D	A	I	D	D	I	D	A
D	A	D	A	D	D	A	D	D	A	A	D	A	A	D	I
I	A	D	D	A	I	A	D	D	A	A	D	D	A	D	I
D	A	A	D	A	D	A	D	D	D	D	I	A	I	D	I
A	D	A	A	D	A	D	A	D	A	D	A	D	A	D	A
I	A	A	D	A	A	I	A	I	D	A	A	D	D	A	D
D	I	D	A	D	D	D	I	D	A	A	D	I	D	D	A
I	D	A	D	D	D	A	A	I	D	I	D	A	A	I	A
A	I	A	D	A	A	D	I	D	A	D	I	I	D	I	D

AUFGABE 15

In diesem Raster ist der Name AIDA nur einmal komplett und ohne Richtungswechsel zu finden. Er kann vorwärts oder rückwärts, waagerecht, senkrecht oder diagonal geschrieben sein. Wo steckt er?

Lösung ***18***

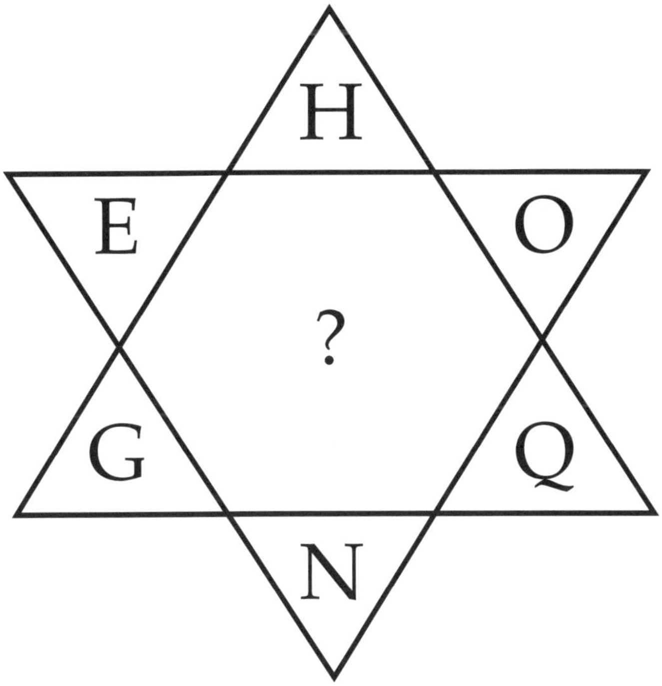

AUFGABE 16

Können Sie die Logik hinter diesem Stern entdecken und den fehlenden Buchstaben ergänzen?

Lösung ***86***

AUFGABE 17

Wo sollte der Stundenzeiger bei Uhr 4 stehen?

Lösung ***10***

A

Bonn – Nürnberg

B

Chur – Verona

C

Hof – Traunstein

D

Cloppenburg – Remscheid

E

Augsburg – ?
a) Passau
b) Zürich
c) Salzburg
d) Göttingen

AUFGABE 18

Zwischen Start- und Zielpunkt dieser Wagen besteht ein logischer Zusammenhang. Wohin fährt Wagen E?

Lösung ***55***

AUFGABE 19

Entnehmen Sie jeder Blüte in der numerischen Reihenfolge der Blüten je einen Buchstaben, und bilden Sie die Namen von fünf Staatsmännern.

Lösung ***105***

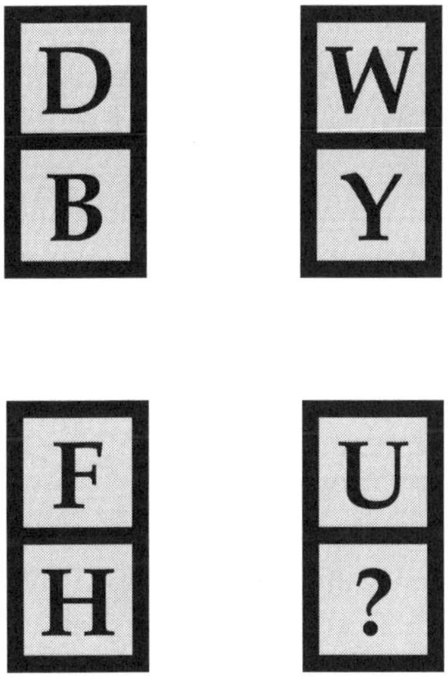

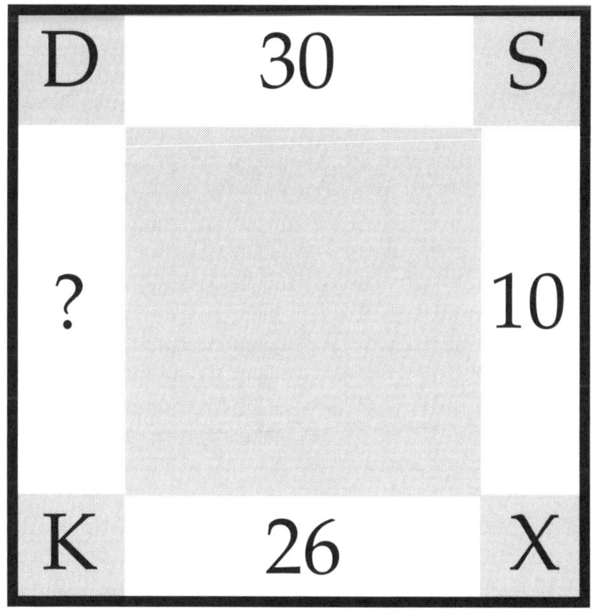

AUFGABE 20

Finden Sie die in diesen Dominosteinen herrschende Logik und den fehlenden Buchstaben heraus?

Lösung ***93***

AUFGABE 21

Für welche Zahl steht das Fragezeichen in diesem Diagramm?

Lösung ***1***

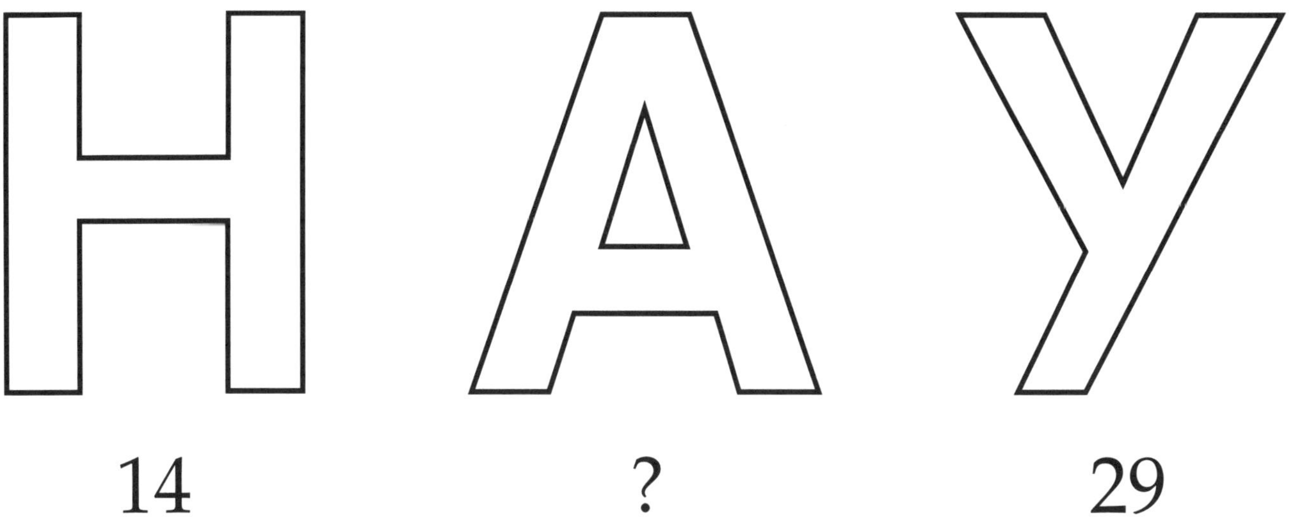

AUFGABE 22

Welche Zahl muß unter A stehen?

Lösung ***104***

		2	7	3	8	4	9		2	7	3	8	4	9
9	9								2	7	3	8	4	9
4	4	3	8	4	9									
8	8	7				2	7	3	8	4	9			
3	3	2		4	9									
7	7			8	7	3	8	4	9				2	
2	2			3	2								7	
				7									3	
				2									8	2
													4	7
9													9	3
4														8
8					9	4	8	3	7	2				4
3					9	4	8	3	7	2				9
7		9	4	8	3	7	2							
2					9	4	8	3	7	2				

AUFGABE 23

Die sich wiederholende Zahlenfolge ist hier: 9, 4, 8, 3, 7, 2.
Sie verläuft von rechts oben spiralförmig gegen den Uhrzeigersinn.
Allerdings gibt es hinsichtlich der leeren Kästchen dazwischen noch etwas zu beachten.
Wie müssen die neun helleren Kästchen in der Mitte aussehen?

*Lösung **30***

AUFGABE 24

Fritz und sein Bruder Heinrich brachten ihre Mutter für ihre Urlaubsreise zum Flughafen.

Plötzlich fiel Fritz ein Mann in der Menge auf.

„Sieh mal da, Heinrich, kennst du den?"

Heinrich blieb fast die Spucke weg: „Ich kann es nicht glauben, das ist ja Franz!"

Das stimmte.

Wie aber hatten sie beide Franz erkannt, obwohl sie ihn niemals zuvor gesehen hatten?

Lösung ***56***

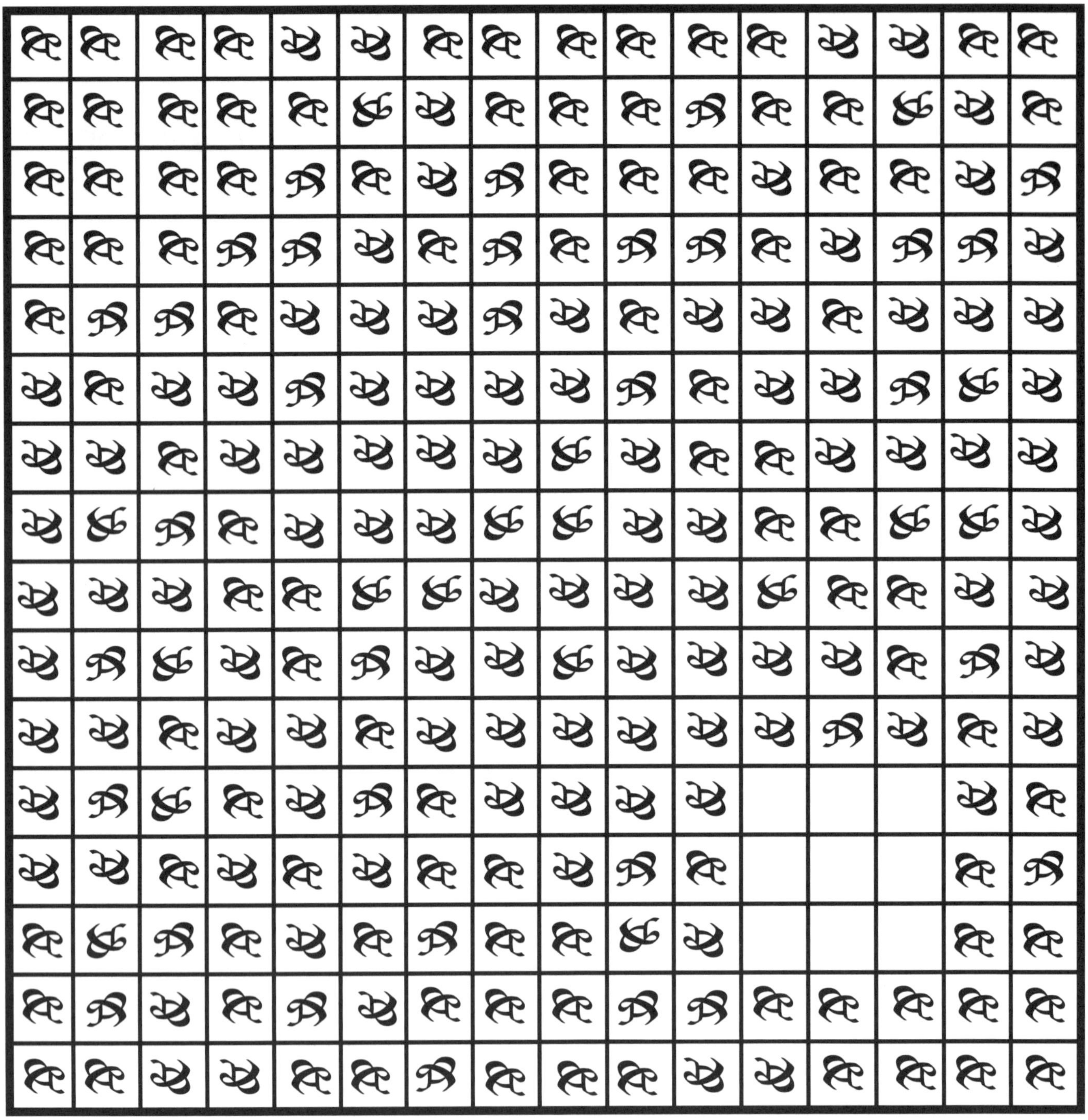

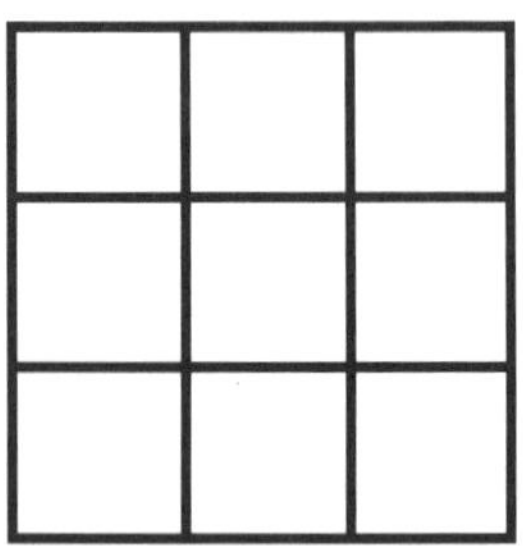

AUFGABE 25

Können Sie die Systematik dieses Rasters erkennen und die frei gelassenen Kästchen füllen?

Lösung ***14***

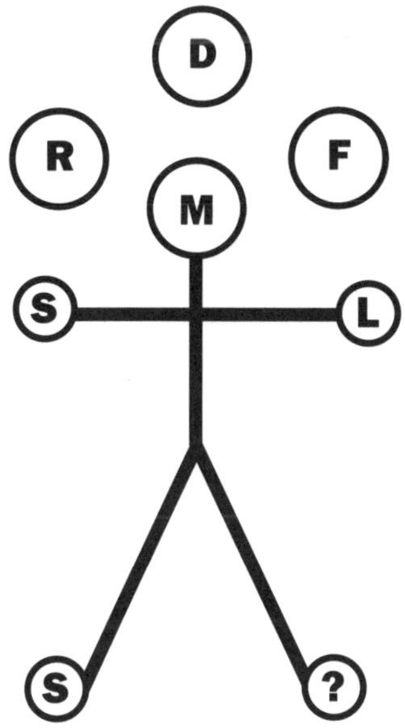

AUFGABE 26

Für welchen Buchstaben
steht das Fragezeichen?

Lösung ***83***

Etwas stimmt nicht an dieser Liste. Erkennen Sie, was es ist?

Rot	**Schwarz**	**Mauve**
Purpur	**Grün**	**Orange**
Gelb	**Braun**	**Grau**
Weiß	**Indigo**	**Blau**
Violett		

AUFGABE 27

Lösung ***92***

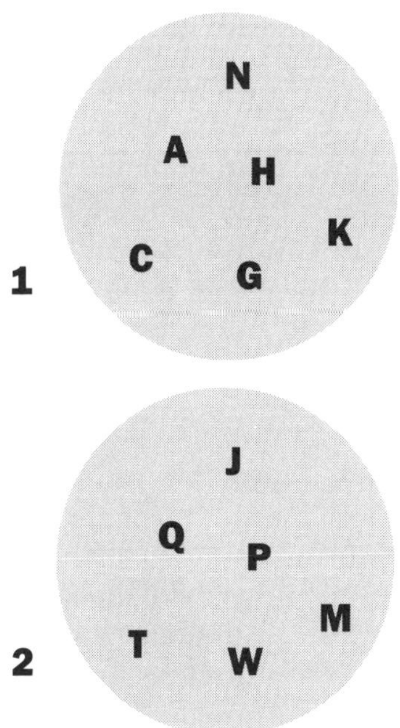

AUFGABE 28

Welcher der Buchstaben
in Kreis 2 darf hier nicht stehen?

Lösung ***138***

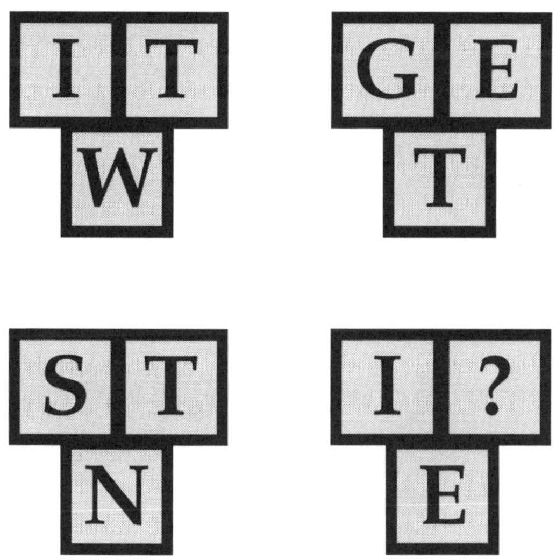

AUFGABE 29

Welcher Buchstabe
komplettiert die vierte Gruppe?

Lösung ***94***

A **B** **C** **D**

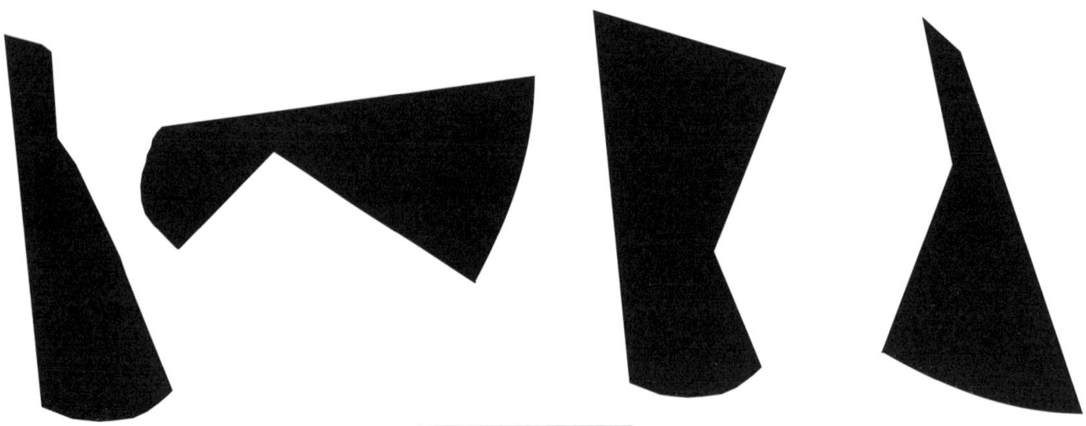

AUFGABE 30

Die vier oberen Teile fügen sich,
richtig zusammengesetzt, zu einem noch unvollständigen
Kreis, denn ein Stück fehlt noch. Welches?

Lösung ***22***

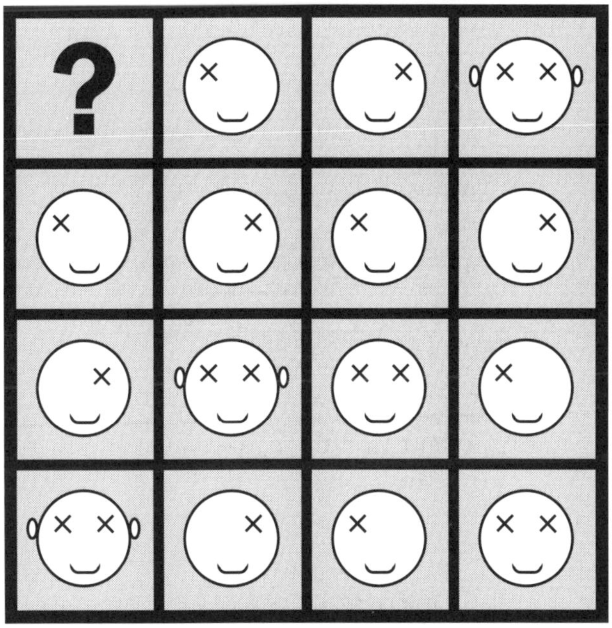

AUFGABE 31

Auf welche Logik stützt sich dieses Raster?
Wenn Sie das erkannt haben, wissen Sie, welches
Symbol das erste Feld enthalten muß.

*Lösung **5***

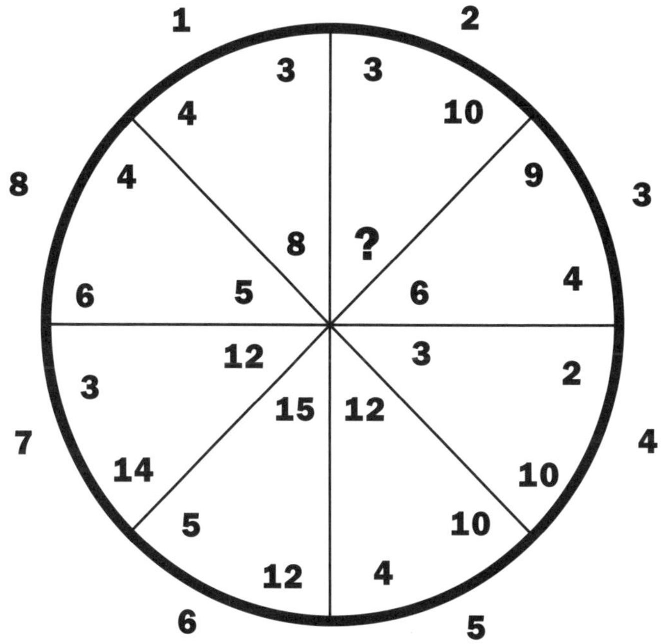

AUFGABE 32

Welche Zahl
ist hier zu ergänzen?

*Lösung **11***

AUFGABE 33

Gesucht werden fünf Maler und eine weitere
Persönlichkeit. Nehmen Sie dafür je einen Buchstaben
aus den Wolken in deren numerischer Reihenfolge.

*Lösung **28***

AUFGABE 34

Eine Figur paßt hier nicht zu den übrigen.

*Lösung **75***

AUFGABE 35

Welche Logik verbindet die Dreiecke?
Welcher Buchstabe fehlt demzufolge?

*Lösung **97***

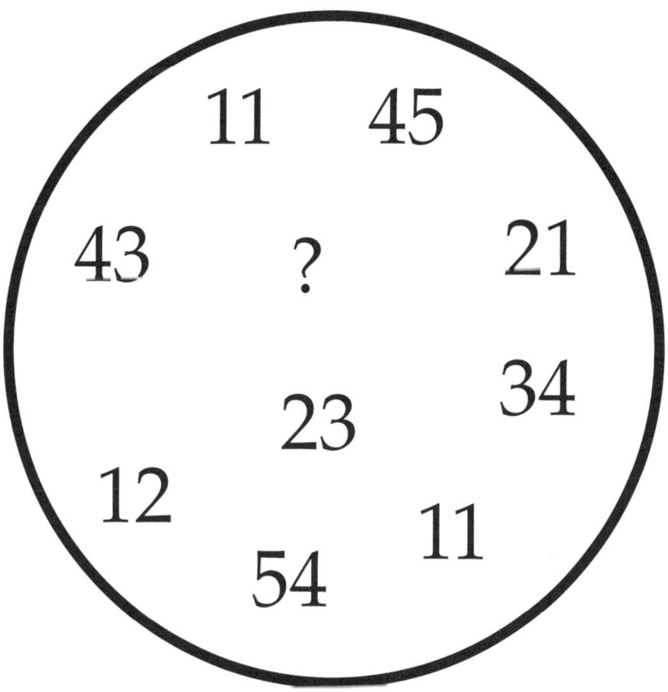

AUFGABE 36

Für welche Zahl steht das Fragezeichen?

*Lösung **115***

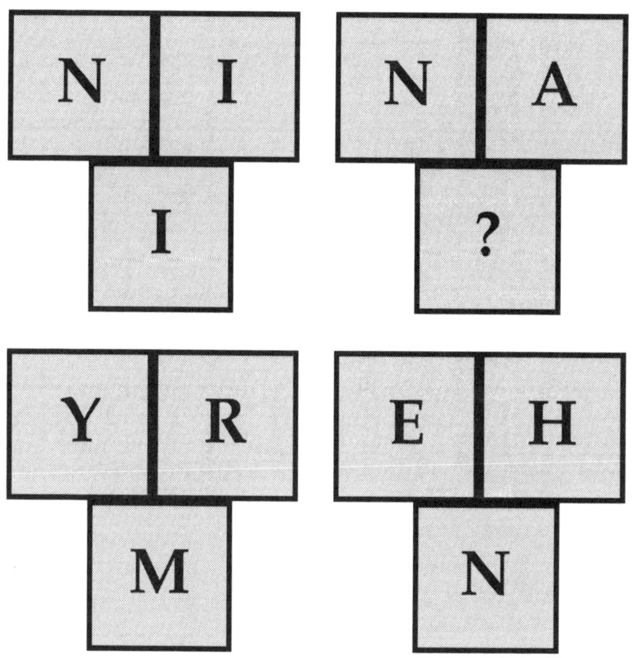

AUFGABE 37

Durch welchen Buchstaben
ist das Fragezeichen zu ersetzen?

*Lösung **102***

D	R	I	V	E	R	I	D	V	E	R	D	D	R	I	V
R	D	R	I	V	E	R	D	R	I	V	E	R	V	E	R
I	V	E	R	D	V	E	R	D	D	R	I	V	E	R	V
V	D	R	I	V	E	R	D	E	R	C	I	E	V	V	E
E	D	R	I	V	E	E	R	V	D	I	V	E	R	D	R
D	R	I	V	E	V	R	V	D	E	R	I	V	E	R	D
V	D	E	R	I	D	I	V	E	R	D	R	I	V	E	R
D	R	I	R	V	E	R	D	R	I	D	R	D	V	D	E
D	R	R	V	I	D	R	E	V	E	R	D	R	I	V	E
D	A	D	R	I	V	E	D	R	I	V	D	R	I	V	E
I	R	D	R	E	V	I	R	D	R	E	V	I	R	D	R
V	E	R	D	D	R	I	V	E	R	D	R	I	V	E	D
V	I	V	I	V	E	V	R	D	E	V	D	E	V	I	R
E	R	E	R	E	D	E	D	R	R	I	R	V	E	R	I
R	D	R	D	R	R	R	R	I	D	R	I	I	R	D	V
I	I	D	I	D	I	D	E	V	I	D	V	R	D	R	E

AUFGABE 38

In diesem Buchstabenquadrat kommt der Name VERDI nur einmal ganz und in gerader Linie vor. Endecken Sie ihn? Außerdem ist hier ein zweites Wort versteckt, allerdings mit einer Richtungsänderung. Es könnte eines der letzten Worte des berühmten Komponisten gewesen sein.

Lösung ***24***

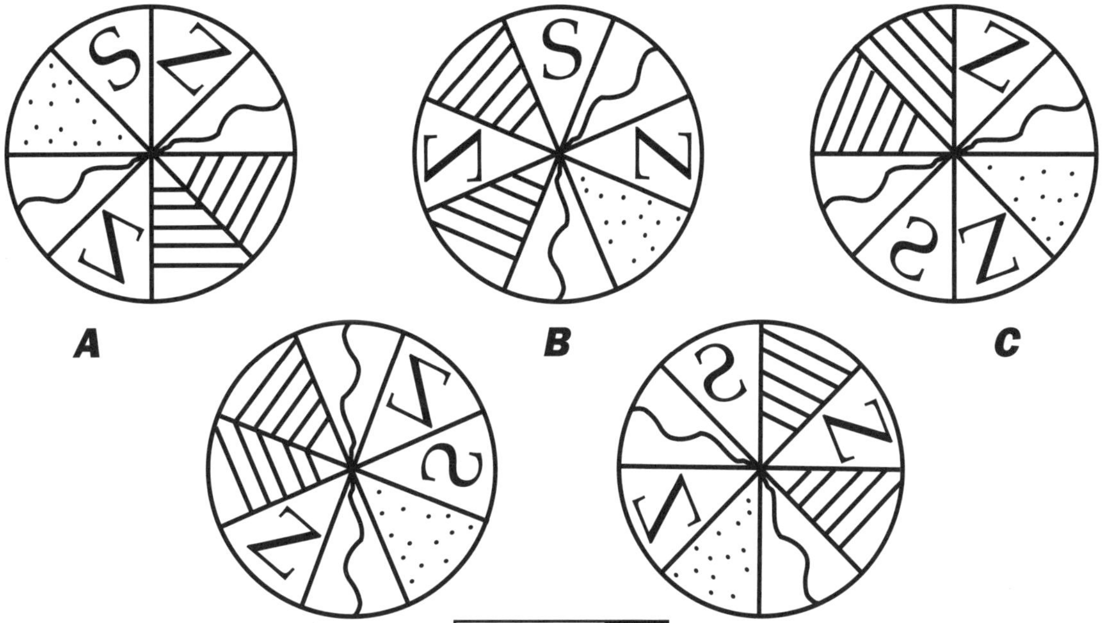

AUFGABE 39

Eine der Figuren gehört nicht hierher. Welche denn?

Lösung ***82***

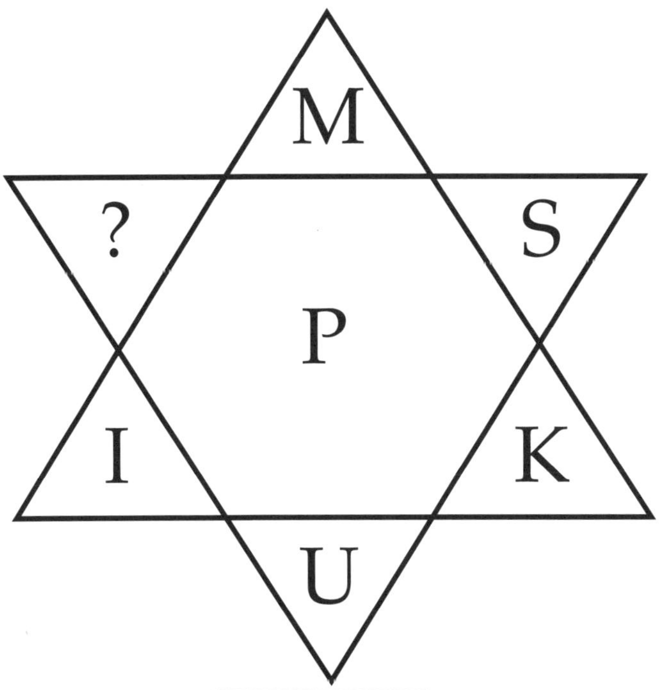

AUFGABE 40

Welches Gesetz regelt die Verteilung der Buchstaben in diesem Stern, und welcher Buchstabe fehlt?

Lösung ***91***

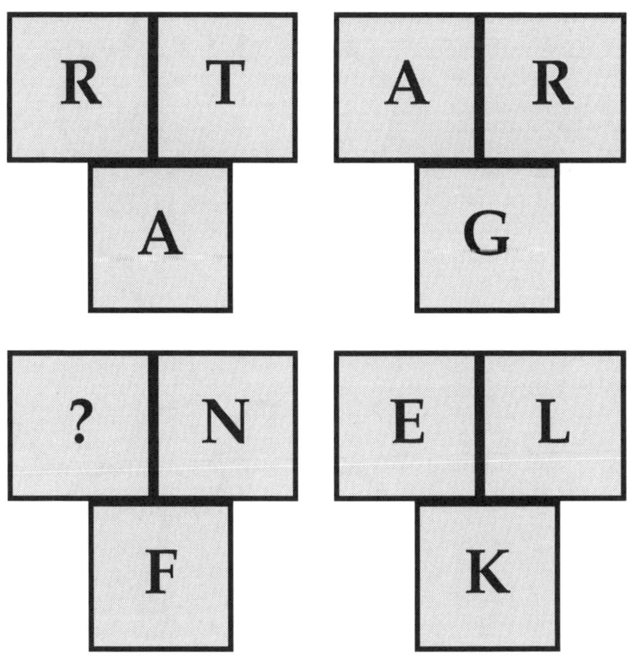

AUFGABE 41

Welcher Buchstabe ist anstelle des Fragezeichens einzutragen?

Lösung ***106***

AUFGABE 42

Nehmen Sie aus jeder Blume in deren numerischer Reihenfolge einen Buchstaben, und bilden Sie daraus die Namen von fünf Schauspielern.

Lösung ***76***

A

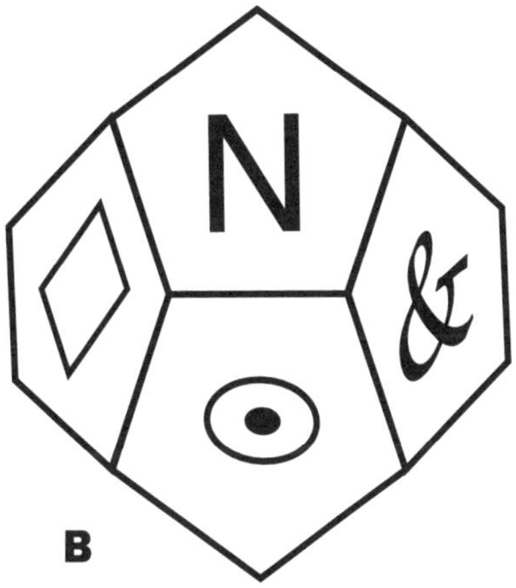

B

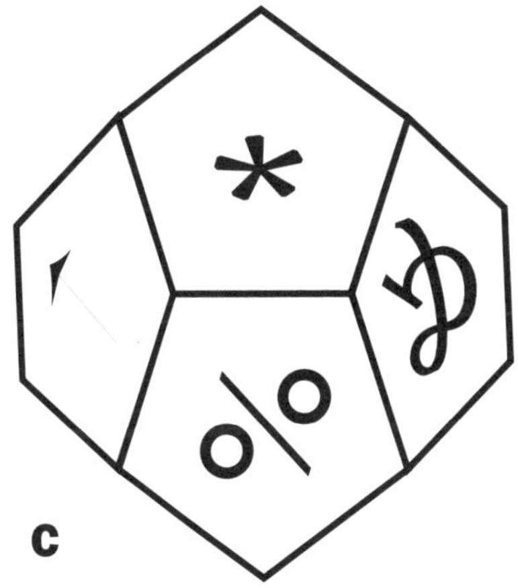

C

D

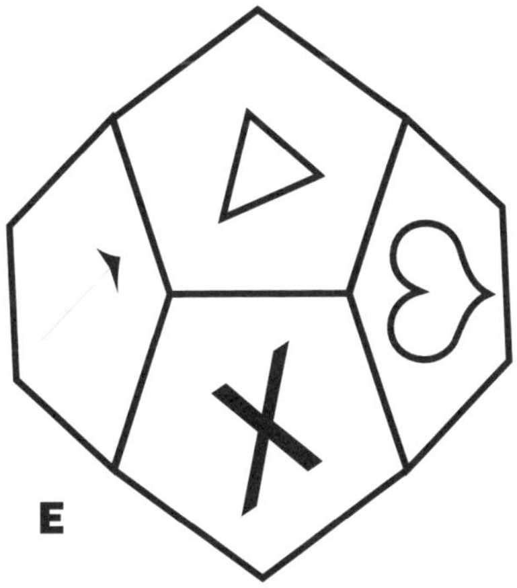

E

F

AUFGABE 43

Welche zwei Modelle ergeben sich nicht
aus der aufgeklappten Vorlage?

*Lösung **78***

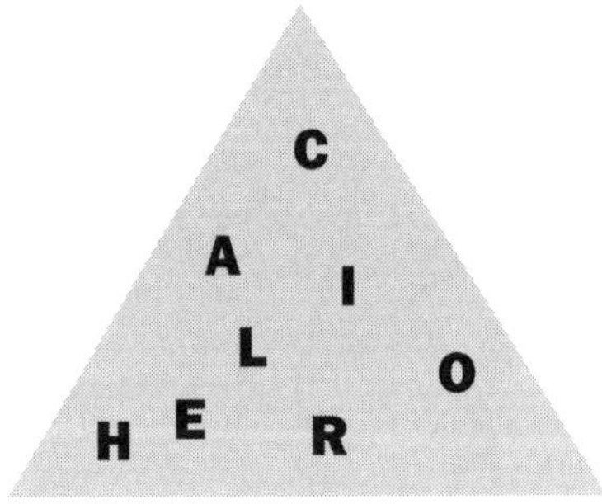

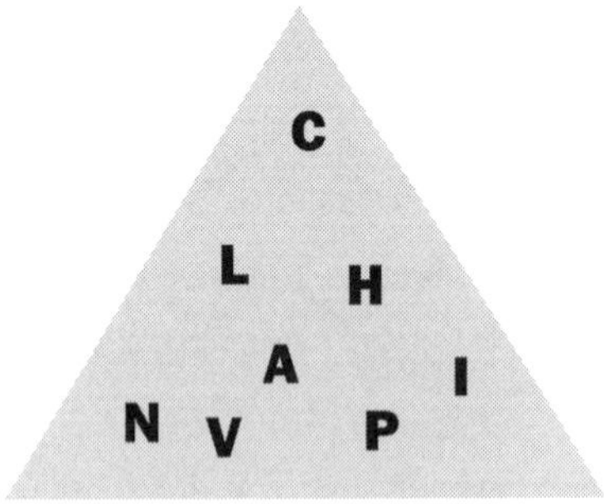

AUFGABE 44

Welche Buchstaben haben
in diesen Dreiecken nichts zu suchen?

Lösung ***135***

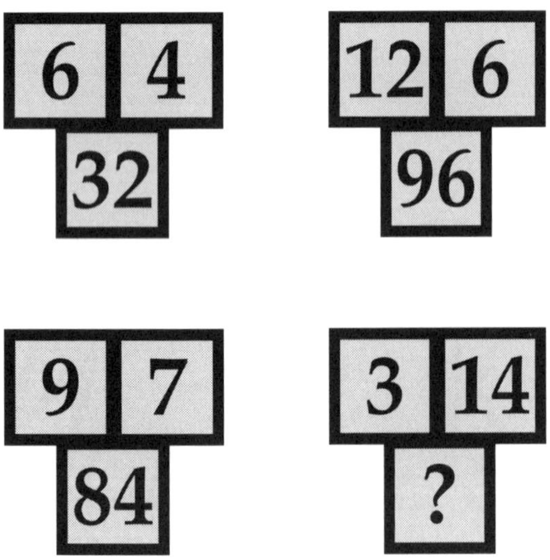

AUFGABE 46

Finden Sie heraus, welche Logik die Zahlen
verknüpft, und ersetzen Sie das Fragezeichen.

Lösung ***108***

6	G	B	6	2	G	F	5
5	D	3	9	D	I	3	4
1	F	7	H	A	7	1	H
9	E	4	C	2	5	C	E
2	A	6	G	8	I	F	8
8	I	5			B	1	4
3	B	1			H	9	E
7	H	9	E	4	C	2	A
4	C	2	A	6	G	8	I
6	G	8	I	5	D	3	B
A	D	3	B	1	F	7	H
H	5	7	H	9	E	4	C
6	2	F	C	2	A	6	G
8	D	I	4	8	I	5	D
A	B	7	1	G	B	1	F
F	5	9	C	E	3	9	E

AUFGABE 45

Dieses Raster enthält die Zahlenfolge: 5, 6, 4, 7, 3, 8, 2, 9, 1.
Dabei werden Zahlen manchmal von Buchstaben –
entsprechend deren Position im Alphabet – ersetzt.
Können Sie die vier weißen Felder füllen?

Lösung ***35***

AUFGABE 47

Der Großvater eines jungen Mannes starb und hinterließ diesem unter anderem eine Vase.
Sobald der Enkel das Erbe übernommen hatte, zerschmetterte er die Vase.
Paradoxerweise ging es ihm nun erheblich besser als zuvor.

Warum?

Lösung ***32***

5	3	6	4	4	3	5	7	5	7	9	2	2	5	8	3
9	8	9	6	1	5	8	6	6	8	3	7	6	7	4	4
2	1	5	7	8	3	1	3	5	1	6	6	8	9	8	6
7	6	2	9	1	1	8	3	1	5	1	7	5	3	4	1
8	5	6	6	2	4	4	8	3	8	4	7	1	6	1	8
7	6	2	2	5	2	3	7	4	5	8	5	7	6	3	1
7	9	3	1	8	4	5	4	7	7	9	4	8	5	6	3
3	6	8	8	2	9	8	8	2	5	7	2	1	8	3	5
5	6	9	6	5	3	4	7	4	7	4	2	6	6	5	5
1	6	3	2	3	4	5	8	1	1	2	4	9	3	2	7
5	8	9	7	1	8	3	6	9	3	6	3	5	4	9	4
8	4	5	6	7	1	5	1	8	5	8	3	1	2	5	7
7	2	2	9	2	2	4	7	4	9	4	1	8	6	7	8
2	4	3	9	5	6	7	8	5	8	3	2	7	5	6	1
5	9	4	3	4	2	6	1	7	3	4	9	2	6	9	1
3	2	5	8	1	3	2	5	3	8	3	5	3	1	2	7

AUFGABE 48

Schauen Sie genau hin, und Sie werden Zahlenpaare finden, die in senkrechter, waagerechter oder diagonaler Richtung die Summe 10 ergeben. Wie viele können Sie entdecken?

Lösung **47**

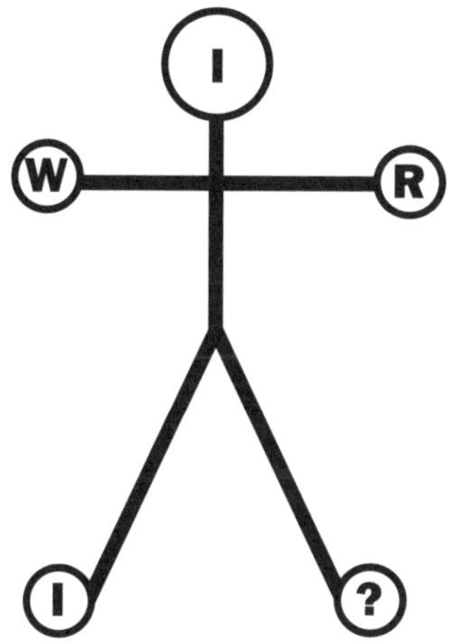

AUFGABE 49

Welcher Buchstabe ersetzt das Fragezeichen?

Lösung ***87***

AUFGABE 50

Welche Zahl fehlt auf dem letzten Dominostein?
Die Antwort finden Sie in Japan.

Lösung ***113***

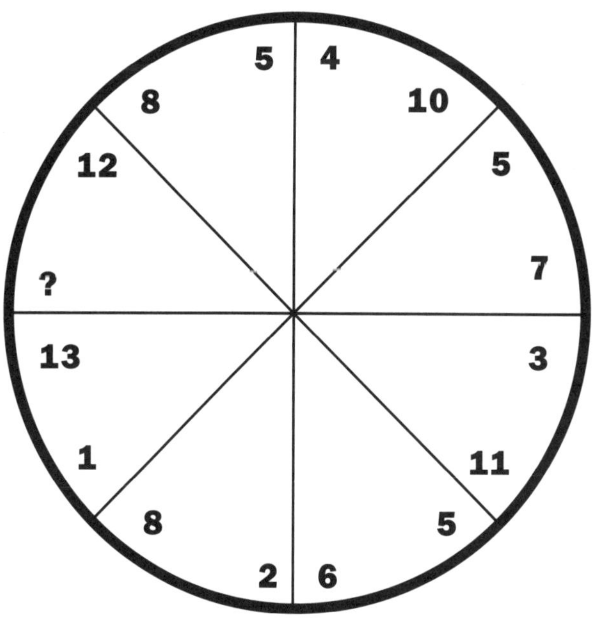

AUFGABE 51

Nach welchem Gesetz sind in diesen Kreissegmenten die Zahlen verteilt, und welche Zahl fehlt?

Lösung ***25***

AUFGABE 52

Für welche Zahl steht hier das Fragezeichen?

Lösung ***6***

AUFGABE 53

Wählen Sie aus jeder Wolke in deren numerischer Reihenfolge einen Buchstaben. Gesucht werden fünf Dramatiker und eine weitere Person. Wer sind die Personen?

Lösung ***41***

3	6	3	5
4	12	11	1
3	?	15	5
1	6	7	2

AUFGABE 54

Erkennen Sie, nach welcher Gesetzmäßigkeit hier die Zahlen verteilt sind? Dann können Sie auch das Fragezeichen ersetzen!

Lösung ***7***

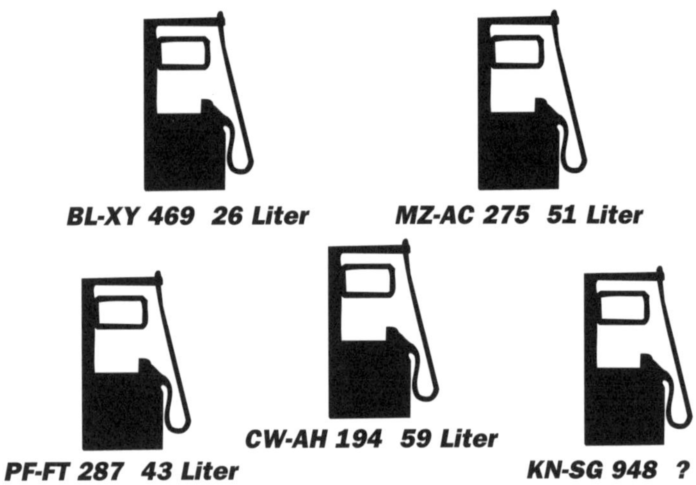

AUFGABE 55

An jeder Zapfsäule hat ein Auto getankt. Erkennen Sie den Zusammenhang zwischen dem Kennzeichen und der Benzinmenge? Wieviel hat der letzte Wagen getankt?

A) 30 Liter ***B) 72 Liter***
C) 36 Liter ***D) 78 Liter***

Lösung ***40***

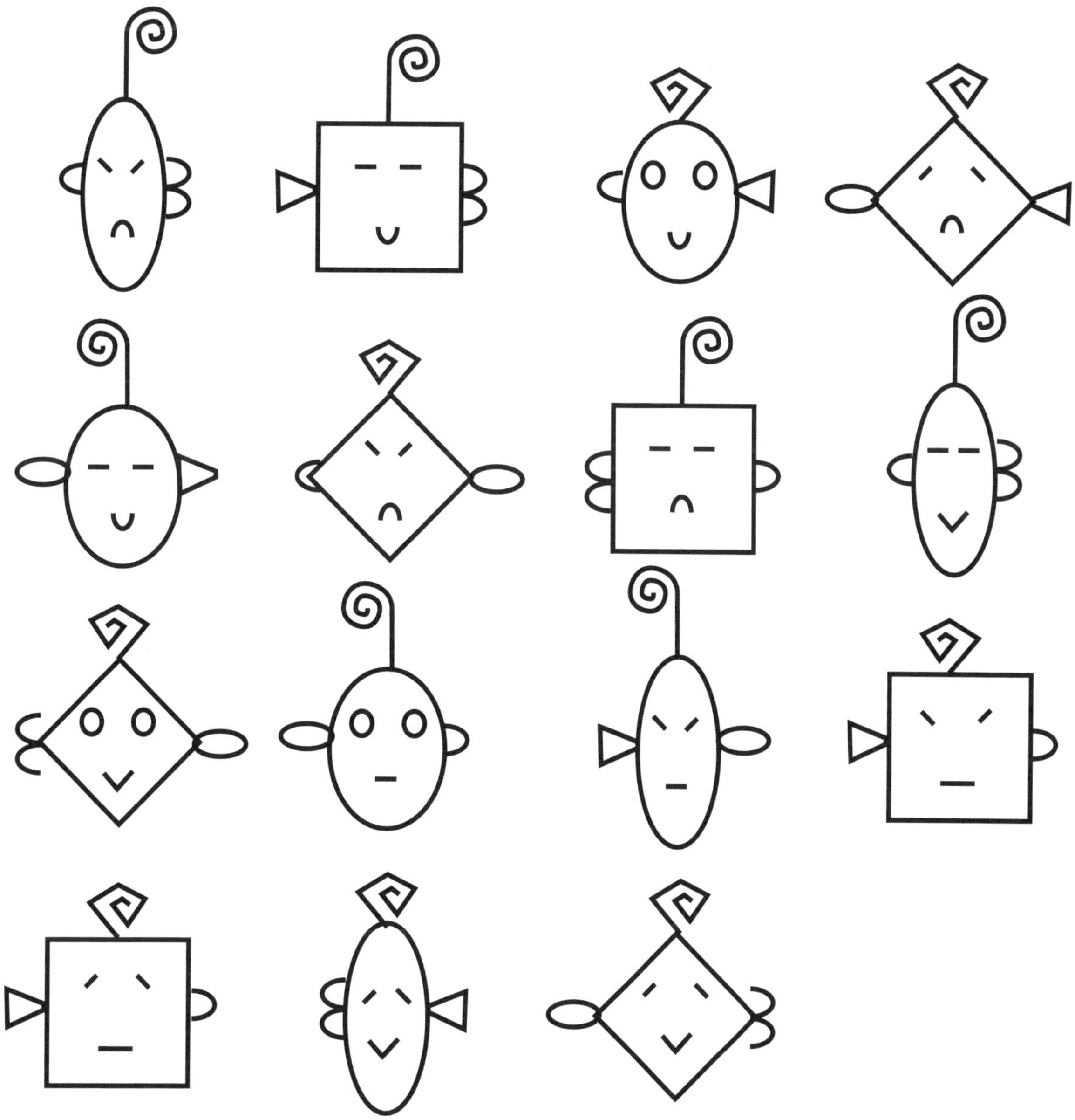

A B C D

AUFGABE 56

Welches Gesicht aus A bis D komplettiert das Schema?

Lösung ***88***

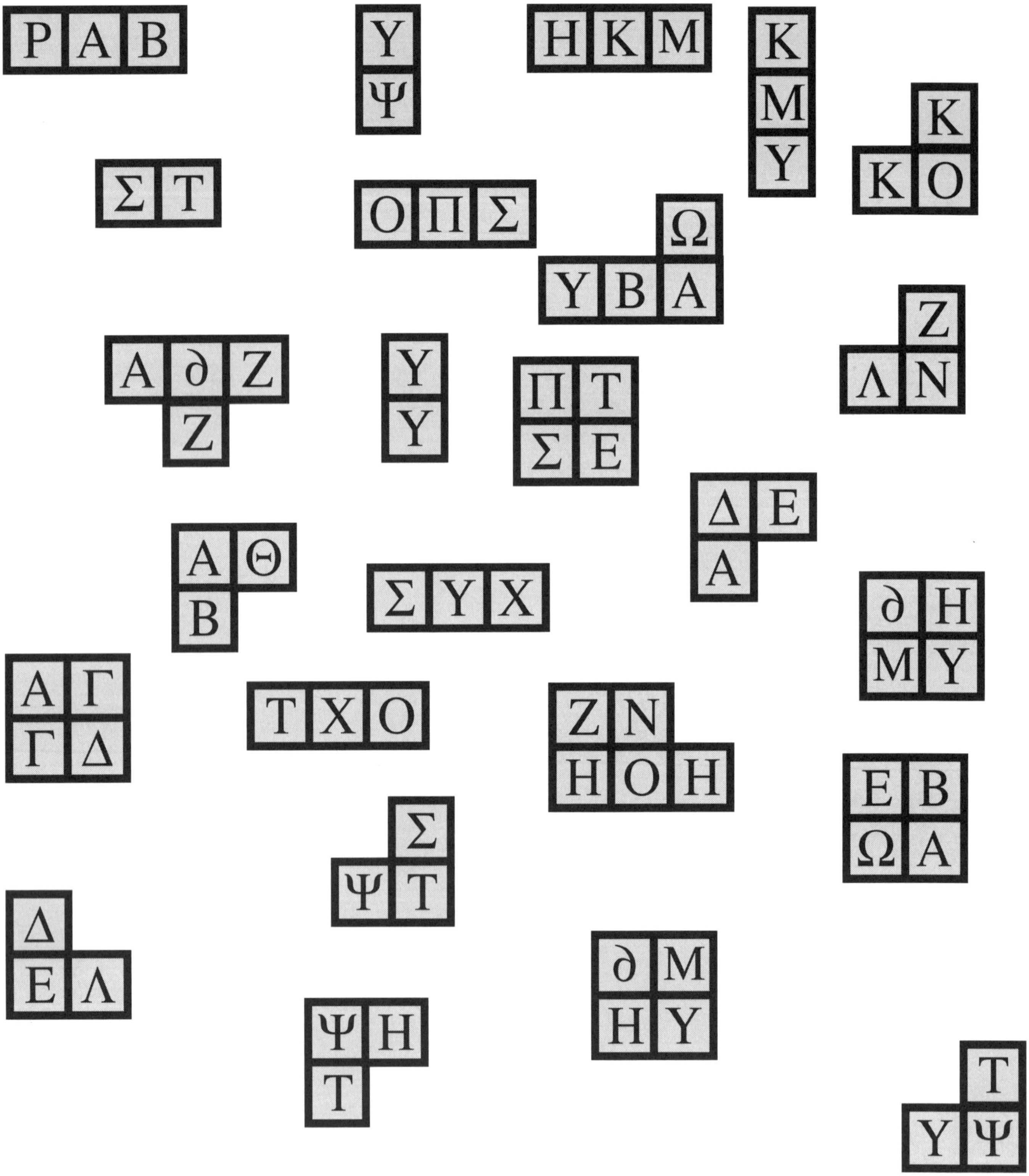

AUFGABE 57

Richtig zusammengesetzt, ergeben diese Mosaiksteine ein Quadrat, bei dem jede Zeile (waagerecht) mit jeweils einer Spalte (senkrecht) übereinstimmt.

Lösung ***80***

AUFGABE 58

Welche Zeit sollte Uhr 4 anzeigen?

Lösung ***16***

AUFGABE 59

Welcher Buchstabe fehlt auf dem letzten Dominostein?

Lösung ***120***

AUFGABE 60

Sie werden auf Schatzsuche geschickt. Zwar dürfen Sie auf jedem Feld nur einmal stoppen, kreuzen aber dürfen Sie es beliebig oft. Wenn Sie auf einem Feld anhalten, müssen Sie die entsprechende Anweisung befolgen. Der erste bzw. die ersten beiden Buchstaben bezeichnen die Himmelsrichtung (N = Norden usw.). Die Bedeutung des zusätzlich zur Himmelsrichtung angegebenen Buchstabens müssen Sie herausfinden. Ziel ist das Feld mit dem *. Wo beginnt die Schatzsuche?

Lösung ***13***

SOV	SOU	SU	SOY	SWY	OX	SP	SP
SS	*	WY	SOV	OX	WW	SWT	WS
SOS	SS	WX	NWX	SQ	NY	SQ	SWT
OT	SX	NOY	SOV	SU	SWW	WW	SR
SS	OT	SV	NWY	WV	NX	WY	SWT
SU	NOV	NOY	ST	NOW	NX	NW	NWU
NOV	NOW	SV	SOY	SV	NT	NX	NU
NX	NT	NT	OX	SWX	NX	NWY	SY
NX	NOX	NY	SY	NWY	SWX	NY	WY
NT	NOW	OW	NV	NOW	OY	SWY	NT
SOY	NV	NT	NOY	NU	NWX	NV	NWT
NX	NR	NOW	NO	NO	NWV	WY	WU

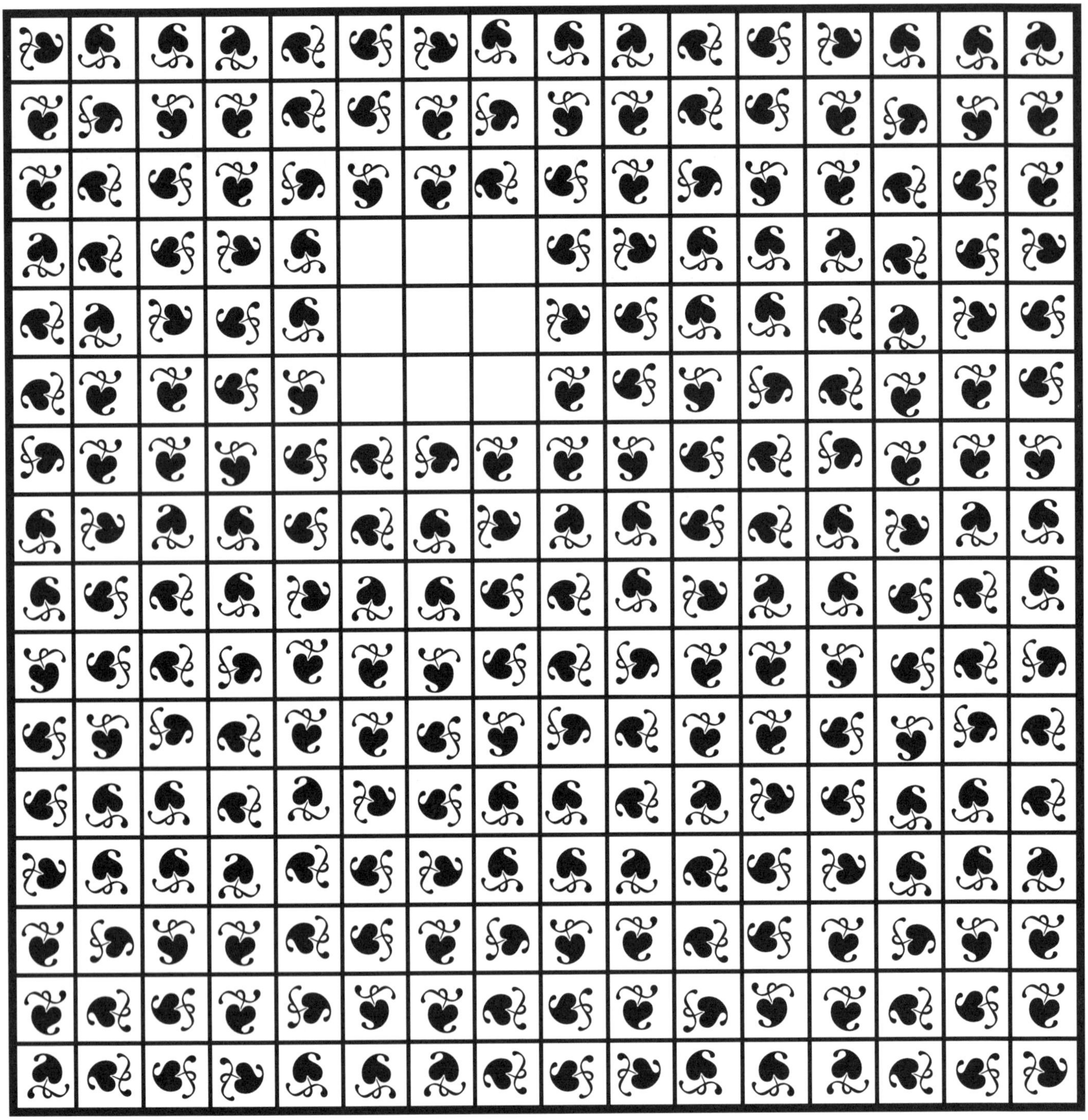

AUFGABE 61

Nach welchem Schema folgen diese Symbole aufeinander? Ergänzen Sie die leeren Kästchen entsprechend.

Lösung ***114***

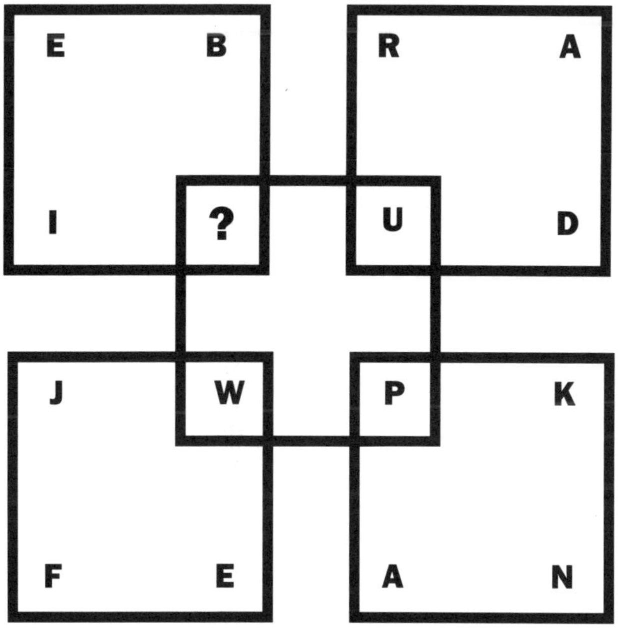

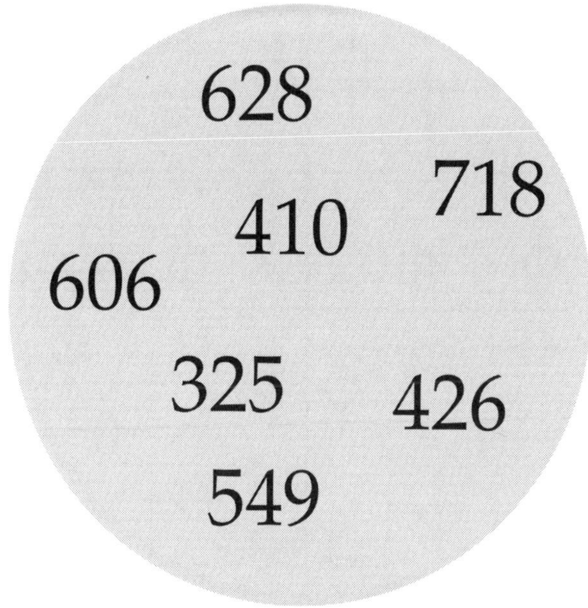

AUFGABE 62

Nach welchem Gesetz sind hier die Buchstaben verteilt, und welcher Buchstabe fehlt?

Lösung ***153***

AUFGABE 63

Eine Zahl paßt nicht zu den übrigen. Welche?

Lösung ***124***

AUFGABE 64

Für welchen Buchstaben steht das Fragezeichen?

Lösung ***156***

AUFGABE 65

Wenn Sie das Prinzip dieses Rades erkennen, wissen Sie auch, welches Element fehlt.

Lösung ***15***

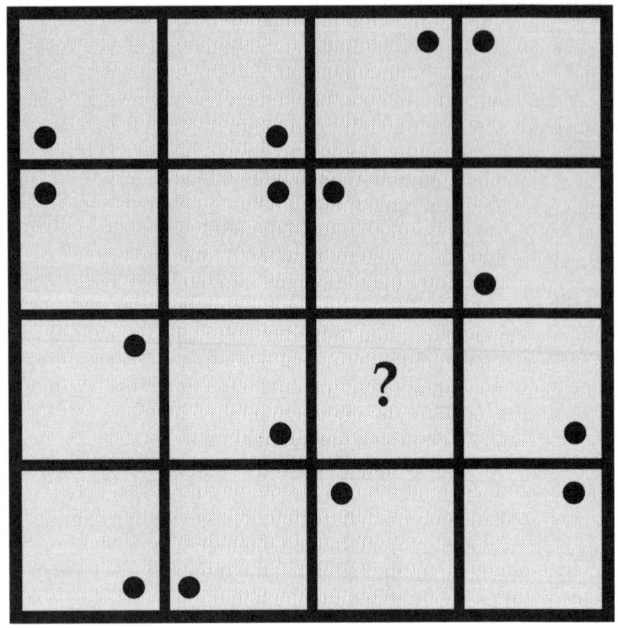

AUFGABE 66

In welcher Ecke im Feld mit dem Fragezeichen befindet sich der Punkt?

Lösung ***12***

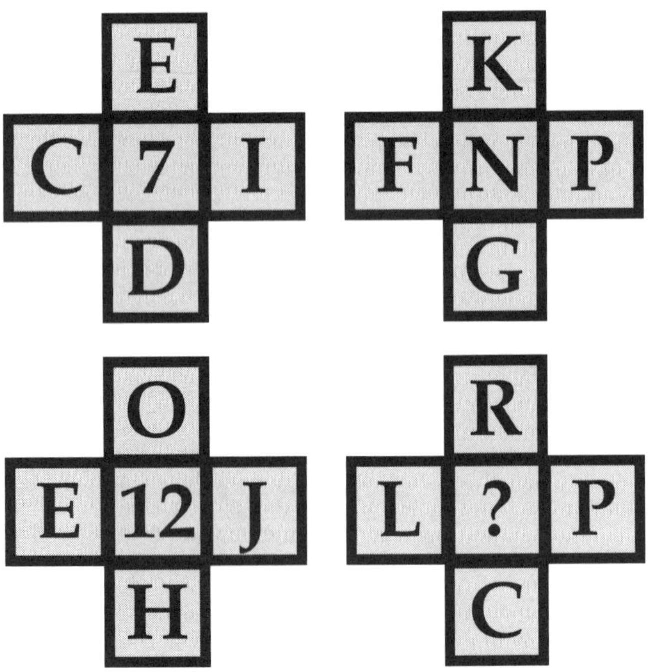

AUFGABE 67

Kommen Sie hinter das Schema dieser Figuren? Dann wissen Sie auch, welcher Buchstabe hier fehlt.

Lösung ***134***

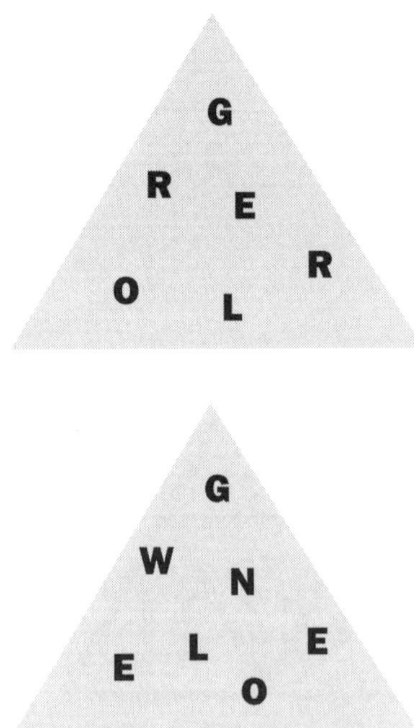

AUFGABE 68

Ein Buchstabe in einem der beiden Dreiecke gehört nicht dazu.

Lösung ***144***

AUFGABE 69

Ein Mann erhielt während der Nachtschicht einen Anruf und eilte sogleich nach Hause.

Sein Informant hatte recht gehabt:

Seine Frau lag mit einem Fremden im Bett!

Allerdings schien er mehr überrascht, denn wütend

und brachte beiden sogar Frühstück ans Bett.

Was war geschehen?

Lösung ***21***

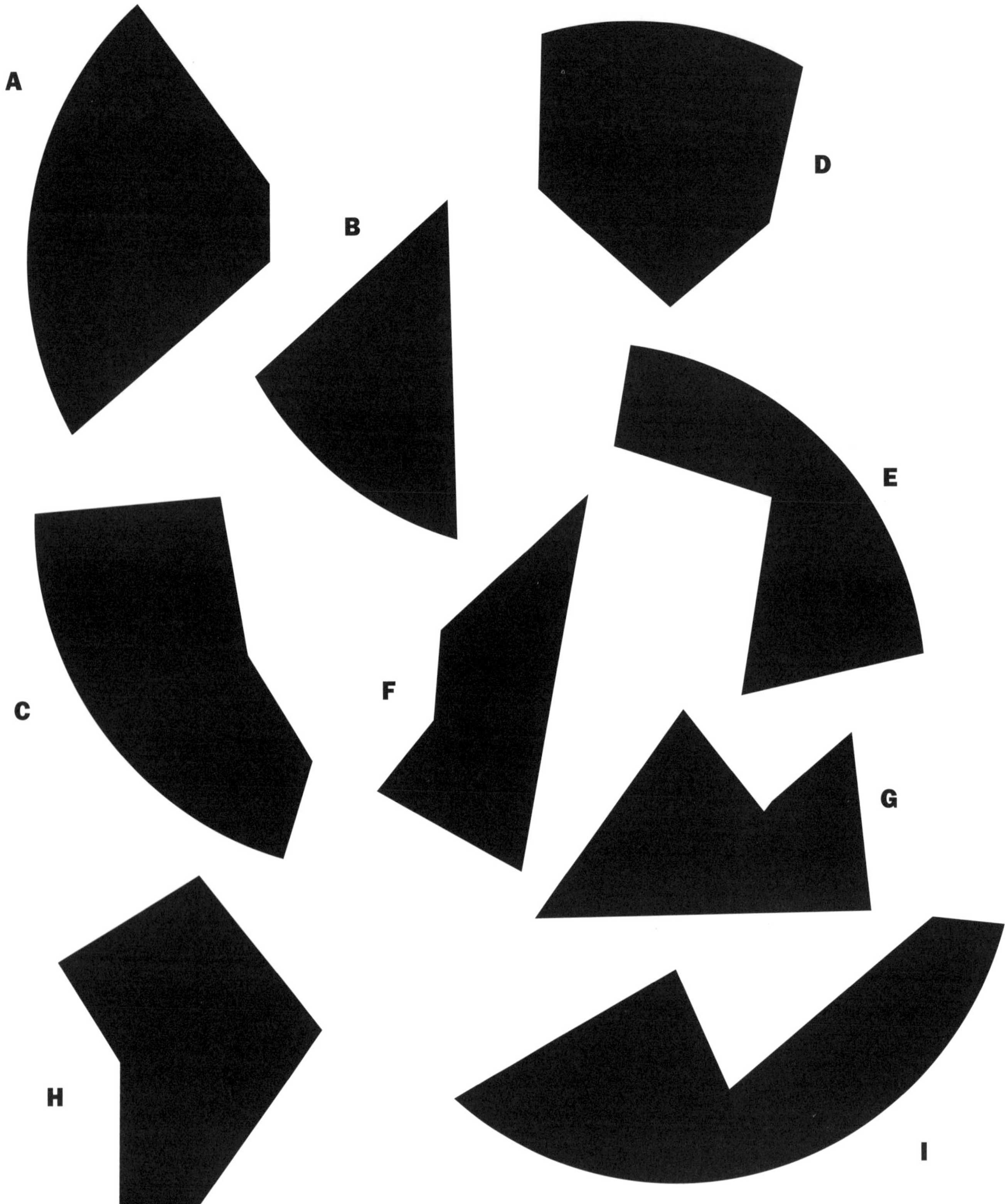

AUFGABE 70

Richtig zusammengesetzt, bilden diese Teile einen Kreis.
Allerdings sind zwei Teile in das Puzzle geraten,
die nicht dazugehören. Finden Sie sie?

Lösung ***38***

5	0	5	6	4	3	5	0	5	6	4	3
1	8	7	1	8	7	1	8	7	1	8	7
6	4	3	5	0	5	6	4	3	5	0	5
5	3	4	1	5	6	5	4	4	0	5	6
7	7	8	8	2	1	8	7	8	8	1	1
3	5	0	4	6	6	3	5	0	4	6	5
4	6	5	3	6	0	5	6	5	3	5	0
8	1	1	8	7	8	8	2	1	7	7	8
0	5	6	5	3	4	0	5	6	5	3	4
5	0	5	6	4	3	5	0	5	6	4	3
1	8	7	1	8	7	1	8	7	1	8	7
6	4	3	5	0	5	6	4	3	5	0	5

AUFGABE 71

Die sich wiederholende Zahlenfolge ist hier: 6, 1, 5, 0, 8, 4, 3, 7, 5. Um es etwas komplizierter zu machen, sind jedoch einige Zahlen um 1 vergrößert. Wenn Sie diese mit einem Leuchtstift markieren, ergibt sich daraus ein Buchstabe. Welcher ist es?

Lösung ***52***

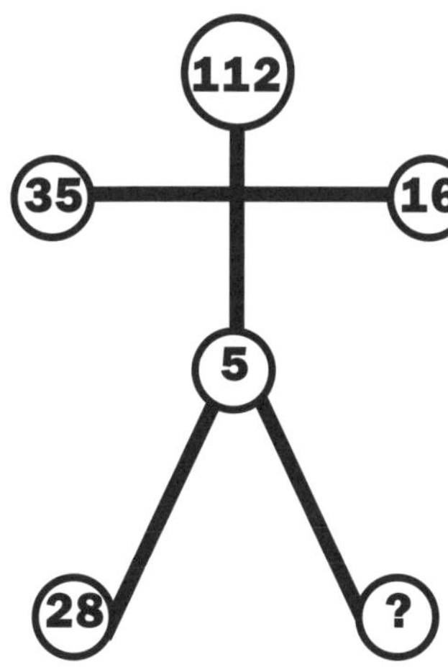

AUFGABE 72

Erkennen Sie das Prinzip, das die Verteilung der Zahlen bei dieser Figur beherrscht, und finden Sie die fehlende Zahl?

Lösung ***99***

AUFGABE 73

Ersetzen Sie das Fragezeichen durch eine Zahl.

Lösung ***37***

A	G	K	A	V	E	D	C	B	V	D	N	P	R	U	V
W	C	Q	D	H	K	F	L	G	M	R	S	A	B	Q	Y
Z	K	E	X	A	L	H	O	I	A	B	G	B	Q	C	R
V	R	A	W	T	B	I	T	K	N	K	A	O	B	G	U
B	C	D	G	X	A	E	Y	M	Z	B	M	B	F	M	N
D	O	Z	F	A	J	R	J	K	L	T	W	A	W	X	Y
F	A	E	O	H	R	S	A	O	G	A	C	E	G	T	A
H	K	L	A	X	Y	Z	B	R	F	J	F	O	P	Q	R
J	S	T	U	A	B	C	O	V	T	Q	X	S	T	U	V
L	M	N	G	F	J	D	U	Z	A	V	L	M	N	T	O
P	Q	R	M	O	Q	A	T	V	Y	D	E	F	R	G	H
I	J	N	X	Y	Z	B	V	C	D	E	F	A	B	C	D
S	K	O	A	B	C	F	X	G	H	X	Z	K	L	M	N
O	U	P	R	Y	W	S	T	U	K	L	A	B	C	A	B
P	A	W	F	G	H	I	N	A	E	X	D	P	V	X	E
Q	B	E	Y	A	C	K	Q	D	F	Z	L	M	A	R	C

AUFGABE 74

In obigem Raster finden Sie Paare von Buchstaben, zwischen denen im Alphabet nur ein Buchstabe dazwischenliegt, z. B. AC oder DF. Diese Paare können sowohl waagerecht wie auch senkrecht oder diagonal auftreten. Wie viele können Sie entdecken?

Lösung **54**

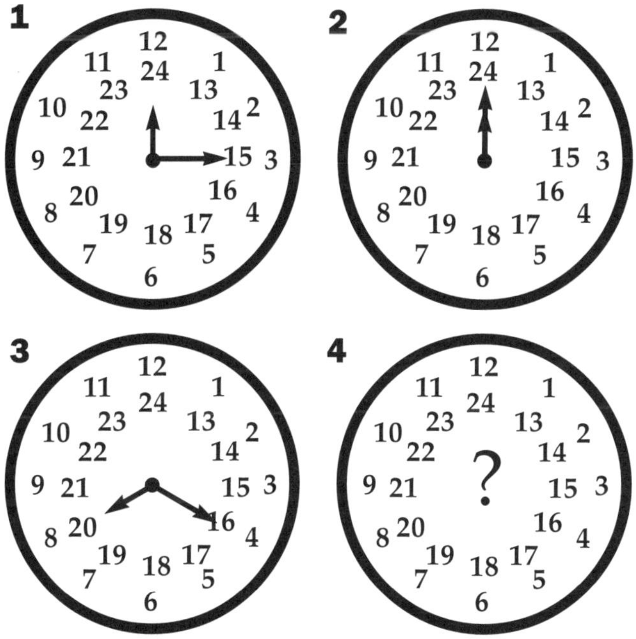

AUFGABE 75

Finden Sie das Gesetz heraus, das die Uhrzeiten festlegt und damit die Stellung der Zeiger für Uhr 4. Beide Zeiger weisen exakt in die gleiche Richtung.

Lösung ***27***

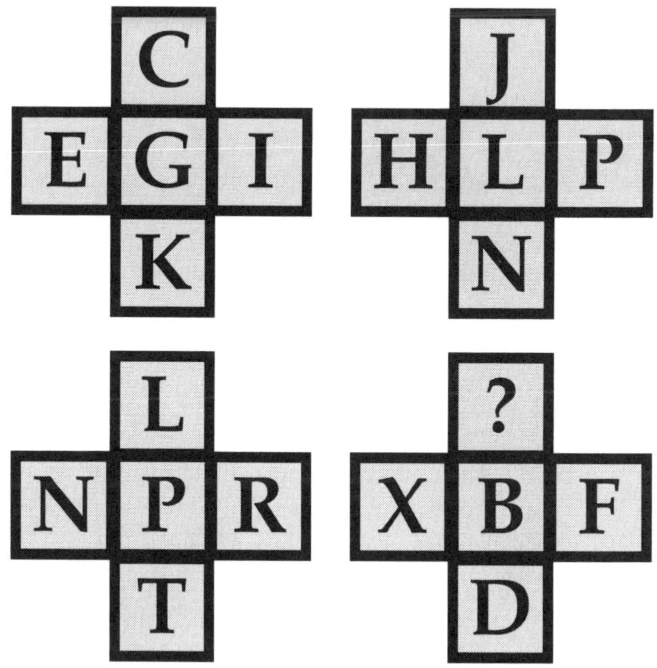

AUFGABE 76

Anstelle welchen Buchstabens steht das Fragezeichen?

Lösung ***137***

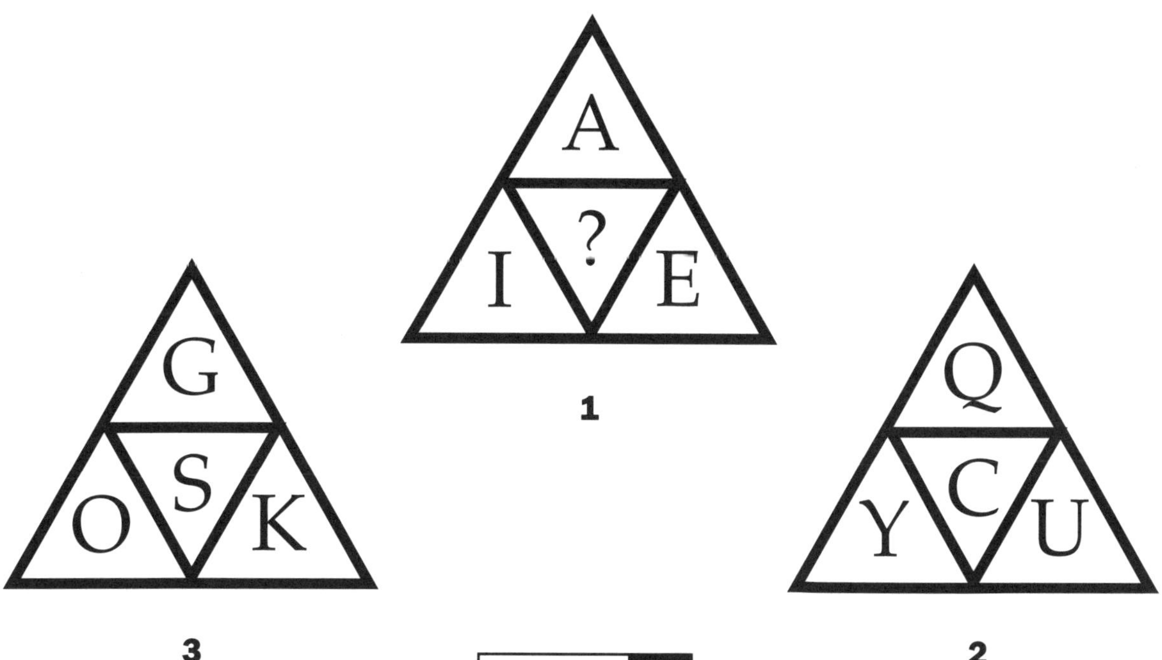

AUFGABE 77

Ermitteln Sie die Gesetzmäßigkeit hinter der Buchstabenverteilung in diesen Dreiecken, und ergänzen Sie den fehlenden Buchstaben!

Lösung ***109***

AUFGABE 78

In der richtigen Zusammensetzung ergeben die oberen vier Teile einen Kreis. Jedoch fehlt eines. Welches ist es, A, B, C oder D?

Lösung ***3***

AMSTERDAM	EINDHOVEN
ROTTERDAM	NIJMEGEN
IJMUIDEN	PUTTEN
SCHEVENINGEN	ARNHEM
	BREDA

AUFGABE 79

Welcher Städtename der rechten Gruppe muß der linken zugeordnet werden? Die Antwort hat mit den Niederlanden nichts zu tun.

Lösung ***100***

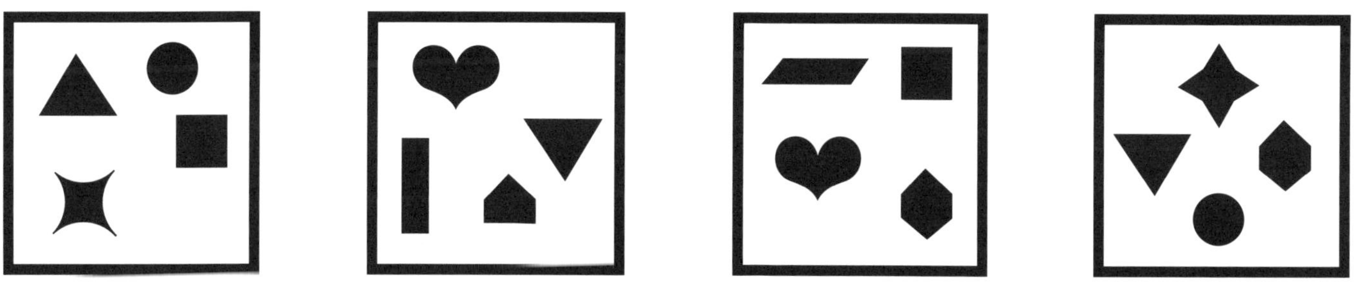

A **B** **C** **D**

AUFGABE 80

Welches der Quadrate A bis D folgt auf das letzte der oberen Reihe?

Lösung ***111***

AUFGABE 81

Welcher Buchstabe fehlt hier?

Lösung ***107***

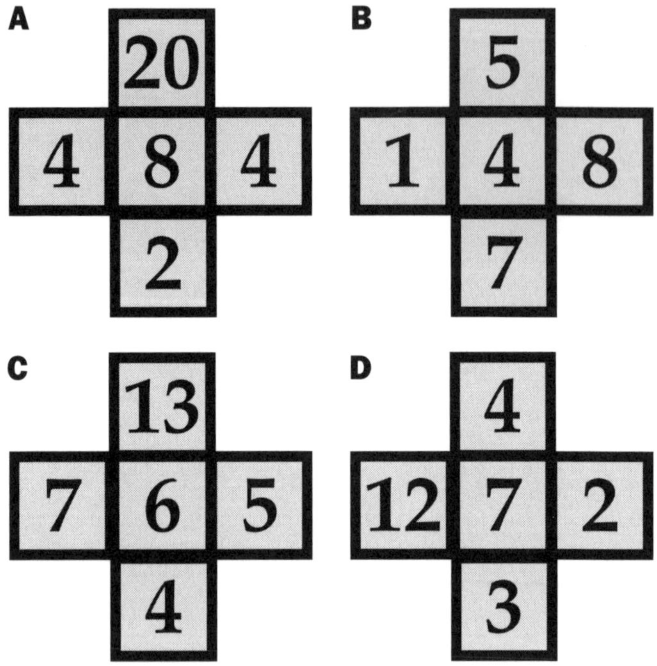

AUFGABE 82

Eines der Diagramme gehorcht nicht dem Prinzip der anderen drei.

Lösung ***139***

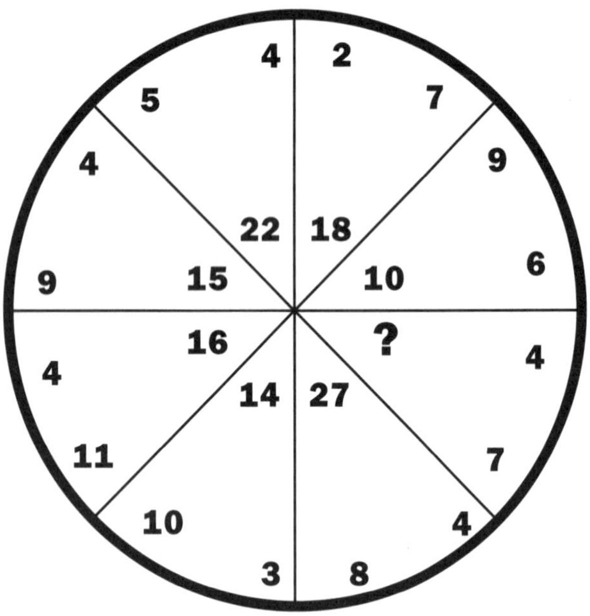

AUFGABE 83

Finden Sie die fehlende Zahl?

Lösung ***36***

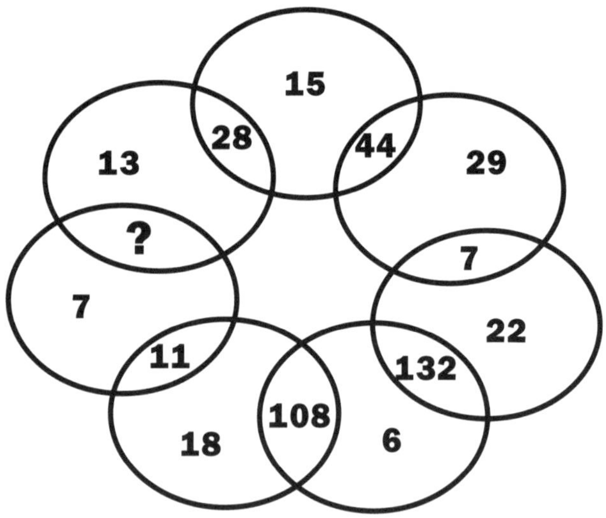

AUFGABE 84

Der Zahlenverteilung in diesem Diagramm liegt eine bestimmte Logik zugrunde. Wofür steht das Fragezeichen?

Lösung ***74***

AUFGABE 85

Fritzchen, der kleine Schlaumeier und Lehrerschreck, langweilte sich im Biologieunterricht.

Da hob er plötzlich die Hand und stellte seinem Lehrer eine Frage:

„Es hat Beine, einen Rücken und Ohren, aber keinen Kopf.

Was ist das?“

Wie gewöhnlich war der Lehrer verärgert über die Störung, zumal er um eine Antwort verlegen war.

Was hatte Jimmy bei seiner Frage im Kopf?

Lösung ***17***

G	A	R	A	R	D	D	E	P	G	A	R	D	I	E	U
E	G	E	R	A	D	G	R	A	E	P	E	G	D	I	G
R	D	A	D	R	D	E	D	R	R	A	D	E	R	E	E
A	E	R	A	G	E	R	I	D	G	E	R	R	A	U	R
R	P	R	D	E	P	P	E	G	E	R	A	A	P	D	A
D	E	E	D	R	A	A	U	A	R	D	U	R	E	E	R
G	U	I	R	A	R	D	I	E	U	I	E	D	E	E	D
G	E	R	A	R	D	E	G	E	P	A	R	D	P	E	R
D	R	A	R	E	G	P	G	E	R	A	R	I	I	E	U
D	D	D	P	G	I	A	D	D	E	P	A	E	A	I	D
E	R	E	E	E	D	R	R	D	I	E	U	U	R	G	A
P	A	P	D	R	R	D	G	E	R	A	R	D	G	D	E
A	R	A	D	A	A	I	G	E	R	A	R	D	D	E	P
R	E	R	R	R	P	E	G	D	U	A	E	I	D	R	A
D	G	G	A	D	E	G	E	R	A	R	D	D	E	P	A
I	E	E	R	D	D	D	R	A	R	E	G	E	I	D	R

AUFGABE 86

Nur einmal ist in diesem Raster der Name GERARD DEPARDIEU in voller Länge enthalten. Er ist mit zwei Richtungswechseln geschrieben. Ob waagerecht, senkrecht oder diagonal, das müssen Sie herausfinden.

Lösung ***59***

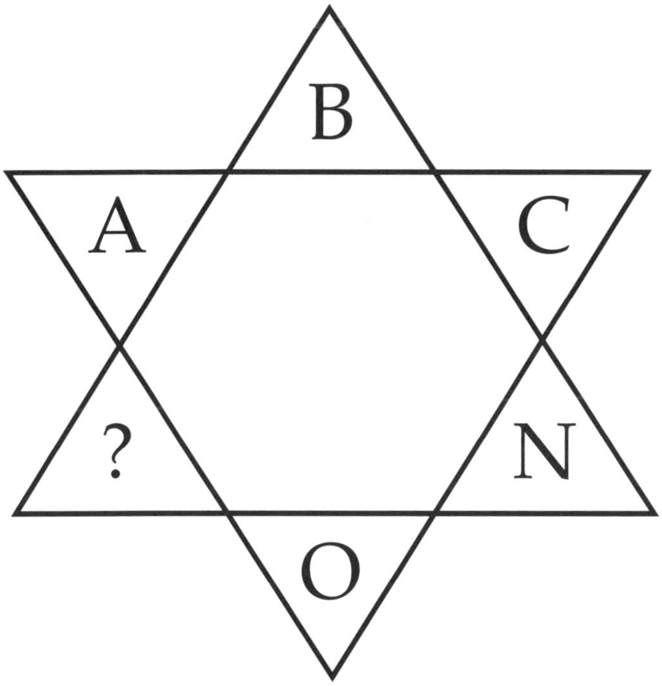

1	1	5	2	1	8	4	3
1	4	4	1	8	3	5	1
1	4	2	2	5	6	7	1
1	4	2	3	3	1	1	2
1	4	2	3	7	7	3	4
4	4	2	4	8	2	2	7
3	1	2	3	7	2	8	8
8	7	4	3	7	2	8	5
1	5	3	7	7	2	8	5
5	3	2	8	2	2	8	5
2	1	7	4	5	8	8	5
7	8	4	2	1	1	5	5

AUFGABE 87

Erkennen Sie die Logik hinter der Verteilung der Buchstaben in diesem Stern? Finden Sie den fehlenden Buchstaben!

Lösung ***101***

AUFGABE 88

Hier liegt die Zahlenfolge 3, 1, 4, 1, 5, 8, 2, 7 zugrunde. Zu einigen Zahlen wurde jedoch eine 1 addiert. Wenn Sie diese mit einem Leuchtstift markieren, ergibt sich daraus ein Buchstabe.

Lösung ***60***

A. Bruno Berger

7 Std. 20 Min.

B. Carlo Maroni

8 Std. 26 Min.

C. Michel Cointreau

9 Std. 20 Min.

D. Werner Piefke

9 Std. 40 Min.

E. Arthur Hastings

a) 8 Std. 20 Min.
b) 8 Std. 26 Min.
c) 9 Std. 20 Min.
d) 7 Std. 14 Min.

AUFGABE 89

Die fünf Rennfahrer benötigten unterschiedlich lange, um das Rennen zu beenden. Zwischen den Namen und der Zeitdauer besteht ein logischer Zusammenhang. Wie lange hat Arthur Hastings gebraucht? (Ein Hinweis: Vokale und Konsonanten sind für den Ausgang des Rennens entscheidend.)

Lösung ***61***

A **verhält sich zu** **B** **wie** **C** **zu**

D **E** **F** **G**

AUFGABE 90

Lösung ***98***

AUFGABE 91

O3	S6	O3	SO3	O3	SW1	SW1	SW1
S6	N1	SO4	NW1	W2	S1	S5	W4
O4	S2	W2	S3	S1	O2	W4	SW4
O2	N1	SW2	SO2	SO1	W5	S4	S1
O2	W1	S1	N2	N4	S2	N2	N3
N4	SW1	O5	N2	NW1	W1	N1	N2
NO6	SO1	NW1	SO1	SO1	N3	NW5	*
O1	NO1	O5	NO1	N3	NW4	W3	N1

Mit Hilfe dieses Rasters finden Sie einen Schatz. Sie dürfen jedes Feld beliebig oft durchqueren, jedoch nur einmal darauf halten. In dem Fall müssen Sie die dortige Anweisung befolgen. Die Buchstaben stehen für die Himmelsrichtung (N = Norden usw.), die Zahl gibt die Anzahl der Felder an, die Sie weiterziehen dürfen. Der Schatz liegt unter dem Asterisken *.
Finden Sie das Feld, auf dem die Schatzsuche beginnt? Aber es gibt noch eine zusätzliche Schwierigkeit. Sie werden feststellen, daß Sie nie auf bestimmte Felder kommen. Wenn Sie die Felder, auf denen Sie Halt gemacht haben, durchstreichen, dann erkennen Sie irgendwann, daß die übrigen einen Buchstaben bilden. Welcher ist das?

Lösung ***49***

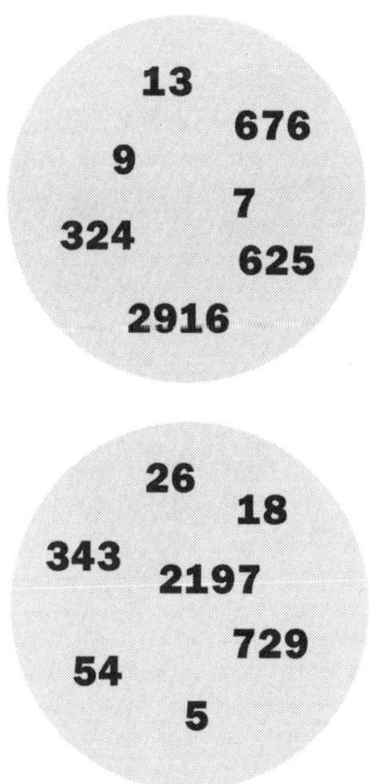

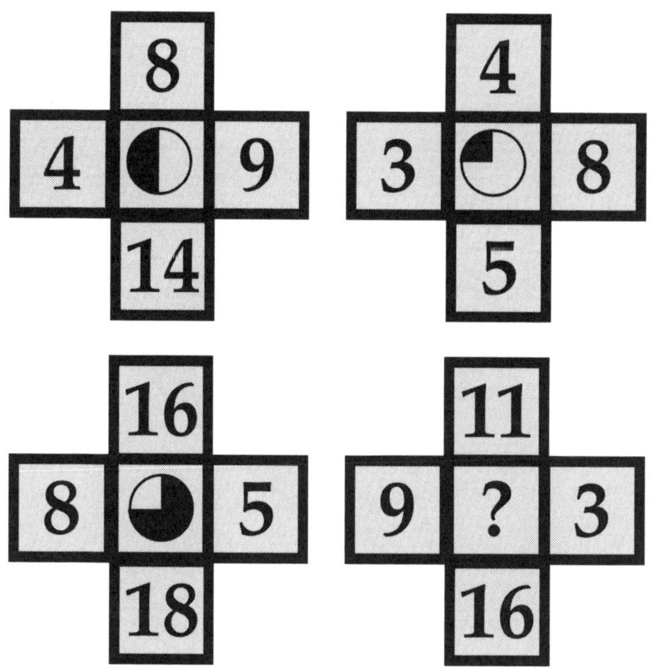

AUFGABE 92

In jedem Kreis ist eine Zahl, die nicht hineingehört.

Lösung ***132***

AUFGABE 93

Den Diagrammen liegt eine bestimmte Logik zugrunde. Welche Form ersetzt das Fragezeichen?

Lösung ***141***

AUFGABE 94

Richtig zusammengesetzt, bilden
sechs dieser acht Puzzleteile ein Quadrat.
Welche zwei aber werden nicht benötigt?

Lösung ***64***

AUFGABE 95

Nehmen Sie aus jeder Wolke in numerischer Reihenfolge einen Buchstaben. Gesucht werden fünf Wissenschaftler und eine weitere Person.

*Lösung **46***

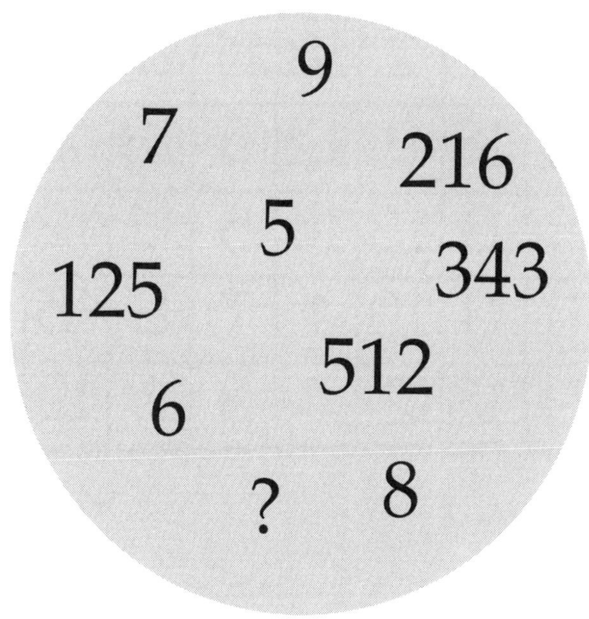

AUFGABE 96

Durch welches Symbol ist das Fragezeichen in diesem Raster zu ersetzen?

*Lösung **20***

AUFGABE 97

Welche Zahl fehlt hier denn noch?

*Lösung **126***

18	3	16	7	10	3	14	15	2	13	7	6	12	19	2	8
16	5	12	10	14	7	9	19	12	6	13	3	8	7	7	6
16	18	3	16	12	14	7	4	13	12	15	9	14	5	13	4
12	8	8	3	7	11	6	8	5	11	9	13	11	7	6	12
15	8	11	19	10	10	7	14	4	12	5	7	16	13	9	15
13	14	11	4	3	10	17	9	18	7	3	6	12	5	14	19
11	4	9	11	18	4	18	12	9	12	14	15	14	17	2	6
17	5	4	18	3	17	6	8	19	17	4	15	8	11	12	15
4	6	8	19	15	11	19	12	12	13	11	8	4	3	14	3
13	5	1	19	6	8	15	2	17	13	7	15	11	14	17	12
9	1	2	13	4	6	5	8	19	12	9	8	17	7	15	4
5	12	2	18	11	8	15	6	3	4	2	1	4	6	16	12
17	18	9	12	5	13	2	8	6	16	10	14	3	4	12	11
8	6	13	16	5	11	12	8	9	14	7	3	8	9	13	6
5	6	19	1	7	8	15	4	5	15	3	6	15	8	8	11
9	18	2	4	3	1	19	8	13	16	12	18	14	19	2	12

AUFGABE 98

Bei genauem Hinsehen finden Sie in diesem Raster Zahlenpaare, deren Summe 20 ergibt. Die Zahlen stehen entweder waagerecht, senkrecht oder diagonal nebeneinander. Wie viele Paare finden Sie?

Lösung ***63***

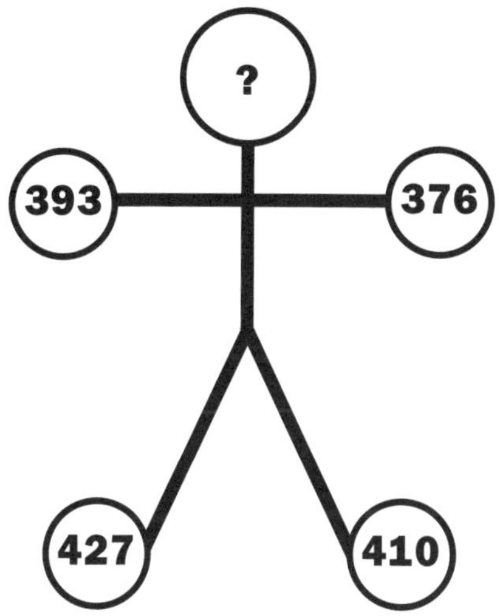

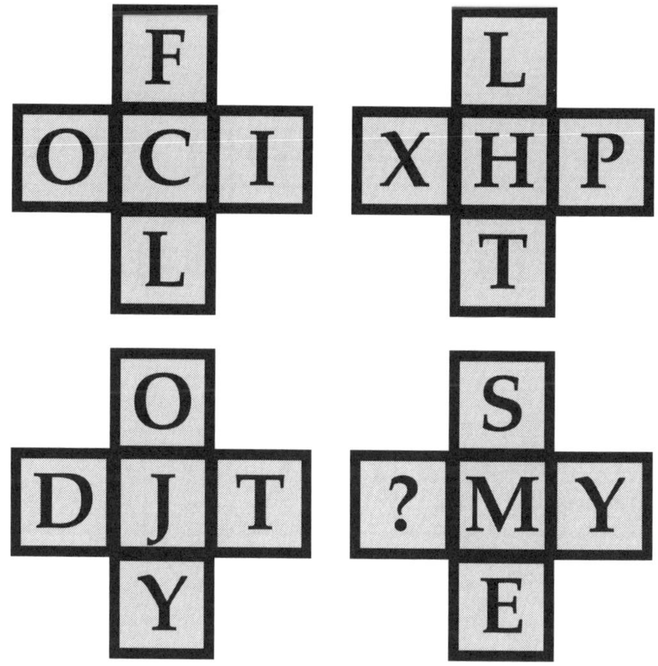

AUFGABE 99

Welche Zahl hat das Strichmännchen im Kopf?

Lösung ***125***

AUFGABE 100

Für welchen Buchstaben steht das Fragezeichen?

Lösung ***143***

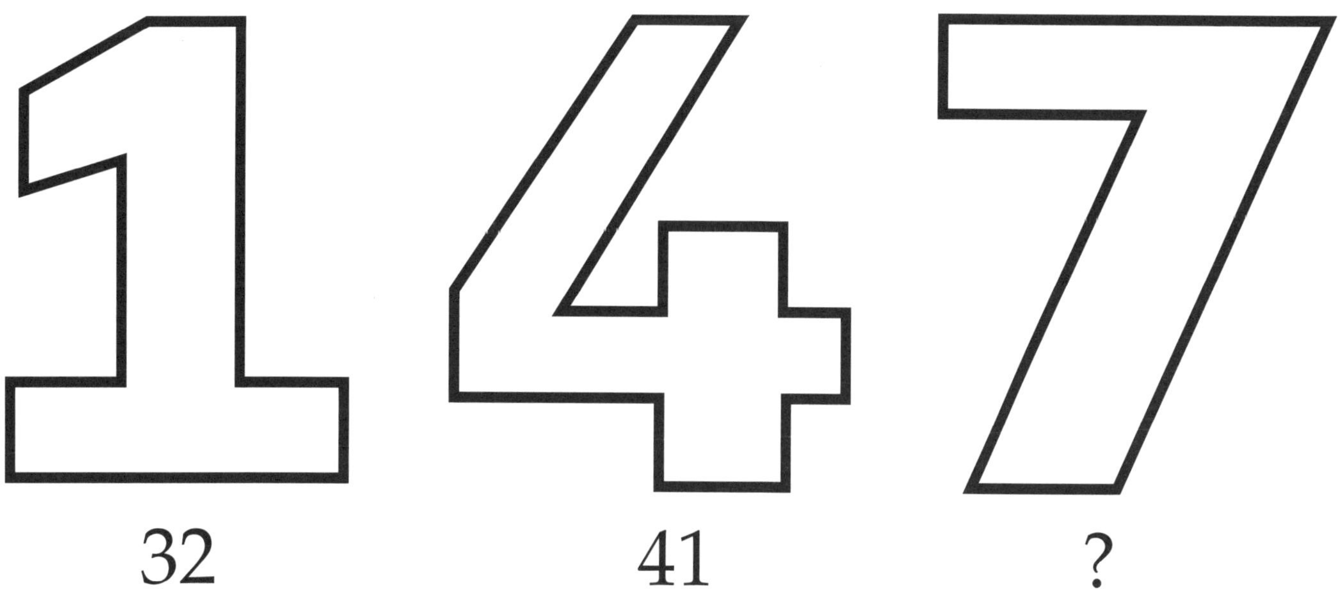

AUFGABE 101

Welche Zahl muß unter der 7 stehen?

Lösung ***90***

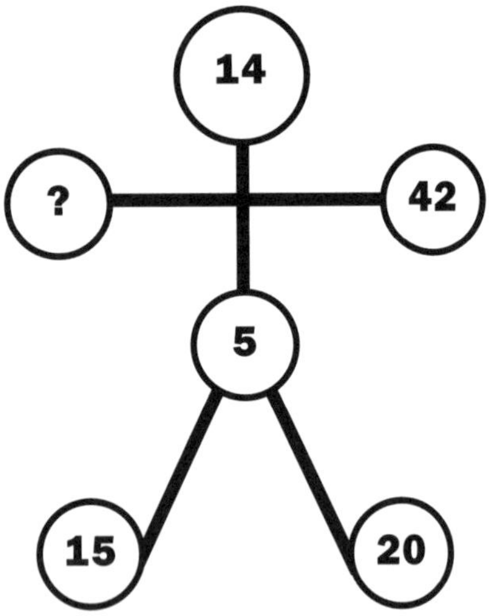

AUFGABE 102

Welche Logik steckt hinter der Zahlenverteilung in diesem Strichmännchen, und welche Zahl fehlt?

*Lösung **129***

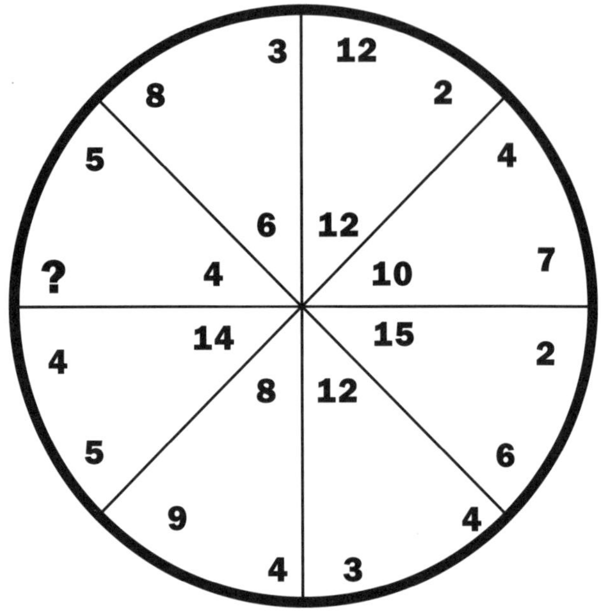

AUFGABE 103

Erkennen Sie das Prinzip der Zahlenverteilung in diesem Kreis? Dann ersetzen Sie das Fragezeichen durch die passende Zahl!

*Lösung **44***

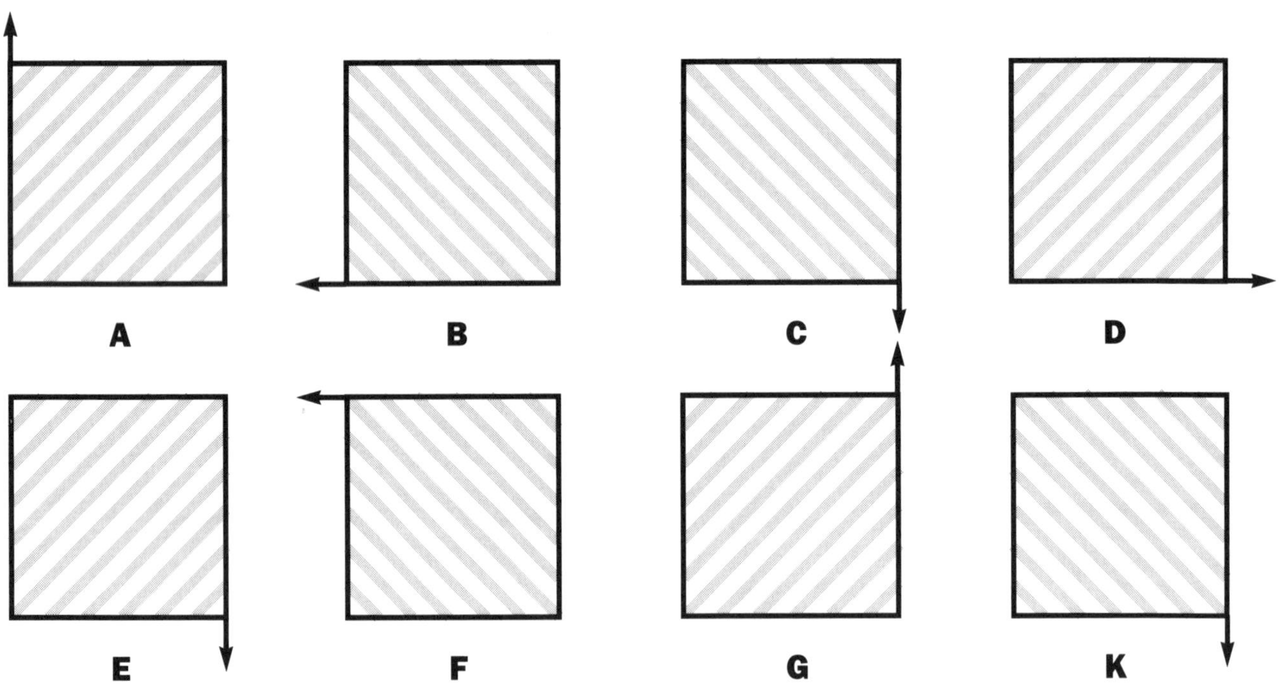

AUFGABE 104

Welche Figur erfüllt nicht die Regeln der anderen?

*Lösung **136***

AUFGABE 105

Fred war oft neugierig auf die Welt dort draußen.

Tag für Tag schaute er wehmütig durch das Glas in eine Welt, die er niemals kennenlernen konnte.

Dann, eines Tages, geschah das Unvorstellbare.

Einige Jungen, die draußen spielten, zerbrachen das Glas.

In diesem Moment bereute Fred seine Neugier, doch es war zu spät.

Warum?

*Lösung **9***

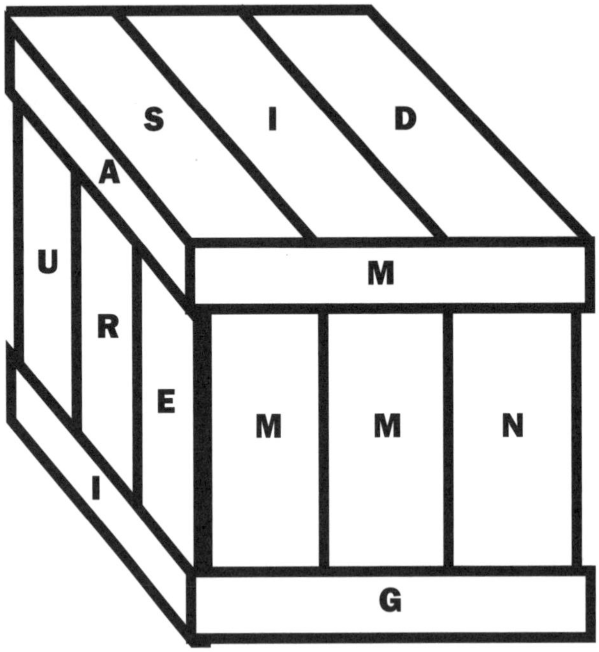

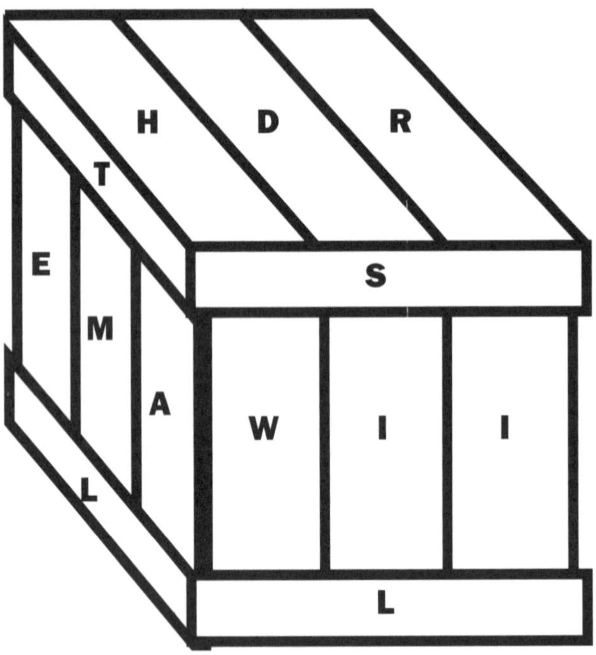

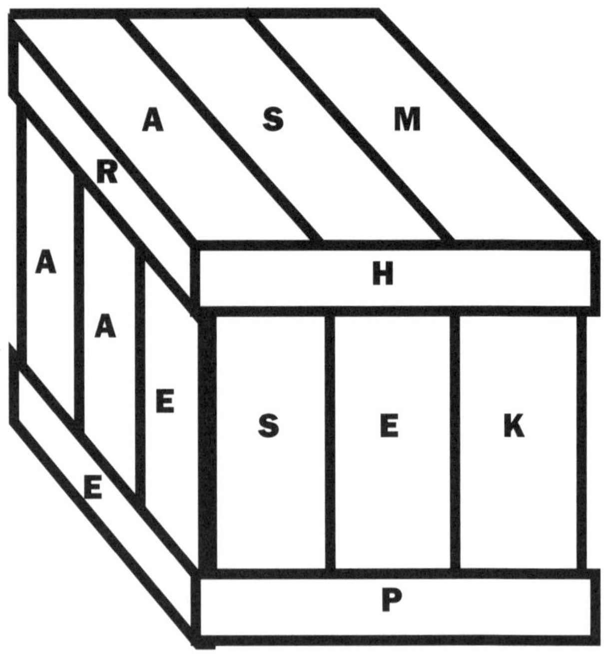

AUFGABE 106

In diesen Kisten sind ein bekanntes Werk der Literatur
und sein Verfasser verborgen. Kommen Sie ihnen auf die Spur?

Lösung ***117***

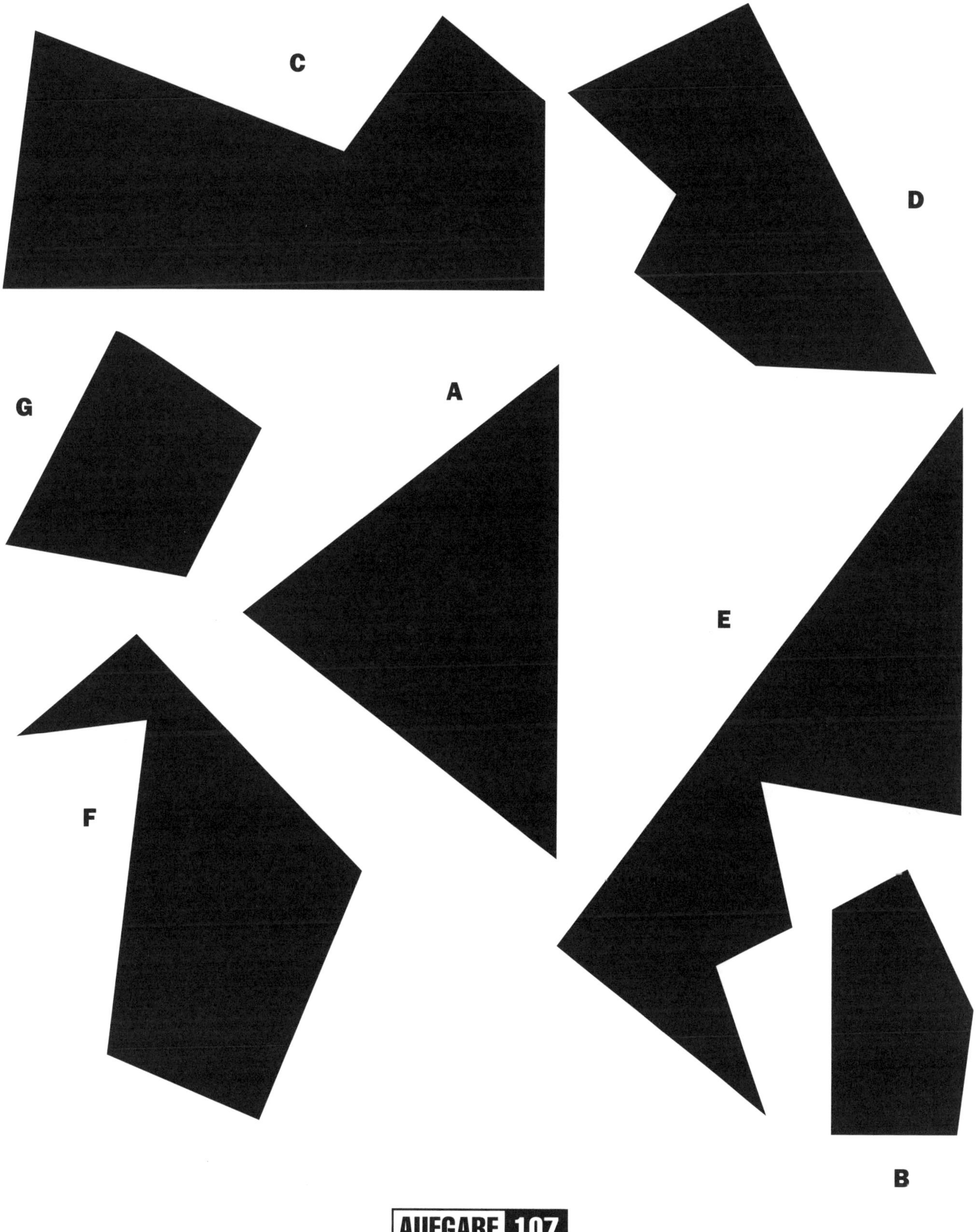

AUFGABE 107

Ein Quadrat entsteht, wenn Sie sechs dieser Stücke richtig zusammenfügen.
Eines aber wird dabei nicht benötigt. Wissen Sie, welches?

Lösung ***69***

Ω	Σ	Σ	Σ	Σ	Σ	Ω	Σ	Ω	Ω	Σ	Φ	Ω	Σ	Σ	Φ
Σ	Φ	Ω	Φ	Ω	Ω	Σ	Ω	Σ	Σ	Φ	Ω	Σ	Σ	Φ	Σ
Φ	Ω	Φ	Ω	Ω	Φ	Σ	Σ	Ω	Σ	Ω	Φ	Ω	Σ	Σ	Ω
Ω	Σ	Ω	Σ	Φ	Σ	Φ	Ω	Σ	Σ	Φ	Ω	Σ	Φ	Ω	Σ
Σ	Σ	Σ	Σ	Φ	Φ				Σ	Ω	Ω	Φ	Ω	Σ	Ω
Σ	Φ	Σ	Φ	Σ	Σ				Σ	Ω	Σ	Σ	Φ	Ω	Σ
Φ	Ω	Σ	Σ	Σ	Ω				Ω	Σ	Σ	Φ	Ω	Σ	Φ
Ω	Σ	Ω	Φ	Σ	Σ	Ω	Φ	Σ	Ω	Φ	Σ	Σ	Ω	Φ	Φ
Ω	Ω	Φ	Σ	Σ	Ω	Φ	Σ	Ω	Φ	Σ	Σ	Ω	Σ	Σ	Φ
Ω	Σ	Φ	Ω	Σ	Σ	Φ	Ω	Σ	Ω	Φ	Ω	Σ	Σ	Σ	Ω
Σ	Φ	Ω	Σ	Σ	Φ	Σ	Σ	Ω	Φ	Σ	Ω	Ω	Σ	Ω	Σ
Σ	Ω	Φ	Ω	Σ	Σ	Ω	Ω	Σ	Σ	Ω	Ω	Ω	Ω	Σ	Σ
Σ	Φ	Ω	Σ	Φ	Ω	Σ	Σ	Φ	Ω	Ω	Ω	Σ	Φ	Σ	Φ
Σ	Ω	Ω	Φ	Ω	Σ	Ω	Φ	Σ	Σ	Ω	Σ	Φ	Ω	Φ	Ω
Σ	Ω	Σ	Σ	Φ	Ω	Σ	Σ	Σ	Σ	Φ	Σ	Ω	Σ	Ω	Σ
Ω	Σ	Σ	Φ	Ω	Σ	Φ	Φ	Σ	Φ	Σ	Ω	Σ	Ω	Σ	Φ

AUFGABE 108

Die Abfolge der griechischen Buchstaben folgt einem bestimmten Schema. Erkennen Sie es? Dann ergänzen Sie die leeren Kästchen.

Lösung ***103***

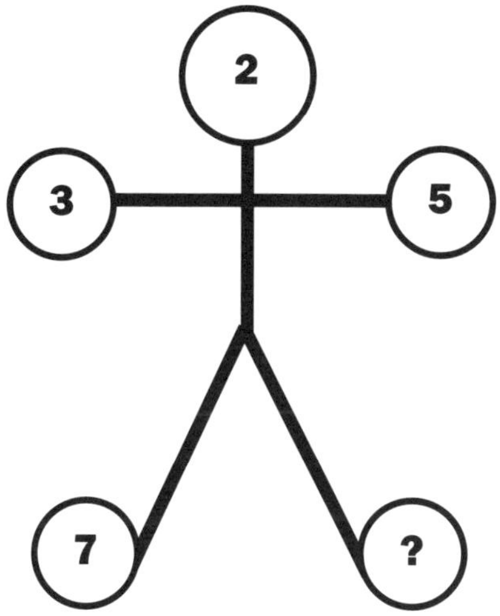

AUFGABE 109

Durch welche Zahl ist bei dieser Figur das Fragezeichen zu ersetzen?

*Lösung **133***

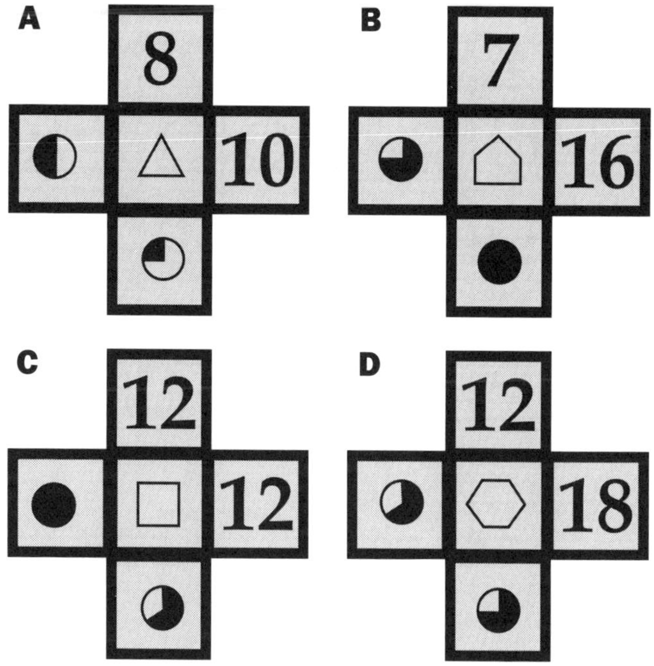

AUFGABE 110

Welches Element paßt nicht hierher?

*Lösung **148***

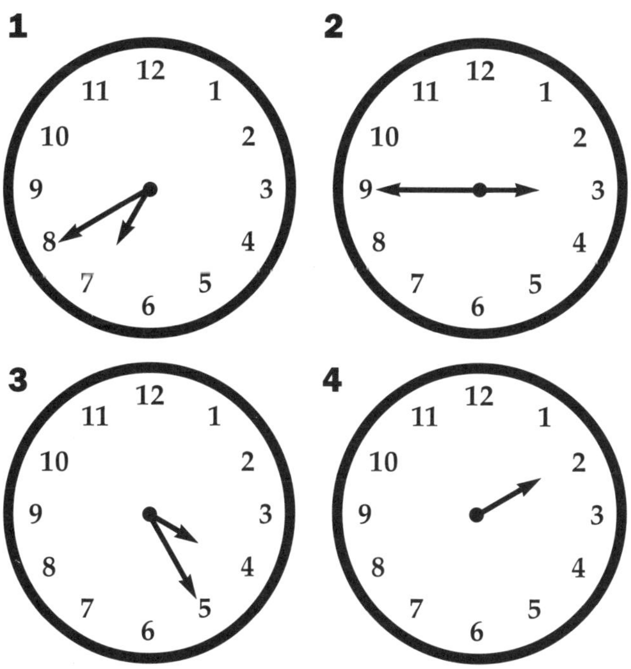

AUFGABE 111

Worauf muß unter Berücksichtigung der anderen Uhren bei der vierten der Minutenzeiger weisen?

*Lösung **39***

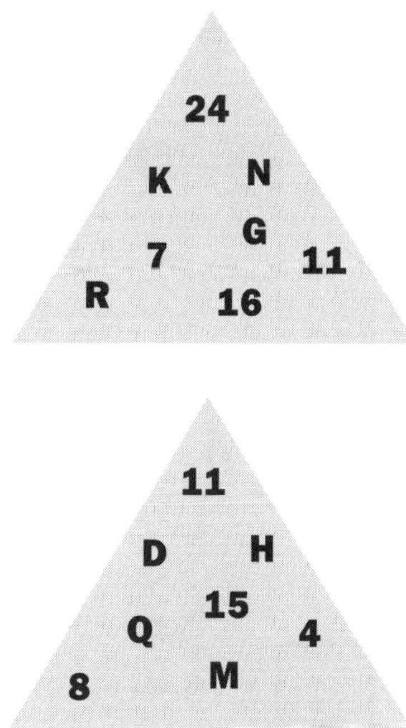

AUFGABE 112

Eine Zahl und ein Buchstabe gehören nicht in diese Dreiecke. Welche denn?

*Lösung **147***

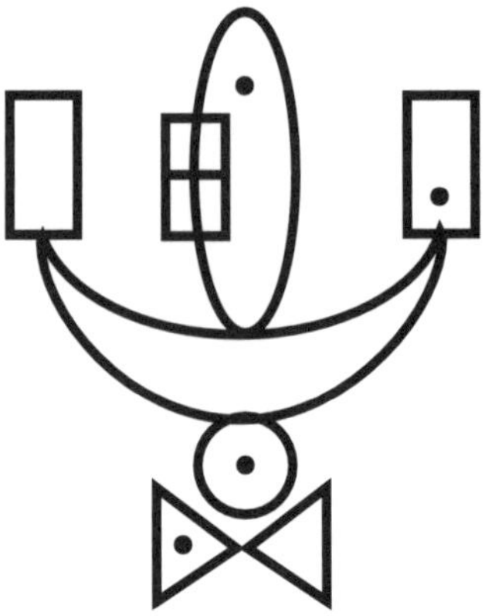

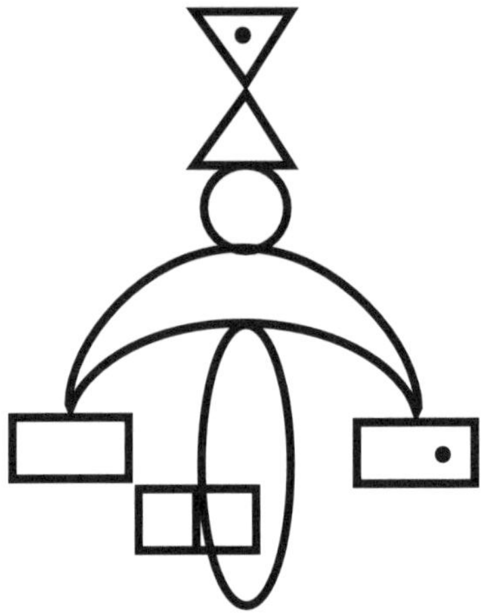

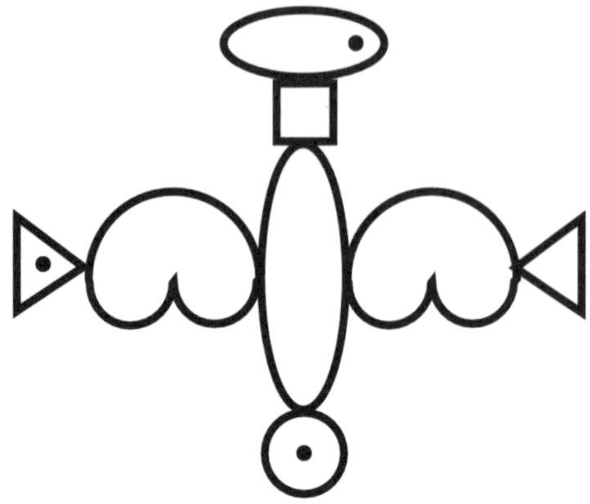

A **verhält sich zu** **B** **wie** **C** **zu**

D

E

F

G

AUFGABE 113

Lösung ***130***

S7	O1	O1	SO3	W3	W1	S7	S4
O7	O2	O3	O1	W2	N1	SO1	SW6
O5	W1	SW2	SO2	SO1	W3	N1	W6
SO3	SO4	NO1	NO3	W3	S2	S2	N3
S1	NW1	O2	SW1	N2	W3	W5	W1
SO1	*	S1	NO3	W3	S1	SO1	W3
O4	W1	N3	SO1	O2	NW2	NW5	N3
O3	NO2	O5	N4	N4	W3	NW6	N2

AUFGABE 114

Gehen Sie auf Schatzsuche! Sie dürfen auf jedem Feld nur einmal anhalten, es jedoch beliebig oft passieren. Bei einem Stopp müssen Sie die Anweisungen des entsprechenden Feldes befolgen. Die Buchstaben stehen für die Himmelsrichtungen (N = Norden usw.), die Ziffern für die Anzahl der Felder, die Sie weiterziehen dürfen. Die Schatzsuche endet auf dem Feld mit dem Asterisken *. Wo aber beginnt sie?

Eine weitere Schwierigkeit gilt es zu lösen. Sie werden feststellen, daß Sie nie auf bestimmte Felder kommen. Wenn Sie nun all die Felder markieren, auf denen Sie angehalten haben, werden Sie dadurch schließlich einen Buchstaben entdecken. Welcher ist es?

*Lösung **68***

AUFGABE 115

Auf welchem Schema basiert die Buchstabenverteilung in diesen Dreiecken, und welcher Buchstabe fehlt?

*Lösung **150***

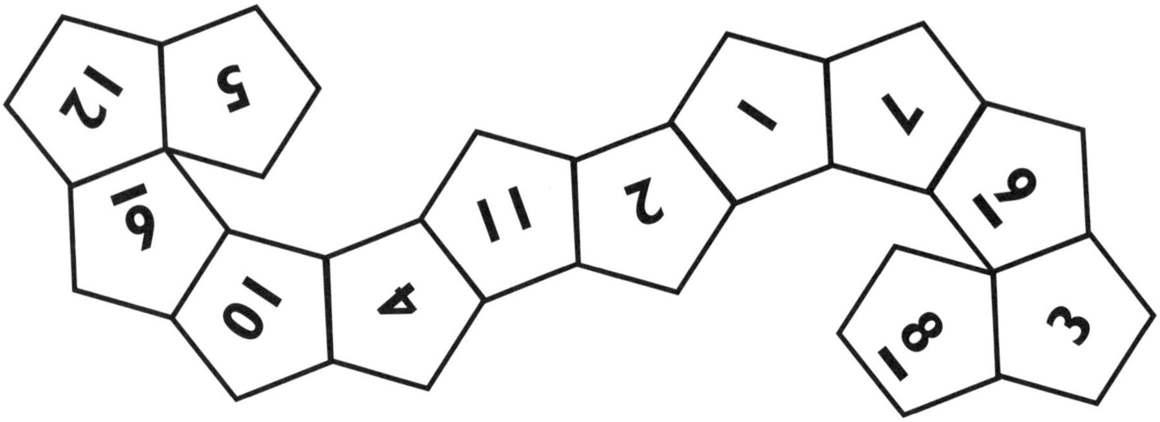

A

B

C

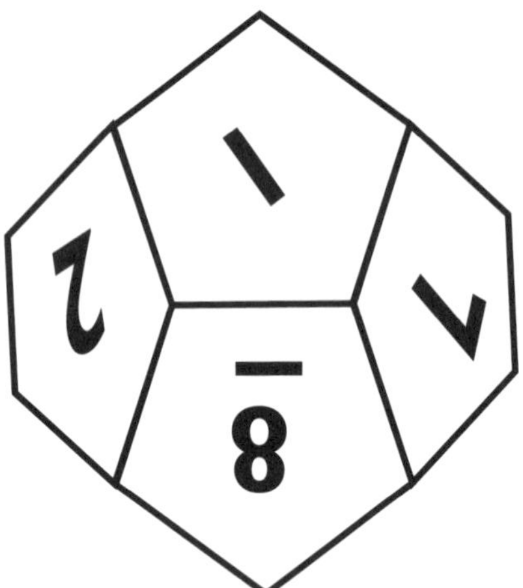

D

E

F

AUFGABE 116

Zwei von diesen nur teilweise sichtbaren Gebilden A bis F ergeben sich nicht aus der oben aufgeklappt dargestellten ganzen Vorlage?

Lösung ***122***

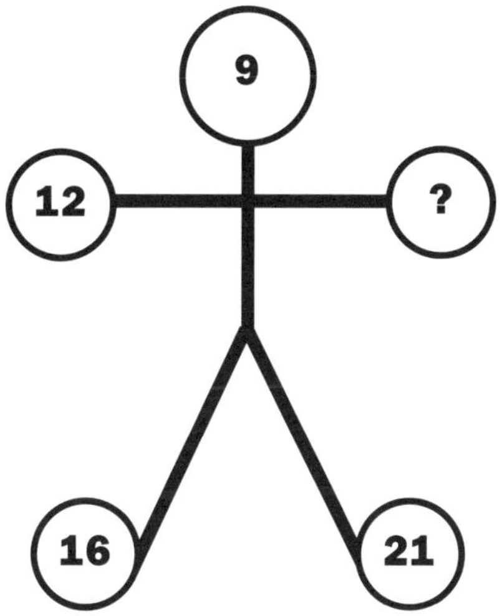

AUFGABE 117

Für welche Zahl steht bei dieser Figur das Fragezeichen?

Lösung ***146***

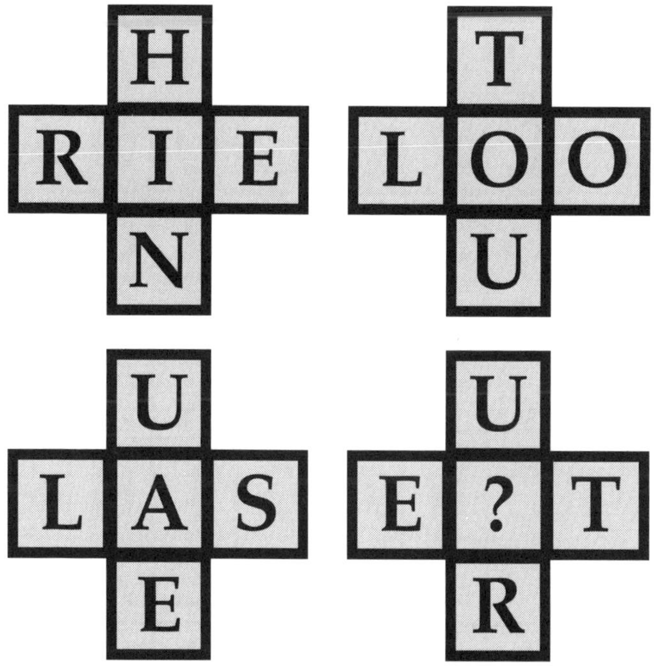

AUFGABE 118

Welcher Buchstabe fehlt hier?

Lösung ***151***

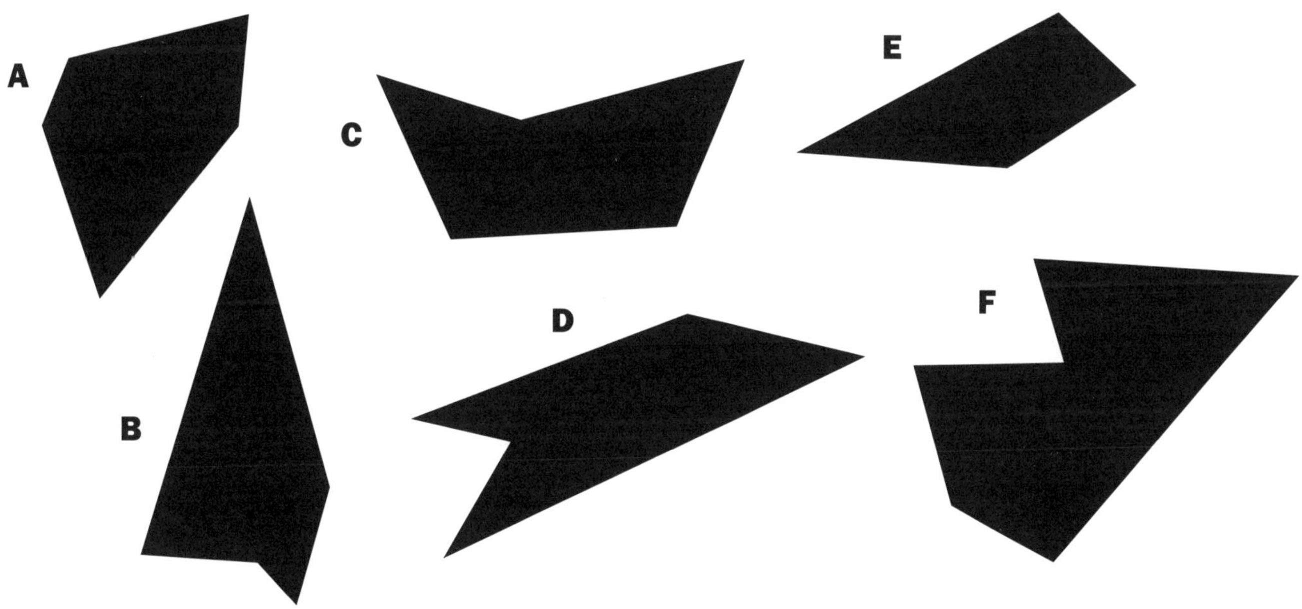

AUFGABE 119

In der richtigen Zusammensetzung ergeben fünf dieser sechs Teile ein rechtwinkliges Dreieck. Welches wird dabei nicht benötigt?

Lösung ***58***

O	R	O	O	E	R	A	M	I	O	R	I	G	A	A	G
R	E	M	R	G	O	O	R	I	G	A	M	O	R	G	A
I	G	A	E	G	A	O	O	O	A	M	R	I	I	O	M
G	A	G	G	O	O	R	M	R	G	I	O	G	G	O	I
A	M	E	R	R	R	I	I	A	E	O	M	A	A	A	O
M	O	R	A	G	I	G	G	G	R	R	A	M	R	G	R
O	R	I	M	A	G	A	A	I	G	I	G	O	O	I	I
M	A	G	I	M	A	O	R	M	O	G	I	R	I	R	G
O	R	I	G	I	O	R	O	O	A	A	R	G	A	O	A
O	G	A	M	G	R	A	O	I	I	M	O	I	M	M	M
O	R	I	G	A	M	O	M	O	M	O	M	A	O	A	O
O	I	M	A	G	E	R	I	R	M	A	A	M	R	G	R
O	R	E	G	A	N	O	G	I	G	A	G	I	G	I	I
G	A	R	O	M	I	G	O	G	O	G	G	I	A	R	G
I	O	R	A	I	G	A	R	A	R	I	I	O	R	O	A
M	O	R	I	G	A	M	O	M	O	O	R	G	R	O	M

AUFGABE 120

Nur einmal ist das Wort ORIGAMI in diesem Raster in voller Länge und ohne Richtungswechsel zu finden, und zwar entweder waagerecht, senkrecht oder diagonal. Finden Sie heraus, wo es steckt? Außerdem ist hier ein ganz ähnliches Wort versteckt, das der Aufgabe etwas Würze verleiht. Es ist ebenfalls ohne Richtungswechsel geschrieben. Wie heißt es?

*Lösung **65***

AUFGABE 121

Welche Zahl gehört nicht hierher?

Lösung ***128***

3	3	9	3
5	8	2	1
4	3	8	1
8	2	1	?

AUFGABE 122

Die Verteilung der Zahlen in diesem Quadrat folgt einem Muster. Können Sie es erkennen und das Fragezeichen ersetzen?

Lösung ***19***

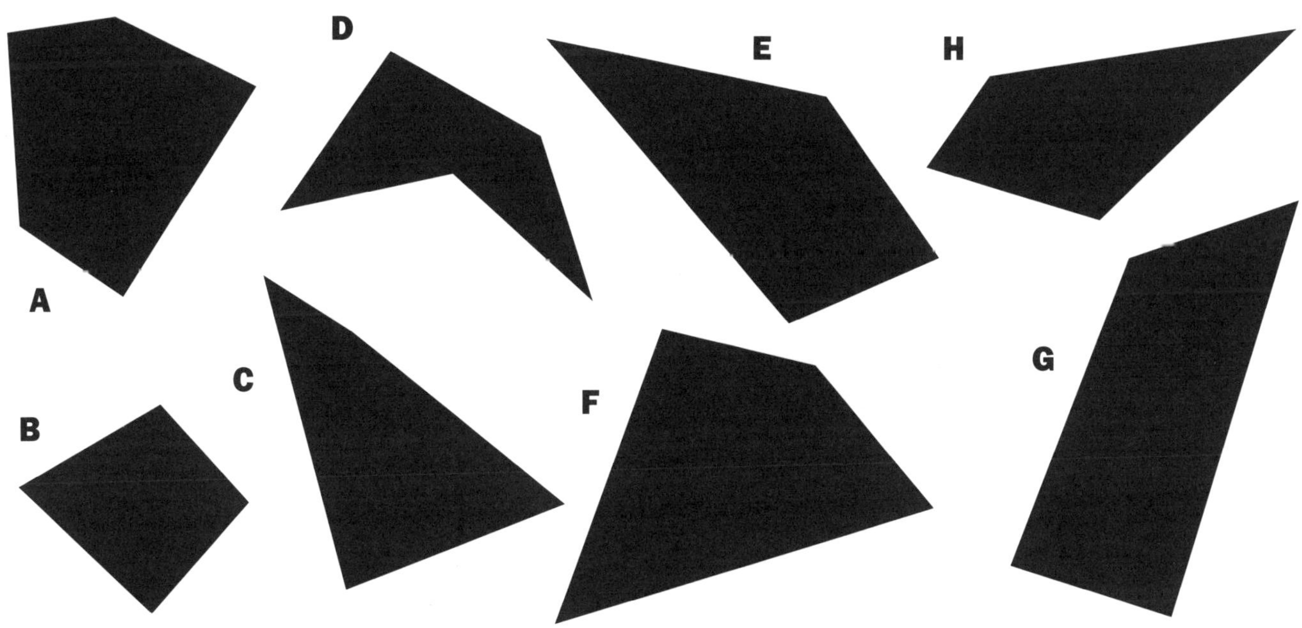

AUFGABE 123

Sieben dieser acht Teile fügen sich zu einem Quadrat. Welches davon paßt denn nicht?

Lösung ***73***

AUFGABE 124

Fünf Komponisten werden gesucht. Entnehmen Sie jeder Blume in numerischer Reihenfolge einen Buchstaben, und Sie werden die Nachnamen finden.

Lösung ***118***

N4	NW6	W9	W6	O3	NO5	N1	NO3	O1	O4	N4	O3
N6	W8	SW1	W5	NW4	O4	NW4	NO4	NW1	N2	O10	N5
W4	N3	NW2	N1	SW2	NO2	O6	N1	W2	N3	W1	NO5
NW3	SW2	S2	O2	N4	N2	W4	O2	O2	NO2	N4	O3
S1	S2	S1	S2	NO2	S2	*	O6	N3	SO2	N2	O5
W11	SW4	S3	W1	S4	S1	SW4	S4	SO1	S1	O8	N2
W5	NW1	S2	W3	O4	SW1	S4	N1	S2	O5	O2	S2
S7	S1	S7	SW7	O1	SW6	W3	SW4	SW1	O8	O5	SO7

AUFGABE 125

Dieses Raster führt Sie zu einem Schatz. Sie dürfen auf jedem Feld nur einmal stoppen, es aber beliebig oft passieren. Wenn Sie auf einem Feld anhalten, müssen Sie die entsprechende Anweisung befolgen. Die Buchstaben stehen für die Himmelsrichtungen, die Ziffern für die Anzahl der Felder, die Sie weiterziehen dürfen. Der Schatz liegt unter dem Asterisken *. Zwei Dinge sollen Sie hierbei herausfinden:

Wo geht die Schatzsuche los, und welche Zahl verbirgt sich in diesem Raster. Denn unterwegs werden Sie feststellen, daß Sie nie auf bestimmte Felder kommen. Wenn Sie alle Felder markieren, auf denen Sie während der Suche anhalten, zeigen die nicht markierten Ihnen zuletzt eine Zahl. Welche denn?

Lösung **145**

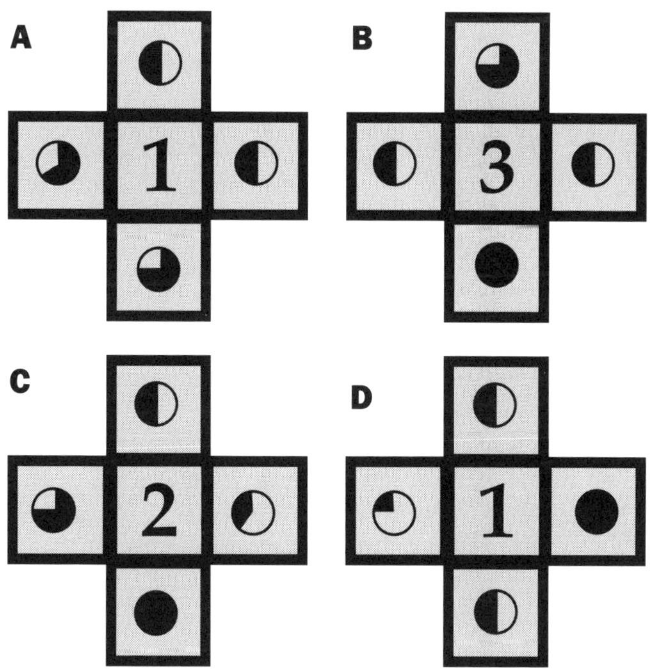

AUFGABE 126

Für welche Zahl steht hier das Fragezeichen?

Lösung **45**

AUFGABE 127

Welche der Figuren paßt nicht hierher?

Lösung **152**

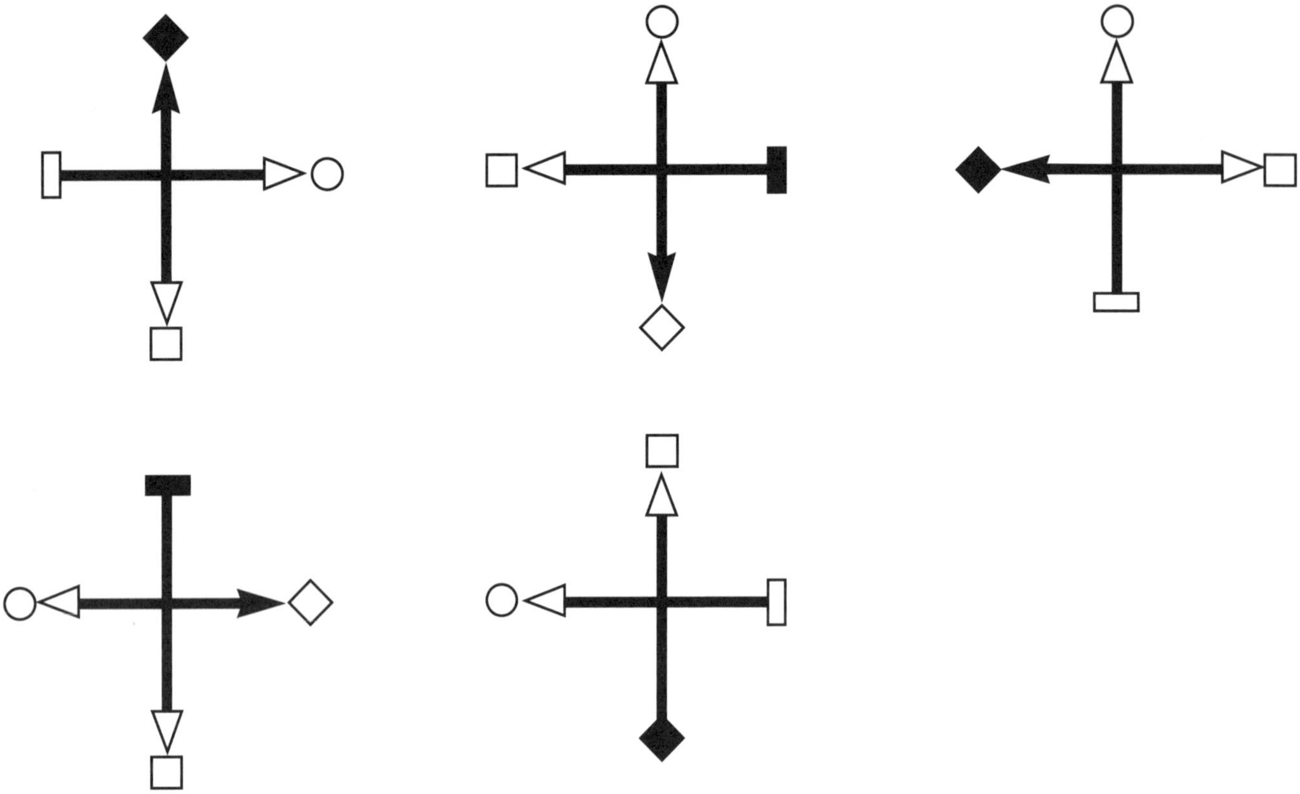

A

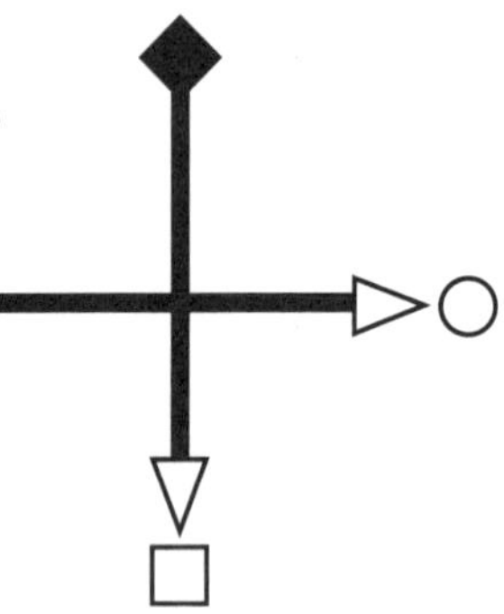

B

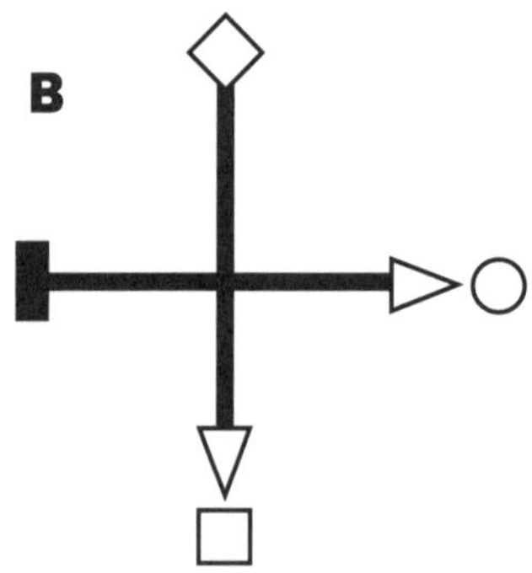

C

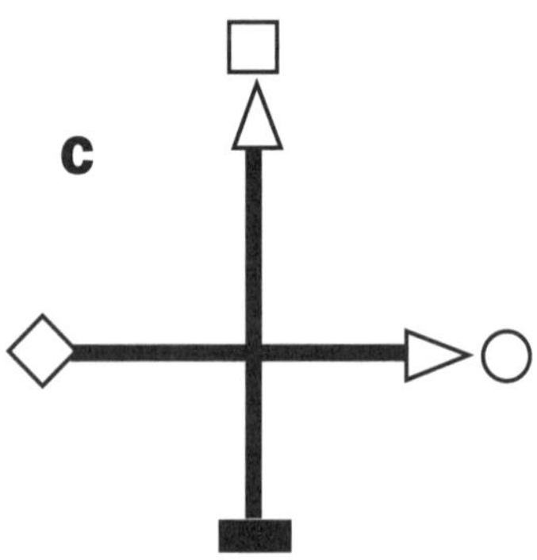

D

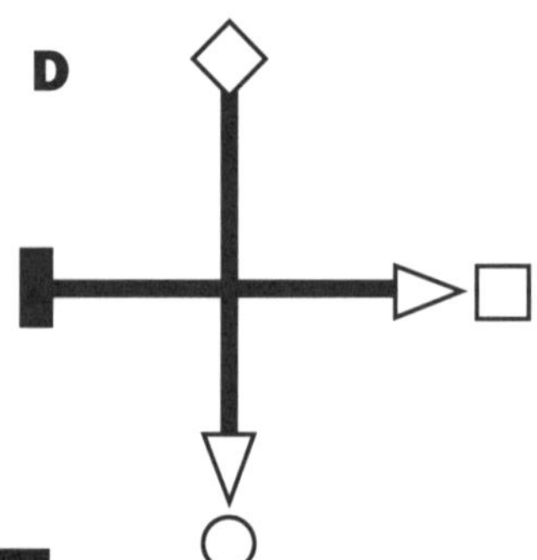

AUFGABE 128

Welche der Figuren A bis D setzt die Reihe fort?

*Lösung **79***

4	3	2	?
3	7	1	2
8	2	8	2
1	2	5	4

AUFGABE 129

Die Verteilung der Zahlen in diesem Quadrat gehorcht einem bestimmten Prinzip. Welche Zahl von 1 bis 9 ersetzt das Fragezeichen?

Lösung ***26***

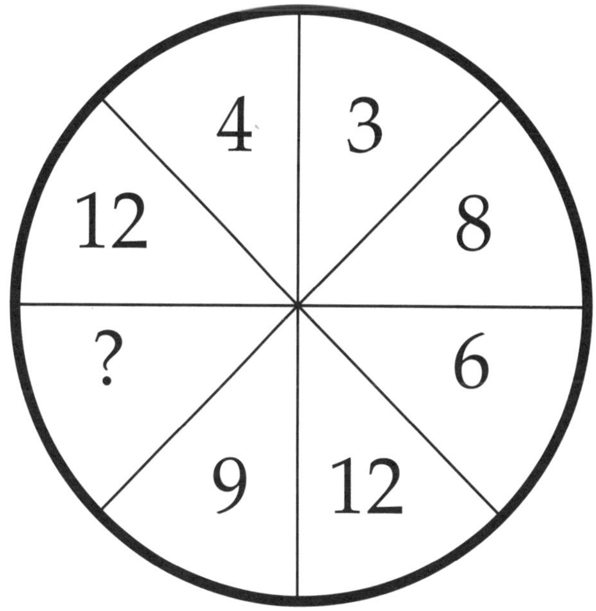

AUFGABE 130

Welche Logik steckt hinter den Zahlen in diesem Kreis, und welche Zahl fehlt demzufolge?

Lösung ***112***

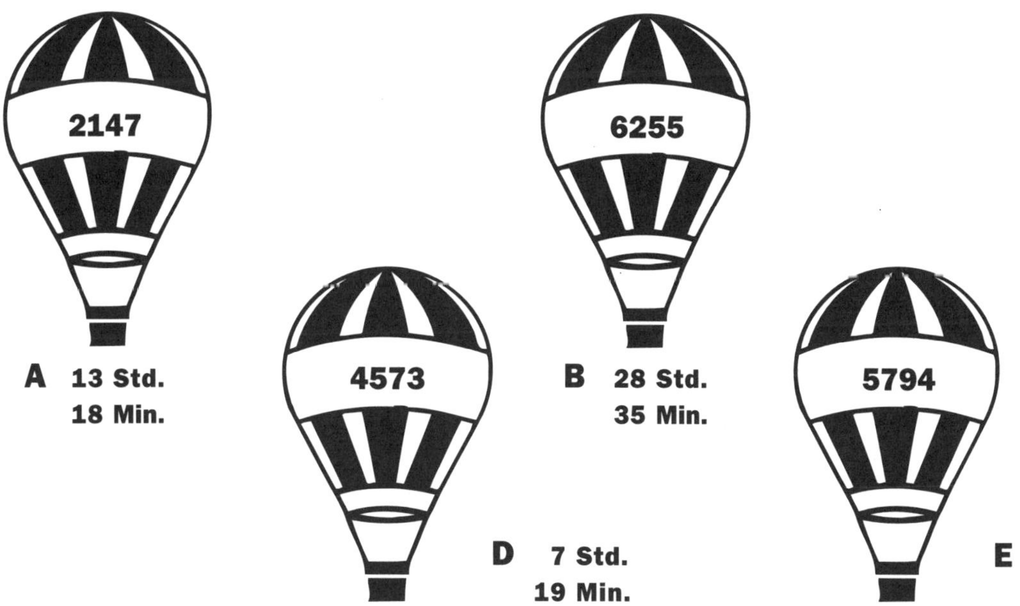

a) 13 Std. 29 Min.
b) 12 Std. 35 Min.
c) 7 Std. 12 Min.
d) 12 Std. 7 Min.

AUFGABE 131

Jeder dieser Ballons war unterschiedlich lange in der Luft. Ermitteln Sie die Fahrtdauer von Ballon E (5794).

Lösung ***29***

N	O	Q	R	D	F	G	S	J	T	U	V	K	G	L	T
V	A	W	U	D	X	Q	R	Z	D	F	M	P	H	J	R
S	E	B	C	M	O	T	A	V	N	W	K	Y	I	A	K
M	B	G	O	Z	V	J	Y	M	D	L	T	L	Q	C	E
O	G	L	B	R	I	N	K	L	V	Q	J	H	L	G	N
B	P	D	F	K	P	S	C	A	C	T	M	D	Q	M	K
Q	S	U	W	A	C	L	A	K	S	W	U	X	Z	B	F
H	L	B	R	Q	J	M	H	R	G	E	R	V	W	S	D
R	S	O	K	P	C	N	D	T	Y	R	P	G	O	U	X
D	V	K	M	R	T	F	A	F	O	U	E	F	X	T	C
L	T	X	Y	K	M	D	H	B	C	I	N	U	O	V	Z
B	G	Z	H	E	R	O	Q	L	E	D	A	R	Q	P	A
G	U	D	A	V	K	S	U	F	V	Y	F	J	T	A	E
T	L	N	W	X	O	Q	V	A	M	T	S	A	L	J	M
O	R	B	Y	C	F	S	T	J	Q	U	P	D	H	I	G
H	K	Z	L	O	Q	K	B	D	G	X	V	Y	A	Z	B

AUFGABE 132

Hier sind – waagerecht, senkrecht oder diagonal – Paare von Buchstaben versteckt, die im Alphabet direkt aufeinanderfolgen. Wie viele Paare entdecken Sie?

Lösung ***67***

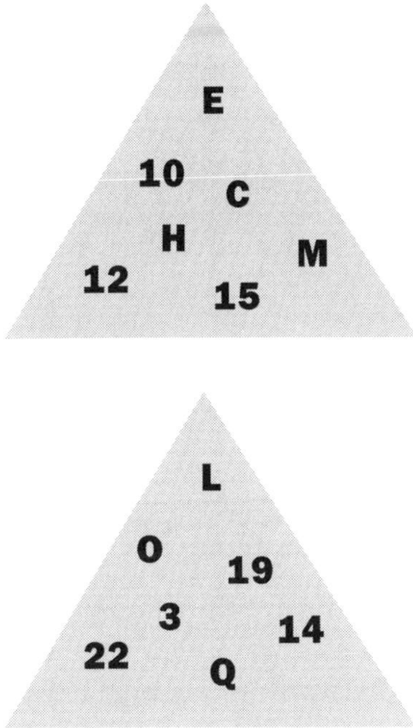

AUFGABE 133

Im unteren Dreieck ist etwas zu streichen.

Lösung ***31***

AUFGABE 134

Welcher Buchstabe komplettiert das Quadrat?

Lösung ***43***

AUFGABE 135

Ersetzen Sie das Fragezeichen durch den passenden Buchstaben.

Lösung ***154***

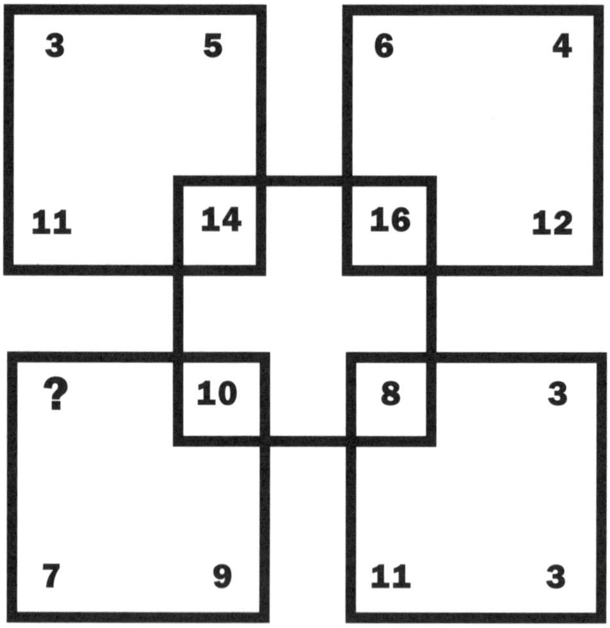

AUFGABE 136

Welche Zahl fehlt hier?

Lösung ***149***

	X	•	• X
• X	?	X	
•	• X	•	X
X		• X	•

AUFGABE 137

Erkennen Sie die Logik hinter diesem Schema?
Wie muß demnach das Feld mit dem Fragezeichen aussehen?

Lösung ***34***

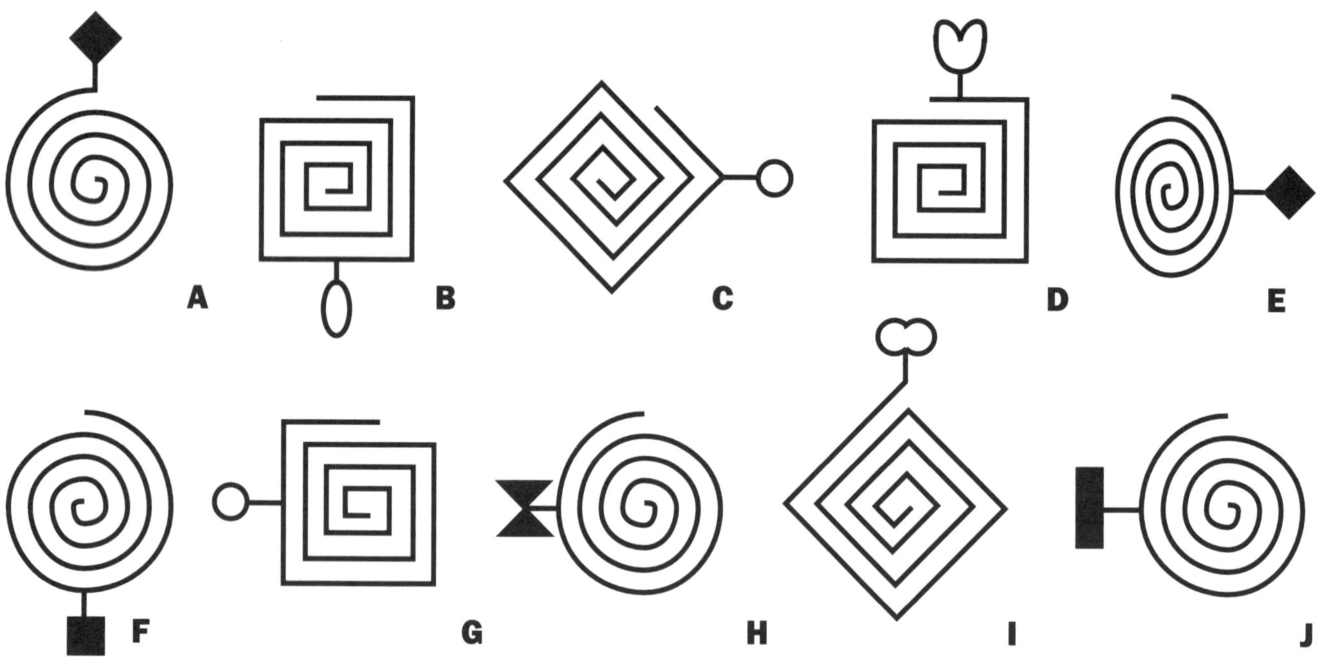

AUFGABE 138

Welche Figur folgt nicht dem Grundprinzip der übrigen?

Lösung ***123***

AUFGABE 139

Lucrezia Borgia war dafür bekannt, daß sie gelegentlich einen Apfel mit jemandem teilte. **Allerdings war der Unglückliche,** dem sie diese Gunst erwies, binnen Stunden tot. Was tat sie?

Lösung **42**

AUFGABE 140

Die Namen von fünf deutschen Städten sind auf diese acht Blumensilhouetten verstreut. Entnehmen Sie jeder Blume in numerischer Reihenfolge einen Buchstaben, und Sie können sie wieder zusammensetzen.

Lösung ***131***

SOW	SP	OT	SOR	OT	SWY	WX	SOW	SS	SQ	SS	WX
OY	SP	NOY	SOS	SWX	WW	SWW	SOW	WY	SP	SP	SU
SX	SOU	SU	OU	SY	OX	WU	WW	SWX	NOX	WP	SQ
OQ	SY	OW	NX	WW	SWY	SW	SWU	WY	NX	SWW	NY
SY	OY	OS	NOV	SV	SW	SS	SOY	NOW	WY	SU	ST
OO	NU	SY	SWX	NOY	SWX	WU	OX	SY	NW	NW	WQ
NOT	SX	NV	OX	NY	NV	OV	SV	NOW	WU	WP	NWT
NV	SOX	WX	OV	SWV	NWX	NT	SWX	SWY	SWV	WY	NW
OU	SOX	NR	NOS	SOX	NWY	WT	SWY	NWW	NWT	NOY	SY
NOT	SOY	NOT	WW	SY	WY	NS	NU	NWR	NW	WX	*
NOY	NV	OR	OX	WV	NQ	SOY	NU	NQ	WY	NU	WX
NOT	OX	NX	NW	WX	NOW	NW	NX	NWU	NW	WX	WS

AUFGABE 141

Ein letztes Mal geht es auf Schatzsuche. Und wiederum dürfen Sie jedes Feld nur einmal als Zwischenstopp benutzen, es aber beliebig oft passieren. Wenn Sie auf einem Feld halten, müssen Sie die entsprechende Anweisung befolgen. Der erste bzw. die ersten beiden Buchstaben bezeichnen die Himmelsrichtung (N = Norden usw.). Die Bedeutung des jeweils letzten Buchstabens müssen Sie erst herausfinden. Der Schatz liegt im Feld unter dem Asterisken *. Wo beginnt die Suche?

Lösung ***57***

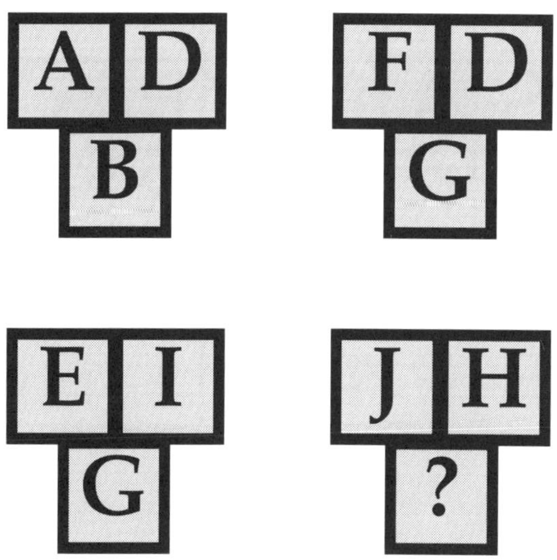

AUFGABE 142

Ergänzen Sie den letzten Block.

Lösung ***157***

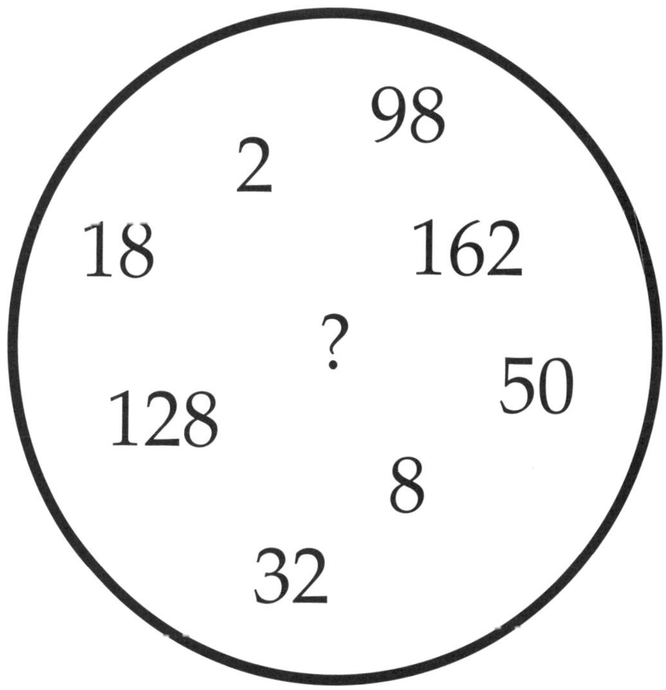

AUFGABE 143

Für welche Zahl steht hier das Fragezeichen?

Lösung ***142***

P	A	R	S	I	S	P	A	R	S	P	A	R	P	I	S
S	A	P	R	S	P	I	S	P	A	R	S	P	A	R	S
R	A	P	S	A	R	P	I	S	P	R	A	S	P	S	I
I	S	P	A	R	I	P	S	A	R	I	S	P	S	P	A
A	S	P	A	R	S	P	A	R	S	I	P	A	R	S	I
P	A	R	S	I	S	P	A	R	S	P	A	S	I	S	R
P	R	A	S	I	P	A	S	R	P	R	A	S	R	I	S
R	S	A	S	I	P	A	R	S	I	S	P	A	I	S	S
R	S	A	I	S	R	A	S	R	A	I	S	P	R	A	S
R	I	S	I	P	S	A	P	R	A	I	R	S	I	P	I
A	R	P	R	A	I	R	S	I	P	S	A	P	R	A	S
I	A	P	A	P	A	R	A	R	I	P	I	S	A	I	P
S	P	R	I	S	S	I	P	P	S	A	R	P	R	S	A
R	P	I	R	S	I	P	S	A	P	R	A	I	R	S	R
I	A	S	A	P	R	A	I	R	S	I	P	S	A	P	I
S	P	A	R	I	P	A	S	I	R	P	A	R	I	P	A

AUFGABE 144

Nur einmal ist der Name PARIS vollständig und ohne Richtungswechsel in diesem Raster enthalten. Finden Sie ihn! Er kann vorwärts oder rückwärts, waagerecht, senkrecht oder diagonal geschrieben sein.

Lösung ***71***

AUFGABE 145

Richtig zusammengefügt, bilden diese Teile einen Buchstaben. Welchen denn?

Lösung ***77***

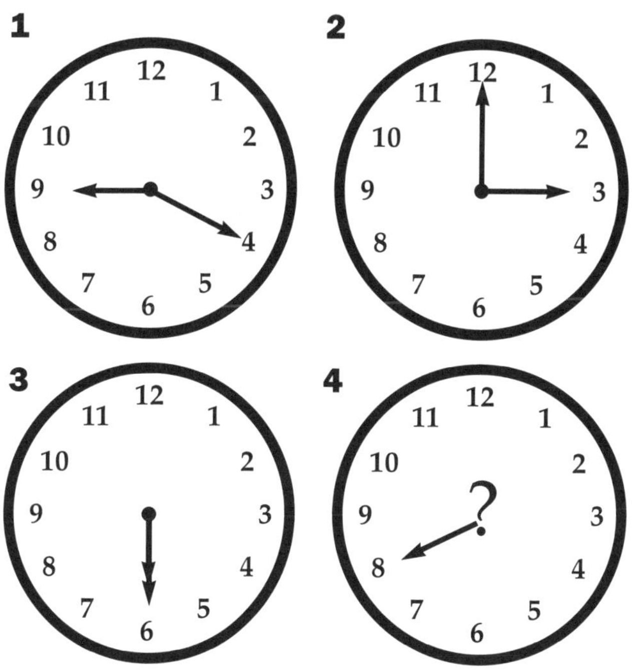

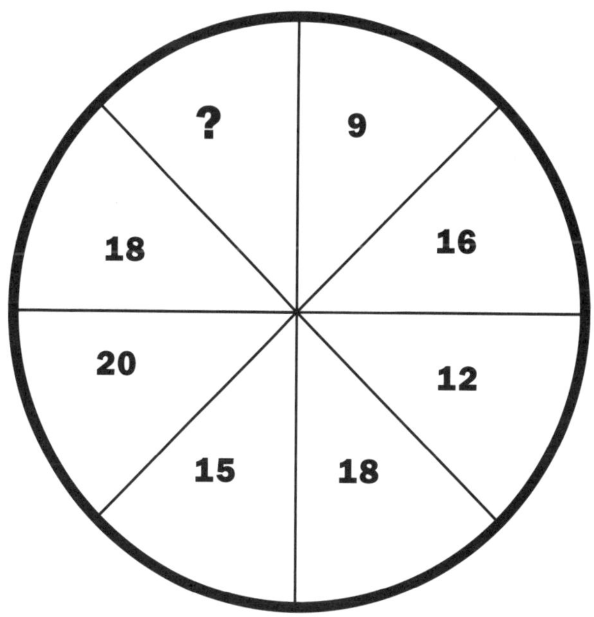

AUFGABE 146

Anhand der drei ersten Zifferblätter können Sie ermitteln, wohin der Minutenzeiger bei Uhr 4 weisen muß.

Lösung ***51***

AUFGABE 147

Nach welchem Schema sind hier die Zahlen verteilt? Ersetzen Sie das Fragezeichen durch die passende Zahl.

Lösung ***116***

12	64	72	49
24			59
74			67
18	93	84	?

AUFGABE 148

Welche Zahl wäre hier durch das Fragezeichen zu ersetzen?

Lösung ***53***

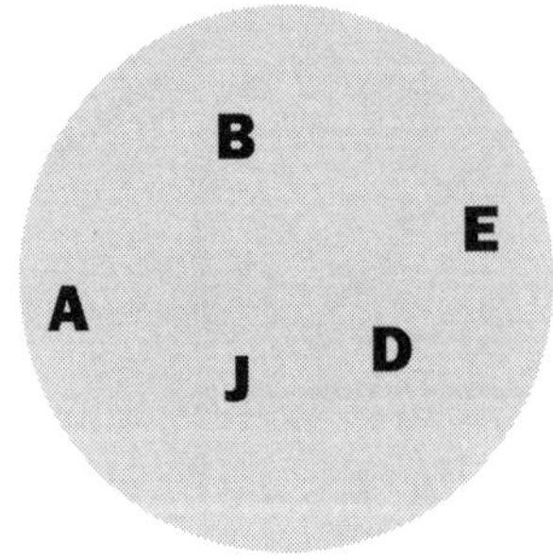

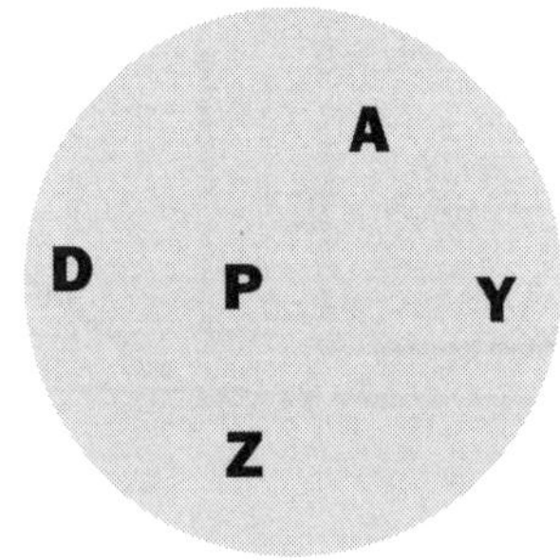

AUFGABE 149

In jedem Kreis paßt ein Buchstabe nicht dazu. Welcher?

Lösung ***121***

AUFGABE 150

Nehmen Sie aus jeder Wolke in numerischer Reihenfolge einen Buchstaben. So erhalten Sie die Namen von fünf Rock- oder Popstars und einer weiteren Person.

Lösung ***62***

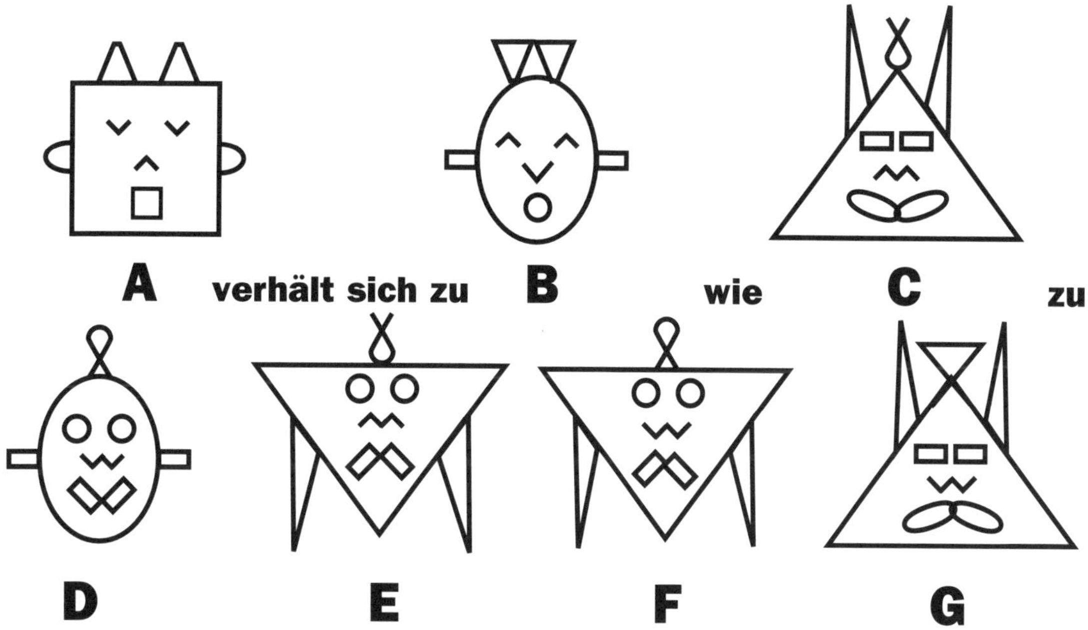

AUFGABE 151

Lösung ***140***

1. H Y P M R P B J
N C T Q V X H R

2. Q C W K M M L
U M E O S Q R

3. A O Z R D S C J
C U B V L W M R

4. A P M P
C T Q X

5. D S J A B K S R P B O
L W R G H A W V X H U

6. H S A C B J
N W E M H R

7. A C Z K M D C J K J Q
E M B O S N K R S R U

8. K O Z J C B J Q Z K R
S U B R K H R U B A V

9. I Y S A C Q S M L B
O C W E M U W S T H

10. H I K M Y L D B O
N O S S C T N H U

AUFGABE 152

Frau Schmitz war auf dem Weg zum Supermarkt, als sie ihre Nachbarin traf und mit ihr ein Schwätzchen hielt. Ihr Sohn, der nur Flausen im Kopf hat, stibitzte ihr die Einkaufsliste und verschlüsselte sie. Als Frau Schmitz dann im Supermarkt die Liste sah, war sie verwirrt. Was hatte sie denn nur alles einkaufen wollen?

Lösung ***158***

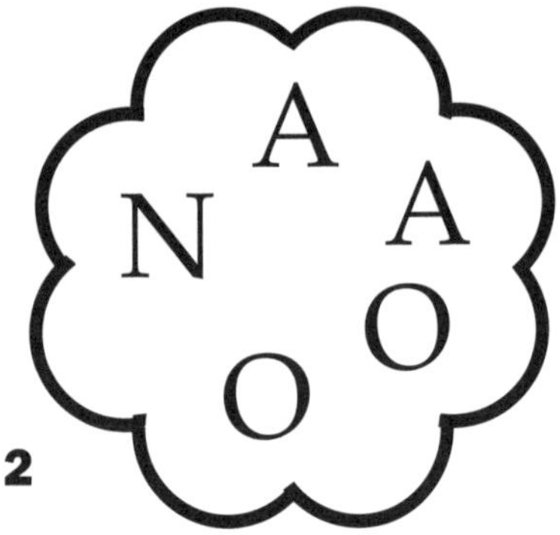

2

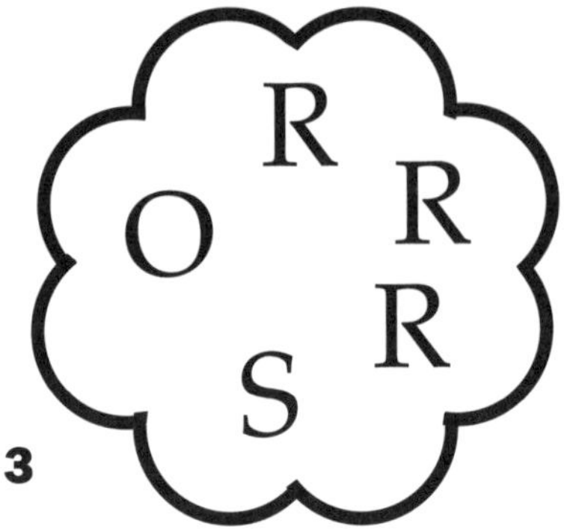

3

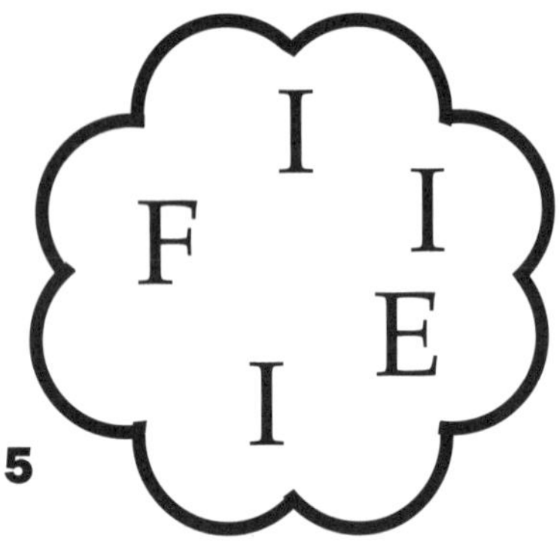

5

8

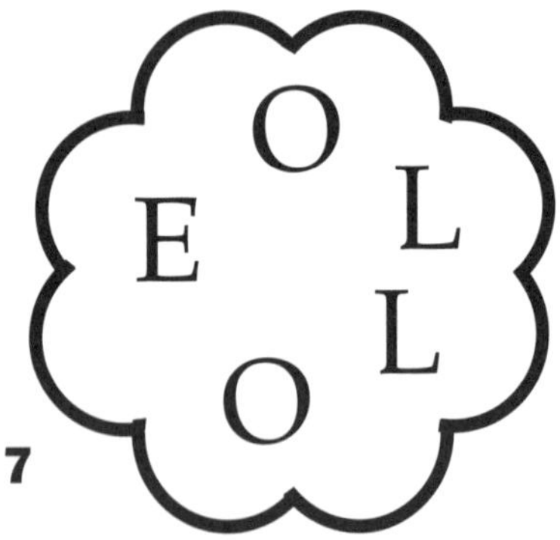

7

1

6

4

AUFGABE 153

Es werden fünf Pop- oder Rockstars gesucht. Um Ihre Namen zu erhalten, nehmen Sie aus jeder Blume in numerischer Reihenfolge einen Buchstaben.

Lösung ***95***

A. Mercedes 14.08 ***B. Rover 9.09***

C. Renault 9.07 ***D. Volvo 5.12*** ***E. Citroen ?***

a) 3.09
b) 24.13
c) 24.14
d) 14.03

AUFGABE 154

Die Autos kamen zu unterschiedlichen Zeiten zur Tankstelle. Zwischen Automarke und Zeit besteht ein Zusammenhang. Wann tankte der Citroën?

Lösung ***48***

AUFGABE 155

Erkennen Sie eine Logik in der Verteilung der Strichmännchen auf die Segmente dieses Rades? Wie muß das fehlende aussehen?

Lösung ***50***

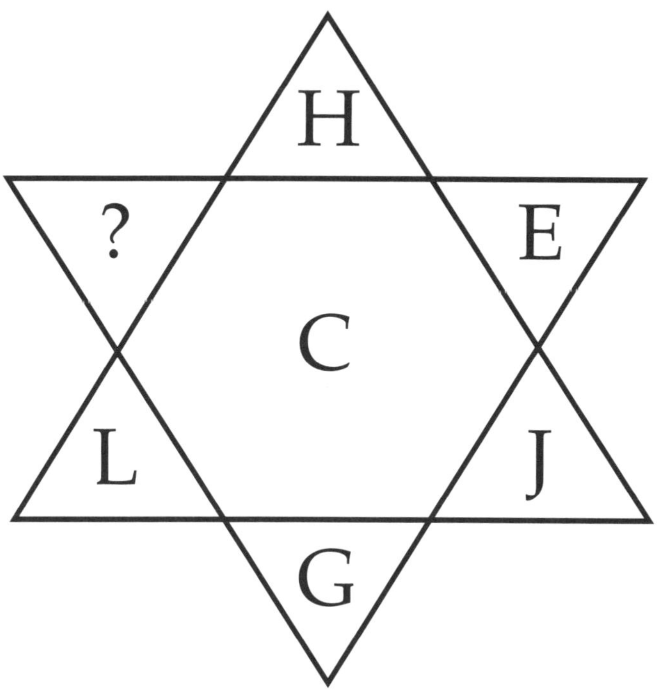

AUFGABE 156

Durch welchen Buchstaben ist das Fragezeichen zu ersetzen?

Lösung ***119***

21	18	22	27
23	?	24	33
20	29	28	30
26	31	35	32

AUFGABE 157

Welche Zahl komplettiert das Schema?

Lösung ***89***

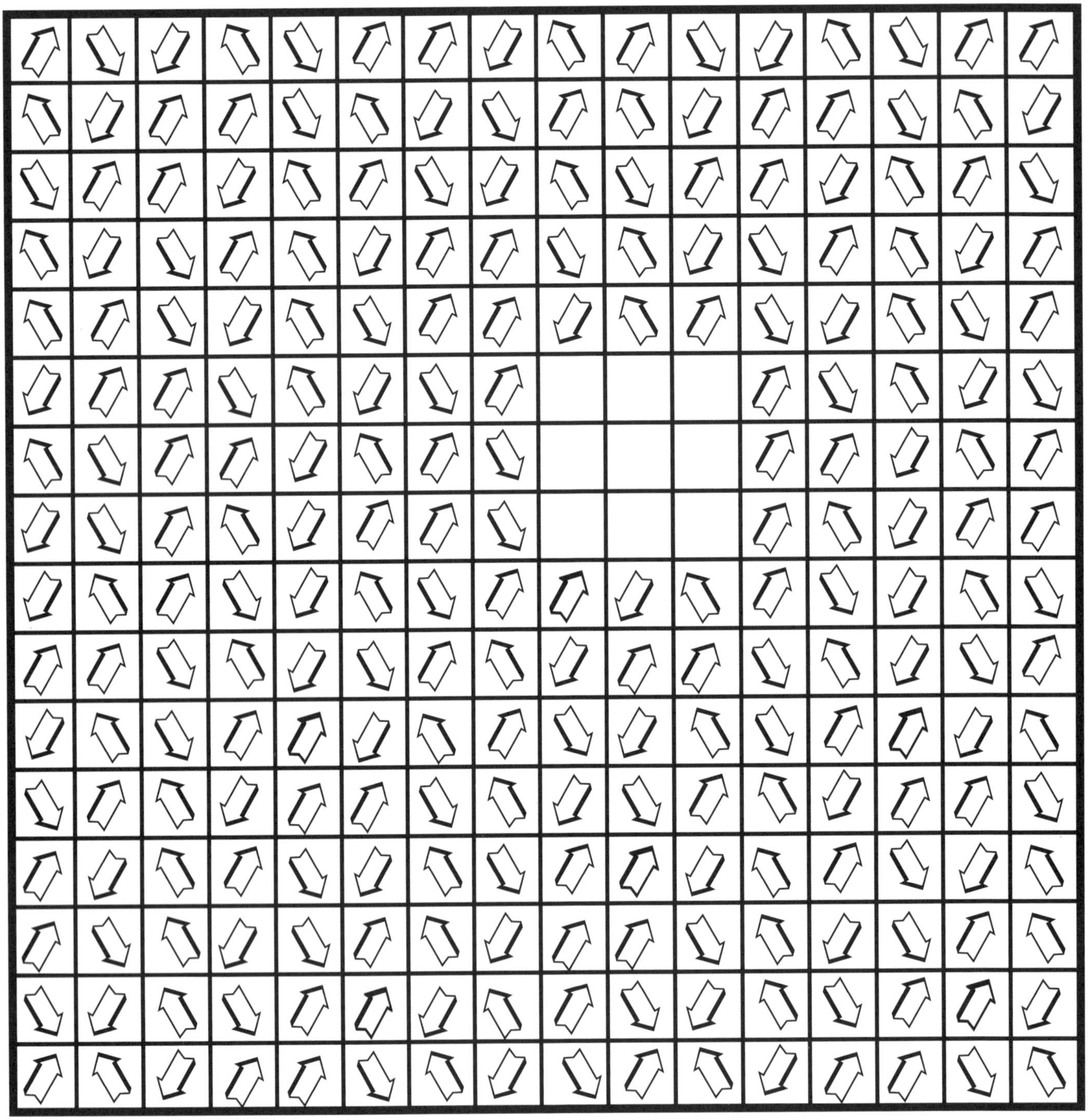

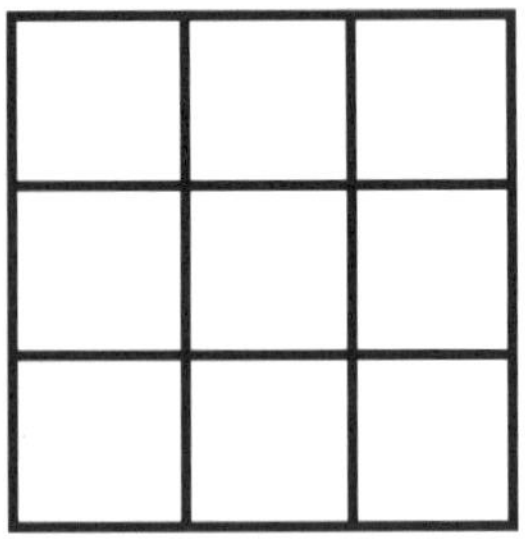

AUFGABE 158

Wie ist dieses Raster aufgebaut?
Füllen Sie die leeren Kästchen.

Lösung ***96***

Lösung 1

38. Betrachten Sie das Alphabet als Kreis von Buchstaben. Die Zahl zwischen den Buchstaben im Diagramm entspricht der doppelten Anzahl der Zwischenräume zwischen diesen Buchstaben im Alphabetkreis.

Lösung 2

Das Schema beginnt oben rechts und verläuft zeilenweise waagerecht her und hin. Die Reihenfolge: 1 Feld überspringen und 180°-Drehung, 90°-Drehung im Uhrzeigersinn, 1 Feld überspringen und 90°-Drehung im Uhrzeigersinn, 180°-Drehung.

Lösung 3

A.

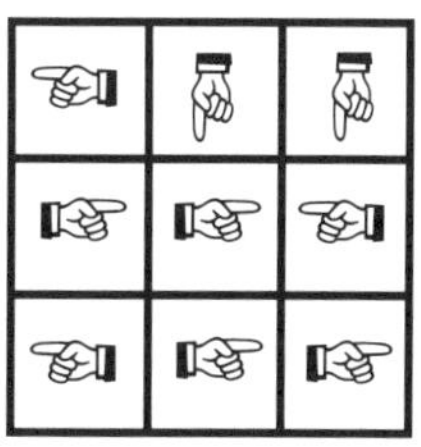

Lösung 4

Die Symbolfolge ist unten abgebildet. Sie beginnt rechts unten und verläuft in einem diagonalen Bustrophedon (Diagonalen von links unten nach rechts oben ausgerichtet), also abwechselnd diagonal auf und ab.

Lösung 5

Die Figurenfolge lautet:

Vom Start rechts unten geht es spaltenweise senkrecht auf- und ab (senkrechtes Bustrophedon).

Lösung 6

21. Betrachten Sie das Alphabet als Kreis von Buchstaben. Die Zahl zwischen den Buchstaben im Diagramm entspricht den Zwischenräumen zwischen diesen Buchstaben im Alphabetkreis.

Lösung 7

8. Man addiert die ersten drei Zahlen der ersten Zeile und findet das Ergebnis in der zweiten Zeile unter der mittleren der addierten Zahlen. Dann werden die im Uhrzeigersinn nächsten drei äußeren Zahlen addiert usw.

Lösung 8

Die Segmente 1 und 1a usw. bilden jeweils Einheiten. Hierin wandern die Punkte in den 4 kleinen Kreisen jeweils um ein Kästchen weiter und behalten dabei den gegebenen Abstand voneinander bei. Die Punkte wandern hintereinander abwechselnd ab und auf (senkrechtes Bustrophedon). Ausgangspunkte und Abstände variieren, so daß sich vier Versionen der Fortbewegung ergeben.

Lösung 9

Fred war ein Goldfisch. Als sein Glas zerbrach, hatte dies fatale Folgen für ihn.

Lösung 10

8. Addiert man die beiden Zahlen, auf die die beiden Zeiger weisen, erhält man die Zahl, auf die der Minutenzeiger der nächsten Uhr weist. Außerdem steht der Stundenzeiger stets um drei Positionen hinter dem Minutenzeiger.

Lösung 11

10. Multiplizieren Sie die beiden äußeren Zahlen eines Segments miteinander, und dividieren Sie das Ergebnis durch die Kennzahl außen beim jeweiligen Segment. Das Resultat steht jeweils in der Spitze des gegenüberliegenden Segments.

Lösung 12

Links unten. Rechts oben beginnend geht man gegen den Uhrzeigersinn spiralförmig vor. Der Punkt springt im Uhrzeigersinn jeweils in die nächste Ecke.

Lösung 13

Beginn in Zeile 1/Spalte 1. Den Buchstaben entsprechen Zahlen gemäß ihrer Position im Alphabet, und zwar rückwärts durchnumeriert. Abweichend davon gilt aber: Y = 1, X = 2, W = 3, A = 25, Z = 26. Sie geben an, wie viele Felder Sie jeweils weitergehen dürfen.

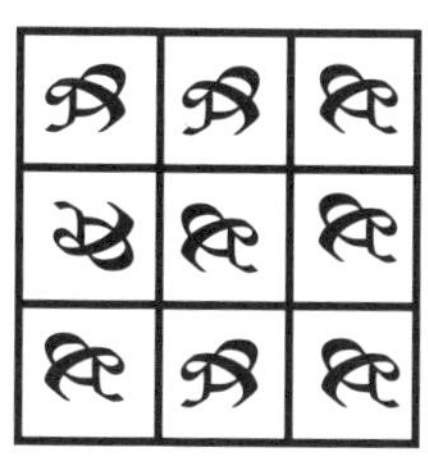

Lösung 14

Die Symbolfolge ist unten abgebildet. Sie beginnt oben rechts und verläuft zur linken unteren Ecke hin in einem diagonalen Bustrophedon, d.h. abwechselnd diagonal auf und ab (Diagonalen von links oben nach rechts unten geneigt).

Lösung 15
Die Elemente bilden folgende Hierarchie (die Wertigkeit steigt von links nach rechts):

Das höherrangige der beiden Elemente außen im Segment rückt in die Mitte. Dabei dreht sich ein senkrechter Pfeil um 180°, ein waagerechter Pfeil um 90° im Uhrzeigersinn.

Lösung 16
Der Minutenzeiger sollte bei 4 stehen, der Stundenzeiger bei 8. Ein Zeiger zeigt jeweils auf das Doppelte der Zahl, auf die der andere Zeiger weist. Die kleinere Zahl nimmt jeweils um 1 zu, und von Uhr zu Uhr werden die Zeiger vertauscht.

Lösung 17
Einen Ohrensessel.

Lösung 18 – siehe Seite 291

Lösung 19
5. In jeder (waagerechten) Zeile entspricht die Summe von drei Zahlen der vierten.

Lösung 20
Die Symbolfolge lautet:

Sie beginnt oben links und verläuft spiralförmig im Uhrzeigersinn.

Lösung 21
Seine Frau hatte ihr Baby früher bekommen als erwartet. Er bereitete für sie das Frühstück und für das Baby das Fläschchen zu.

Lösung 22
B.

Lösung 23
Costner, Cushing, Dunaway, Garland, Hepburn und Domingo.

Lösung 24 – siehe Seite 292
Das zweite Wort ist „Arrivederci".

Lösung 25
5. Man addiert beide Zahlen eines Segments, bildet vom Ergebnis die Quersumme und trägt diese Zahl als erste in das im Uhrzeigersinn nächste Segment ein.

Lösung 26
8. Drei Zahlen einer Spalte ergeben addiert die vierte.

Lösung 27
Beide Zeiger müssen auf **10** weisen. Zugrunde liegt das Prinzip von Uhren mit 24-Stunden-Anzeige. Die beiden Zeiger der ersten Uhr ergeben multipliziert 36 (= 12 x 3). In Uhr 2 ergibt sich 36 nur, wenn beide Zeiger auf 12/24 zeigen (12 + 24 = 36), also hier durch Addition. Nach demselben Prinzip bestimmt Uhr 3, wo in 4 die Zeiger stehen: 4 x 8 = 32, d. h. beide Zeiger in 4 auf 10/22, da 10 + 22 = 32.

Lösung 28
Hockney, Matisse, Gauguin, Hogarth, Vermeer. Die sechste Persönlichkeit ist der Humanist Erasmus (von Rotterdam).

Lösung 29
a. Die erste und letzte Ziffer multiplizieren. Für die Stundenzahl subtrahieren Sie die zweite Ziffer, für die Minuten addieren Sie die dritte.

Lösung 30

		2
9		7
4	8	3

Lösung 31
3, denn oben ist kein X enthalten. Jedem Buchstaben entspricht eine Zahl im jeweils anderen Dreieck, und zwar gemäß dem rückwärts durchnumerierten Alphabet (A = 26, Z = 1). Außerdem fehlt unten noch 24, das Pendant für C im oberen Dreieck.

Lösung 32
Er nannte bereits das Gegenstück zu der geerbten Vase sein eigen, beide waren die einzigen erhaltenen Arbeiten ihrer Art eines bestimmten Töpfers. Nachdem er eine zerbrochen hatte, besaß er ein Unikat.

Lösung 18

I	D	I	A	I	D	D	A	I	A	I	I	D	A	I	D
D	I	A	I	A	D	A	A	D	A	I	I	A	D	A	I
A	A	D	I	I	A	D	D	A	D	D	A	I	D	I	A
I	A	A	I	D	I	D	D	D	I	A	D	A	A	D	A
D	A	D	A	I	D	I	A	D	D	A	D	D	A	I	D
I	A	A	D	A	D	A	I	A	D	D	A	D	I	D	A
A	D	I	A	I	I	D	D	A	I	I	A	D	A	I	D
D	A	I	D	D	A	D	D	D	A	I	D	D	I	D	D
D	A	D	A	D	D	A	D	D	A	A	D	A	A	D	I
I	A	D	D	A	I	A	D	D	A	A	D	D	A	D	I
D	A	A	D	A	D	A	D	D	D	D	I	A	I	D	I
A	D	A	A	D	A	D	A	D	A	D	A	D	A	D	A
I	A	A	D	A	A	I	A	I	D	A	A	D	D	A	D
D	I	D	A	D	D	D	I	D	A	A	D	I	D	D	A
I	D	A	D	D	D	A	A	I	D	I	D	A	A	I	A
A	I	A	D	A	A	D	I	D	A	D	I	I	D	I	D

Lösung 33

Der Ausgangspunkt liegt in **Reihe 1**, **Spalte 1**. Die Zahl ist 31. Arbeiten Sie sich vom Zielpunkt aus zum Ausgangspunkt vor.

Lösung 34

Das Feld bleibt leer. Das Schema beginnt unten rechts und verläuft spiralförmig gegen den Uhrzeigersinn. Die Abfolge zwischen Punkt (●), leeren Feldern und **X** lautet: ● / ● **X** / **leer** / **X** / usw.

D	3
F	7

Lösung 35

Die Zahlenfolge beginnt im Kästchen in der rechten oberen Ecke und verläuft in diagonalen Streifen, die immer links oben beginnend nach rechts unten führen, d.h. kein Bustrophedon, da keine Wende am Ende der Diagonale, sondern Neuansatz links oben.

Lösung 36

7. Die beiden äußeren Zahlen eines Segments multiplizieren und das Ergebnis durch 2 dividieren. Die neue Zahl steht in der Spitze des im Uhrzeigersinn übernächsten Segments.

Lösung 37

83. Den Buchstaben werden Zahlen zugeordnet, indem von Z – A durchnumeriert wird. Addieren Sie die Werte zweier Buchstaben in einem Feld, vertauschen Sie die Ziffern des Ergebnisses, und tragen Sie die Zahl ins übernächste Eckfeld ein, das im Uhrzeigersinn folgt.

Lösung 38

C und **F**.

Lösung 39

4. Die Summe der Zahlen, auf die die Zeiger weisen, nimmt von Uhr zu Uhr um 3 ab: 15, 12, 9 und 6.

D	R	I	V	E	R	I	D	V	E	R	D	D	R	I	V
R	D	R	I	V	E	R	D	R	I	V	E	R	V	E	R
I	V	E	R	D	V	E	R	D	D	R	I	V	E	R	V
V	D	R	I	V	E	R	D	E	R	C	I	E	V	V	E
E	D	R	I	V	E	E	D	E	R	C	I	E	V	V	E
D	R	I	V	E	V	R	V	D	E	R	I	V	E	R	D
V	D	E	R	I	D	I	V	E	R	D	R	I	V	E	R
D	R	I	R	V	E	R	D	R	I	D	R	D	V	D	E
D	R	R	V	I	D	R	E	V	E	R	D	R	I	V	E
D	A	D	R	I	V	E	D	R	I	V	D	R	I	V	E
I	R	D	R	E	V	I	R	D	R	E	V	I	R	D	R
V	E	R	D	D	R	I	V	E	R	D	R	I	V	E	D
V	I	V	I	V	E	V	R	D	E	V	D	E	V	I	R
E	R	E	R	E	D	E	D	R	R	I	R	V	E	R	I
R	D	R	D	R	R	R	R	I	D	R	I	I	R	D	V
I	I	D	I	D	I	D	E	V	I	D	V	R	D	R	E

Lösung 24
Arrivederci.

Lösung 40
C. Das Alphabet wird rückwärts durchnumeriert (Z = 1, A = 26). Die Werte der Buchstaben addieren und die einzelnen Ziffern subtrahieren.

Lösung 41
Anouilh, Molière, Ionesco, Osborne, Marlowe. Der sechste Name ist „Connery".

Lösung 42
Sie versah eine Seite der Messerklinge mit Gift.

Lösung 43
K. Den Buchstaben in den weißen Feldern entsprechen Zahlen gemäß ihrer Position im Alphabet. Die Summe zweier Buchstaben eines Feldes steht im übernächsten Quadrat im Uhrzeigersinn, aber kodiert als Buchstabe nach dem rückwärts durchgezählten Alphabet.

Lösung 44
9. Die beiden äußeren Zahlen der Segmente werden jeweils multipliziert. Das Ergebnis wird abwechselnd durch 2 oder 3 dividiert und die neue Zahl in der Spitze des gegenüberliegenden Segments eingetragen.

Lösung 45
4. Multiplizieren Sie die beiden Zahlen in einem weißen Feld, und subtrahieren Sie davon wieder diese beiden einzelnen Zahlen. Die neue Zahl steht im übernächsten Eckfeld im Uhrzeigersinn.

Lösung 46
Celsius, Doppler, Faraday, Hawking, Pasteur – und Kerouac.

Lösung 47 – siehe rechte Seite
44 Paare

5	3	6	4	4	3	5	7	5	7	9	2	2	5	8	3
9	8	9	6	1	5	8	6	6	8	3	7	6	7	4	4
2	1	5	7	8	3	1	3	5	1	6	6	8	9	8	6
7	6	2	9	1	1	8	3	1	5	1	7	5	3	4	1
8	5	6	6	2	4	4	8	3	8	4	7	1	6	1	8
7	6	2	2	5	2	3	7	4	5	8	5	7	6	3	1
7	9	3	1	8	4	5	4	7	7	9	4	8	5	6	3
3	6	8	8	2	9	8	8	2	5	7	2	1	8	3	5
5	6	9	6	5	3	4	7	4	7	4	2	6	6	5	5
1	6	3	2	3	4	5	8	1	1	2	4	9	3	2	7
5	8	9	7	1	8	3	6	9	3	6	3	5	4	9	4
8	4	5	6	7	1	5	1	8	5	8	3	1	2	5	7
7	2	2	9	2	2	4	7	4	9	4	1	8	6	7	8
2	4	3	9	5	6	7	8	5	8	3	2	7	5	6	1
5	9	4	3	4	2	6	1	7	3	4	9	2	6	9	1
3	2	5	8	1	3	2	5	3	8	3	5	3	1	2	7

Lösung 47
44 Paare.

Lösung 48
b. Für die Lösung wird das Alphabet rückwärts durchnumeriert (Z = 1, A = 26). Der erste und letzte Buchstabe der Automarke ergibt jeweils die Uhrzeit.

S3		
SO2		
N2		
N2	NW1	W1

Lösung 49
Die Suche beginnt in Zeile 1, Spalte 1. Der verborgene Buchstabe ist das L.

Lösung 50
Zählen Sie die Anzahl der Elemente der beiden äußeren Figuren eines Segments zusammen und subtrahieren Sie davon 1. Eine Figur mit genau dieser Anzahl an Elementen findet sich in der Spitze des vorletzten Segments gegen den Uhrzeigersinn.

Lösung 51
Genau zwischen 4 und 5 (= 4,5). Multipliziert man die beiden Zahlen, auf die die Zeiger jeweils zeigen, erhält man immer 36. Also: 36 : 8 = 4,5.

Lösung 52
Der gesuchte Buchstabe ist **X**. Die sich wiederholende Zahlenfolge beginnt links unten und verläuft spaltenweise abwechselnd auf- und absteigend.

Lösung 53
72. Die beiden Zahlen in weißen Feldern werden addiert. Bei einem dreistelligen Ergebnis ignorieren Sie die erste Ziffer. Die beiden anderen werden miteinander multipliziert. Das Ergebnis steht im dritten Eckfeld, das im Uhrzeigersinn folgt.

Lösung 54 – ***siehe Seite 294*** (Es gibt **55** Paare.)

Lösung 55
d. Das Alphabet wird einmal vorwärts und einmal rückläufig durchnumeriert (A = 1, Z = 26, d.i. Code I, und A = 26, Z = 1, d.i. Code II). Der erste Buchstabe einer Ausgangsstadt erhält den Wert gemäß Code I, der zweite bekommt seinen Wert gemäß Code II. Beide

Lösung 54
55 Paare.

Werte addiert, verweisen auf den Anfangsbuchstaben der zugehörigen Zielstadt gemäß Code I.

Lösung 56
Ihre Mutter hatte Drillinge bekommen. Da sie jedoch arm war, konnte sie nicht alle großziehen und gab einen zur Adoption frei. Obwohl alle inzwischen erwachsen waren, bestand zwischen ihnen doch eine unverkennbare Ähnlichkeit, so daß Fritz und Heinrich ihren Bruder, den sie nie zuvor gesehen hatten, leicht erkennen konnten.

Lösung 57
Im Feld **Zeile 1/Spalte 1** geht es los. Der letzte Buchstabe sagt Ihnen, wie viele Felder Sie weiterziehen dürfen, und zwar gemäß dem rückläufig durchnumerierten Alphabet; allerdings gelten abweichend: Y = 1, X = 2, W = 3, A = 25, Z = 26. Am besten verfolgen Sie den Weg vom Zielpunkt * aus zurück, um den Anfang zu finden.

Lösung 58
C.

Lösung 59 – siehe rechte Seite

Lösung 60
F ist der gesuchte Buchstabe. Die Zahlenfolge beginnt oben rechts und verläuft in Diagonalen, die von rechts unten nach links oben geneigt sind.

Lösung 61
b. Im Vornamen hat jeder Konsonant den Wert 1, jeder Vokal den Wert 2, im Nachnamen ensprechen Konsonanten 3 und Vokale 4.

Lösung 62
Hendrix, Houston, Madonna, Manilow, Presley – und Tolkien.

Lösung 63 – siehe Seite 296 (Es gibt **51** Paare.)

Lösung 59

G	A	R	A	R	D	D	E	P	G	A	R	D	I	E	U
E	G	E	R	A	D	G	R	A	E	P	E	G	D	I	G
R	D	A	D	R	D	E	D	R	R	A	D	E	R	E	E
A	E	R	A	G	E	R	I	D	G	E	R	R	A	U	R
R	P	R	D	E	P	P	E	G	E	R	A	A	P	D	A
D	E	E	D	R	A	A	U	A	R	D	U	R	E	E	R
G	U	I	R	A	R	D	I	E	U	I	E	D	E	E	D
G	E	R	A	R	D	E	G	E	P	A	R	D	P	E	R
D	R	A	R	E	G	P	G	E	R	A	R	I	I	E	U
D	D	D	P	G	I	A	D	D	E	P	A	E	A	I	D
E	R	E	E	E	D	R	R	D	I	E	U	U	R	G	A
P	A	P	D	R	R	D	G	E	R	A	R	D	G	D	E
A	R	A	D	A	A	I	G	E	R	A	R	D	D	E	P
R	E	R	R	R	P	E	G	D	U	A	E	I	D	R	A
D	G	G	A	D	E	G	E	R	A	R	D	D	E	P	A
I	E	E	R	D	D	D	R	A	R	E	G	E	I	D	R

Lösung 64
B und **E**.

Lösung 65 – siehe Seite 297
Das zweite Wort ist OREGANO.

Lösung 66
Er war Kapitän eines Fährschiffs an einem Fluß. Der Globus, den er umrundete, war ein Dekorationsstück in seiner Kabine.

Lösung 67 – siehe Seite 298 (Es gibt **60** Paare.)

Lösung 68
Die Suche beginnt in **Zeile 1, Spalte 1**. Arbeiten Sie sich vom Endpunkt aus zurück. Der gesuchte Buchstabe ist A.

Lösung 69
G.

Lösung 70
D. Das gestreifte Feld wandert im Uhrzeigersinn 1, 2, 3 und 4 Abschnitte weiter usw. Der Punkt bewegt sich abwechselnd 2 Felder im und 1 Feld gegen den Uhrzeigersinn.

Lösung 71 – siehe Seite 299

Lösung 72
Rossini, Puccini, Debussy, Berlioz, Corelli. Die sechste Person ist Cézanne.

Lösung 73
D.

Lösung 74
20. Sind die Zahlen benachbarter Ovale ungerade, werden sie addiert; gerade Zahlen dagegen werden multipliziert, ist die eine gerade und die andere ungerade, dann wird die Differenz zwischen beiden ermit-

18	3	16	7	10	3	14	15	2	13	7	6	12	19	2	8
16	5	12	10	14	7	9	19	12	6	13	3	8	7	7	6
16	18	3	16	12	14	7	4	13	12	15	9	14	5	13	4
12	8	8	3	7	11	6	8	5	11	9	13	11	7	6	12
15	8	11	19	10	10	7	14	4	12	5	7	16	13	9	15
13	14	11	4	3	10	17	9	18	7	3	6	12	5	14	19
11	4	9	11	18	4	18	12	9	12	14	15	14	17	2	6
17	5	4	18	3	17	6	8	19	17	4	15	8	11	12	15
4	6	8	19	15	11	19	12	12	13	11	8	4	3	14	3
13	5	1	19	6	8	15	2	17	13	7	15	11	14	17	12
9	1	2	13	4	6	5	8	19	12	9	8	17	7	15	4
5	12	2	18	11	8	15	6	3	4	2	1	4	6	16	12
17	18	9	12	5	13	2	8	6	16	10	14	3	4	12	11
8	6	13	16	5	11	12	8	9	14	7	3	8	9	13	6
5	6	19	1	7	8	15	4	5	15	3	6	15	8	8	11
9	18	2	4	3	1	19	8	13	16	12	18	14	19	2	12

Lösung 63

51 Paare.

telt. Das Ergebnis steht jeweils im Überlappungsbereich beider Ovale.

Lösung 75

Die dritte Figur der ersten Zeile. Alle anderen besitzen ein spiegelbildliches Gegenstück (bei Spiegelung an der senkrechten Mittellinie).

Lösung 76

Belmondo, Pfeiffer, Rampling, Redgrave, Travolta.

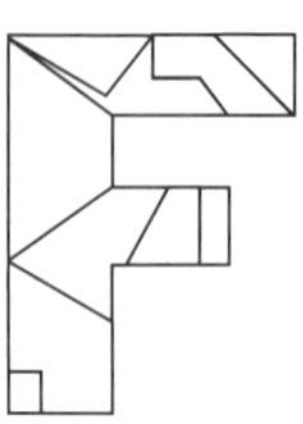

Lösung 77

Lösung 78

D und **E**.

Lösung 79

E. Die Figuren drehen sich abwechselnd um 180° und 90°. Kreise und Quadrate tauschen die Plätze, Rauten und Rechtecke die Farbe.

Lösung 80

O	R	O	O	E	R	A	M	I	O	R	I	G	A	A	G
R	E	M	R	G	O	O	R	I	G	A	M	O	R	G	A
I	G	A	E	G	A	O	O	O	A	M	R	I	I	O	M
G	A	G	G	O	O	R	M	R	G	I	O	G	G	O	I
A	M	E	R	R	R	I	I	A	E	O	M	A	A	A	O
M	O	R	A	G	I	G	G	G	R	R	A	M	R	G	R
O	R	I	M	A	G	A	A	I	G	I	G	O	O	I	I
M	A	G	I	M	A	O	R	M	O	G	I	R	I	R	G
O	R	I	G	I	O	R	O	O	A	A	R	G	A	O	A
O	G	A	M	G	R	A	O	I	I	M	O	I	M	M	M
O	R	I	G	A	M	O	M	O	M	O	M	A	O	A	O
O	I	M	A	G	E	R	I	R	M	A	A	M	R	G	R
O	R	E	G	A	N	O	G	I	G	A	G	I	G	I	I
G	A	R	O	M	I	G	O	G	O	G	G	I	A	R	G
I	O	R	A	I	G	A	R	A	R	I	I	O	R	O	A
M	O	R	I	G	A	M	O	M	O	O	R	G	R	O	M

Lösung 65
Oregano.

Lösung 81
19. Das Alphabet ist rückwärts durchnumeriert.
Die Kästchen sind nach dem Muster besetzt: Buchstabenwert im linken Kästchen, minus 3 für das rechte, und nochmal minus 3, um auf den dritten Buchstaben unten zu kommen. In den beiden linken Dreiergruppen stehen oben rechts Zahlen, sonst Buchstaben, in den beiden rechten ist das umgekehrt.
Daher: 25(B) – 3 = 22(E), 22 – 3 = 19 (H).

Lösung 82
C. A und D sowie B und E sind Paare. Wenn man A und E an der Senkrechten spiegelt und dann noch entsprechend dreht, ergeben sich D und B.

Lösung 83
D. Auf den Bällen stehen die Anfangsbuchstaben der Silben, die beim Solmisieren gesungen werden: do, re, mi, fa, sol, la, si und schließlich wieder do.

Lösung 84
72. Man halbiert die linke obere Zahl einer Gruppe und multipliziert die Zahl oben rechts mit 3. Die beiden Ergebnisse werden multipliziert, das Ergebnis steht im unteren Feld.

Lösung 85
A la Recherche du Temps Perdu von Marcel Proust.

Lösung 86
K. Dieser Buchstabe ist im Alphabet jeweils gleich viele Buchstaben entfernt von H und N, G und O sowie von E und Q.

Lösung 87
Ü. Es handelt sich um die zweiten Buchstaben der Zahlwörter EINS bis FÜNF.

N	O	Q	R	D	F	G	S	J	T	U	V	K	G	L	T
V	A	W	U	D	X	Q	R	Z	D	F	M	P	H	J	R
S	E	B	C	M	O	T	A	V	N	W	K	Y	I	A	K
M	B	G	O	Z	V	J	Y	M	D	L	T	L	Q	C	E
O	G	L	B	R	I	N	K	L	V	Q	J	H	L	G	N
B	P	D	F	K	P	S	C	A	C	T	M	D	Q	M	K
Q	S	U	W	A	C	L	A	K	S	W	U	X	Z	B	F
H	L	B	R	Q	J	M	H	R	G	E	R	V	W	S	D
R	S	O	K	P	C	N	D	T	Y	R	P	G	O	U	X
D	V	K	M	R	T	F	A	F	O	U	E	F	X	T	C
L	T	X	Y	K	M	D	H	B	C	I	N	U	O	V	Z
B	G	Z	H	E	R	O	Q	L	E	D	A	R	Q	P	A
G	U	D	A	V	K	S	U	F	V	Y	F	J	T	A	E
T	L	N	W	X	O	Q	V	A	M	T	S	A	L	J	M
O	R	B	Y	C	F	S	T	J	Q	U	P	D	H	I	G
H	K	Z	L	O	Q	K	B	D	G	X	V	Y	A	Z	B

Lösung 67
60 Paare.

Lösung 88
B. Jede Spalte enthält Gesichter mit vier verschiedenen Arten von Haaren, Ohren, Augen, Mündern und Gesichtsformen.

Lösung 89
25. Die Zahlenfolge beginnt in der Ecke links oben und verläuft in Diagonalen, die von links unten nach rechts oben geneigt sind, abwechselnd ab und auf (diagonales Bustrophedon). Von Feld zu Feld werden abwechselnd 3 subtrahiert und 5 addiert.

Lösung 90
11. Die Anzahl der Seiten der jeweiligen Ziffer mit 3 multiplizieren und dann die große Zahl selber subtrahieren.

Lösung 91
W. Jeweils ausgehend von P, gehen Sie im Alphabet 3 Buchstaben zurück (M) und 3 nach vorn (S), dann 5 zurück (K) und 5 nach vorn (U), schließlich 7 zurück (I) und 7 nach vorn (W).

Lösung 92
Die Spektralfarben wechseln sich mit anderen, beliebig eingesetzten Farben ab.

Lösung 93
S. D ist der vierte Buchstabe, W der viertletzte des Alphabets, F der sechste und U der sechstletzte usw.

Lösung 94
N. Richtig zusammengesetzt entsteht der Name „Wittgenstein".

Lösung 95
Carlisle, Costello, Harrison, Knopfler, Morrison.

Lösung 71

P	A	R	S	I	S	P	A	R	S	P	A	R	P	I	S
S	A	P	R	S	P	I	S	P	A	R	S	P	A	R	S
R	A	P	S	A	R	P	I	S	P	R	A	S	P	S	I
I	S	P	A	R	I	P	S	A	R	I	S	P	S	P	A
A	S	P	A	R	S	P	A	R	S	I	P	A	R	S	I
P	A	R	S	I	S	P	A	R	S	P	A	S	I	S	R
P	R	A	S	I	P	A	S	R	P	R	A	S	R	I	S
R	S	A	S	I	P	A	R	S	I	S	P	A	I	S	S
R	S	A	I	S	R	A	S	R	A	I	S	P	R	A	S
R	I	S	I	P	S	A	P	R	A	I	R	S	I	P	I
A	R	P	R	A	I	R	S	I	P	S	A	P	R	A	S
I	A	P	A	P	A	R	A	R	I	P	I	S	A	I	P
S	P	R	I	S	S	I	P	P	S	A	R	P	R	S	A
R	P	I	R	S	I	P	S	A	P	R	A	I	R	S	R
I	A	S	A	P	R	A	I	R	S	I	P	S	A	P	I
S	P	A	R	I	P	A	S	I	R	P	A	R	I	P	A

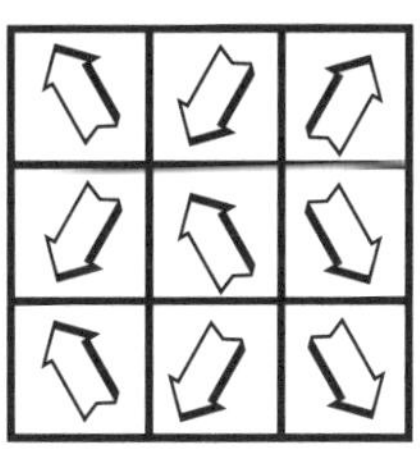

Lösung 96
Die Symbolfolge ist unten abgebildet. Sie beginnt unten rechts und verläuft waagerecht abwechselnd hin und her.

Lösung 97
M. Die Buchstaben erhalten einen Zahlenwert gemäß ihrer Position im Alphabet. Subtrahiert man den Wert rechts unten von dem links unten, erhält man den des Buchstabens in der Mitte. Die Buchstaben in den Außenecken ergeben, rückwärts gelesen, den Namen „Mark Twain", aber das hat für diese Aufgabe keine Bedeutung.

Lösung 98
F. Die Seitenzahl jeder Form nimmt von A nach B oder von C nach F um 2 zu, und die Reihenfolge der Formen ist umgekehrt, d.h. die Formen zwischen A und B und zwischen C und F korrespondieren kreuzweise miteinander.

Lösung 99
20. Linke Hand **x** rechte Hand **:** Bauch = Kopf. Linker Fuß **x** rechter Fuß **:** Bauch = Kopf.

Lösung 100
PUTTEN. Die Anfangsbuchstaben sind ein Anagramm für „Paris".

Lösung 101
P. Wenn Sie sich das Alphabet als Kreis vorstellen, liegen N, O und P den Buchstaben A, B und C diametral gegenüber.

Lösung 102
C. Es ergibt sich der Name „Henry Mancini", wenn man vom letzten zum ersten Dreier-Block geht und jeweils die Kästchen-Reihenfolge rechts oben, links oben, unten einhält.

Ω	Ω	Σ
Ω	Φ	Σ
Φ	Ω	Σ

Lösung 103
Die Buchstabenfolge sieht so aus:

ΦΣΣΩΩΩΣΣΦ

Das Muster beginnt rechts unten und verläuft abwechselnd diagonal auf und ab, d. h. als Bustrophedon (die Diagonalen sind von links unten nach rechts oben ausgerichtet).

Lösung 104
6,5. Die Zahl der Seiten der Buchstaben durch 2 dividieren und den Wert des Buchstabens gemäß seiner Position im Alphabet addieren. A hat 11 Seiten, d. h. 5,5 + 1 = 6,5.

Lösung 105
Genscher, Disraeli, Thatcher, Adenauer, Pompidou.

Lösung 106
U. Vom ersten zum letzten Dreier-Block gehend, ergibt sich in der Kästchen-Reihenfolge unten/oben links/oben rechts der Name „Art Garfunkel" zu lesen.

Lösung 107
R. Es handelt sich jeweils um den zweiten Buchstaben in den Namen der Wochentage, außer den Wochenendtagen Samstag und Sonntag.

Lösung 108
56. Die untere Zahl erhalten Sie, indem Sie von der oberen linken Zahl zwei Drittel nehmen und mit dem Zweifachen der oberen rechten Zahl multiplizieren.

Lösung 109
M. Gehen Sie zunächst in Dreieck 1 von A aus im Uhrzeigersinn von Feld zu Feld, vom Mittelfeld in 1, dann nach 2 oben usw. Von Feld zu Feld werden immer 3 Buchstaben in der Reihenfolge des Alphabets übersprungen.

Lösung 110
C. Er enthält als einziger eine asymmetrische Form.

Lösung 111
A. Die Anzahl der Seiten der Symbole innerhalb eines Quadrats nimmt von einem zum anderen um 2 zu (12, 14, 16, 18, 20).

Lösung 112
16. Der Kreis enthält zwei verschränkte Zahlenreihen: 3, 6, 9, 12 und 4, 8, 12, 16.

Lösung 113
9. Die den Zahlen zugehörigen Buchstaben bilden das Wort „Nagasaki".

Lösung 114
Die Musterfolge ist unten abgebildet. Sie beginnt links oben und verläuft spaltenweise abwechselnd ab- und aufsteigend (senkrechtes Bustrophedon).

Lösung 115
32, d. i. 23 mit umgestellten Ziffern. Alle übrigen haben bereits ihren Zahlenpartner mit umgestellten Ziffern.

Lösung 116
14. Der Kreis enthält zwei ineinander verschränkte Zahlenreihen: 9, 12, 15, 18 und 14, 16, 18, 20.

Lösung 117
A Midsummer Night's Dream von William Shakespeare.

Lösung 118
Bruckner, Gershwin, Schubert, Schumann, Sibelius.

Lösung 119
I. Von C über H und dann weiter im Uhrzeigersinn geht es im Alphabet abwechselnd 5 Buchstaben vor und wieder 3 zurück.

Lösung 120
T. E ist der fünfte Buchstabe im Alphabet, V der fünftletzte; D ist der vierte von vorn und W der vierte von hinten. Nach diesem Prinzip geht es weiter.

Lösung 121
J und **Z**. Den Buchstaben entsprechen Zahlen gemäß ihrer Position im Alphabet, und der untere Kreis enthält die Quadrate der oberen Werte. Aber für J (= 10; $10^2 = 100$) gibt es unten keine Entsprechung, dafür steht das nicht passende „Z“ hier.

Lösung 122
B und **F**.

Lösung 123
D. Runde Spiralen haben einen Fortsatz mit einer Form mit geraden Seiten, eckige Spiralen einen solchen mit runden. Bei Spiralen im Uhrzeigersinn weist der Fortsatz nach unten oder rechts, bei solchen gegen den Uhrzeigersinn nach oben oder links.

Lösung 124
410. Bei allen anderen ergeben die beiden ersten Ziffern addiert die dritte.

Lösung 125
359. Von links nach rechts und von unten nach oben werden jeweils 17 subtrahiert.

Lösung 126
729 (= 9^3). Die einstelligen Zahlen (5, 6, 7, 8, 9) werden in die dritte Potenz erhoben.

Lösung 127
A und **N**. Oben lautet die Folge B, D, F, H, J (jeweils 1 Buchstabe wird übersprungen), unten C, F, I, L, O (jeweils 2 Buchstaben werden übersprungen).

Lösung 128
91. Alle übrigen sind Primzahlen.

Lösung 129
56. (Kopf **x** linker Fuß) **:** Bauch = rechte Hand; (Kopf **x** rechter Fuß) **:** Bauch = linke Hand. (14 **x** 15) **:** 5 = 42; (14 **x** 20) **:** 5 = 56.

Lösung 130
D. Um von A zu B bzw. von C zu D zu kommen, wird die gesamte Figur horizontal gespiegelt. Außerdem werden Formen mit geraden Seiten um 90° im Uhrzeigersinn gedreht, und ein Punkt in einer runden Form verschwindet.

Lösung 131
Augsburg, Hannover, Mannheim, Dortmund, Landshut.

Lösung 132
5 und **625**. Die dritten Potenzen von 7, 9 und 13 aus dem oberen Kreis stehen im unteren, die Quadrate von 18, 26 und 54 aus dem unteren Kreis im oberen.

Lösung 133
11. Die ersten fünf Primzahlen sind hier genannt.

Lösung 134
S. Den Buchstaben entsprechen Zahlen gemäß ihrer Position im Alphabet. Addieren Sie jeweils den oberen und den rechten Wert und den linken und den unteren Wert. Die zweite von der ersten Summe abziehen und das Ergebnis abwechselnd als Zahl oder Buchstaben in die Mitte eintragen.

Lösung 135
O und **V**. Die übrigen ergeben den Namen „Charlie Chaplin“.

Lösung 136
E. Bei Quadraten mit Schraffur von links unten nach rechts oben zeigt der Pfeil nach oben oder rechts. Bei Quadraten mit Schraffur von links oben nach rechts unten zeigt der Pfeil nach unten oder links.

Lösung 137
Z. Bei den beiden linken Kreuzen gilt die Reihenfolge oben/links/Mitte/rechts/unten, bei den beiden rechten links/oben/Mitte/unten/rechts. Überall wird ein Buchstabe in der alphabetischen Reihenfolge übersprungen.

Lösung 138
M. Zum Wert der Buchstaben in Kreis 1 jeweils 9 addieren, ergibt die Buchstaben in Kreis 2.
C = 3, 3 + 9 = 12; 12 = L, nicht M.

Lösung 139
D. Die Formel lautet:
links + (Mitte x rechts) = oben + (Mitte x unten), bei D aber betragen die Ergebnisse einmal 26 und einmal 25.

Lösung 140
F. Eine runde Form wird zu einer mit geraden Seiten, und umgekehrt. Nach oben Weisendes zeigt nach unten, und umgekehrt.

Lösung 141
Die Formel lautet: (rechts x links – oben) x schwarzer Bruchteil des Kreises = unten.

Lösung 142
72. Der Kreis enthält die doppelten Quadrate der Zahlen von 1 bis 9.

Lösung 143
K. Beginnend im mittleren Feld und weiter im Uhrzeigersinn werden bei der ersten Gruppe jeweils 2 Buchstaben übersprungen, bei der zweiten Gruppe jeweils 3 usw.

Lösung 144
N im unteren Dreieck. Die übrigen ergeben den Namen „George Orwell".

Lösung 145
100 ist die versteckte Zahl. Die Suche beginnt in Zeile 3, Spalte 9. Hier sind aber – im Gegensatz zu den anderen Schatzsuche-Karten – die Himmelsrichtungen vertauscht, nämlich Süden oben und Norden unten sowie Osten links und Westen rechts!

W8
N3
SW2
S2
SW4

W5	NW4	O4
N1		NO2
O2		N2
S2		S2
W1	S4	S1

NO4	NW1	N2
N1		N3
O2		NO2
O6		SO2
S4	SO1	S1

Lösung 146
27. Am Kopf beginnend, wachsen die Zahlen gegen den Uhrzeigersinn um 3, 4, 5 und 6 an.

Lösung 147
24 und **Q**. Für das obere Dreieck wird das Alphabet rückläufig durchnumeriert (Z = 1, A = 26). Von den Werten der Buchstaben wird jeweils 5 subtrahiert. Die Ergebnisse stehen als Zahlen im unteren Dreieck.
Beim unteren Dreieck wird das Alphabet von vorne an durchnumeriert (A = 1, Z = 26) und zu den Buchstabenwerten jeweils 3 addiert. Diese Zahlen finden sich im oberen Dreieck. Für das Q müßte das obere Dreieck eine 20 enthalten, für die 24 das untere Dreieck ein U.

Lösung 148
D. Die Formel lautet: (rechts **x** dunkler Bruchteil links) **–** (oben **x** dunkler Bruchteil unten) = Seitenzahl der Figur in der Mitte. Bei D also: (18 **x** 2/3) **–** (12 **x** 3/4) = 12 **–** 9 = 3. Die mittlere Figur müßte demzufolge drei Seiten haben, sie hat aber sechs, paßt also nicht.

Lösung 149
4. Bei den beiden oberen Quadraten jeweils die beiden oberen Zahlen addieren, bei den beiden unteren Quadraten jeweils die beiden unteren. Die Summe steht jeweils im diagonal gegenüberliegenden kleinen Quadrat. Die dritte Zahl der großen Quadrate ergibt sich, indem man von der Zahl im zugehörigen kleinen Quadrat – beginnend links oben (14 – 3 = 11), und weiter im Uhrzeigersinn – 3, 4, 5 und 6 subtrahiert.

Lösung 150
T. Sie ergeben den Namen „Marcel Proust".

Lösung 151
C. Es ergibt sich der Name „Henri Toulouse-Lautrec".

Lösung 152
A. Die dunklen Felder in den Kreisen stehen für Brüche. Gegenüberliegende Brüche werden miteinander multipliziert. Die Zahl in der Mitte gibt das Verhältnis der beiden resultierenden Brüche an. A folgt nicht dieser Regel, denn: 2/3 x 1/2 = 1/3; 1/2 x 3/4 = 3/8. Das Verhältnis ist nicht 1.

Lösung 153
Z. Die Buchstaben stehen für Zahlen gemäß ihrer Position im Alphabet. Die Werte der drei äußeren Buchstaben eines Quadrats werden addiert, das Ergebnis steht im diagonal gegenüberliegenden kleinen Quadrat.

Lösung 154
Y. Die Buchstaben ergeben den Namen „Aldous Huxley".

Lösung 155
7. Addieren Sie die drei äußeren Zahlen eines Quadrats (A). Bilden Sie aus dem Ergebnis die Quersumme (B). Dividiert man A durch B, erhält man die Zahl im kleinen Quadrat.

Lösung 156
E. Es wird der Name „Eduard Mörike" buchstabiert.

Lösung 157

L. Links oben beginnend, gehen Sie zum rechten oberen und dann zum unteren Buchstaben, ebenso weiter im nächsten Block usw. Von Feld zu Feld geht es immer 3 Buchstaben vor, 2 zurück, 4 vor, 2 zurück, und nun wieder 3 vor, 2 zurück usw.

Lösung 158

1. Karotten
2. Shampoo
3. Brathuhn
4. Brot
5. Hundefutter
6. Kuchen
7. Champignons
8. Orangensaft
9. Lauchsuppe
10. Klopapier

Untereinander stehende Buchstabenwerte (A = 1, Z = 26) addieren und durch 2 dividieren, ergibt den gesuchten Buchstabenwert. B/H: (2 + 8) : 2 = 5, 5 = E. Der Buchstabe A ist hier eine Ausnahme: Für ihn stehen Buchstabenkombinationen, deren halbe Summe 14 ergibt.

Allgemeinwissen: Test
und
IQ-Test

Natur und Technik

1. Welche der uns bekannten Jahreszeiten ist die längste Jahreszeit? ★
a. Frühling
b. Sommer
c. Herbst
d. Winter

2. Wenn es 12 Uhr Mitteleuropäischer Zeit ist, wie viel Uhr ist es dann in London? ★★
a. 10 Uhr
b. 11 Uhr
c. 12 Uhr
d. 13 Uhr

3. Wie lautet der Satz des Pythagoras, der Fundamentalsatz der Geometrie? ★★
a. $a^2 = b^2 + c^2$
b. $ab = c$
c. $a^2 + b^2 = c^2$
d. $a^2 \cdot b^2 = c^2$

4. Welche dieser Potenzzahlen entspricht der Zahl 100 000? ★★★★
a. 10^2
b. 10^3
c. 10^4
d. 10^5

5. Welche dieser arabischen Zahlen entspricht der römischen Zahl DCLX? ★★★
a. 580
b. 660
c. 670
d. 740

6. Wer sprach der Legende nach den Satz »Und sie bewegt sich doch«? ★★★
a. Leonardo da Vinci
b. Isaac Newton
c. Nikolaus Kopernikus
d. Galileo Galilei

7. Wie viele Planeten gehören insgesamt zu unserem Sonnensystem? ★★★
a. drei
b. fünf
c. sieben
d. neun

8. Welche dieser Krankheiten gehört nicht zu den Tropenkrankheiten? ★★
a. Malaria
b. Gelbfieber
c. Syphilis
d. Fleckfieber

9. In welchem dieser Länder gab es die erste Eisenbahnverbindung? ★★
a. Großbritannien
b. Deutschland
c. Frankreich
d. USA

10. Wie viele Chromosomenpaare, die Träger der Erbfaktoren, hat der Mensch? ★★
a. 15
b. 20
c. 22
d. 23

11. Welchen Nobelpreis erhielt das Jahrhundert-Genie Albert Einstein? ★
a. Friedensnobelpreis
b. Medizinnobelpreis
c. Physiknobelpreis
d. Chemienobelpreis

12. Welche Blutgruppe muss ein Spender für einen Empfänger mit Blutgruppe 0 haben? ★★★
a. A
b. B
c. 0
d. egal

13. Welcher dieser bei uns vorkommenden Laubbäume wird am ältesten? ★★★
a. Kastanie
b. Eiche
c. Ulme
d. Pappel

14. Welche dieser Pflanzen gehört nicht zu den Giftpflanzen? ★★★
a. Christrose
b. Oleander
c. Tollkirsche
d. Buschwindrose

15. Welche dieser Tierarten hat den größten Anteil an allen Tierarten? ★★
a. Wirbeltiere
b. Insekten
c. Krebstiere
d. Weichtiere

16. Welches dieser Tiere gehört nicht zu den in Deutschland geschützten Tieren? ★★
a. Biber
b. Igel
c. Fledermaus
d. Feldhase

17. Welches dieser Tiere kommt bei uns in der freien Natur vor? ★
a. Wasserratte
b. Bücherwurm
c. Lustmolch
d. Pechvogel

Die Sterne in der gelben Leiste geben den Schwierigkeitsgrad der jeweiligen Frage an. Den Antwortbuchstaben können Sie in den unter den Sternchen stehenden Kasten eintragen. Die Lösung und Auswertung finden Sie auf S. 213f.

18. In welchem dieser Fachgebiete werden für Darstellungen Isolinien verwendet? ★★★★
a. Elektrotechnik
b. Chemie
c. Meteorologie
d. Mathematik

19. Welcher Stoff stellt den Hauptbestandteil an der Erdatmosphäre? ★★
a. Kohlendioxid
b. Sauerstoff
c. Stickstoff
d. Argon

20. Welches Wetter kündigen Schäfchenwolken am Abend an? ★★
a. Regenwetter
b. unbeständiges Wetter
c. gutes Wetter
d. Gewitter

21. Welches ist die höchste erfassbare Stärke bei Windmessungen? ★
a. Windstärke 8
b. Windstärke 10
c. Windstärke 12
d. Windstärke 15

22. In welchem dieser Länder wurde das Porzellan erfunden? ★★★
a. Griechenland
b. Japan
c. Spanien
d. China

23. Nach welchem bedeutenden Wissenschaftler ist die Einheit der physikalischen Größe Kraft benannt? ★★
a. Kepler
b. Newton
c. Leonardo
d. Galilei

24. Welcher dieser Konstrukteure erfand die Dampfmaschine? ★
a. James Watt
b. Samuel Morse
c. Benjamin Franklin
d. Robert Fulton

25. Welche dieser Skalen zur Temperaturmessung gibt es nicht? ★★★★
a. Celsius
b. Fahrenheit
c. Coulomb
d. Kelvin

26. Wie lautet eine andere Bezeichnung für den Beruf des Sterndeuters? ★
a. Astronom
b. Astrologe
c. Astrophysiker
d. Astroanalytiker

27. In welchem Jahr landeten die ersten Menschen auf dem Mond? ★★
a. 1965
b. 1969
c. 1972
d. 1975

28. Wer erkannte als Erster, dass sich die Erde um die Sonne dreht und nicht umgekehrt? ★★
a. Nikolaus Kopernikus
b. Johannes Kepler
c. Ptolemäus
d. Mercator

29. Wie viel Prozent des menschlichen Körpers bestehen aus Wasser? ★★
a. ca. 25%
b. ca. 40%
c. ca. 50%
d. ca. 70%

30. Welcher dieser Wissenschaftler wies als Erster die Kernspaltung nach? ★★★★
a. Niels Bohr
b. James Chadwick
c. Ernest Rutherford
d. Otto Hahn

31. Wie lautet die genaue Auflösung der häufig verwendeten Abkürzung KI? ★
a. Kationen-Ionen
b. Künstliche Intelligenz
c. Kern-Isolation
d. Kühl-Isolator

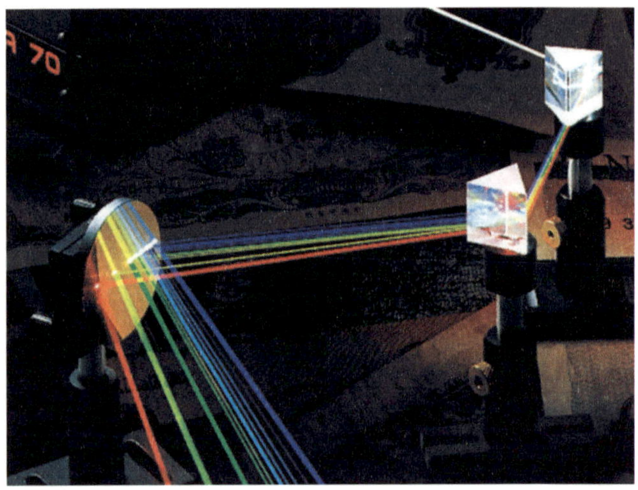

32. In welchem Jahr wurde in den Vereinigten Staaten der erste Laser gebaut? ★★★★
a. 1950
b. 1960
c. 1970
d. 1980

33. Wem gelang der erste Nonstopp-Atlantikflug von New York nach Paris? ★★
a. Louis Blériot
b. Brüder Wright
c. Charles Lindbergh
d. Otto Lilienthal

34. Welcher dieser Wissenschaftler schuf das Periodensystem der Elemente? ★★★★
a. Justus von Liebig
b. Dimitrij I. Mendelejew
c. Bola von Mendes
d. Fritz Haber

Geographie und Länder

1. Welche dieser Städte liegt auf einer ähnlichen geographischen Breite wie Berlin (zwischen 50° und 60° nördlicher Breite)? ★★★★
a. Peking
b. New York
c. Tokyo
d. Moskau

2. Welcher dieser Erdteile hat den größten Anteil an der Landfläche der Erde? ★
a. Afrika
b. Asien
c. Amerika
d. Europa

3. Welche dieser Städte ist die größte des afrikanischen Kontinents? ★★★
a. Johannesburg
b. Kinshasa
c. Kairo
d. Casablanca

4. Welcher dieser Berge ist die höchste Erhebung Deutschlands? ★
a. Zugspitze
b. Feldberg
c. Brocken
d. Watzmann

5. Welcher dieser Flüsse ist der längste des europäischen Kontinents? ★★
a. Rhein
b. Donau
c. Wolga
d. Don

6. Welche dieser Inseln ist das größte Eiland der Bundesrepublik Deutschland? ★★
a. Sylt
b. Usedom
c. Rügen
d. Fehmarn

7. Welcher dieser Forschungs- und Entdeckungsreisenden erreichte als Erster China? ★★
a. Francisco Pizarro
b. Sven Hedin
c. Marco Polo
d. James Cook

8. In welcher dieser Städte befindet sich Europas größter Flughafen? ★★★
a. London
b. Paris
c. Frankfurt/M.
d. Moskau

9. Welcher dieser Ozeane ist das größte Meer der Erde? ★★
a. Atlantischer Ozean
b. Mittelländisches Meer
c. Pazifischer Ozean
d. Indischer Ozean

10. Welcher dieser Seen ist der größte See des afrikanischen Kontinents? ★★★
a. Malawisee
b. Victoriasee
c. Tanganjikasee
d. Tschadsee

11. Welcher Dichter schrieb den Text der deutschen Nationalhymne? ★
a. Friedrich Schiller
b. Heinrich Heine
c. Eduard Mörike
d. Heinrich Hoffmann von Fallersleben

12. Welches ist das bevölkerungsreichste Land der Bundesrepublik Deutschland? ★
a. Bayern
b. Baden-Württemberg
c. Nordrhein-Westfalen
d. Hessen

13. Welcher deutsche Herrscher gründete 1550 Braunschweig? ★★★
a. Heinrich der Löwe
b. Friedrich Barbarossa
c. Karl der Kühne
d. Otto der Große

14. Welche dieser Frauen wird als französische Nationalheilige verehrt? ★
a. Brigitte Bardot
b. Jeanne d'Arc
c. Madame Bovary
d. Anne Boleyn

15. In welcher deutschen Stadt finden die Richard-Wagner-Festspiele statt? ★
a. Nürnberg
b. Bayreuth
c. Ulm
d. Regensburg

16. In welchem Teil der Erde liegt die größte Wüste, die Sahara? ★★★
a. Nordafrika
b. Zentralasien
c. Südafrika
d. Südamerika

17. In welcher deutschen Stadt befindet sich das Theodor-Storm-Haus? ★★★★
a. Kiel
b. Flensburg
c. Lübeck
d. Husum

Die Sterne in der gelben Leiste geben den Schwierigkeitsgrad der jeweiligen Frage an. Den Antwortbuchstaben können Sie in den unter den Sternchen stehenden Kasten eintragen. Die Lösung und Auswertung finden Sie auf S. 313f.

18. In welcher deutschen Stadt befindet sich die Große Freiheit? ★★
a. Hamburg
b. Bremen
c. Hannover
d. Berlin

☐

19. Welches bedeutende Bauwerk ziert die Quadriga von Johann Gottfried Schadow? ★★★
a. Siegessäule
b. Brandenburger Tor
c. Semperoper
d. Hofbräuhaus

☐

20. In welcher Metropole wird die U-Bahn liebevoll »Tube« genannt? ★★★
a. New York
b. Paris
c. Berlin
d. London

☐

21. Welche Stadt wird häufig als die »Goldene Stadt« bezeichnet? ★
a. Prag
b. Budapest
c. Paris
d. Wien

☐

22. Welche Stadt gilt als die Uhrenhauptstadt der Schweiz? ★★★★
a. Brugg
b. Basel
c. Biel
d. Zürich

☐

23. Welcher dieser Urlaubsorte liegt am Fuße des Matterhorns? ★★
a. Zermatt
b. Garmisch-Partenkirchen
c. Sankt Moritz
d. Kitzbühel

☐

24. In welchem dieser Alpenländer liegt das bekannte Zillertal? ★★
a. Deutschland
b. Schweiz
c. Österreich
d. Liechtenstein

☐

25. Welche dieser Städte hat den größten Seehafen der Welt? ★★
a. Rotterdam
b. Hamburg
c. Hongkong
d. Singapur

☐

26. In welcher französischen Landschaft liegt die Abtei Mont-Saint-Michel? ★★★★
a. Bretagne
b. Normandie
c. Auvergne
d. Loiretal

☐

27. In welcher spanischen Stadt befindet sich die Sagrada Familia? ★★★
a. Madrid
b. Barcelona
c. Granada
d. Sevilla

☐

28. Wie viele Einwohner hat die französische Hauptstadt Paris? ★★
a. etwa 1,1 Mio.
b. etwa 2,2 Mio.
c. etwa 4,4 Mio.
d. etwa 6,6 Mio.

☐

29. An welchem Fluss liegt die portugiesische Hauptstadt Lissabon? ★★
a. Tejo
b. Guadalquivir
c. Tajo
d. Guadiana

☐

30. Von welchem dieser afrikanischen Länder ist Lomé die Hauptstadt? ★★★
a. Tunesien
b. Kenia
c. Togo
d. Gabun

☐

31. Zu welchem dieser Länder gehört die größte Insel der Erde, Grönland? ★★
a. Norwegen
b. Island
c. Kanada
d. Dänemark

☐

32. In welchem dieser asiatischen Länder werden Kühe als heilig verehrt? ★★
a. Pakistan
b. Indien
c. Sri Lanka
d. Japan

☐

33. Wie viele Sterne sind auf der amerikanischen Flagge zu sehen? ★★★
a. 48
b. 49
c. 50
d. 52

☐

34. Welcher afrikanische Staat trug früher den Namen Rhodesien? ★★★★
a. Simbabwe
b. Namibia
c. Südafrika
d. Lesotho

☐

Geschichte und Politik

1. Mit wem erhielt Nelson Mandela gemeinsam den Friedensnobelpreis? ★★
a. Pieter Willem Botha
b. Frederick Willem de Klerk
c. Winnie Mandela
d. Desmond Tutu

2. Wie lautet die offizielle Bezeichnung des Regierungschefs der Bundesrepublik Deutschland? ★
a. Bundespräsident
b. Reichskanzler
c. Bundeskanzler
d. Bundestagspräsident

3. In welchem Jahr fiel die Berliner Mauer, die Berlin seit 1961 in einen Ost- und einen Westteil spaltete? ★
a. 1988
b. 1989
c. 1990
d. 1991

4. Wie viele Bundesministerien gab es Mitte 2001 in der Regierung Schröder? ★★★★
a. 10
b. 14
c. 16
d. 20

5. Wie hieß der erste Regierungschef der Bundesrepublik Deutschland? ★
a. Konrad Adenauer
b. Ludwig Erhard
c. Willy Brandt
d. Kurt Georg Kiesinger

6. Welcher deutsche Regierungschef stürzte als Einziger durch ein konstruktives Misstrauensvotum? ★★
a. Willy Brandt
b. Helmut Schmidt
c. Ludwig Erhard
d. Konrad Adenauer

7. Was gehört nicht zu den drei Gewalten im Staatswesen der Bundesrepublik Deutschland? ★
a. Legislative
b. Judikative
c. Akkusative
d. Exekutive

8. Ab welchem Lebensjahr sind deutsche Bürger bedingt strafrechtlich verantwortlich? ★★
a. ab 12. Lebensjahr
b. ab 14. Lebensjahr
c. ab 16. Lebensjahr
d. ab 18. Lebensjahr

9. Von welchem Ökonomen stammt das Werk »Vom Wohlstand der Nationen«? ★★★
a. Karl Marx
b. David Ricardo
c. Milton Friedman
d. Adam Smith

10. Mit wem verfasste Karl Marx sein Werk »Das Kapital«? ★
a. Max Weber
b. Friedrich Engels
c. Wladimir I. Lenin
d. Rosa Luxemburg

11. Wie lautet eine andere Bezeichnung für die Zentralverwaltungswirtschaft? ★★
a. Planwirtschaft
b. Marktwirtschaft
c. Liberalismus
d. Volkswirtschaft

12. Welcher dieser Faktoren zählt nicht zu den Produktionsfaktoren? ★★★★
a. Arbeit
b. Kraft
c. Boden
d. Kapital

13. Welchen ungefähren Anteil an der Weltbevölkerung haben die Entwicklungsländer? ★★
a. ein Viertel
b. ein Drittel
c. die Hälfte
d. drei Viertel

14. Wie wird eine Marktform bezeichnet, in der es nur einen Anbieter gibt? ★★
a. Oligopol
b. Polypol
c. Monopol
d. Duopol

15. Wie heißt der Aktienindex der New Yorker Wall Street? ★
a. DAX
b. Nikkei
c. Nemax
d. Dow Jones

16. Für wie viele Jahre wird der Präsident der Vereinigten Staaten gewählt? ★★
a. für vier Jahre
b. für fünf Jahre
c. für sechs Jahre
d. für sieben Jahre

17. Mit welcher Stadt kämpfte Athen im alten Griechenland um die Vorherrschaft? ★★★★
a. Sparta
b. Thessaloniki
c. Heraklion
d. Alexandria

Die Sterne in der gelben Leiste geben den Schwierigkeitsgrad der jeweiligen Frage an. Den Antwortbuchstaben können Sie in den unter den Sternchen stehenden Kasten eintragen. Die Lösung und Auswertung finden Sie auf S. 313f.

18. Gegen welche andere Stadt richteten sich die Punischen Kriege Roms? ★★★
a. Venedig
b. Athen
c. Karthago
d. Alexandria

19. In welchem Jahrhundert drangen die Hunnen nach Europa vor? ★★★★
a. im 1. Jahrhundert
b. im 4. Jahrhundert
c. im 8. Jahrhundert
d. im 12. Jahrhundert

20. Wie lautet der offizielle Titel, den der japanische Kaiser trägt? ★★★
a. Iman
b. Shogun
c. Tenno
d. Fuji

21. Wie heißt die bedeutendste politische Organisation arabischer Länder? ★
a. Arabische Liga
b. Arabischer Rat
c. Palästina-Konferenz
d. Arabische Union

22. Welches Wirtschaftsbündnis gründeten die osteuropäischen Länder 1949? ★★★
a. Warschauer Pakt
b. EWG
c. COMECON
d. OEU

23. Wie heißt die Staatenorganisation, deren Mitglieder die britische Königin als Oberhaupt anerkennen? ★★★
a. Commonwealth
b. International British Nation
c. Vereinte Nationen
d. British Empire

24. Welche Verträge begründeten die EWG, Vorläuferin der heutigen Europäischen Union? ★★
a. Pariser Verträge
b. Warschauer Verträge
c. Genfer Abkommen
d. Römische Verträge

25. In welcher dieser europäischen Städte hat der Europarat seinen Sitz? ★★
a. Genf
b. Brüssel
c. Straßburg
d. Paris

26. Welches dieser Länder ist kein Mitglied der Vereinten Nationen? ★★★
a. China
b. Schweiz
c. Jugoslawien
d. Kuba

27. Wie wird die 1968 eingeleitete Politik der Demokratisierung in der Tschechoslowakei genannt? ★★
a. Samtene Revolution
b. Prager Frühling
c. Nelkenrevolution
d. Glasnost

28. Wie lange dauerte der Krieg zwischen Israel und seinen arabischen Nachbarn 1967? ★★★
a. 5 Tage
b. 6 Tage
c. 8 Tage
d. 14 Tage

29. Wie nannte Michail Gorbatschow sein Programm zur wirtschaftlichen und sozialen Umgestaltung der UdSSR? ★★
a. Perestroika
b. Dawai
c. Glasnost
d. Kalinka

30. In welchem Jahr wurde Karl der Große in Aachen zum Kaiser gekrönt? ★★
a. 700
b. 800
c. 900
d. 1000

31. Welche Aktion gilt in China als Geburtsstunde des maoistischen Chinas? ★★★
a. Kulturrevolution
b. Langer Marsch
c. Großer Sprung nach vorn
d. 1000-Blumen-Kampagne

32. In welchem Jahr begann die Landung der Alliierten in der Normandie? ★★
a. 1942
b. 1943
c. 1944
d. 1945

33. In welchem Jahr trat in Deutschland das Bürgerliche Gesetzbuch (BGB) in Kraft? ★★★★
a. 1890
b. 1899
c. 1900
d. 1910

34. Welcher dieser Politiker gilt als der Gründer der Sowjetunion? ★★
a. Jossif Stalin
b. Wladimir Lenin
c. Nikita Chruschtschow
d. Lew Trotzkij

Kultur und Medien

1. Nach welchem Kalender richtet sich die bei uns gültige Zeitrechnung? ★
a. gregorianischer Kalender
b. paulinischer Kalender
c. julianischer Kalender
d. neuzeitlicher Kalender

2. Wo entdeckte der Archäologe Heinrich Schliemann bedeutende Königsgräber? ★★★★
a. in Mykene
b. in Knossos
c. in Troja
d. auf Rhodos

3. Wer sah als Erster die Vernunft als wesentliches Merkmal des Menschen an? ★★
a. Jean-Jacques Rousseau
b. Dionysos
c. Immanuel Kant
d. Aristoteles

4. Wie heißt der in Mekka geborene Prophet des Islam? ★
a. Muammar
b. Anwar
c. Mohammed
d. Petrus

5. Welcher dieser Autoren erfand die Geschichten um Jim Knopf und Lukas den Lokomotivführer? ★★★
a. Astrid Lindgren
b. Otfried Preußler
c. Erich Kästner
d. Michael Ende

6. Wer wählt das Oberhaupt der christlichen Kirche, den Papst? ★★
a. Bischöfe
b. Erzbischöfe
c. Weihbischöfe
d. Kardinäle

7. Wie heißt die japanische Urreligion, die bis 1945 Staatsreligion war? ★★★
a. Buddhismus
b. Konfuzianismus
c. Taoismus
d. Shintoismus

8. Welche dieser Personen gehört nicht zu den Gestalten des Alten Testaments? ★
a. Moses
b. David
c. Herodes
d. Abraham

9. Wie hieß im alten Griechenland der Gott des Himmels und der Erde? ★★
a. Apollon
b. Hermes
c. Poseidon
d. Zeus

10. Welcher Philosoph formulierte das so genannte Höhlengleichnis? ★★★★
a. Pythagoras
b. Sokrates
c. Aristoteles
d. Platon

11. Welches Jahrhundert wird als das Zeitalter der Aufklärung bezeichnet? ★★★
a. 15. Jahrhundert
b. 16. Jahrhundert
c. 17. Jahrhundert
d. 18. Jahrhundert

12. Welche philosophische Denkrichtung entwickelten Jean-Paul Sartre und Albert Camus? ★★
a. Idealismus
b. Materialismus
c. Existenzialismus
d. Rationalismus

13. Welche Schauspielerin spielt in dem Film »Der blaue Engel« die Hauptrolle? ★★
a. Marilyn Monroe
b. Greta Garbo
c. Audrey Hepburn
d. Marlene Dietrich

14. Welche dieser Sprachen ist die meistgesprochene auf der Erde? ★
a. Englisch
b. Chinesisch
c. Spanisch
d. Hindi

15. Wie lautet die Bezeichnung für den griechischen Buchstaben Δ? ★★★
a. Delta
b. Beta
c. Gamma
d. Alpha

16. Welcher dieser griechischen Epiker verfasste die »Odyssee«? ★★
a. Hesiod
b. Sophokles
c. Äsop
d. Homer

17. Welches dieser Werke stammt nicht von Friedrich Schiller? ★★
a. Maria Stuart
b. Iphigenie auf Tauris
c. Wilhelm Tell
d. Die Jungfrau von Orleans

Die Sterne in der gelben Leiste geben den Schwierigkeitsgrad der jeweiligen Frage an. Den Antwortbuchstaben können Sie in den unter den Sternchen stehenden Kasten eintragen. Die Lösung und Auswertung finden Sie auf S. 313f.

18. Wie heißt das französische Vater-Sohn-Paar, dessen Romane weltweit erfolgreich wurden? ★★★★
a. Zola
b. Flaubert
c. Balzac
d. Dumas

19. Wie nennt man die abendländische Kunstepoche zwischen 950 und 1250? ★★★
a. Romanik
b. Gotik
c. Barock
d. Rokoko

20. In welcher deutschen Stadt gründete Walter Gropius 1919 das Bauhaus? ★
a. Berlin
b. Dresden
c. Weimar
d. Dessau

21. Welcher Kunstrichtung ist die Künstlergemeinschaft »Die Brücke« zuzuordnen? ★★
a. Impressionismus
b. Kubismus
c. Surrealismus
d. Expressionismus

22. Mit welchen Materialien arbeitete der Künstler Joseph Beuys häufig? ★★★
a. Pech und Schwefel
b. Fett und Filz
c. Stein und Metall
d. Feuer und Wasser

23. Wie bezeichnet man in der Malerei die Darstellung unbewegter Gegenstände? ★
a. Porträt
b. Fresko
c. Stillleben
d. Gouache

24. Welcher dieser Künstler malte die Deckenfresken in der Sixtinischen Kapelle? ★★
a. Michelangelo
b. Leonardo da Vinci
c. Tizian
d. Botticelli

25. Wie heißt das großformatige Antikriegsbild von Pablo Picasso? ★★
a. Verdun
b. Trafalgar
c. Guernica
d. Waterloo

26. Welcher Dirigent leitete von 1955 bis 1989 die Berliner Philharmoniker? ★★★
a. Wilhelm Furtwängler
b. Herbert von Karajan
c. Otto Klemperer
d. Eugen Jochum

27. Welcher Komponist benannte eine Gattung der Orchestermusik »sinfonische Dichtung«? ★★★★
a. Franz Liszt
b. Hector Berlioz
c. Richard Strauss
d. Friedrich Smetana

28. Von welchem dieser Komponisten stammt »Eine kleine Nachtmusik«? ★★
a. Joseph Haydn
b. Wolfgang Amadeus Mozart
c. Ludwig van Beethoven
d. Johann Sebastian Bach

29. Wie heißt ein berühmter italienischer Operntenor, der ab 1900 Welterfolge feierte? ★★
a. Niccolò Paganini
b. Giuseppe Verdi
c. Enrico Caruso
d. Carlo Collodi

30. Welcher Komponist verfasste das Musical »Annie Get Your Gun«? ★★★★
a. Irving Berlin
b. George Gershwin
c. Andrew Llloyd-Webber
d. Cole Porter

31. Welcher Filmkomiker wurde als »The Tramp« weltberühmt? ★
a. Buster Keaton
b. Charlie Chaplin
c. Harold Lloyd
d. Stan Laurel

32. Welcher Filmschauspieler sagt den Satz »Ich schau dir in die Augen, Kleines«? ★★★
a. Sean Connery
b. Clark Gable
c. James Dean
d. Humphrey Bogart

33. Mit welchem dieser Begriffe wird keine Stimmlage bezeichnet? ★★
a. Tenor
b. Sopran
c. Bariton
d. Falsetto

34. Welches dieser Instrumente beherrschte der Italiener Niccolo Paganini virtuos? ★★★
a. Violine
b. Piano
c. Flöte
d. Cello

Auflösungen und Auswertung

1.	Antwort b *Sommer*	□
2.	Antwort b *11 Uhr*	□□
3.	Antwort c $a^2 + b^2 = c^2$	□□
4.	Antwort d 10^5	□□□□
5.	Antwort b *660*	□□
6.	Antwort d *Galileo Galilei*	□□□
7.	Antwort d *neun*	□□□
8.	Antwort c *Syphilis*	□□
9.	Antwort a *Großbritannien*	□□
10.	Antwort d *23*	□□
11.	Antwort c *Physiknobelpreis*	□
12.	Antwort c *0*	□□□
13.	Antwort b *Eiche*	□□□
14.	Antwort d *Buschwindrose*	□□□
15.	Antwort b *Insekten*	□□
16.	Antwort d *Feldhase*	□□
17.	Antwort a *Wasserratte*	□
18.	Antwort c *Meteorologie*	□□□□
19.	Antwort c *Stickstoff*	□□
20.	Antwort c *gutes Wetter*	□□
21.	Antwort c *Windstärke 12*	□
22.	Antwort d *China*	□□□
23.	Antwort b *Newton*	□□
24.	Antwort a *James Watt*	□
25.	Antwort c *Coulomb*	□□□□
26.	Antwort b *Astrologe*	□
27.	Antwort b *1969*	□□
28.	Antwort a *Nikolaus Kopernikus*	□□
29.	Antwort d *ca. 70%*	□□
30.	Antwort d *Otto Hahn*	□□□□
31.	Antwort b *Künstliche Intelligenz*	□
32.	Antwort b *1960*	□□□□
33.	Antwort c *Charles Lindbergh*	□□
34.	Antwort b *Dimitrij I. Mendelejew*	□□□□
Gesamt		□ □

1.	Antwort d *Moskau*	□□□□
2.	Antwort b *Asien*	□
3.	Antwort c *Kairo*	□□□
4.	Antwort a *Zugspitze*	□
5.	Antwort c *Wolga*	□□
6.	Antwort c *Rügen*	□□
7.	Antwort c *Marco Polo*	□□
8.	Antwort a *London*	□□□
9.	Antwort c *Pazifischer Ozean*	□□
10.	Antwort b *Victoriasee*	□□□
11.	Antwort d *H. Hoffmann von Fallersleben*	□
12.	Antwort c *Nordrhein-Westfalen*	□
13.	Antwort a *Heinrich der Löwe*	□□□
14.	Antwort b *Jeanne d'Arc*	□
15.	Antwort b *Bayreuth*	□
16.	Antwort a *Nordafrika*	□□
17.	Antwort d *Husum*	□□□□
18.	Antwort a *Hamburg*	□□
19.	Antwort b *Brandenburger Tor*	□□□
20.	Antwort d *London*	□□□
21.	Antwort a *Prag*	□
22.	Antwort c *Biel*	□□□□
23.	Antwort a *Zermatt*	□□
24.	Antwort c *Österreich*	□□
25.	Antwort d *Singapur*	□□
26.	Antwort b *Normandie*	□□□□
27.	Antwort b *Barcelona*	□□□
28.	Antwort b *etwa 2,2 Mio.*	□□
29.	Antwort a *Tejo*	□□
30.	Antwort c *Togo*	□□□
31.	Antwort d *Dänemark*	□□
32.	Antwort b *Indien*	□□
33.	Antwort c *50*	□□□
34.	Antwort a *Simbabwe*	□□□□
Gesamt		□ □

1.	Antwort b *Frederick Willem de Klerk*	□□
2.	Antwort c *Bundeskanzler*	□
3.	Antwort b *1989*	□
4.	Antwort b *14*	□□□□
5.	Antwort a *Konrad Adenauer*	□
6.	Antwort b *Helmut Schmidt*	□□
7.	Antwort c *Akkusative*	□
8.	Antwort b *ab dem 14. Lebensjahr*	□□
9.	Antwort d *Adam Smith*	□□□
10.	Antwort b *Friedrich Engels*	□
11.	Antwort a *Planwirtschaft*	□□
12.	Antwort b *Kraft*	□□□□
13.	Antwort d *drei Viertel*	□□
14.	Antwort c *Monopol*	□□□
15.	Antwort d *Dow Jones*	□
16.	Antwort a *für vier Jahre*	□□
17.	Antwort a *Sparta*	□□□□
18.	Antwort c *Karthago*	□□□
19.	Antwort b *im 4. Jahrhundert*	□□□□
20.	Antwort c *Tenno*	□□□
21.	Antwort a *Arabische Liga*	□
22.	Antwort c *COMECON*	□□□
23.	Antwort a *Commonwealth*	□□□
24.	Antwort d *Römische Verträge*	□□
25.	Antwort c *Straßburg*	□□
26.	Antwort b *Schweiz*	□□□
27.	Antwort b *Prager Frühling*	□□
28.	Antwort b *sechs Tage*	□□□
29.	Antwort a *Perestroika*	□□
30.	Antwort b *800*	□□
31.	Antwort b *Langer Marsch*	□□□
32.	Antwort c *1944*	□□
33.	Antwort c *1900*	□□□□
34.	Antwort b *Wladimir Lenin*	□□
Gesamt		□ □

Neben den richtigen Antworten stehen in der gelben Leiste die Kästchen mit den zu vergebenen Punkten. Wenn Ihre Antwort richtig ist, markieren Sie bitte diese Punkte. Anschließend addieren Sie die Punktzahl pro Themenbereich.

1.	Antwort a *gregorianischer Kalender*	□
2.	Antwort a *in Mykene*	□□□□
3.	Antwort d *Aristoteles*	□□
4.	Antwort c *Mohammed*	□
5.	Antwort d *Michael Ende*	□□□
6.	Antwort d *Kardinäle*	□□□
7.	Antwort d *Shintoismus*	□□□
8.	Antwort c *Herodes*	□
9.	Antwort d *Zeus*	□□
10.	Antwort d *Platon*	□□□□
11.	Antwort d *18. Jahrhundert*	□□□
12.	Antwort c *Existenzialismus*	□□
13.	Antwort d *Marlene Dietrich*	□□
14.	Antwort b *Chinesisch*	□
15.	Antwort a *Delta*	□□□
16.	Antwort d *Homer*	□□
17.	Antwort b *Iphigenie auf Tauris*	□□
18.	Antwort d *Dumas*	□□□□
19.	Antwort a *Romanik*	□□□
20.	Antwort c *Weimar*	□
21.	Antwort d *Expressionismus*	□□
22.	Antwort b *Fett und Filz*	□□□
23.	Antwort c *Stillleben*	□
24.	Antwort a *Michelangelo*	□□
25.	Antwort c *Guernica*	□□
26.	Antwort b *Herbert von Karajan*	□□□
27.	Antwort a *Franz Liszt*	□□□□
28.	Antwort b *Wolfgang Amadeus Mozart*	□□
29.	Antwort c *Enrico Caruso*	□□
30.	Antwort a *Irving Berlin*	□□□□
31.	Antwort b *Charlie Chaplin*	□
32.	Antwort d *Humphrey Bogart*	□□□
33.	Antwort d *Falsetto*	□□
34.	Antwort a *Violine*	□□□
Gesamt		□ □

Tragen Sie hier bitte Ihre Punkte für die einzelnen Themenbereiche ein:

Natur und Technik

Geographie und Länder

Geschichte und Politik

Kultur und Medien

Auswertung Themenbereiche

0 bis 20 Punkte:
Ihr Wissen in diesem Themenbereich liegt deutlich unter dem Durchschnitt. Gehen Sie die Fragen noch einmal durch und überprüfen Sie, ob es vielleicht bestimmte Unterthemen sind, die Ihnen Schwierigkeiten bereiten. Schlagen Sie anschließend gezielt Stichwörter dieser Bereiche nach.

21 bis 40 Punkte:
Ihr Wissen in diesem Themenbereich ist durchschnittlich. Dennoch werden Sie beim nochmaligen Durchgehen der Fragen feststellen, dass es einige Bereiche gibt, in denen Sie nicht ganz sicher sind. Widmen Sie sich gezielt diesen Themen, dann können Sie Ihr Wissen sehr schnell deutlich verbessern.

41 bis 60 Punkte:
Ihr Wissen in diesem Themenbereich liegt über dem Durchschnitt. In einer Reihe von Bereichen sind Sie sehr sicher. In anderen Bereichen hingegen können Sie Ihren Kenntnisstand noch verbessern. Nutzen Sie alle Möglichkeiten, um Informationen zusammenzutragen.

61 bis 100 Punkte:
Ihr Wissen in diesem Themenbereich ist hervorragend. Ihnen kann so schnell niemand etwas vormachen. Vermutlich möchten Sie sich nicht auf Ihren Lorbeeren ausruhen, sondern Ihren ohnehin guten Wissensstand noch weiter ausbauen. Überprüfen Sie, ob Sie in allen Themenbereichen so gut abgeschnitten haben.

Addieren Sie hier bitte die Punkte aus den einzelnen Themenbereichen:

Gesamt

Auswertung Allgemeinwissen

0 bis 80 Punkte:
Die Punktzahl verrät, dass Ihr Allgemeinwissen leider unter dem Durchschnitt liegt. Nun sollten Sie zunächst prüfen, ob es bestimmte Themenbereiche waren, die dieses Ergebnis verursacht haben. Ist dies der Fall, sollten Sie gezielt an diesen Punkten ansetzen und Ihr Wissen in diesen Bereichen verbessern. Wenn Sie in allen Bereichen größere Lücken haben, sollten Sie sich täglich etwas Zeit nehmen, um sich weiteres Wissen anzulesen. Schlagen Sie Dinge, die Sie interessieren, einfach nach.

81 bis 160 Punkte:
Ihr Allgemeinwissen bewegt sich im Durchschnittsbereich. Wie weit Sie von der tatsächlichen Mitte entfernt sind, zeigt Ihnen die Differenz zur Punktzahl von 160. Vermutlich sind es bestimmte Themenbereiche, in denen Sie Wissenslücken haben. Sobald Sie diese benennen können, sollten Sie Ihr Wissen kontinuierlich erweitern und gerade diese Bereiche nachschlagen. Da Sie auf einem vorhandenen Wissen aufbauen, werden Sie schnell Erfolge verbuchen.

161 bis 240 Punkte:
Ihr Allgemeinwissen liegt über dem Durchschnitt. Zu diesem Ergebnis können Sie sich beglückwünschen. Allerdings gibt es mit Sicherheit den einen oder anderen Bereich, in dem Sie sich noch verbessern können. Überprüfen Sie daher genau, in welchen Gebieten Sie noch Wissenslücken haben. Das erleichtert Ihnen die gezielte Informationssuche. Sie verfügen über die Grundlagen, das auf diese Weise zusammengetragene Wissen Gewinn bringend umzusetzen.

241 bis 320 Punkte:
Ihr Allgemeinwissen ist beeindruckend und hebt sich deutlich von dem der Allgemeinheit ab. Es dürfte kein Gebiet geben, auf dem Sie in diesem Test versagt haben. Dennoch werden Sie vermutlich Stärken und Schwächen haben. Auf den Stärken gilt es aufzubauen, eventuell vorhandene Schwächen sollten Sie beseitigen. Das dürfte Ihnen nicht schwer fallen, denn Sie wissen bereits vieles und verstehen es bestens, nach den benötigten Informationen zu suchen und diese in Wissen umzusetzen.

IQ-Test

Dieser Test eignet sich für Personen ab einem Alter von 20 Jahren. Er besteht aus vier Teilen. **Teil A** berücksichtigt Gebiete der visuellen, **Teil B** der sprachlichen, **Teil C** der praktischen und **Teil D** der mathematischen Intelligenz. Für die Lösung der Aufgaben gibt es kein festes Zeitlimit; man sollte aber versuchen, alle Probleme so zügig wie möglich zu lösen. Der relativ kurze und bei der Durchführung und Auswertung nicht von einem Psychologen begleitete Test kann nur einen Richtwert für den Gesamt-IQ und kein so genanntes Intelligenzprofil ergeben. Für eine generelle Selbsteinschätzung der Intelligenz ist er aber gut geeignet. Erlaubte Hilfsmittel sind Stift, Papier und Taschenrechner.

Teil A:
Visuelle Intelligenz

Aufgaben 1 bis 6:
Jede dieser Aufgaben besteht aus drei Reihen von Kästchen, die bestimmte Zeichen oder Symbole enthalten. Diese Zeichen folgen in allen drei Reihen jeweils demselben Entwicklungsgesetz, das Sie erkennen sollen. Geben Sie jeweils an, welche der mit A bis F bezeichneten Figuren in das Feld mit dem ? gehört.

Aufgabe 1

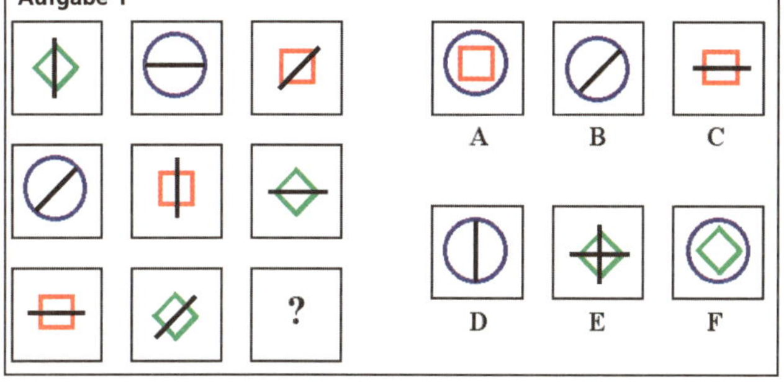

Aufgabe 2

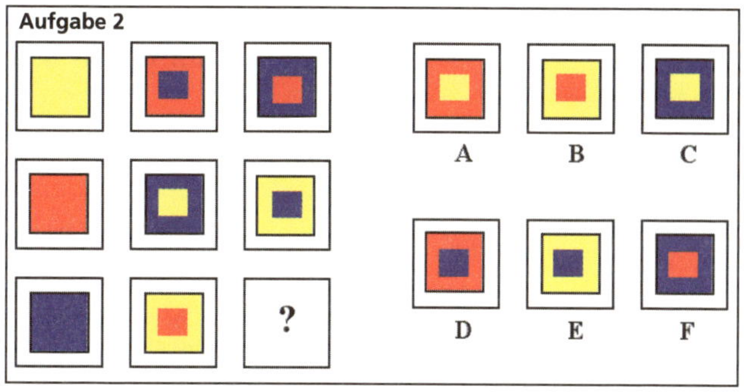

Aufgabe 3

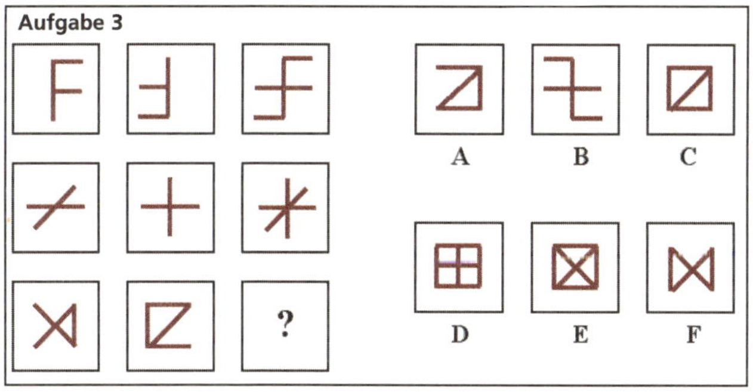

Aufgabe 4

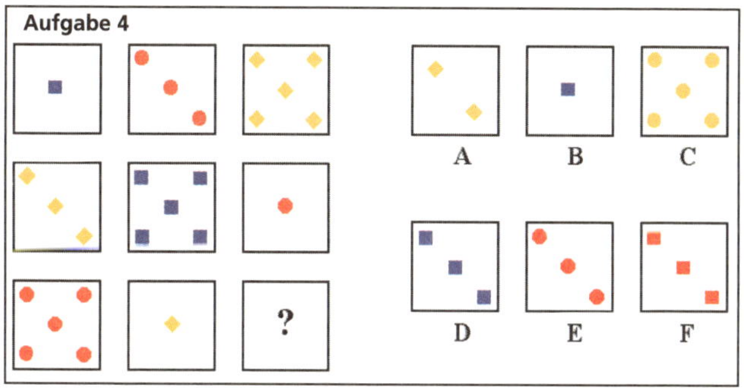

Aufgabe 5

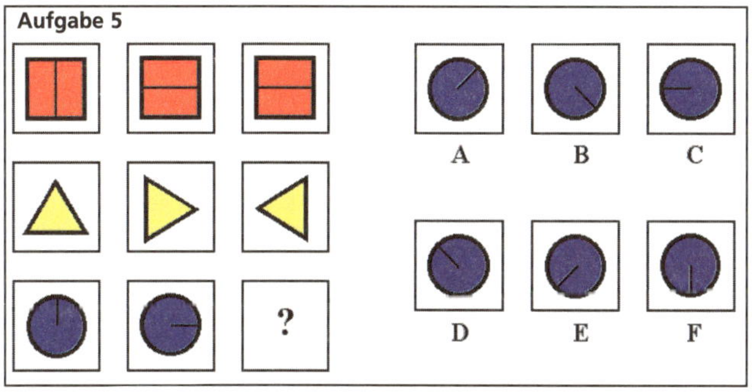

Aufgabe 6

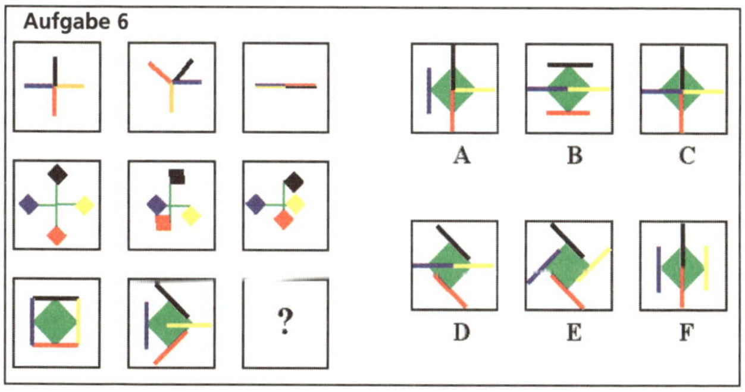

Lösungen auf Seite 327

1. ☐ **2.** ☐ **3.** ☐ **4.** ☐ **5.** ☐ **6.** ☐

Aufgaben 7 bis 10:
Ergänzen Sie bitte in den mit einem ? gekennzeichneten Diagrammen die fehlenden schwarzen Felder – sofern überhaupt welche einzutragen sind.

Aufgabe 7

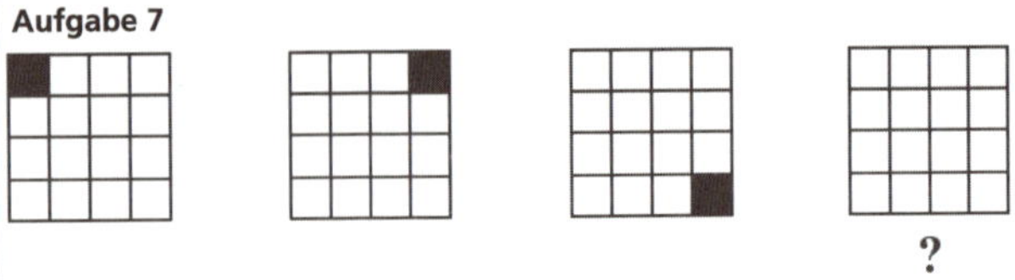

Aufgabe 8

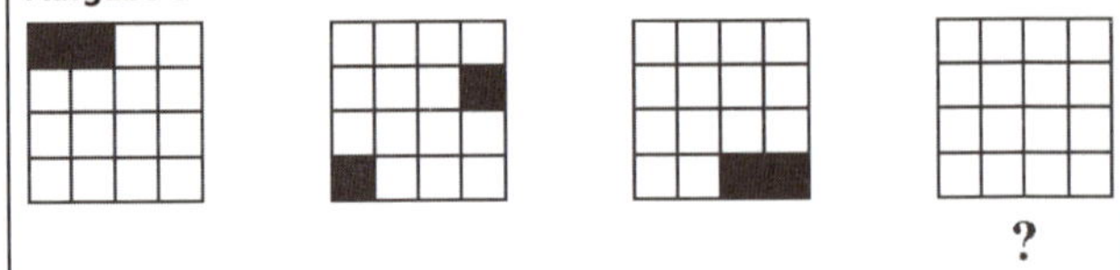

Aufgabe 9

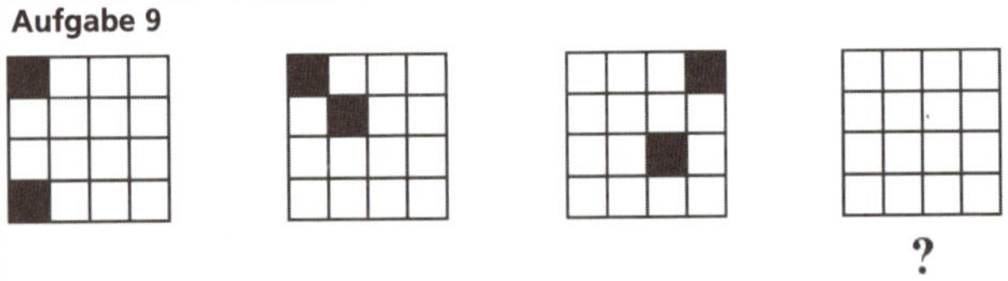

Aufgabe 10

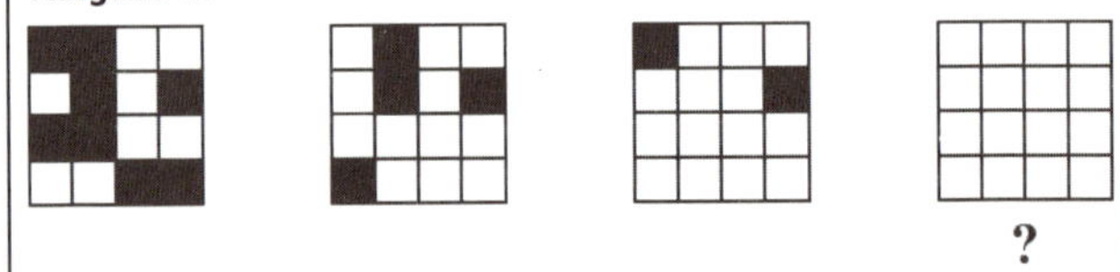

Aufgaben 11 bis 14:
Hier geht es um die Aussage »Feld A verhält sich zu Feld B wie Feld C zu Feld D«. Ist diese Behauptung für jede einzelne Aufgabe richtig oder falsch?

Aufgabe 11

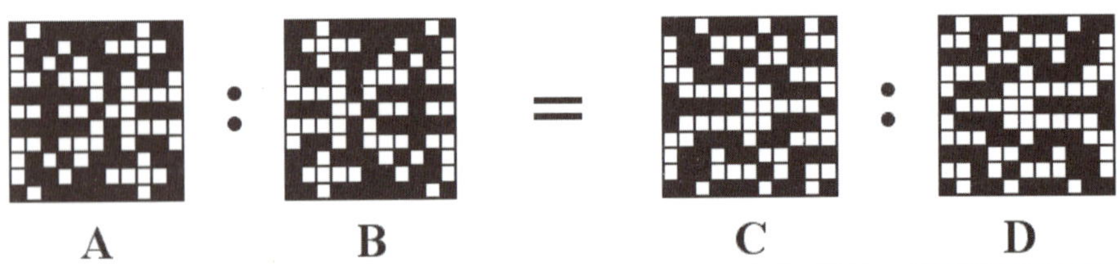

richtig ☐ falsch ☐

Aufgabe 12

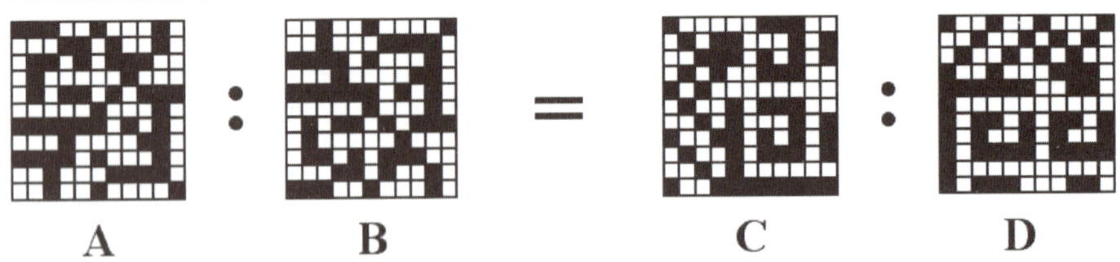

richtig ☐ falsch ☐

Aufgabe 13

richtig ☐ falsch ☐

Aufgabe 14

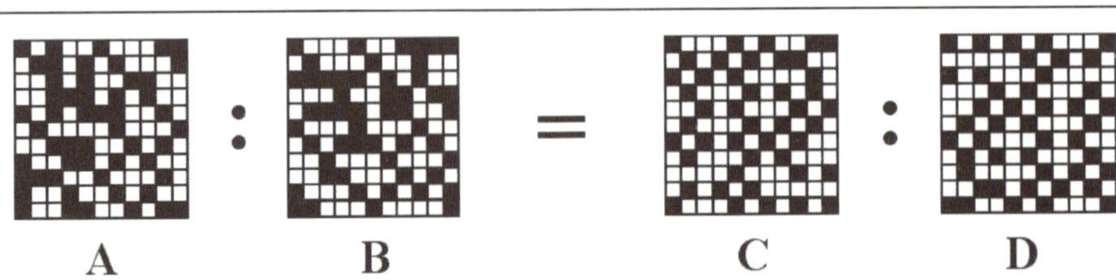

richtig ☐ falsch ☐

Lösungen auf Seite 327

Aufgaben 15 bis 18:
In den folgenden vier Aufgaben sind jeweils fünf Objekte dargestellt. Vier davon lassen sich durch Drehen um eine oder mehrere Achsen ineinander überführen. Das fünfte nicht. Welches ist es?

15. ☐ 16. ☐ 17. ☐ 18. ☐

Aufgabe 15

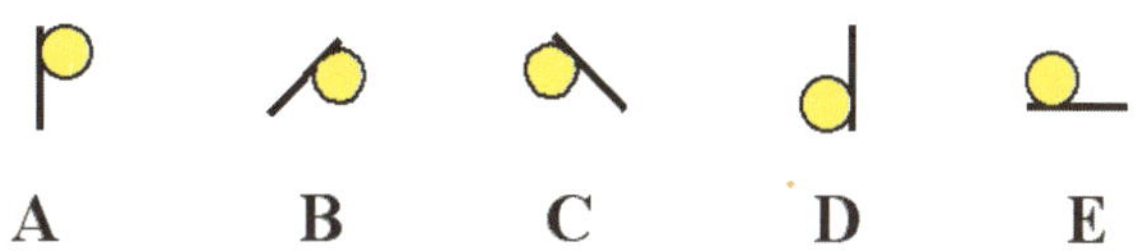

Aufgabe 16

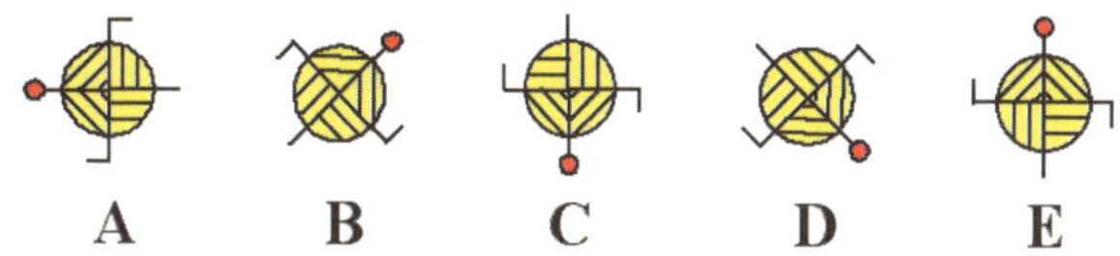

Aufgabe 17

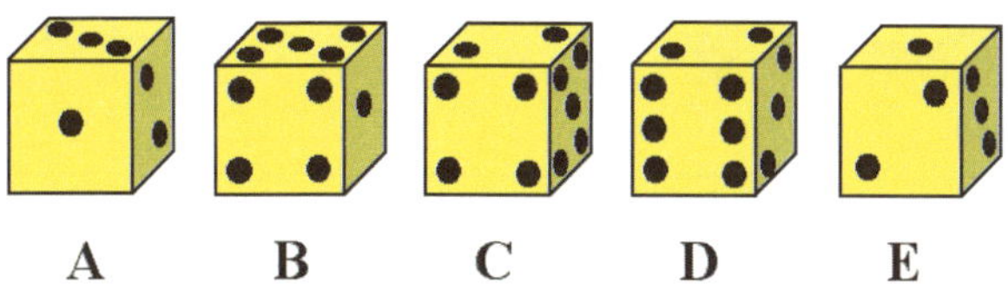

Aufgabe 18

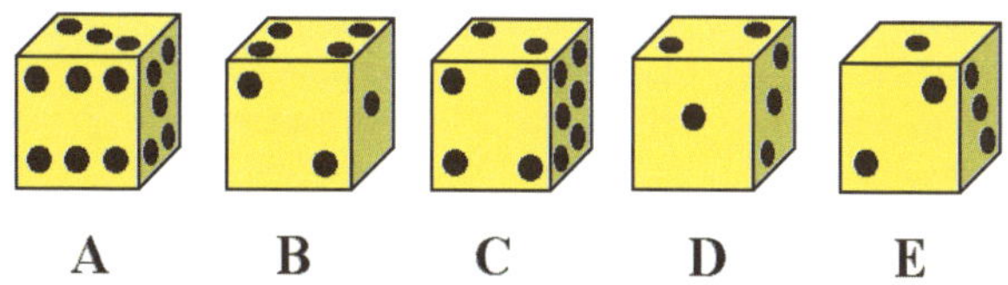

Aufgabe 19:
In der ersten Reihe der linken Bildseite ist immer derselbe farbige Würfel gezeigt, der hier nacheinander in einer bestimmten Reihenfolge in verschiedene Richtungen geklappt wurde. Der Würfel in der zweiten Reihe wurde genau in dieselben Richtungen umgelegt. Wie sieht der graue Würfel mit dem Fragezeichen aus? Es ist einer aus der rechten Reihe. Aber welcher?

☐

Aufgabe 19

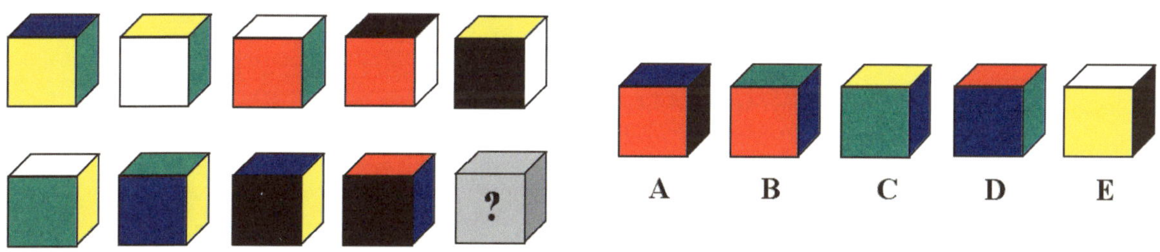

Aufgabe 20:
Aus welcher der fünf Abwicklungen A bis E lässt sich der Quader links oben im Bild nicht zusammenfalten?

☐

Aufgabe 20

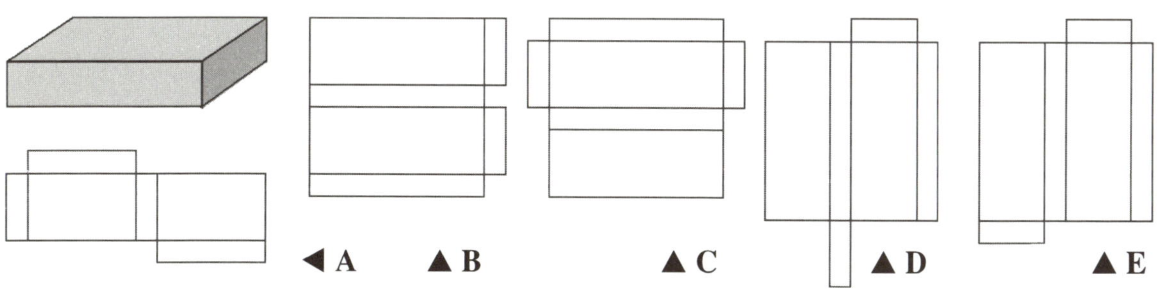

Lösungen auf Seite 327

Teil B: Sprachliche Intelligenz

Aufgabe 21:
In jeder Zeile der folgenden Liste stehen fünf Wörter, von denen jeweils nur eines sinnvoll ist. Finden Sie heraus, welches Wort das ist und notieren Sie den dazu gehörigen Buchstaben.

	A	B	C	D	E	
1.	Bonke	Bamil	Bohne	Biekel	Balko	1. ______
2.	Tortul	Tertil	Torkal	Tortur	Tertär	2. ______
3.	Olster	Aster	Ilker	Ilster	Oldan	3. ______
4.	Korinie	Moranie	Kusinie	Robinie	Albanie	4. ______
5.	Souterrain	Sopranon	Sophoklin	Sabterrain	Soukanien	5. ______
6.	Stuhlfein	Schranklein	Gardein	Wollsein	Tischbein	6. ______
7.	taschern	lacksern	pfleidern	flocken	lendern	7. ______
8.	Damendoso	Dirijoso	Fulteroso	Mongoloso	Furioso	8. ______
9.	Wombat	Burkote	Zertile	Sufong	Kerfium	9. ______
10.	Kabunse	Federium	Kalesche	Kurtäsche	Flatilose	10. ______
11.	Projektil	Repetil	Perforur	Noktalgie	Perfidanz	11. ______
12.	entfisilieren	spermieren	punktalisieren	rabifizieren	okulieren	12. ______
13.	Palitur	Promotur	Postitur	Partitur	Peritur	13. ______
14.	Sobrucken	Tartanteln	Skurilen	Phonunkeln	Olmeken	14. ______
15.	Kalatepsis	Eukomenie	Sephostik	Katharsis	Katarrant	15. ______
16.	fulminent	konsekulent	adhärent	soberant	exploritär	16. ______
17.	Montorik	Periklasit	Oligozän	Puderast	Querilium	17. ______
18.	Spronquelle	Sorangie	Satrap	Sonderalie	Entymität	18. ______
19.	zerebrolisieren	autorifizieren	hydrisieren	entmultifizieren	interzedieren	19. ______
20.	rekundant	aberrant	suffidisch	subpleustonal	entmaktifiziert	20. ______

Aufgabe 22:
In jeder Zeile der folgenden Liste stehen fünf Begriffe, von denen jeweils einer nicht zu den anderen vieren passt. Finden Sie heraus, welcher Begriff das ist und notieren Sie den dazu gehörigen Buchstaben.

	A	B	C	D	E	
1.	Wolf	Krokodil	Eisbär	Zebra	Giraffe	1. ______
2.	Eiche	Buche	Lärche	Ahorn	Birke	2. ______
3.	Lattenzaun	Mauer	Eisengitter	Gartentor	Stacheldrahtzaun	3. ______
4.	Kreta	Sardinien	Mallorca	Korsika	Teneriffa	4. ______
5.	Tokyo	Madrid	Neapel	Lima	Kairo	5. ______
6.	Tenor	Sopran	Bariton	Bass	Bassbariton	6. ______
7.	Doppeldecker	Propellerflugzeug	Jet	Helikopter	Zeppelin	7. ______
8.	Balte	Kurde	Bretone	Neufundländer	Eskimo	8. ______
9.	Baracke	Hochhaus	Kate	Zelt	Villa	9. ______
10.	Zange	Hammer	Nagel	Feile	Schere	10. ______
11.	Hai	Rochen	Karpfen	Scholle	Muräne	11. ______
12.	Erde	Jupiter	Saturn	Venus	Mond	12. ______
13.	Tuberkulose	Bilharziose	Narkose	Furunkulose	Leptospirose	13. ______
14.	Zeus	Bacchus	Hermes	Hephaistos	Poseidon	14. ______
15.	Marianen	Alëuten	Kurilen	Färöer	Samojeden	15. ______
16.	Tipi	Jurte	Kral	Zelt	Wigwam	16. ______
17.	Unze	Karat	Elle	Speiche	Handbreit	17. ______
18.	ubiquitär	endemisch	subalpin	regional	boreal	18. ______
19.	Kaustik	Sekante	Kettenlinie	Zykloide	Lemniskate	19. ______
20.	Koprolith	Adolar	Citrin	Epidot	Karneol	20. ______

Lösungen auf Seite 327

Aufgabe 23:
Bei dieser Aufgabe geht es um Wortpaare, die in einem bestimmten Verhältnis zueinander stehen.
Beispiel: Fuchs : Gans = Katze : Maus (lies: Fuchs verhält sich zu Gans wie Katze zu Maus.)
Wählen Sie aus den rechten Spalten jeweils den Begriff, der am besten an die Stelle des Fragezeichens passt! Notieren Sie den dazu gehörigen Buchstaben.

1. Sohn : Vater = Tochter : ?	A) Kind	B) Tante	C) Eltern	D) Mutter
2. Spatz : Vogel = Delfin : ?	A) Säugetier	B) Fisch	C) Meerestier	D) Tier
3. groß : klein = lang : ?	A) breit	B) kurz	C) hoch	D) tief
4. viel : wenig = weit : ?	A) gering	B) kurz	C) eng	D) lang
5. Hammer : Nagel = Feile : ?	A) Leder	B) Werkzeug	C) Eisen	D) Niet
6. Schwalbenschwanz : Fuchsschwanz = Insekt : ?	A) Körperteil	B) Säugetier	C) Werkzeug	D) Vogel
7. Korea : Asien = Ghana : ?	A) Afrika	B) Amerika	C) Australien	D) Europa
8. Buche : Eiche = Deutschland : ?	A) Europa	B) Spanien	C) Staat	D) Nation
9. Haus : Dach = Bein : ?	A) Mensch	B) Arm	C) Körperteil	D) Knie
10. Löwenzahn : Pusteblume = Berglöwe : ?	A) Puma	B) Großkatze	C) Weitsprung	D) Mähne
11. Sherlock Holmes : Dr. Watson = Dr. Faust : ?	A) Wagner	B) Gretchen	C) Mephisto	D) Goethe
12. Shakespeare : Hamlet = Wagner : ?	A) Musik	B) Oper	C) Tannhäuser	D) Aida
13. Wasser : flüssig = Eisen : ?	A) metallisch	B) fest	C) hart	D) starr
14. Strom : Ampere = Spannung : ?	A) Ohm	B) Watt	C) Joule	D) Volt
15. Neger : Regen = Regie : ?	A) Nässe	B) Eiger	C) Studio	D) Sonne
16. Felidae : Katzen = Ungulaten : ?	A) Huftiere	B) Gattung	C) Haustiere	D) Pferde
17. Gold : Au = Silber : ?	A) Sb	B) Hg	C) Si	D) Ag
18. Ikosaeder : 20 = Polyeder : ?	A) 6	B) 8	C) 12	D) viele
19. spruzzen : gespruzzt = seigern : ?	A) versickert	B) versiegt	C) ausgeschieden	D) geseigt
20. Kind : Mann = Kegel : ?	A) Pyramide	A) Kugel	C) Maus	D) Giebel

1. ____	**5.** ____	**9.** ____	**13.** ____	**17.** ____
2. ____	**6.** ____	**10.** ____	**14.** ____	**18.** ____
3. ____	**7.** ____	**11.** ____	**15.** ____	**19.** ____
4. ____	**8.** ____	**12.** ____	**16.** ____	**20.** ____

Aufgabe 24:
Entscheiden Sie, welche der folgenden Aussagen Fakten sind und bei welchen es sich um Meinungen handelt!

Bitte tragen Sie ein F für »Faktum« oder ein M für »Meinung« ein!

1. Kinder sind frech und laut. **1.** ☐
2. Bier schmeckt aus Flaschen am besten. **2.** ☐
3. Alle Eichenarten sind Laubbäume. **3.** ☐
4. Raubtiere sind gefährlich. **4.** ☐
5. Maiglöckchen duften gut. **5.** ☐
6. Im Winter ist es in Europa kalt. **6.** ☐
7. Der Saturn ist weiter von der Sonne entfernt als die Venus. **7.** ☐
8. Franz Kafka schrieb die Novelle »Das Urteil«. **8.** ☐
9. Alkohol schadet der Gesundheit. **9.** ☐
10. Herzstillstand ist ein Anzeichen für Tod. **10.** ☐
11. Wasser besitzt Molekularstruktur. **11.** ☐
12. Festkörper sind schwerer als Gase. **12.** ☐
13. Häretiker kritisieren die kirchliche Lehre. **13.** ☐
14. Bienen sind sowohl Insekten als auch Hautflügler. **14.** ☐
15. Intelligenz ist vererblich. **15.** ☐
16. Der Baikalsee ist der tiefste See der Welt. **16.** ☐
17. Homer schrieb die Ilias und die Odyssee. **17.** ☐
18. Der Mensch stammt vom Affen ab. **18.** ☐
19. Die Summe der Kathetenquadrate ist flächengleich mit dem Hypotenusenquadrat. **19.** ☐
20. Die Neandertaler sind ausgestorben. **20.** ☐
21. Die Dronten sind ausgestorben. **21.** ☐
22. Primzahlen sind immer ungerade. **22.** ☐
23. Der Dalai Lama lebt im Exil. **23.** ☐
24. Ein Rudel von Füchsen nennt man Koppel. **24.** ☐
25. Die linken Autoreifen werden in einer Rechtskurve stärker abgenutzt als die rechten. **25.** ☐
26. Nur die Flut wird vom Mond verursacht. **26.** ☐
27. Sanduhren sind mechanische Uhren. **27.** ☐
28. Auf dem Konkordiaplatz gibt es keine Autos. **28.** ☐

Lösungen auf Seite 327

Aufgabe 25:
Bitte finden Sie heraus, ob die folgenden Aussagen richtig oder falsch sind, oder ob sich das nicht entscheiden lässt. Für »falsch« notieren Sie bitte ein F, für »richtig« ein R und für »unentschieden« ein U.

1. Wenn alle Kadusen Knirfe sind und Kondex ein Kaduse ist, dann ist Kondex ein Knirf. **1.** ☐
2. Wenn alle Kadusen Knirfe sind und Polurim ein Knirf ist, dann ist Polurim ein Kaduse. **2.** ☐
3. Wenn alle Gnurken sowohl gulfzen wie solfern können, dann ist ein Gnilf, der kaudert, kein Gnurke. **3.** ☐
4. Querzen können quillern und quorken. Börzel können quollern und burren. Sturpiden können quorken und quollern aber nicht quillern und burren. Also sind manche Sturpiden Börzel. **4.** ☐
5. Burz ist länger als Knurz. Gilfz ist nicht so lang wie Brolz. Brolz ist kürzer als Burz. Also ist Gilfz kürzer als Knurz. **5.** ☐
6. Stumelen sind nachtaktiv. Nicht alle Keriden sind Stumelen. Aber alle Keriden sind Fleuten. Also gibt es tagaktive Fleuten. **6.** ☐
7. Telfel ist doppelt so schnell wie Pruz, aber nur halb so schnell wie Krunje. Also ist Krunje dreimal so schnell wie Pruz. **7.** ☐
8. Bamil ist ein Ilker. Alle Ilker sind deferlich. Nur Kulker können knulfen. Bamil kann knulfen. Also sind alle Kulker deferlich. **8.** ☐
9. Einige Quirren sind Kulpen. Quirren sind unsichtbar. Also kann man Kulpen nicht sehen. **9.** ☐
10. Kein Frondel besteht aus Kerdolin. Kerdolin ist usiklastisch. Also sind Frondeln nicht usiklastisch. **10.** ☐

Aufgabe 26:
In den folgenden Zeilen sind die Buchstaben durcheinander geraten. Bitte finden Sie in jeder Zeile das Wort, das nichts mit dem Begriff am Zeilenanfang zu tun hat. Notieren Sie seinen Buchstaben.

1.	Raubtier	A) Geitr	B) Räbise	C) Rapodel	D) Rondak	E) Flow
2.	Erdteil	A) Kirafa	B) Keimara	C) Neisa	D) Raupeo	E) Teilani
3.	Verkehrsmittel	A) Gulefguz	B) Ffisch	C) Varelik	D) Rahdarf	E) Boolimatu
4.	Religion	A) Masil	B) Glanden	C) Sumhisdun	D) Jentumud	E) Techrumnist
5.	Anatomie	A) Nebirstin	B) Sekulm	C) Peltu	D) Einer	E) Nechnok
6.	Haushalt	A) Perhant	B) Beis	C) Rieme	D) Papeln	E) Pelüs
7.	Musik	A) Schorrete	B) Humturr	C) Torzenk	D) Reratig	E) Torzam
8.	Schule	A) Heinerrl	B) Friene	C) Hematamtik	D) Saufatz	E) Kistapan
9.	Politik	A) Reigugern	B) Emenona	C) Samtsatann	D)Pubkiler	E) Tataponk
10.	Natur	A) Rapsteil	B) Botopi	C) Reumeln	D) Näurem	E) Flesch

1. ☐ **2.** ☐ **3.** ☐ **4.** ☐ **5.** ☐ **6.** ☐ **7.** ☐ **8.** ☐ **9.** ☐ **10.** ☐

Aufgabe 27:
Hier geht es um zusammengesetzte Begriffe. Bitte notieren Sie in der Lösungszeile die richtigen Wörter.

1. Geben Sie ein Wort mit folgenden Bedeutungen an:
   Lufthauch, Eisenbahn, Charaktereigenschaft, Spielsteinbewegung, Völkerwanderung, Zeichenstiftstrich, Zigaretteninhalation.
2. Finden Sie ein Wort mit vier Buchstaben, das mit jedem der folgenden Präfixe (Vorsilben) ein neues sinnvolles Wort ergibt:
   Neben..., Unter..., Vor..., Nach..., Ab..., Ent..., Be..., Ver..., Gegen..., Zu...
3. Nennen Sie ein Hauptwort, vor das sich jedes der folgenden Wörter stellen lässt, wobei immer ein neuer sinnvoller Begriff entsteht:
   Land..., Stadt..., Thales..., Experten...
4. Nennen Sie ein Hauptwort, an das sich jedes dieser Wörter anhängen lässt, wobei immer ein neuer sinnvoller Begriff entsteht:
   ...haus, ...bogen, ...schütze, ...schluss, ...weg, ...lauf
5. Nennen Sie ein Hauptwort, an das sich jedes der folgenden Wörter sinnvoll anhängen lässt:
   ...naht, ...hund, ...technik, ...leder, ...brille, ...tropfen, ...spur, ...fuß, ...klemme, ...band, ...geruch

1. ____________ **2.** ____________ **3.** ____________ **4.** ____________ **5.** ____________

Lösungen auf Seite 327

Teil C:
Praktische Intelligenz

Aufgabe 28:
Sie sehen hier ein Bild, auf dem Ihnen möglicherweise die eine oder andere Person bekannt vorkommt. Aber auch wenn das nicht der Fall ist, spielt das für die Beantwortung der meisten der unten gestellten Fragen keine Rolle.

1. Wer ist die schlanke Gestalt in der Bildmitte?
   A) Francisco Goya B) Don Quichote
   C) Karl der Große D) Ludwig der Lange
2. Wie viele Schusswaffen sind auf dem Bild zu erkennen?
   A) zwei B) vier
   C) acht D) gar keine
3. Um was für eine Art von Bild handelt es sich hier?
   A) Stillleben B) Vedute
   C) Historienmalerei D) keine der drei
4. Was für ein Mensch ist der Mann mit Degen und Federhut?
   A) General B) Zauberer
   C) Monarch D) Räuberhauptmann
5. Wie viele Pferde erkennen Sie auf dem Bild?
   A) eines B) zwei
   C) drei D) vier
6. Sehen Sie auf dem Bild eine Pickelhaube?
   A) ja B) nein

Lösungen auf Seite 328

7. Sehen Sie auf dem Bild eine Hellebarde?
   A) ja B) nein
8. Als was wurde diese Darstellung angefertigt?
   A) Wandmalerei B) Gobelin
   C) Buchillumination D) Tafelbild
9. Was für eine Art Bild ist das?
   A) Rötelzeichnung B) Federzeichnung
   C) Lithographie D) Holzschnitt
10. Wie wurden diese Art Bilder zu ihrer Zeit üblicherweise reproduziert?
    A) Tiefdruck B) Hochdruck
    C) Flachdruck D) Siebdruck

1. ☐ 2. ☐ 3. ☐ 4. ☐ 5. ☐
6. ☐ 7. ☐ 8. ☐ 9. ☐ 10. ☐

Aufgabe 29:
Wie viele Kreise zeigt das unten stehende Bild?

Aufgabe 30:
Für welche Zahl steht der Buchstabe X?

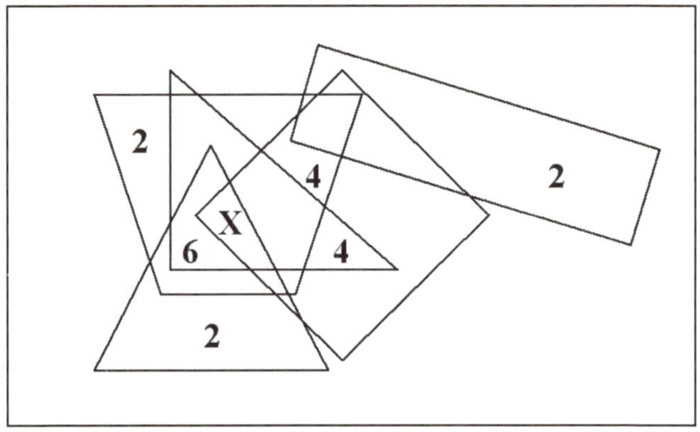

Aufgabe 31:
Teilen Sie das unten stehende Quadrat durch zwei gerade Linien so in drei Felder ein, dass sich in jedem Feld gleich viele Sterne, gleich viele Smileys und gleich viele Kreuze befinden.

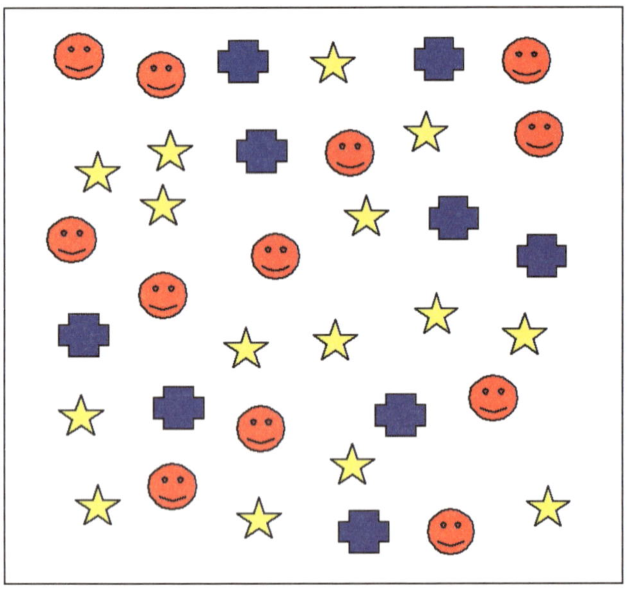

Aufgabe 32:
Wie viele grüne Rechtecke liegen in dem unten stehenden Feld mindestens übereinander?

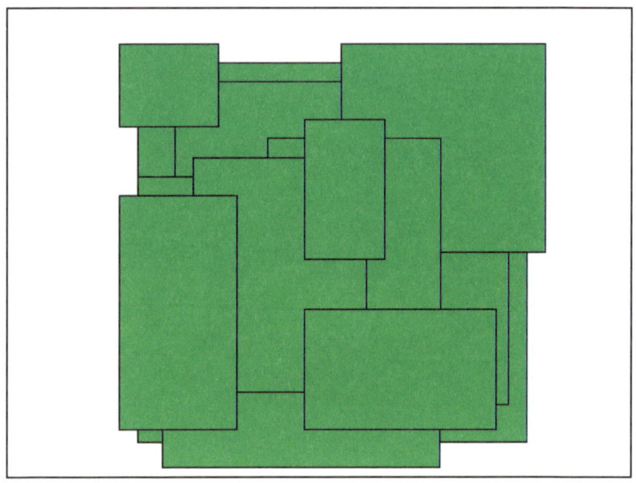

29. ☐ **30.** ☐ **32.** ☐ **33.** ☐

Aufgabe 33:
Sie sehen hier vier verschiedene Ansichten ein und desselben Würfels. Welche Farbe hat die Fläche, die der grünen Seite gegenüber liegt?

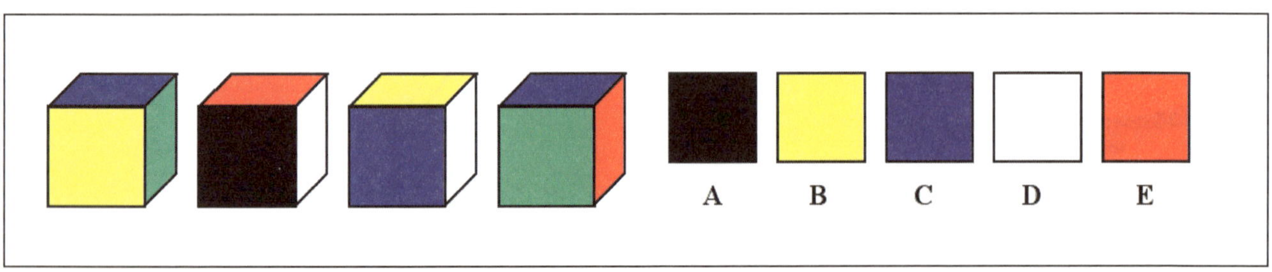

Lösungen auf Seite 328

Aufgabe 34:
In wie viele Teile muss man das hier abgebildete rechteckige Tuch mit dem Karomuster mindestens zerschneiden, wenn man die Einzelteile anschließend zu einem quadratischen Tuch mit Karomuster zusammennähen möchte. Wegen der Art des Musters sind nur Schnitte längs der Karoseiten erlaubt.

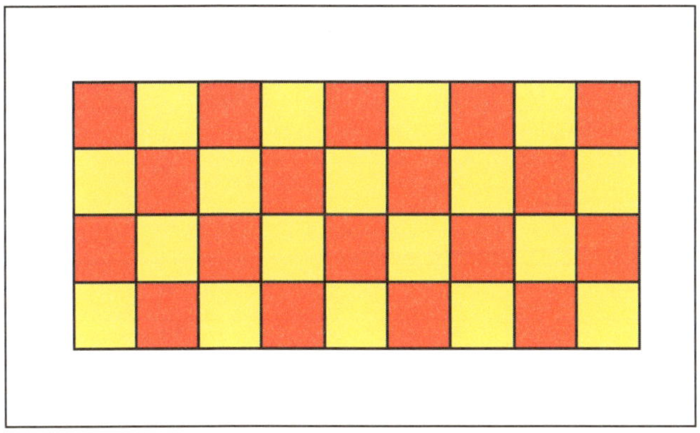

34. ☐ 35. ☐ 36. ☐ 37. ☐

Aufgabe 35:
Auf wie viele verschiedene Weisen lässt sich im unten stehenden Diagramm das Wort ABRAKADABRA lesen? Die blauen Buchstaben zeigen ein Beispiel von vielen.

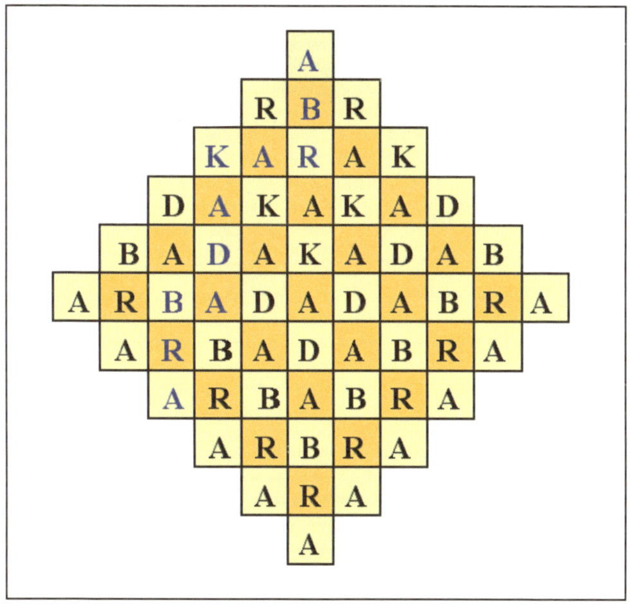

Aufgabe 36:
Wie viele grüne Dreiecke wiegen das rote Quadrat auf?

Aufgabe 37:
Wie viele verschiedene Wege lassen sich von A nach F gehen, ohne jeweils einen Wegabschnitt doppelt zu benutzen?

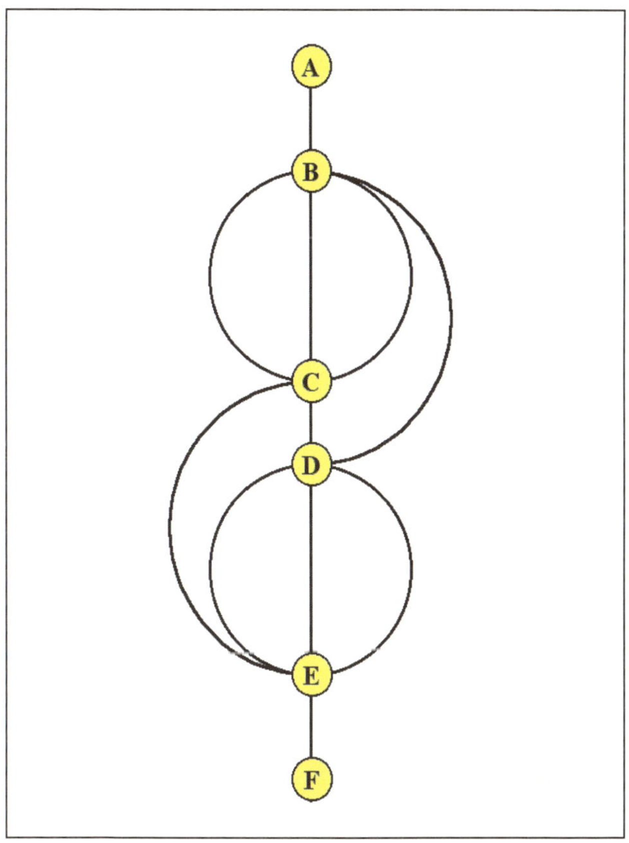

Lösungen auf Seite 328

Teil D: Mathematische Intelligenz

Aufgabe 38:
Die Zahlenreihen in jeder der nachstehenden Zeilen folgen jeweils einem bestimmten Entwicklungsgesetz. Finden Sie heraus, welche Zahlen an die Stellen der Fragezeichen am Ende der Zeilen gehören.

1.	3	6	9	12	15	?						**1.** ________
2.	1	2	4	8	16	?						**2.** ________
3.	1	2	4	7	11	?						**3.** ________
4.	1	2	6	24	120	?						**4.** ________
5.	1	1	2	3	5	8	13	?				**5.** ________
6.	6	24	60	120	210	336	504	720	?			**6.** ________
7.	1	2	4	8	10	20	22	44	?			**7.** ________
8.	2	4	16	256	?							**8.** ________
9.	2	4	8	6	3	5	10	8	4	6	?	**9.** ________
10.	1	4	12	32	80	192	?					**10.** ________
11.	2	12	1112	3112	132112	?						**11.** ________
12.	3	1	4	1	5	9	2	6	5	3	?	**12.** ________
13.	1	2	3	7	11	13	17	19	?			**13.** ________
14.	31	28	31	30	31	30	31	31	?			**14.** ________
15.	9	14	20	5	12	12	9	7	5	14	?	**15.** ________

Aufgabe 39:
Die vier linken Würfelabbildungen in Aufgabe 33 zeigen immer ein und denselben Würfel, bei dem alle Seiten in verschiedenen Farben angemalt sind. Wie viele verschiedene Ansichten, die wie in der Abbildung jeweils drei Würfelseiten zeigen, sind möglich,
a) wenn zugelassen wird, dass bei unterschiedlichen Ansichten drei gleiche Farben (z. B. gelb vorne, blau oben, grün rechts und grün vorne, gelb oben und blau rechts) erscheinen?
b) wenn bei keinen zwei Ansichten drei gleiche Farben erscheinen dürfen?

Aufgabe 40:
Die sechs Seiten eines Würfels sollen alle in unterschiedlichen Farben angemalt werden. Wie viele verschiedene Möglichkeiten gibt es dafür, wenn solche Varianten, die sich durch Drehen oder Kippen des Würfels ineinander überführen lassen, nicht mitgezählt werden?

Aufgabe 41:
Ein nulldimensionales Objekt ist ein Punkt. Weil er keine Ausdehnung hat, hat er auch keine Kanten oder Seiten. Ein eindimensionales Objekt ist eine gerade Linie. Sie lässt sich als Kante auffassen. Ein zweidimensionales Objekt ist z.B. das Quadrat. Es hat eine Fläche, die sich als Seite auffassen lässt und vier Begrenzungslinien oder Kanten. Ein dreidimensionales Objekt ist der Würfel. Er hat sechs Flächen und zwölf Kanten. Einen vierdimensionalen Würfel, den es in unserer dreidimensionalen Welt natürlich nicht gibt, mit dem aber Mathematiker gerne arbeiten, nennt man gelegentlich auch Tesserakt.
a) Wie viele Flächen hat ein Tesserakt?
b) Wie viele Kanten hat ein Tesserakt?

Aufgabe 42:
Ein Würfel ist ein regelmäßiger Körper, der von sechs Vierecken (Quadraten) begrenzt wird. Er hat zwölf Kanten. Als regelmäßiges Dodekaeder bezeichnet man einen Körper, der von zwölf ebenen Flächen begrenzt wird. Das können Rhomben (gleichseitige Parallelogramme) oder auch regelmäßige Fünfecke (Pentagone) sein.
a) Wie viele Kanten hat ein Rhombendodekaeder?
b) Wie viele Kanten hat ein Pentagondodekaeder?

Aufgabe 43:
Die Wahrscheinlichkeit, mit einem ganz normalen Würfel beim ersten Wurf die Sechs zu würfeln, beträgt $1/6$. Wie groß ist die Wahrscheinlichkeit, bei drei aufeinander folgenden Würfen immer die Sechs zu werfen?

39. ☐ a ☐ b
40. ☐
41. ☐ a ☐ b
42. ☐ a ☐ b
43. ☐

Lösungen auf Seite 328

Aufgabe 44:
Hier sehen Sie ein Pentagondodekaeder, wie in Aufgabe 42 beschrieben.
a) Wie viele Kanten müssen Sie mindestens entlang wandern, um von einem Eckpunkt zum genau gegenüberliegenden Eckpunkt zu gelangen?
b) Wie viele verschiedene Eckpunkte sind von einem vorgegebenen Eckpunkt aus über minimal zwei Kantenlängen zu erreichen?
c) Wie viele verschiedene Eckpunkte sind von einem vorgegebenen Eckpunkt aus über minimal drei Kantenlängen zu erreichen?
d) Wie viele verschiedene Eckpunkte sind von einem vorgegebenen Eckpunkt aus über minimal vier Kantenlängen zu erreichen?
e) Im Inneren des Dodekaeders lassen sich je zwei einander gegenüber liegende Eckpunkte durch eine gedachte gerade Linie verbinden. Wie viele derartige Linien gibt es?

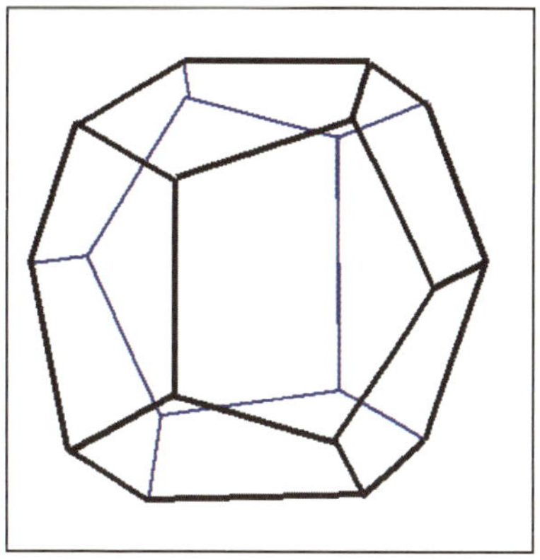

a. ______

b. ______

c. ______

d. ______

e. ______

Aufgabe 45:
Ein Arbeiter kann an einem Tag mit der Schaufel drei Kubikmeter Erde ausheben. Wie viele Kubikmeter schaffen fünf Arbeiter, die alle gleich schnell schaufeln, an drei Tagen?

Aufgabe 46:
Die Ortschaften Adorf und Bedorf liegen 100 Eisenbahnkilometer voneinander entfernt. Um genau 12 Uhr fährt in Adorf ein Zug nach Bedorf ab, das er bei konstanter Geschwindigkeit in einer halben Stunde erreicht. Zur selben Zeit fährt in Bedorf der nur 100 km/h schnelle Gegenzug nach Adorf ab. Wann begegnen die beiden Züge einander?

Aufgabe 47:
Ein Bummelzug benötigt für die 100 km lange Strecke von Adorf nach Bedorf 90 Minuten. Der Zug hat Wagenverbindungen mit lauter offenen Türen, so dass in seinem Inneren eine Art 100 m langer Flur entsteht. In diesem Flur fliegt eine Fliege die gesamte Zeit der Bahnfahrt mit einer Geschwindigkeit von 6 km/h hin und her. Welche Strecke legt die Fliege im Wageninneren zurück?

Aufgabe 48:
Ein Zug fährt mit 100 km/h Geschwindigkeit von Adorf zum 100 km entfernten Bedorf. Nach Ankunft fährt er sofort zurück. Wie schnell muss er auf dem Rückweg fahren, damit er für beide Strecken zusammen eine Durchschnittsgeschwindigkeit von 120 km/h erreicht?

Aufgabe 49:
Ein Ziegelstein wiegt 1 kg plus ein Drittel seines Gewichtes. Wie schwer ist er?

Aufgabe 50:
Wie viele Dreiecke sind in dieser Figur zu sehen?
Mitzuzählen sind auch alle jene Dreiecke, durch die Linien von anderen Dreiecken verlaufen.

Aufgabe 51:
Tragen Sie in die Felder A bis H die Ziffern 1 bis 8 ein, aber so, dass aufeinander folgende Ziffern (z.B. 6 und 7) nicht in Feldern stehen, die durch eine direkte Linie miteinander verbunden sind.

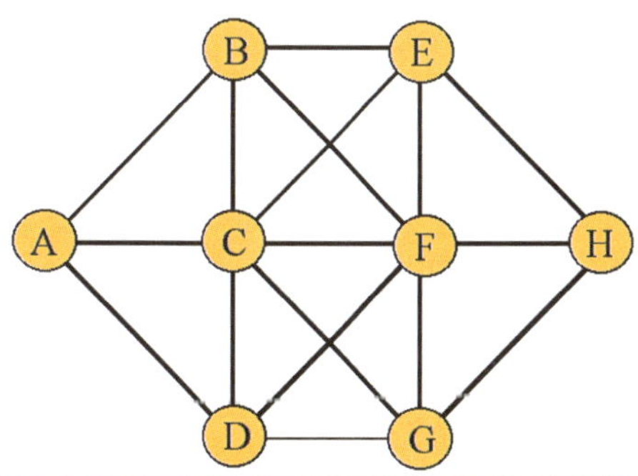

45. ________ 46. ________ 47. ________ 48. ________ 49. ________ 50. ________

Lösungen auf Seite 328

Aufgabe 52:
Das dezimale Zahlensystem arbeitet bekanntlich mit Stellenwerten. Bei der dreistelligen Zahl 378 z.B. stehen in der rechten Spalte 8 Einer, in der mittleren 7 Zehner und in der linken 3 Hunderter. An jeder Stelle können die 10 verschiedenen Ziffern 0 bis 9 stehen. Computer rechnen nicht in diesem Zahlensystem, sondern im Binärsystem. Auch dieses arbeitet mit Stellenwerten, doch können an jeder Stelle nur zwei verschiedene Ziffern, nämlich die 0 oder die 1 stehen. Ist eine Stelle mit einer 1 besetzt, dann steht bei der nächst höheren Zahl an derselben Stelle eine Null, während zu der Stelle links davon eine 1 addiert wird. Die rechte Tabelle zeigt die Zuordnungen von Binärzahlen zu Dezimalzahlen. Nach dem gleichen Prinzip ließe sich auch ein »Tertiärsystem« aufbauen, bei dem an jeder Stelle drei verschiedene Ziffern (0, 1 und 2) stehen können. Wie lautet die Dezimalzahl 13 in einem solchen »Tertiärsystem«?

Dezimal	Binär
0	0000
1	0001
2	0010
3	0011
4	0100
5	0101
6	0110
7	0111

☐

Aufgabe 53:
Zwei zweistellige Zahlen werden miteinander multipliziert und ergeben ein vierstelliges Resultat. Dazu wird eine dreistellige Zahl addiert, deren Hunderter die Ziffer 1 ist. Das Endergebnis ist fünfstellig. Wie heißt es?

53. ☐

Aufgabe 54:
Ergänzen Sie die fehlenden Stellen der Rechnung 28• + ••4 = •••• so, dass in ihr alle Ziffern von 0 bis 9 vertreten sind. Die Summe geben Sie bitte als Lösung an.

54. ☐

Aufgabe 55:
Erika bekommt Äpfel geschenkt, die sie mit ihren drei Geschwistern teilt. Bruder Hans bekommt die Hälfte und einen halben Apfel. Peter erhält die Hälfte vom Rest und einen halben Apfel. Marion bekommt wiederum die Hälfte vom Rest und einen halben Apfel. Für Erika bleibt genau ein Apfel übrig. Wie viele Äpfel bekam sie geschenkt?

55. ☐

Aufgabe 56:
Kurt tauscht gerne mit seinen Spielkameraden. Für zwei große Glaskugeln bekommt er drei Keramikkugeln und eine kleine Glaskugel. Für 25 Tauschbildchen erhält er drei große Glaskugeln und dazu zwei kleine Glaskugeln und eine Keramikkugel: a) Wie viele Bildchen ist eine Keramikkugel wert?
b) Für wie viele Bildchen bekommt Kurt eine kleine Glaskugel?
c) Wie viele Bildchen kostet eine große Glaskugel?

56. ☐ a
☐ b
☐ c

Aufgabe 57:
In einer Kommode gibt es zahlreiche Schubfächer, die Bücher enthalten. Die Anzahl der Bücher ist in jeder Schublade eine andere. Es gibt mehr Schubladen als Bücher in jeder einzelnen Lade. Wie viele Bücher befinden sich in dem Schubfach mit dem geringsten Inhalt?

57. ☐

Aufgabe 58:
In einer Schleusenkammer, also in einer Art großem Wasserbecken, schwimmt ein Schiff, das Steine geladen hat. Ein betrunkener Matrose wirft die Steine in der Schleuse über Bord. Wie verhält sich die Wasserstandshöhe an der Schleusenwand: a) sie sinkt, b) sie steigt, c) sie bleibt unverändert. Ihre Antwort heißt also a, b oder c.

58. ☐

Aufgabe 59:
Während des Ersten Weltkriegs entdeckte ein britischer Archäologe in Europa ein altes Kriegergrab. Bei der näheren Untersuchung stellte er folgende Daten fest: das Alter das Grabes (in Jahren), das Alter des Kriegers zur Zeit seines Todes (Jahre) und die Länge der Lanze, die er im Grab fand (gemessen in britischen Fuß). Dazu merkte er sich den Tag seines Fundes (z.B. 13 für 13. Mai) und den Fundmonat (z.B. 5 für Mai). Weil er in seinem Notizbüchlein nur noch sehr wenig Platz hatte, multiplizierte er alle 5 Zahlen miteinander und notierte lediglich das Ergebnis, nämlich die Zahl 2162994. In welchem Jahr wurde der Krieger beerdigt?

59. ____

Aufgabe 60:
Wenn Sie diese klassische Aufgabe kennen sollten, haben Sie natürlich Glück gehabt. Aber auch gut informiert sein, gehört schließlich zur Intelligenz. Es geht um drei berühmte Mathematiker: Carl Friedrich Gauß, Adam Riese und den alten Griechen Euklid. Interessanterweise lassen sich die drei Herrschaften als einfache mathematische Gleichung schreiben: GAUSS + RIESE = EUKLID. Gleiche Buchstaben stehen für gleiche Ziffern. Als Lösung sollten Sie angeben, welche Zahlen die Herren repräsentieren.

GAUSS = ________ RIESE = ________ EUKLID = ________

Lösungen auf Seite 328

Lösungen

Für jede richtig gelöste Aufgabe bzw. Teilaufgabe geben Sie sich bitte einen Punkt. Die jeweilige Punktzahl tragen Sie in die Tabelle rechts neben den Lösungen ein. Addieren Sie sodann die Punkte für jeden Aufgabenblock getrennt. Sie erhalten auf diese Weise die vier Punktsummen A, B, C und D, aus denen Sie – wie unten beschrieben – Ihren IQ ermitteln. Es gibt sehr unterschiedliche IQ-Skalen. Manche sind nach oben offen, andere nicht. Dieser Test arbeitet mit der in Deutschland üblichen geschlossenen Skala, deren Höchstwert bei IQ 145 liegt.

A. Aufgaben zur visuellen Intelligenz

Punktzahl (Maximal)

1. D **2.** A **3.** E **4.** D **5.** C **6.** F — .... **(6)**

7. 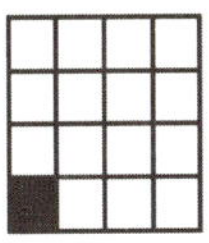 **8.**  **9.** 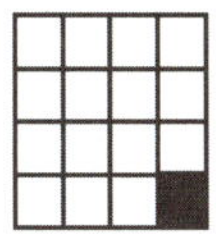 **10.**  — .... **(4)**

11. richtig **12.** falsch **13.** richtig **14.** falsch — .... **(4)**

15. C **16.** B **17.** C **18.** D **19.** B **20.** B — .... **(6)**

Summe A der erreichten Punkte: .... **(20)**

B. Aufgaben zur sprachlichen Intelligenz

Punktzahl (Maximal)

21/1. C **21/2.** D **21/3.** B **21/4.** D **21/5.** A **21/6.** E **21/7.** D **21/8.** E **21/9.** A
21/10. C **21/11.** A **21/12.** E **21/13.** D **21/14.** E **21/15.** D **21/16.** C **21/17.** C
21/18. C **21/19.** E **21/20.** B — .... **(20)**

22/1. B **22/2.** C **22/3.** D **22/4.** E **22/5.** C **22/6.** B **22/7.** E **22/8.** D **22/9.** D
22/10. C **22/11.** C **22/12.** E **22/13.** C **22/14.** B **22/15.** E **22/16.** C **22/17.** D
22/18. A **22/19.** B **22/20.** A — .... **(20)**

23/1. D **23/2.** A **23/3.** B **23/4.** C **23/5.** C **23/6.** C **23/7.** A **23/8.** B **23/9.** D
23/10. A **23/11.** A **23/12.** C **23/13.** B **23/14.** D **23/15.** B **23/16.** A **23/17.** D
23/18. D **23/19.** C **23/20.** C — .... **(20)**

24/1. M **24/2.** M **24/3.** F **24/4.** M **24/5.** M **24/6.** M **24/7.** F **24/8.** F **24/9.** M
24/10. M **24/11.** F **24/12.** M **24/13.** F **24/14.** F **24/15.** M **24/16.** F **24/17.** M
24/18. M **24/19.** F **24/20.** M **24/21.** F **24/22.** M **24/23.** F **24/24.** F **24/25.** F
24/26. M **24/27.** F **24/28.** F — .... **(28)**

25/1. R **25/2.** U **25/3.** U **25/4.** F **25/5.** U **25/6.** U **25/7.** F **25/8.** U **25/9.** U **25/10.** U — .... **(10)**

26/1. D **26/2.** E **26/3.** C **26/4.** B **26/5.** C **26/6.** A **26/7.** B **26/8.** E **26/9.** B **26/10.** A — .... **(10)**

27/1. Zug **27/2.** ... satz **27/3.** ...kreis **27/4.** Tor... **27/5.** Schweiß... — .... **(5)**

Summe B der erreichten Punkte: .... **(113)**

C. Aufgaben zur praktischen Intelligenz

	Punktzahl (Maximal)
28/1. B **28/2.** A **28/3.** D **28/4.** D **28/5.** D **28/6.** B **28/7.** A **28/8.** C **28/9.** D **28/10.** A	.... (10)
29. 19 **30.** 8 **31.** 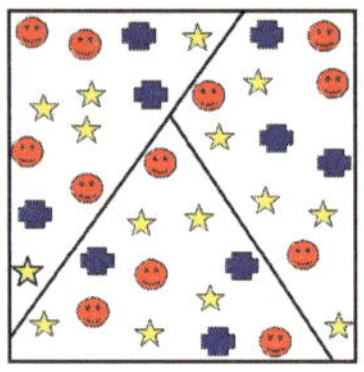	.... (3)
32. 11 **33.** D **34.** 3 **35.** 503 **36.** 5 **37.** 640	.... (6)
Summe C der erreichten Punkte:	.... (19)

D. Aufgaben zur mathematischen Intelligenz

	Punktzahl (Maximal)
38/1. 18 **38/2.** 32 **38/3.** 16 **38/4.** 720 **38/5.** 21 **38/6.** 990 **38/7.** 46 **38/8.** 65536 **38/9.** 12 **38/10.** 448 **38/11.** 1113122112 **38/12.** 5 **38/13.** 23 **38/14.** 30 **38/15.** 26	.... (15)
39/a. 24 **39/b.** 8 **40.** 30 **41/a.** 24 **41/b.** 24 **42/a.** 24 **42/b.** 30 **43.** $1/216$	.... (8)
44/a. 5 **44/b.** 6 **44/c.** 7 **44/d.** 2 **44/e.** 10	.... (5)
45. 45 **46.** 12.20 Uhr **47.** 9 km **48.** 150 km/h **49.** 1,5 kg **50.** 104	.... (6)
51. Richtig sind alle Lösungen mit A = 7, C = 1, F = 8, H = 2 oder A = 2, C = 8, F = 1, H = 7. Die Felder B, E, D und G ergeben sich dabei von selbst.	.... (1)
52. 0110 **53.** 10000 **54.** 1053 **55.** 15 **56/a.** 2 **56/b.** 4 **56/c.** 5 **57.** 0 **58.** a	.... (9)
59. 2162994 lässt sich in die Faktoren 2, 3, 29, 31 und 401 zerlegen. Tag des Fundes war folglich der 29. Februar, also ein Tag in einem Schaltjahr. Dieses war 1916. Zieht man das Alter des Grabes (401 Jahre) ab, so erhält man als Todesjahr des Kriegers 1515. Er fiel in der Schlacht von Marignano.	.... (1)
60. GAUSS = 47088, RIESE = 56181, EUKLID = 103269	.... (3)
Summe D der erreichten Punkte:	.... (48)

Berechnung Ihres IQ

Zunächst ermitteln Sie die Rohzahl R nach folgender Formel:
R = (17 x Summe A) + (3 x Summe B) + (18 x Summe C) + (7 x Summe D)
Das maximal mögliche Ergebnis beträgt 1357. Haben Sie die Rohzahl R berechnet, finden Sie Ihren IQ in untenstehender Tabelle:

Rohzahl R	0 bis 100	101 bis 350	351 bis 700	701 bis 1100	1101 bis 1357
Intelligenzquotient (IQ)	bis 72	73 bis 90	91 bis 109	110 bis 129	130 bis 145
Grad der Intelligenz	sehr niedrig	niedrig	durchschnittlich	hoch	sehr hoch